KEIN LAND, NIRGENDS?

KEIN LAND, NIRGENDS?

FLUCHT AUS DEUTSCHLAND, FLUCHT NACH DEUTSCHLAND / 1933–1945 UND HEUTE

Herausgegeben von Harald Roth

DIETZ

Gefördert von

BERTHOLD LEIBINGER
STIFTUNG

und

Gegen Vergessen
Für Demokratie e.V.

Bibliografische Information der Deutschen Nationalbibliothek
Die Deutsche Nationalbibliothek verzeichnet
diese Publikation in der Deutschen Nationalbibliografie;
detaillierte bibliografische Daten sind im Internet
über http://dnb.dnb.de abrufbar.

ISBN 978-3-8012-0644-4

Umschlag: Petra Bähner, Köln
Satz: Rohtext, Bonn
Druck und Verarbeitung: Bookpress, Olsztyn

Printed in Poland 2022

Besuchen Sie uns im Internet: **www.dietz-verlag.de**

Inhalt

Aleida Assmann

Vorwort für den Band »Kein Land, nirgends?«

Das Schweigen der Flucht-Geschichte

Wenn es eine Geschichte gibt, die es schwer hat, ihren Platz in der historischen Forschung, in öffentlichen Medien und im allgemeinen Bewusstsein zu finden, dann ist es das Schicksal von Menschen, die Flucht und Vertreibung erfahren mussten. Woran liegt das eigentlich, dass diese leidvolle Erfahrung, die so viele Menschen gemacht haben und weiterhin machen, im Rahmen der Erinnerungskultur bisher eher randständig geblieben ist?

Ein Grund könnte der sein, dass es kein Mainstream-Thema für die Historiker ist, die sich eher für die Strategien und Taten von Staatsmännern, Generälen und Soldaten interessieren als für Zivilisten, die von Kriegen und ihren Auswirkungen betroffen sind. Flucht und Vertreibung finden ununterbrochen statt, dafür gibt es keine herausragenden Daten im Geschichtsbuch, auch deshalb werden sie wohl eher als Kollateralschäden betrachtet. Sie gelten als Neben- und Nachwirkungen des Krieges, als Ereignisse, die viel zu diffus und ausufernd sind, um als eine zusammenfassende Geschichte behandelt zu werden.

Und es gibt noch einen weiteren Grund, warum die Forschung zum Thema Flucht randständig geblieben ist. Während die Verbrechen des Nationalsozialismus in einer akribischen Bürokratie dokumentiert und als Quellen zugänglich sind, gibt es kein vergleichbares ›Archiv der Flucht‹. Diese Quellen müssen erst aus verstreuten Kontexten geborgen, mühevoll gesammelt und zusammengeführt werden. Oder sie müssen überhaupt erst hergestellt werden. Carolin Emcke und Manuela Bojadžijev haben das Oral-History-Video-Projekt ›Archiv der Flucht‹ gegründet und im Oktober 2021 im ›Haus der Kulturen der Welt‹ vorgestellt. Sie fragten nach Formen des Erinnerns in heutigen Einwanderungsgesellschaften und wollten »die Erinnerungen nach Deutschland migrierter Menschen als integralen Bestandteil der Nachkriegsgeschichte« bewahren. Auch das vorliegende Buch ist ein Archiv der Flucht in gedruckter und gebundener Form.

Worte wie ›Migration‹ oder ›Flucht‹ sind Sammelbegriffe für zum Teil sehr unterschiedliche Phänomene. Migration betont ja nichts anderes als die Bewegung im Raum und lässt offen, aus welchen Motiven man sein Zuhause verlässt und sich auf den Weg macht. Meist geht es dabei um den Wunsch nach einer besseren Zukunft durch Arbeit, Wohlstand und einen anderen Lebensstil. Auch das Wort Flucht ist unscharf. Während Migration von Visionen oder Illusionen angetrieben ist, steht bei der Flucht der Zwangscharakter mit Angst und Traumata im Mittelpunkt. Man flieht durch abrupte Änderung der politischen Verhältnisse, die eine Entrechtung beinhalten, sowie vor einer unmittelbaren Gefahr, das kann eine Verfolgung, eine Vertreibung, aber auch eine Verschleppung und Deportation sein sowie eine durch Umweltkatastrophen eingetretene Not oder auch die Gewalt eines Krieges wie in Syrien und der Ukraine.

Ein möglicher Grund dafür, dass die Erinnerungen an Flucht erst jetzt in den Medien und in der Gesellschaft ankommen, könnte darin liegen, dass es sich hier um belastende Erinnerungen handelt, denen man sich nicht gerne stellt, obwohl sie inzwischen ein wesentlicher Teil von Lebensgeschichten geworden sind und auch im Familiengedächtnis über Generationen hinweg weitergegeben werden. Der Bereitschaft, sich belastenden Ereignissen der Vergangenheit wieder zu stellen und diese auch zu kommunizieren, gehen oft lange Phasen des Vergessens und der Abwehr voran. Solche Latenzphasen finden erst ihr Ende, wenn von der Gesellschaft ein Rahmen aufgebaut wird, der dem Thema Empathie sichert und eine hohe Relevanz zuspricht. Das schlägt sich dann in Museen, Ausstellungen, Tagungen und unterschiedlichen Medien wie

Zeitungen und Büchern, Filmen und Sozialen Medien nieder, in denen das Ausgesparte und Ausgeschlossene seinen Platz finden kann.

Die Vielfalt der Stimmen und Perspektiven

Dieses Buch ist ein Lesebuch besonderer Art. Es besteht aus kürzeren und längeren Texten, die einerseits das Kapitel Flucht im Nationalsozialismus von 1933-45 beschreiben und andererseits Fluchtgeschichten der Gegenwart nach 2000 als ein aktuelles und anhaltendes Geschehen präsentieren. Es ist das Anliegen dieses Buches, die Flucht-Geschichten aus der Perspektive der Betroffenen zu schildern und dabei ihre konkreten Erfahrungen und Emotionen in den Mittelpunkt zu rücken. Mit jedem Text teilt sich den Leser:innen mit, wie isoliert, exponiert und von aller Welt verlassen sich die Flüchtenden fühlen. Ein Beispiel aus dem Buch ist ein Kapitel aus der Autobiografie des Historikers Saul Friedländer. Darin sind die letzten Briefe seines Vaters abgedruckt, in denen sich dieser um die Zukunft seines Sohnes Saul kümmert, den die geflohenen Eltern im Versteck eines katholischen Internats untergebracht hatten. Anlässlich der Friedenspreis-Verleihung des Deutschen Buchhandels 2007 in der Paulskirche hat Friedländer diese erschütternden Briefe seines Vaters vorgelesen, dessen Flucht nicht ins erhoffte Exil, sondern in die Gaskammern von Auschwitz führte.

Im Zuge der Lektüre erfahren die Leser:innen, wie einmalig und unverwechselbar jede einzelne Geschichte ist. »So einmalig jede einzelne Lebensgeschichte sein mag«, schreibt Friedländer in einem weiteren Text, »sie kann auch, wenn sie erzählt wird, eine Art Wiedererkennen auslösen.« Es gibt zwischen Menschen Formen der Empathie und Möglichkeiten gegenseitiger Anerkennung von Leid, die es erlauben, hier auch von einem Menschheitstrauma zu sprechen, bei allen Unterschieden zwischen Fluchtgeschichten im Rahmen des Holocaust und Fluchtgeschichten im Rahmen von Kriegsgewalt. Für die Überlebenden bleibt ein tiefer Bruch und eine nicht heilbare Wunde, verursacht durch eine radikale Verlusterfahrung und einen existentiellen Vertrauensbruch, der die Identität eines Menschen und die Fähigkeit seines Fühlens dauerhaft verändert. Diese Gewalt richtet sich meist nicht gegen Menschen als Individuen, sondern als Angehörige von Gruppen wie Juden, Kurden oder Jesiden, die auf ihre ethnische, kulturelle und religiöse Differenz reduziert werden.

Der Kurde Sajjad Jahan Fard zum Beispiel beschreibt die Stunde seiner Geburt als Eintritt in eine dauerhafte Kampfzone. Während feindliche Flugzeuge über ihr kreisen, windet sich seine Mutter in ihren Wehen, aber das ungeborene Kind, das ihre Angst bereits teilt, würde ihren schützenden Leib am liebsten nie verlassen. Geboren zu werden bedeutet in seiner poetischen Sprache, ausgestoßen zu werden in eine Welt, die ihm keinen geschützten Ort, keine Heimat bietet. Für die Jesiden sind Verfolgung und Flucht ein elementarer Teil ihrer Geschichte. Angst und Unsicherheit sind ihre ständigen Begleiter, weshalb sie sich in eine bergige Region in Nordirak zurückgezogen haben. 73 Völkermorde haben sie erlitten, den letzten 2014 durch Terrortruppen des ›Islamischen Staats‹. Farhad Alsilos Kindheit endete, als er elf Jahre alt war und die IS-Miliz sein Dorf überfiel. Er wurde Zeuge eines Massakers, bei dem jesidische Familien eingesperrt und die Väter ermordet wurden. Der IS verwüstete auch Dörfer und Felder und zerstörte auf diese Weise die Lebensgrundlage seiner Heimat. So wie Farhads Kindheit abrupt mit elf Jahren endete, so endete die Kindheit von Ludwig Greve am 10. November 1938 nach der Pogromnacht, als er zum ersten Mal die Hilflosigkeit seines Vaters sah.

Eine Erzählung der iranisch-US-amerikanischen Autorin Dina Nayeri nimmt die Leser:innen mit auf ein Rettungsboot mitten im Mittelmeer und lotet die unterschiedlichen Formen der Todesangst einer geflüchteten Familie aus. Sie haben Iran verlassen und die Türkei hinter sich, gelangen aber nicht nach Europa, sondern in ›die Hölle von Moria‹. In einem anderen Text beschreibt die syrische Dichterin Rasha Habbal dramatische Szenen, die sich auf ihrer Flucht übers Mittelmeer in einem kleinen Rettungsboot abspielen. Diesen Überlebenskampf erfährt die Mutter als Wiederholung einer früheren Traumatisierung.

Vertreibung und Flucht finden aber nicht nur im geografischen Raum mit seinen gefährlichen Grenzen und Gefahrenzonen, sondern auch im Kopf statt, wie ein Gedicht der kurdisch-syrischen Dichterin Widad Nabi zeigt. Die Kinder der in der Türkei lebenden Minderheit der Kurden wurden nicht nur aus ihren Städten vertrieben, sondern auch aus ihrer Sprache, deren Gebrauch ihnen verboten wurde. Sie verfügt deshalb »über zwei zerbrochene Sprachen: / Meine Muttersprache, die ich nicht lernen durfte, / und die andere, die man uns mit Furcht und Zwang in der Schule beibrachte«. Sprache ist nicht nur ein Medium der Kommunikation, sondern auch eine Mitgift des Kollektivs an ein Individuum. Sie ist das primäre Medium der Welterfahrung, das die Sinne und Gefühle körperlich prägt und die soziale und kulturelle Identität bestimmt. Das Deutsche ist Widad Nabis Exil-Sprache geworden. Auch diese Sprache ist zerbrochen, weil sie sie nie selbstverständlich artikulieren und glanzvoll beherrschen wird. Ausländer sind sichtbar, wo sie unsichtbar sein wollen, und unsichtbar, wo sie sichtbar sein wollen. Und dennoch ist das Exil der Sprache auch ein neuer Raum der Begegnung und Teilhabe. »Denn so wie wir selbst sind alle Sprachen zerbrochen.«

Gewalt, Flucht und Unterdrückung gibt es überall auf der Welt. Deshalb ist es so wichtig, diese Geschichten von Zerstörung und Wiederaufbau zu sammeln, zusammenzustellen und nebeneinander zur Geltung zu bringen. Denn jede verarbeitet eine genuine Erfahrung und hat unverwechselbare Momente. Diese Geschichte auf ein Muster zu reduzieren und zu verallgemeinern hieße, diese konkrete Erfahrung auf Abstand zu halten. Die Namen der Betroffenen zu nennen und ihre Geschichten und Berichte mit Empathie anzuhören heißt dagegen, die Erzähler und Erzählerinnen zu würdigen. Es sind gerade diese mündlichen oder schriftlichen Zeugnisse unterschiedlicher Gattungen wie Geschichten, Erfahrungsberichte, Lyrik und Träume, die die traumatische Erfahrung des Erlebten speichern und weitergeben können.

Um jedoch eine Fragmentierung der Themen und Situationen zu vermeiden, werden die literarischen Texte durch deutende Essays ergänzt. Ihre Aufgabe ist es, sprachliche Besonderheiten hervorzuheben und Kontexte herzustellen, wie es Ingo Schulze in seinem Text über die Autobiografie von Ludwig Greve tut, der Greve mit Imre Kertesz' ›Roman eines Schicksallosen‹ vergleicht. Andere Essays ordnen die Ereignisse historisch ein, stellen Zusammenhänge her und münden in konkrete Thesen wie der Beitrag von Wolfgang Benz über den Genozid an den Jesiden.

Die Erfahrung der Flucht in Geschichte und Gegenwart

Die Rahmenbedingungen der Fluchtgeschichten sind in diesem Buch sehr unterschiedlich. Im ersten Teil geht es um Ausgrenzung, Verfolgung und die Flucht jüdischer Menschen aus Nazi-Deutschland. Menschen, die sich als treue Staatsbürger:innen in ihrem Land fest verankert glaubten, die als Frontsoldaten gedient hatten, auf den demokratischen Rechtsstaat vertrauten, bürgerliche Werte verkörperten, die Kultur bereicherten und ihre Heimat innig liebten. Diese Menschen waren ab 1933 nach der Machtergreifung der Nationalsozialisten ihres Lebens nicht mehr sicher. Was plötzlich und ›schlag-artig‹ einsetzte, waren die Auswirkungen dessen, was der kamerunische Philosoph Achille Mbembe ›Trennungswahn‹ genannt hat. Die Gesellschaft der Weimarer Republik, die sich an den Grundsätzen der sozialen Gleichheit, des friedlichen Zusammenlebens und der produktiven Zusammenarbeit orientierte, wurde von einem Tag auf den anderen durch die neuen Machthaber aus ihren Angeln gehoben und unter das kontinuierlich verschärfte Gesetz der Rassentrennung gestellt. Diese Geschichte wird im ersten Teil aus der unmittelbaren Erfahrungsperspektive derer geschildert, die mit dieser ›Zeitenwende‹ konfrontiert waren und erleben mussten, dass plötzlich nichts mehr so war wie bisher. Die erste Reaktion war das allgemeine Unverständnis. Es tauchten neue Worte und Begriffe wie ›Religion‹, mosaisch‹ und ›jüdisch‹ auf, die in einem Raum gemeinsamen Lebens scharfe Grenzen markierten. Mit dieser verbalen Grenze wurde auch räumlich getrennt, was bislang zusammengehört hatte: Die zwölfjährige Schülerin Rosemarie Silbermann wird erst in einen speziellen Religionsunterricht geschickt, dann auf die ›Judenbank‹ in der Klasse verwiesen, dann in eine jüdische Schule ausquartiert und muss dann das Land verlassen. Gesteuert wurde dieser Trennungswahn von einer politischen Ideologie, die den Wert der ethnischen Reinheit des Volkes an die oberste Stelle rückte und ›eine Welt ohne Juden‹ (Alon Confino) anstrebte. Mit diesem gesamtgesellschaftlichen Konsens waren die Juden in ein klares und krasses Feindbild gepresst. Sie waren es, die die Reinheit des nationalen Volkskörpers bedrohten und im Begriff waren, seine kollektive Kraft zu zerstörten, eine Denkfigur, die man heute ›Täter-Opfer-Umkehr‹ nennt.

Diese Überzeugungen wurden plötzlich mit Wucht in emblematischen Fahnen und Uniformen im Stadtbild sichtbar, und es folgten Verordnungen, aber all das blieb lange Zeit denen unverständlich, gegen die es gerichtet war. Während die Verfolger ihre Gesetze immer mehr schärften, sahen die Verfolgten noch lange das Verbindende und Gemeinsame, das so plötzlich aufgekündigt wurde.

Die Fluchtberichte, die in diesem Buch zusammengestellt sind, beziehen sich auf die Vergangenheit und die Gegenwart. Die Rahmenbedingungen der Flucht sind dabei sehr unterschiedlich. In der NS-Zeit hat sich ein Land von seinen eigenen Bürger:innen getrennt. Es hat Grenzen gezogen, Menschen voneinander getrennt und mit Gewalt aus dem Land getrieben. Alle diese Menschen waren bestens integriert, sie waren patriotisch eingestellt, ein aktiver Teil der Gesellschaft und trugen erhebliches bei zur politischen Kultur und kulturellen Blüte des Landes. Es gab auch keinen Krieg oder eine erkennbare historische Krise, die eine solche plötzliche Fluchtbewegung hätte auslösen können. Der Impuls ging in diesem Falle ausschließlich von Deutschland aus. Es handelte sich um einen abrupten inneren Wandel der Politik und des dazugehörigen Weltbildes, der diese Gewaltgeschichte einleitete.

Die Fluchtgeschichten der Gegenwart sind in eine ganz andere historische Situation eingebettet. Heute geht es nicht um Flucht aus Deutschland, sondern um Flucht nach Deutschland. Menschen anderer Herkunft und Kultur machen sich auf den Weg in Richtung Europa und hoffen dabei auf einen Pass, Arbeit, Frieden und eine Zukunft in einer neuen Heimat. Sie setzen ihr Leben aufs Spiel und entscheiden sich für die Flucht, weil ihre eigene Heimat durch Gewalt und Kriege zerstört ist. Sie sind Getriebene in einer Notsituation; es ist der Druck von akuter Lebensgefahr und Gewalt, der sie in Bewegung setzt.

Der größere Kontext dieser Fluchtbewegungen sind geopolitische Kriege um Macht, Ressourcen und Einflusssphären, aber auch die Klimakrise mit Dürren und andere politische Krisen. Nachdem man lange auf eine kosmopolitische Befriedung der Welt durch einen weltverbindenden Handel gesetzt hatte, treten seit einem Jahrzehnt zunehmend die unerwünschten Folgen der Globalisierung ins Bewusstsein. Die Opfer dieser Entwicklungen und ihr ikonisches Symbol sind die Flüchtlinge. Der Flüchtling ist zur emblematischen Figur des 21. Jahrhunderts geworden.

Was aber hat der Flüchtling der NS-Zeit mit dem Flüchtling der Gegenwart gemein? Dieses Buch stellt zwei historische Fluchtkontexte zusammen, die beide zur deutschen Geschichte gehören. Flucht ist hier nicht gleich Flucht. Im einen Fall geht es darum, an der Grenze ein Schlupfloch zu finden, um möglichst schnell das Land zu verlassen, im anderen Fall stehen Menschen in langen Schlangen an der Grenze und hoffen auf Einlass. Es ist hier die deutsche Erinnerungskultur, die die Verbindung der einen Flucht mit der anderen Flucht herstellt. Sie besagt: Derselbe Staat, der einst seine Jüdinnen und Juden ausgegrenzt, verfolgt, vertrieben und vernichtet hat, hat eine historische Verantwortung nicht nur für den Staat Israel und jüdisches Leben in Deutschland, sondern auch für andere Flüchtlinge. Diese Einsicht ist in die Verfassung unseres Staates eingegangen, seine Rechtsgrundlagen einschließlich des Asylrechts liegen in der Anerkennung und Erinnerung an diese Unrechtsgeschichte. Deutschland als ein demokratischer Staat und Mitglied der EU steht nicht nur für Wirtschaft, Wirtschaft, Wirtschaft, sondern auch Werte wie Menschenwürde und Menschenrechte, die den Kern seiner politischen und gesellschaftlichen Identität ausmachen. Vor diesem Hintergrund rücken Geschichte und Gegenwart näher zusammen, ja, sie überlagern sich.

Doch das Problem liegt noch tiefer. Als die historische Herausforderung aktuell wurde, eine größere Zahl von Flüchtlingen aufzunehmen, entstand ein Konflikt zwischen denen, die eine Willkommenskultur unterstützten, denen, die vor unbedachten Folgen warnten, und denen, die mit neuen Versionen des Trennungswahns lautstark ihre Stoppschilder setzten. Es gab die Engagierten, die sich tatkräftig auf die neue Situation einstellten und mit anpackten, es gab die Konservativen, die hier eine Überforderung und unkontrollierte Transformation des eigenen Landes sahen, und es gab wie überall in Europa die Rechtsradikalen, die auf ethnische Reinheit setzten und den Flüchtling zum ›Fremden‹ schlechthin und ultimativen ›Feind‹ erklärten. Sie erklärten die ›Rassenmischung‹ zu einem Menschheitsproblem, griffen unverhohlen auf faschistisches Gedankengut zurück und mobilisieren bis heute bei Wahlen mit Begriffen wie ›Umvolkung‹ und ›großem Austausch‹. Alexander Gauland hat auch einen Satz beigesteuert, er lautet: »Massenzuwanderung ist Völkermord!« Auf den Antisemitismus ist der Rassismus gefolgt, eine weitere weiße Überlegenheitsideologie, die Menschen anderer Herkunft und Kultur ihr Recht auf Gleichheit abspricht, sie erniedrigt und demütigt und ihnen damit Ankommen, Integration und Teilhabe in der Gesellschaft verweigert.

Wie kann Integration gelingen?

Die Rechtsgrundlagen eines Staates regeln die Fragen von Asyl und Einwanderung, ob aber die Eingewanderten nicht nur im Staat ankommen, sondern in der Gesellschaft auch angenommen werden, ist eine Frage des sozialen Umfeldes. Ob aus traumatisierten Schutzsuchenden selbstbestimmte Bürger:innen werden können, das hängt auch von den Werten ab, die von den Parteien artikuliert werden, und von der Stimmung, die in den Medien vermittelt wird. Was steht im Vordergrund: Offenheit und die Bereitschaft zur Mitarbeit und Veränderung? Oder Angst vor Veränderung und ein Gefühl von Gefahr und Bedrohung?

Ein Beispiel für die polarisierte Situation ist der persönliche Einsatz von Menschen und ganzen Städten, in denen sich Bürgerinnen und Bürger im Projekt der sogenannten ›Seebrücke‹ zusammengeschlossen haben, die Flüchtende vor dem Tod im Mittelmeer rettet. Werden diese Menschen als Retter und Helfer betrachtet oder werden sie als Verbündete der Schlepper kriminalisiert? Diese Frage wird gerade vor einem Gericht in Italien ausgetragen. Die Kapitänin Carola Rackete hatte Ende Juni 2019 das Rettungsschiff ›Sea Watch 3‹ einer Regensburger Hilfsorganisation mit 40 aus Seenot geretteten Migranten an Bord in den Hafen von Lampedusa gesteuert. Diese Einfahrt war ihr vom damaligen italienischen Innenminister Matteo Salvini von der rechtsnationalen Partei Lega verwehrt worden, weshalb sie wegen des humanitären Notstands schließlich ohne Genehmigung einfuhr und dabei versehentlich an der Mole ein italienisches Patrouillenboot rammte. Salvini reagierte in den sozialen Medien mit einer Hass- und Verleumdungskampagne. Er nannte die Kapitänin eine »gesetzlose Komplizin von Schleppern, potenzielle

Mörderin, Kriminelle und Piratin«, sowie eine »reiche und verwöhnte deutsche Kommunistin«. Drei Jahre später haben diese Äußerungen ein Nachspiel vor einem italienischen Gericht, in dem die Kapitänin sich verteidigt und ihrerseits Salvini schwere Verleumdungen und einen gezielten Angriff auf die Würde ihrer Person vorwirft. Ob Salvinis Anwälte mit dem Hinweis, ihr Mandant hätte nur von seinem Recht auf Meinungsfreiheit Gebrauch gemacht, durchkommen, wird sich zeigen.

Die Zeugnisse von Flucht und Ankommen zeigen, dass die Verwandlung von Ausländern und Außenseitern in Bürger und Bürgerinnen vor allem auch Zeit braucht. Zeit heißt in diesem Fall aber nicht Bremsen und Warten, Aufhalten und Stillstand. Zeit braucht vielmehr der Aufbau von Rahmenbedingungen für eine wirkliche Transformation der Gesellschaft. Das beginnt mit dem Abbau einseitiger Forderungen wie denen, die in verschiedene Fassungen der Empfehlung für eine ›Leitkultur‹ eingingen. Dieser Begriff stärkte die Vorstellung einer Dominanzkultur und förderte nicht Integration, sondern Assimilation. Von ›Leitkultur‹ ist inzwischen nicht mehr die Rede, dafür aber viel von dem Begriff ›Heimat‹, der zunächst ausgeleert, dann neu gefüllt und in den Plural versetzt worden ist. Dabei hat er eine neue Komplexität gewonnen. Er ist zu einem Reflexionsbegriff geworden, in einem Diskurs, in dem die Mechanismen von Fremdmachen und Ausschließen öffentlich diskutiert und unterschiedliche Vorstellungen über das gesellschaftliche Zusammenleben ausgehandelt werden.

Eine durch Flucht gewaltsam abgebrochene Verbindung zur Heimat wird lebenslänglich als Verlust erfahren. Heimat wird dann zu einer Schöpfung der Phantasie oder zu einem Phantasma, einem Ort der Sehnsucht oder Heimsuchung. Das mussten Menschen erfahren, wo sich das politische System über Nacht änderte und dabei Sprache und Kultur ausgetauscht wurden. So erging es mehrfach dem 1928 in Warschau geborenen John M. Spalek. Mit 21 Jahren wanderte er nach New York aus, wo er 2021 starb. »Wer seine Wurzeln verloren hat, ist nie wieder ganz zu Hause« pflegte er zu sagen. Obwohl er sich in New York nie ganz zu Hause fühlte, fand er dort eine zweite Heimat, denn »hier fragt mich niemand, wo ich herkomme«. Diese Frage, die ihm selbst nicht gestellt wurde, hat der leidenschaftliche Exilforscher aber vielen anderen gestellt. Er, der in seinem Leben mehrfach die Sprache wechselte, von Polnisch zu Russisch zu Deutsch zu Englisch und Spanisch, sammelte akribisch deutsche Nachlässe jüdischer Emigranten in den USA und sorgte dafür, dass sie einen Platz in der Frankfurter Exilbibliothek bekamen, aus deren Bestand auch einige Texte und Dokumente dieses Buches stammen.

Ein wichtiger Schlüssel zur Integration ist Partizipation. Politische und gesellschaftliche Teilnahme setzt die Auswechselung von Sprecherpositionen voraus. Statt von ›Menschen mit Migrationshintergrund‹ sollte man lieber von ›Menschen mit Migrationserfahrung‹ sprechen. Ihre Kompetenz ist kostbar und wird bei der historischen Transformation in eine diverse Gesellschaft dringend gebraucht. Die vermehrte Einbeziehung, Übertragung von Verantwortung und Entscheidungsmacht an Experten, die diese Erfahrung selbst gemacht haben, ist ein wichtiger Schritt. Wolfgang Benz hat in diesem Buch acht Thesen für den Prozess der Integration formuliert. Darunter versteht er »einen Appell zum Zusammenleben unter Achtung gemeinsamer Regeln im Respekt vor den anderen, die nicht mehr ›Fremde‹ sein sollen«. Integration setzt neben Anerkennung und gegenseitigem Respekt auch eine gemeinsame Bereitschaft für Veränderung voraus. Das Problem ist ja nicht neu. Mit Blick auf die Integration von Ost- und West-Deutschen meinte der in der DDR geborene Thomas Oberender, es komme nicht darauf an, »zusammenzuwachsen«, sondern »zusammen zu wachsen«. Ähnlich sieht es die Autorin und Journalistin Kübra Gümüsay mit Blick auf die diverse Gesellschaft: »Wir alle werden uns wandeln müssen – gemeinsam.«

EINSAM TREIBEN WIR VON LAND ZU LANDE, ÜBERALL DER UNGEBETENE GAST

Max Herrmann-Neiße

Rosemarie Silbermann

Wer nahm mir mein Deutschland weg?

»Denk ich an Deutschland in der Nacht,
so werd' ich um den Schlaf gebracht!«
Heinrich Heine, 1848

Auch ich, Rosemarie Silbermann, 1922 als Rosemarie Chempin in Berlin geboren, ward um den Schlaf gebracht, dacht ich an Deutschland in der Nacht.

[...]

Ich will versuchen, chronologisch vorzugehen. Ich wurde also 1922 in Berlin geboren. 1922: Nachkriegsberlin. Keine gute Zeit, zur Welt zu kommen, aber dennoch: Rosemarie Chempin, Konfession: Mosaisch, wie es so schön in meinem Geburtsschein heißt. Vater: Mosaisch. Mutter: Mosaisch. Nationalität: Deutsch. Sprache: Deutsch. Kultur: Deutsch. Eine Familie von Künstlern. Vater Schauspieler, Doktor der Kunsthistorik. Mutter Schauspielerin.

Familie Chempin: eine alte Berliner Familie. Die Mehrzahl geboren in der Luisenstraße in Berlin. Alle mit dem Ziel, ihr Teil für eine schönere, bessere Welt, ein schöneres, besseres Deutschland beizutragen. Jeder auf seine Art. Der eine durch die Kunst der Vermittlung des Schönen, durch Person, Verstand und Sprache. Der andere durch die Musik und wieder ein anderer durch die Weiterentwicklung der Wissenschaft.

Es gab auch Kaufleute unter ihnen, wie in jeder gutbürgerlichen Familie im damaligen Deutschland. Es gab keine Arbeiter unter ihnen, das kam später; aber die Arbeiterschaft spielte eine große Rolle in den Gedanken, Wünschen und Zielen eines ansehnlichen Teils der Familie. Ich wuchs also auf in einer ganz normalen, kulturell auf einem hohen Stand stehenden deutschen Familie. Ich lernte früh, die Schönheit der Natur mit offenen Augen und offenem Herzen zu sehen und in mich aufzunehmen. Lernte, daß der Wald und die Seen meine Heimat sind. Für alle da, die ein Auge und ein Herz dafür haben. Lernte, daß die Sprache im allgemeinen und die deutsche Sprache im besonderen ein Werkzeug des Ausdrucks und der Verständigung ist.

Wir waren vier Kinder zu Hause. Drei Jungen und ich, die Jüngste. Als ich sechs Jahre alt war, saßen wir um meine Großmutter geschart, und sie las uns *Die Räuber* von Schiller und *Egmont* von Goethe vor. Später lasen wir mit verteilten Rollen. Es gab eine riesige Bibliothek. Der Zugang zu ihr war frei. Wir Geschwister – und ich ganz besonders – machten reichlich Gebrauch davon. Wir lasen Wassermanns *Das Gänsemännchen*, Hesses *Narziß und Goldmund*, Heinrich Mann, Thomas Mann natürlich, die *Buddenbrooks* und den *Zauberberg*, den *Schimmelreiter* von Storm und so weiter und so fort. Die Sprache war uns, und mir im besonderen, ein Vergnügen. Es war eine innere Beziehung zur Sprache, zur Kultur und zur Natur.

Als ich in die zweite Klasse kam, fragte mich die Lehrerin nach der Konfession wegen des Religionsunterrichtes. Religion war bei uns zu Hause nicht wichtig, aber ich hatte davon gehört, daß wir Juden sind. Was das war, Jude zu sein, wußte ich nicht. Ich feierte Weihnachten und Ostern wie alle anderen Kinder um mich herum. Die Lehrerin, Fräulein Gliese, ich erinnere mich genau an sie, sagte: »Wenn du jüdischer Konfession bist, kannst du nicht mit uns lernen. Du hast extra Religionsunterricht.« Wieso? Warum? Also war ich nun in einer Gruppe von Kindern aus verschiedenen Klassen, in einem dunklen Klassenzimmer, und man sprach vom Versöhnungstag und davon, daß alle Menschen vor Gott gleich sind. Fräulein Gliese sagte, daß wir etwas anderes sind. »Was anderes?« wollte ich wissen. Ich verstand nicht. Warum war ich etwas anderes als Hans, Fritz und Lene? Ich kam nach Hause und erzählte, was während der Religionsstunde in der Schule geschehen war. Mein Vater kam am nächsten Tag in die Schule und sagte: »Meine Kinder brauchen keinen Religionsunterricht. Sie sind deutsche Bürger ohne Konfession.« Von da an war ich vom Religionsunterricht befreit. Ich war stolz darauf, und die anderen Kinder beneideten mich. Aber ich war anders. Ich merkte es nur noch nicht. Ich hörte oft: »Die Juden haben Christus gekreuzigt.« — »Du bist ein Judas«, war das Schimpfwort, wenn einer ein Verräter oder eine Petze war. Ich verstand das damals noch nicht so genau, aber ich lernte es im Lauf der Jahre verstehen.

Dann kam das Jahr 1931. Es lag etwas in der Luft. Die ersten Hakenkreuze tauchten auf.

»Papa, was sind das für Leute? Sie haben so eine schmissige Uniform.« Mein Vater sagte: »Das sind die Feinde Deutschlands und des Fortschritts.« Mir gefiel die Uniform der Mädchen und Jungen. Warum waren sie die Feinde Deutschlands? Ich sollte es lernen, und zwar bald.

Es war Silvester 1931 und bei uns zu Hause: wie immer und doch nicht wie immer. Ich spürte, daß die vielen Menschen, die mit uns Silvester feierten, gespannt und erregt waren. Anders als sonst. Man sprach von Arbeitslosigkeit und von der Republik. Man sang: »Brüder, zur Sonne, zur Freiheit, Brüder, zum Lichte empor«. Ich liebte dieses Lied. Ich liebte die Sonne und das Licht schon von früh an. Ich liebte den Himmel über Berlin, den Ostermorgenspaziergang um die Krumme Lanke und das leise Rieseln des Schnees im Winter. Ich liebte das Riesengebirge, die Spree, die Havel, den Thüringer Wald, die Nordsee, die Ostsee und all das, was ich nur aus den Erzählungen meiner Großmutter wußte, die Deutschland sehr genau kannte und nicht aufhörte, uns immer wieder von allen Schönheiten Deutschlands und der Welt zu erzählen. Ich war Bestandteil Deutschlands. Deutschland gehörte mir und den anderen auch.

Bis, ja, bis eines Nachmittags im Jahre 1932. Wir spielten Murmeln auf der Straße. Wir wohnten damals am Roseneck, Hohenzollerndamm. Ich gewann, und einer der Jungen sagte: »Verdammte Judensau, gib die Murmeln her! Du hast kein Recht, deutschen Kindern Murmeln wegzunehmen.« Meine Reaktion war aggressiv. Ich schlug um mich, ohne ein Wort zu sagen. Ich wehrte mich. Ich spielte nie wieder mit diesem Jungen. Ich verstand noch nicht. Ich gehörte noch zu Deutschland. Ich wußte, der Junge war eben ein schlechter Spielkamerad. Ich kam nach Hause und fragte: »Papa, was ist eine Judensau?« Mein Vater war entsetzt. Aber er wußte schon, was ich noch nicht wußte. Er sagte: »Mach dir nichts draus, der Junge weiß selber nicht, was das ist. Es sind die Feinde Deutschlands, die solche Worte gebrauchen.« Es leuchtete mir ein.

Plötzlich passierten Dinge, die ich alle nicht recht begriff. Mein ältester Bruder studierte, und er wurde plötzlich zum Weiterstudieren in die Schweiz geschickt. Warum? Mein zweiter Bruder und ich kamen nach Kuhlmühle, der jüngste kam in eine Privatschule, warum? Ich verstand immer noch nicht. Kuhlmühle bei Wittstock an der Dosse. Ein Kinderheim der »Roten Hilfe«. Meine Eltern waren Mitglieder der roten Bühnengenossenschaft. Mein Vater war mit Gustav von Wangenheim der Mitbegründer der Truppe 1931«, die politische Stücke im kleinen Theater »Unter den Linden« spielte. Meine Eltern schickten uns weg, weil sie nicht wollten, daß die Straße uns zum Feind wurde. Sie glaubten noch, der Spuk ginge bald vorüber. Die Wahlen standen bevor. Berlin war rot. Wir kannten das Lied vom roten Wedding, der marschierte.

Kuhlmühle, ein wunderbarer Platz. Nicht nur der Wald. Der See. Die Himbeeren, Brombeeren und Blaubeeren. Auch die Atmosphäre. Walter Pätznick, unser Leiter und Lehrer. Ein wundervoller Mensch. Er verstand und liebte uns Kinder, und wir liebten ihn. Wir waren fünfundzwanzig Kinder. Mein Bruder Peter und ich waren die einzigen Juden, aber das spielte in Kuhlmühle keine Rolle. Denn wir waren deutsche Kinder von deutschen Eltern, und wir lernten in Kuhlmühle, unsere Heimat zu lieben, uns gute Freunde zu sein. Wir lernten das Leben dazu zu nutzen, das Schöne, das Gute zu erstreben und für die Gerechtigkeit einzustehen. Es war eine Zeit, die mir tief in Erinnerung geblieben ist und die zweifellos einen Einfluß auf meine weitere Entwicklung hatte.

Und dann 1933: Der rote Wedding marschierte braun. Ich war zwölf Jahre alt und bereits fast ein Jahr in Kuhlmühle. Eines Tages kamen die Braunen mit dem schwarzen Hakenkreuz im weißen Kreis auf rotem Grund an den Ärmeln nach Kuhlmühle und holten Walter. Wir Kinder standen im Hof. Sie führten ihn hinaus, mit Handschellen gefesselt, unseren Walter. Warum? Weil er uns Deutschland lieben und die Menschen achten lehrte? Wir waren seine Schüler. Wir waren erschüttert. »Walters Kinder weinen nicht.« Ich knirschte mit den Zähnen. Wieder waren es die Feinde Deutschlands. Diesmal war es mir ganz klar. Die Feinde Deutschlands führten Walter in Handschellen ab. Wir sahen ihn nie wieder. Heute weiß ich, daß er in Dachau endete. Was mit seiner Familie und seinen Kindern geschah, habe ich bis heute nicht herausfinden können. Er war Deutschland für mich.

Uns Kinder schickte man nach Hause. Ich kam wieder in die Schule. Ich begann, das Wort Judensau oft zu hören, Schläge zu bekommen und Schläge auszuteilen. Und dann kam der Reichstagsbrand. Ich verstand schon genug, um Dimitroffs Worte vor dem deutschen Gericht zu verstehen, als er sagte, Deutschland gehe seinem Verderben entgegen und sein ganzer Prozeß sei ein abgekartetes Spiel.

Ich hörte Hitler bellen: »Sonne, Frieden, Freiheit!« Ein Platz an der Sonne. Wessen Sonne? Hitlers Sonne? Dann suchten sie meine Eltern. Man warnte sie eine Stunde vorher, und es gelang ihnen zu fliehen. Nach Frankreich erst und später nach Palästina. Mein ältester Bruder studierte in der Schweiz. Wir anderen drei waren bei meiner Großmutter. Aber wir waren doch Deutsche. Warum mußten meine Eltern bei Nacht mit einem kleinen Köfferchen wie Verbrecher fliehen?

Und dann kam die Judenbank. Ich kam in die Schule so wie gewohnt und setzte mich auf meinen gewohnten Platz. In meiner Klasse waren noch zwei jüdische Kinder. Die Lehrerin sagte: »Rosemarie aufstehen, Ulla aufstehen, Gerhard aufstehen, von heute ab sitzt ihr hinten auf der Judenbank.« Ulla weinte, Gerhard senkte den Kopf, ich ballte die Fäuste und knirschte mit den Zähnen. Ich sagte: »Ich will auf die deutsche Bank, ich bin Deutsche!« Die Antwort war: »Raus, und morgen sitzt du auf der Judenbank!« Ulla und Gerhard gingen wie geheißen und setzten sich auf die Judenbank, ich nahm meine Schultasche und ging raus. Ich sitze auf keiner Judenbank. Ich bin Deutsche, und diejenigen, die mich auf die Judenbank setzen wollen, sind die Feinde Deutschlands. Aber wie viele Feinde hatte Deutschland plötzlich!

Vom nächsten Tag an ging ich in die jüdische Mädchenschule in der Auguststraße am Oranienburger Tor. Eine dreiviertel Stunde mit der S-Bahn von Wilmersdorf, wo ich wohnte. Dort, in der Auguststraße, waren alle Bänke Judenbänke. Ich lernte, daß deutsche Juden in erster Linie Juden sind. Es wollte mir nicht in den Kopf gehen. Ich sprach deutsch, ich liebte die deutsche Sprache. Ich liebte den Wald, die Straße, in der ich geboren wurde, die Straße, in der ich lebte, den Schulweg, den Grunewald, den Friedrichshain und den Märchenbrunnen.

Und plötzlich kamen die Schilder an Kaufhäusern und Gaststätten. Ich konnte lesen: »Juden ist der Eintritt verboten!« Manchmal stand auch dran: »Juden und Hunden ist der Eintritt verboten!« Ich konnte zwar lesen, aber nicht verstehen. Ich ging gerade in solche Geschäfte hinein, Ich wollte sehen, ob man an meinem Gesicht sieht, daß ich Jüdin bin. Nein, man merkte nichts. Ich stand vor den Plakaten des *Stürmers* und las: »Die Juden sind klein und schmächtig, haben eine Hühnerbrust und hinken. Sie haben schwarze Augen, dicke Frauen und Hakennasen. Außerdem sind sie feige und scheuen sich vor jeder anständigen Arbeit.« Ich schüttelte den Kopf. Meine Mutter war groß, brünett, hatte eine herrliche Figur und die schönsten Bernsteinaugen. Sie war die schönste Frau, der ich bis heute begegnet bin. Mein Vater war groß und schlank, so wie sein Bruder Richard. Beide waren Frontsoldaten im Ersten Weltkrieg gewesen, worauf sie nicht gerade sehr stolz waren, da sie den Krieg verabscheuten. Mein Vater war Künstler, liebte die Sprache und die Menschen, hatte keine Hakennase und hinkte nicht. Mein Bruder Peter war groß, größer als mein Vater, war breitschultrig, da er viel Sport trieb, und dunkelblond. Ich sah aus wie alle anderen Mädchen meines Alters. Ich war zwar nicht blond, aber es gab viele Nichtblonde. Hitler zum Beispiel, Goebbels zum Beispiel. Goebbels hinkte und hatte die Hakennase, von der er behauptete, daß sie das Kennzeichen der Juden sei. Ich begriff nicht. Ich sprach besser Deutsch als Hitler, da man bei uns zu Hause darauf Wert legte, ein kultiviertes Deutsch zu sprechen. Warum war ich plötzlich keine Deutsche mehr? Das einzige, was mir einleuchtete, waren die Worte meines Vaters und Walter Pätznicks: Es sind die Feinde Deutschlands, die dich Judensau nennen, dich auf die Judenbank gesetzt, Walter fortgebracht, deine Eltern vertrieben und beschämende Schilder an die Geschäfte gehängt haben. Aber die Schilder waren doch in deutscher Sprache! Ich bekam die Wut. Die innere Wut, die noch lange Raum in meiner Seele haben sollte.

Bald darauf verhafteten sie meinen Bruder Peter. Es gelang ihm, nach Wien zu fliehen, von wo er nach dem Februar-Aufstand gegen Dollfuß ausgewiesen wurde. Er folgte meinen Eltern nach Palästina. Rainer, der damals sechzehn Jahre alt war, war auch schon dort. Nun war die Reihe an mir und meiner Großmutter. Meine Großmutter fing an, mich darauf vorzubereiten, daß auch wir nach Palästina fahren. Warum? Wegen der Feinde Deutschlands, die Schilder an die Geschäfte hängten und Juden und Kommunisten verprügelten? Damals wußte ich nur vom Verprügeln. Meine Großmutter sagte: »Wir bleiben nur so lange, bis es vorübergeht, dann kommen wir wieder zurück. Die Feinde Deutschlands sind jetzt zu stark.« Es leuchtete mir wieder nicht ein. Warum nicht etwas tun? Warum nicht etwas tun gegen die Feinde Deutschlands? Peter versuchte es. Vor seiner Verhaftung und Flucht war er Mitglied des Kommunistischen Jugendverbandes, der damals schon illegal war.

Ich wollte auch etwas tun, aber was konnte ich tun? Es half nichts. Im Oktober 1934 verließen meine Großmutter und ich Berlin vom Bahnhof Zoo in Richtung Venedig.

Mein Berlin, wo ich geboren wurde, meine Heimat, mein Deutschland. Wer nahm es mir weg? Wer sprach es mir ab? Wer setzte mich auf die Judenbank? Wer trieb mich fort? Deutschland, mein Deutschland. Warum war es plötzlich nicht mehr mein Deutschland? Ich war wütend, aufgeregt und entsetzt. Ich konnte es nicht begreifen.

Damals gab es das Wort »verkraften« noch nicht, aber es paßt, so sehr es auch meine Ohren schmerzt, dieses Wort. Dieses Wort verkraften klingt wie vertreiben, vernichten, vergasen.

Gerhard L. Durlacher

Mein Zuhause fort

Mein Zuhause fort, mein Zimmer fort, mein Hund fort, mein Spielzeug fort, fort, fort, alles fort. Kein Harro mehr, keine Schule mehr, sogar mein Bär ist fort. Alles, was mir geblieben ist, liegt in einem Koffer neben mir auf dem Rücksitz, wo eigentlich Oma hätte sitzen sollen.

Sie ist mit der Bahn vorausgefahren, geradewegs nach Rotterdam. In dem Abteil, in dem sie saß, als führe sie zur Schlachtbank, jammernd, daß sie die Reise nicht überleben werde, verschwand sie aus meinen Augen.

Dörfer und Städte gleiten vorbei. Ein Kilometerstein folgt auf den anderen. Wenn Hunger, Durst oder andere Bedürfnisse meinen Vater zum Halten zwingen, beginnt die Suche nach einem Gasthaus, wo nicht »Juden unerwünscht« auf den Türen steht. Sehr oft setzen wir die Reise fort, ohne einen Zufluchtsort gefunden zu haben, und fahren weiter bis zu einem Platz, wo wir die unterwegs gekauften Lebensmittel auf einer Bank oder im Gras sitzend essen können. Es ist wie ein Picknick, aber lustig ist es nicht.

Durch Wälder und über Hügel brummt Vaters Adler. Eintönig verschlingt er das Band aus Asphalt und Kopfstein, bis die Dunkelheit einbricht.

Wir sind müde, sehr müde, als ein Wegweiser Mönchengladbach anzeigt.

Von Hotel zu Hotel zu Hotel; wie Bettler vor den Türen abgewiesen. Zuletzt eine Pension von Juden für Juden.

Der Schlaf will nicht kommen, ich habe keine Tränen mehr.

Vorhänge flattern leise im Wind. Durch das Fenster scheinen die Sterne der letzten Nacht in meinem Geburtsland.

Ludwig Greve

Kaum mehr ein Land in Sicht, das Juden aufnahm

Alle Welt huldigt Daten, gar historischen, weil sie dem, was wir so zusammenleben, eine Art Legitimität verleihen. An diesem 10. November 1938 ist mir in der Tat die Kindheit abhandengekommen, so wenig ich gleich was anderes fand. Ich sah zum ersten Mal meines Vaters Hilflosigkeit. Nicht mal das stand ihm zu in dem großen Heer, das zusammengetrieben wurde, wohin, wußte jedermann. Selbst die Kurzform des allgegenwärtigen Begriffs, von den einen aus Furcht, von andern in einer Art von Vertraulichkeit benutzt, kam uns nicht über die Lippen, als wenn das unsern Vater (so nannte Mimi ihn, die jetzt öfter kam) davor hätte bewahren können. Mama besprach jetzt oft, was zu tun war, mit mir, vielmehr hörte ich zu und stand noch am Fenster, wenn es auf ihren Bittgängen spät wurde. Sie bekam bald heraus, in welches Lager sie ihn gebracht hatten; Sachsenhausen oder Oranienburg, ein Schauder begleitete die Namen. Auf der Postkarte, die er schließlich schreiben durfte, stand freilich nur Allgemeines nach Art von Feriengrüßen; wir lasen daraus, Mama wohl deutlicher als ich, daß es bei der Frist von »ein paar Tagen«, mit der sie auf den Ämtern immer vertröstet wurde, nicht bleiben würde.

Es dauerte fast auf den Tag einen Monat. Evelyn malte auf eine Postkarte unser Haus, sogar mit Schornstein, dafür hatte es nur drei Fenster, aus denen jeweils eins von uns nach ihm Ausschau hielt, ich fügte auf der Rückseite Grüße in Sonntagsschrift hinzu, einmal ohne seine Ermahnung. »Ist Post gekommen?« Die Frage unterließ ich bald. Der Schulbetrieb ging weiter, obwohl auf den Stundenplan kein Verlaß mehr war; das bedrückte die Untertertia weniger als der Grund dafür, den Fräulein Heine uns nicht vorenthalten konnte; auch unsere Lehrer waren abgeholt worden, in *Schutzhaft*, wie die amtliche Bezeichnung lautete. Nur die Mathestunde, ausgerechnet, fand wieder regelmäßig statt, weil Knullchen Neufeld als Kriegsversehrter bald entlassen wurde. Selbst ihm hatten sie die grauen Haare abgeschoren. Uns stand der Sinn sowieso nicht mehr nach Streichen.

Ich frage mich, ob ich die Spuren dessen, was wir nicht zu benennen wagten (fast wie die Frommen den Namen Gottes), überhaupt wahrgenommen habe. Nichts, so wenig wie ein Täter. Auf den Kurfürstendamm, wo sie am schlimmsten gehaust haben sollten, führte mich seit Kullis Wegzug nichts, an der Strecke zum Roseneck gab's nur wenig Geschäfte. Auch wenig Verkehr übrigens, was mein Glück war, so achtlos, wie ich das Rad lenkte.

Oft, wenn wir von der Schule nach Hause kamen, lag in der Garderobe nur ein Zettel von Mama, wann sie zurück sein würde – »voraussichtlich«. Eine Behörde hatte sie an die nächste verwiesen, oder es kannte jemand einen in dem und dem Ministerium, der vielleicht... Mehr bedurfte es nicht, daß sie sich auf den Weg machte, wo sie doch früher ohne Mittagsschlaf »gar kein Mensch« sein zu können erklärte. In der Küche stand das Essen für uns, Eintopf oder was Schnelles wie Bauernfrühstück, das Aufwärmen überließ ich Evelyn, das verstand sie schon besser als ich. Wir aßen gleich in der Küche, wo wir uns Mimi nahe fühlten, der Tisch im Eßzimmer hatte trotz gehäkeltem Deckchen rundum etwas Abweisendes. Wenn am Nachmittag sich der Schlüssel in der Wohnungstür drehte, war ich anfangs gleich hingelaufen, dann bezähmte ich mich und wartete, bis Mama von sich aus kam. Selbst die Enttäuschung, so traurig das ist, wurde uns zur Gewohnheit, das Kopfheben und der gesenkte Blick.

Dann kamen Gerüchte von Entlassungen auf. Bis Ende der Woche, hieß es; an keinem Sonntag zuvor hatten wir so auf jedes Knarren des Parketts gehorcht. Am Montag nahm ich die letzte Schulstunde frei, früher undenkbar, und fuhr nach Hause. Unterwegs kein Zeichen, Hubertusallee, Halensee, nichts. Aber in der Garderobe hingen sein Hut und Mantel. Nur noch ein paar Schritte... die wurden mir schwer. Das Wohnzimmer bekam Licht vom Freien, weil die Schiebetür geöffnet war, und da saß er, das Fenster im Rücken, am Schreibtisch, in dem Mama, vornübergebeugt, irgendwas suchte. »Komm doch, Junge...« Und ich kam.

Das Gefühl seiner Bartstoppeln, gerade weil ich ihn noch nie so erlebt hatte, brachte mir die Gewißheit, daß er es war, kein Trug. Freilich, als er aufstand, dachte ich einen Moment, sie hätten den Anzug bei der Rückgabe vertauscht, so weit war er ihm geworden. Nein, es war der Anzug, auf dem es in Fäden zu regnen schien. Anstelle des Doppelkinns hing lappige Haut. Ich war darauf gefaßt, daß er wie alle Entlassenen aussehen würde, ich meine das geschorene Haar –: »Das wächst nach«, sagte er begütigend, als er meinen Blick sah. Das Gespräch ging mühsam vonstatten. Er fragte auf einmal nach der Schule, obwohl es gar keine Zeugnisse gegeben hatte; meine Schwester rannte gleich nach ihrem Heft, er setzte die Brille auf und studierte die runden, geradezu pausbäckigen Schriftzüge, die wie auf eine Schnur gereiht waren, mit solcher Hingabe, daß mir schon bange wurde. »Schön schreibst du, Kind.« Einmal empfand ich darin keinen Vorwurf gegen mich.

Wovon redeten wir. Von Alltäglichem, soweit sich was aufbieten ließ. Das, worüber mein Vater schwieg, hatte den Alltag abgelöst. Erst später, ich glaube, schon auf dem Schiff, fing er zu reden an – nur dieses eine Mal. Eine harmlose Episode, vergleichsweise, soll ich die nacherzählen? Wo doch das Unheil längst keine Fratze mehr, sondern ein Allerweltsgesicht trägt... Meinem Enkel zuliebe, wertes Publikum; er wird es brauchen können.

Die erste Nacht im Lager, es war November, hatten sie, so mein Vater, im Freien zubringen müssen, bewacht von SS-Leuten mit Hunden (Schäferhunde, ich gebe zu, daß ich was gegen diese Tiere habe, obwohl sie doch nur ihren Herren gehorchen). Keiner der Gefangenen wußte, wohin man sie gebracht hatte, es herrschte Redeverbot. Morgens erschienen die höheren Chargen zum Appell und schritten die Reihen ab, viele tausend barhäuptige Männer. »Was warst du, Jude?« Da mochte einer antworten, was er wollte, Kaufmann, Arzt, Journalist, er wurde wüst beschimpft, wenn nichts Schlimmeres. Das verschwieg mein Vater. Als die Reihe an ihn kam, er hatte Zeit zum Überlegen gehabt, sagte er: »Vertreter.« Der litzengeschmückte Peiniger wiederholte das Wort etwas ratlos, es fiel ihm wohl nichts Beleidigendes dazu ein. Da trat ein weißhaariger Mann vor, großgewachsen, »in einem Ledermantel wie ein Goj«, und sagte mit fester Stimme: »Bankier.« »Bankier!« Die Wiederholung sollte ihn fällen, »sag lieber, du hast das deutsche Volk um seine Ersparnisse gebracht!« »Nein, vier Jahre im Krieg mit Kanonenkugeln gespielt!« Ich war vierzehn, da behält man so eine Antwort.

Zu einem auch nur halbwegs geregelten Alltag haben wir's dann nicht mehr gebracht, dazu fehlte nicht nur der Rahmen, Pflichten, Gewohnheiten usw., auch der Inhalt, gewissermaßen, das Zutrauen. Wollte mein Vater, das hatte er unterschreiben müssen, einer neuerlichen Verhaftung entgehen, mußten wir schleunigst auswandern. Wieder scheue ich davor, das allseits Bekannte noch einmal zu wiederholen, für wen denn! Inzwischen kann man die Völker zählen, die keine Fluchtwelle erfaßte. Die Juden indes werden immer wieder an ihr Schicksal gemahnt – nicht zuletzt durch die, die es bestreiten –, wie sollte ich davon absehen? Nur ein Umriß mit spröder Feder, Arnon, du kannst ihn ausmalen, später, wenn du groß bist.

Um die Jahreswende 38/39 war kaum mehr ein Land in Sicht, weder Eiland noch Wüstenei, das Juden aus Deutschland – ausgenommen die paar, die mächtige Fürsprecher hatten – aufnahm; kein Wort hörte man häufiger als »Beziehungen«. Eine internationale Konferenz, ich glaube, am Genfer See, wo es schöne Hotels gibt, beriet über Schritte zu unserer Rettung und vertagte sich dann mit allgemeinen Ausdrücken guten Willens. Die deutschen Behörden, dieselben, die Druck auf uns ausübten, nahmen das als Ermutigung für verstärkte Raubzüge. »Judenabgabe«, »Reichsfluchtsteuer«, das waren ein paar der Vokabeln, die ich bei Tisch aufschnappte. Da gab es ein Für und Wider wohl allenfalls darüber, welches Ministerium die Sache in die Hand nahm: was Juden besaßen, war jedenfalls unrecht Gut, also her damit, solange noch Zeit war. Ein Haus, Grund und Boden hatten meine Eltern nie besessen, ›Wimpel‹, die Fabrik, war längst »arisiert«, die Ersparnisse abgeliefert, dann also noch Silber und Schmuck. Was sie davon abzweigen konnten, bekam Mimi zur Erinnerung; Teelöffel aus der Gründerzeit, Fotos im Silberrahmen, sie hat alles getreulich über den Krieg bewahrt. Sogar der Serviettenring von Oma Trude kam wieder zum Vorschein, etwas zerbeult, ich benutze ihn darum umso lieber. Er trägt die verschlungenen Initialen ihres Mädchennamens, über und über mit Wiesenblumen und Gräsern verziert. Waren da nicht ihre Erwartungen eingraviert? Dann die Kinder, sieben, zwei starben früh, auch Freuden, beständiger die Sorgen. Genug, genug.

Was Mama, als unser Vater zurückkam, in seinem Schreibtisch gesucht hatte – oder gab sie's nur vor, um die Tränen zu verbergen? – war die Korrespondenz mit Mr. Wilkoff in Pittsburgh. Dem galt jetzt der erste Hilferuf, bei dessen Abfassung sogar ich konsultiert wurde, obwohl meine zwei Jahre Schulenglisch uns noch lange nicht Amerika näherbrachten. Wenn Papa von seinen Gängen zu Konsulaten und Ämtern nach Hause kam, hatte er so einen Blick... als wenn er zu lange auf den leeren Horizont gestarrt hätte. Die meisten, mit denen er vor den verschiedenen Schaltern anstand, kannte er schon beim Namen. Blieb einer mal aus, hieß es: »Der hat's geschafft«, wohin auch immer, Schanghai, Bolivien. Dieses Warten und Drängeln stellte ich mir als eine Art *Reise nach Jerusalem* vor, jenes auf Kindergeburtstagen beliebte Spiel, nur daß es hier unter den Vätern wohl nicht so wild zuging. Eine Weile sah es so aus, als böte sich auch uns ein Stuhl, um im Bild zu bleiben, in Bolivien; Hauptstadt La Paz, auf einem Hochplateau gelegen, das Klima trocken und kalt. Mama ging schon warme Sachen besorgen, während ich meiner Schwester, um sie zum Lachen zu bringen, die Namen aus dem Schulatlas vorsagte: »Titicacasee, Lago de Poopó!« Da die Indios auf dem Hochplateau vermutlich keine Hemden benötigten, wollte Mama die Familie so lange ernähren, bis Papa sich dort zurechtfand; ein Mittagstisch für Einwanderer vielleicht. Wie in ihrer Mädchenzeit besuchte sie noch einmal einen Kochkurs, übte sogar zuhause dafür; das Prüfungsgericht war eine Hammelkeule, in deren Saft die Kartoffeln schmorten, dazu dicke rote Bohnen. Die ganze Wohnung duftete nach Bolivien.

Das Haar meines Vaters war schon fast nachgewachsen, da eröffnete er uns eines Mittags, daß wir nun doch nicht nach Bolivien auswandern könnten; das neue Ziel hieß Kuba, Havanna auf Kuba. »Das ist viel besser, da haben wir's näher nach Amerika.« Damit war immer Nordamerika gemeint, New York, was meine Mutter unweigerlich als »Ju Jork« aussprach. Peu à peu bekam ich heraus, was unserem Kompaß – um nicht Herz zu sagen – diesen Ausschlag in Richtung Karibik gegeben hatte: ein Angestellter des Konsulats, ob nun auf eigene Rechnung oder *im Auftrag*, trieb mit den Einreisevermerken – je nach Land hießen sie Visa oder Permits – diskret Handel, und zwar in Dollars, ich glaube, 250 pro Kopf. Damals viel Geld, zudem nur unterderhand zu beschaffen; ein deutscher Staatsbürger – wie sehr war mein Vater das immer noch – riskierte dabei schon einiges, ein Jude entsprechend mehr. Ihm blieb keine Wahl. Nach Zahlung der Zwangsabgaben wird das übrige Geld gerade für den Mann im Konsulat – »man muß schon froh sein, wenn einer Geld nimmt« – und die Schiffsüberfahrt gereicht haben. Auch da hatten die eifrigen Behörden eine Schikane ersonnen: da es vorgekommen war, daß Auswanderer am Bestimmungshafen abgewiesen wurden, mußten jetzt einfach alle von vornherein die Hin- und Rückfahrt nach Hamburg bezahlen; es kam schon nicht mehr darauf an. »Im Mai stechen wir in See«, sagte Papa, als er uns die Schiffskarten zeigte; Hamburg-Amerika-Linie, Touristenklasse. Wenn er ins Hamburgische fiel, war's immer ein Zeichen von guter Laune, etwas gezwungen hörte es sich gleichwohl an.

Ingo Schulze

»... der gefrorene Schnee knirschte unter den Sommerschuhen«

Das Unsagbare entsprechend sagen. Zur Autobiografie von Ludwig Greve

Für Jaap Jansen

Als der neunzehnjährige Ludwig Greve am 27. Februar 1944 in einem Brief an den piemontesischen Pfarrer Don Raimondo Viale verschlüsselt meldet, dass er und seine schwer verwundete Mutter nach dreitägiger Reise sicher in Lucca angekommen seien, weiß er, dass sich sein Vater und seine fünfzehnjährige Schwester auf einer anderen Reise befinden. Sie wurden im Januar verhaftet. Die Deportation kam der Befreiung der beiden, die Ludwig Greve und Don Raimondo geplant hatten, um Stunden zuvor.

Anderthalb Jahre später, im Oktober 1945, bedankt sich Ludwig Greve von Haifa/Palästina aus bei dem Priester. In diesem Brief kündigt er an, ein Buch schreiben zu wollen. Erst im Postskriptum des Briefes, in dem die Grüße der Mutter übermittelt werden, findet sich der Satz: »Wir haben von unseren Lieben nie mehr etwas gehört.« In den Nachkriegsjahren, aber auch noch Jahrzehnte später, wird Ludwig Greve immer wieder von Freunden dazu aufgefordert, über das, was ihm und seiner Familie widerfahren ist, zu erzählen. Er wehrt ab – selbst gegenüber jenen, die mit ihm in Frankreich auf der Flucht waren oder ihm halfen.

Um sein Schweigen zu begründen schreibt er: »[...] ich halte es für unmöglich, besonders einem der nicht »dabei« war, irgendetwas Aufschlußreiches und Wesentliches über diese Zeit zu sagen, in Form eines Briefes, das Anderes und Wahreres geben könnte als die üblichen Zeitungsgeschwätze butterbrotkauender Redakteure.« Die Aussage dieses Satzes richtet sich nach der Betonung: legt man sie auf die Unmöglichkeit der Mitteilung an jemanden, der es nicht selbst erlebt hat – oder auf die Unmöglichkeit der Mitteilung außerhalb der Literatur.

Ein Dreivierteljahr später bekennt sich der zweiundzwanzigjährige Ludwig Greve gegenüber demselben Freund dazu, Schriftsteller zu sein. »[...] mein Wille zur Kunst ist keine leicht eitle Tändelei, sondern ein Muß [...]. These: Ich habe eine Begabung. Ergo eine Verpflichtung. Und Pflicht ist es mir – und meine Lust, und meine Liebe, und meine Not, und meine Ekstase in dieser meiner Arbeit zu leben, diese meine Arbeit zu leben und mich ihr zu geben ohne Maß und ohne Vorsicht.« Und apodiktisch endet er: »Wenn Du mal etwas von mir lesen wirst, wirst Du wissen, wer ich wirklich bin« (an Windmüller, 17. November 1946).

Literatur als Notwendigkeit. Die Grenzen dessen, was ein Mensch ertragen kann, und die Grenzen dessen, was sagbar und mitteilbar ist, sind in den Briefen und autobiografischen Schriften Ludwig Greves stets gleichermaßen gegenwärtig. Leben und Schreiben sind miteinander verflochten. Nach dem Erscheinen seines ersten Buches, des Bandes *Gedichte* im Jahr 1961, ist es vor allem die Rezension seines Freundes Werner Kraft, die ihn freut. Ludwig Greve schreibt: »Verschiedene Prägungen – wenn ich das überhaupt sagen darf! – sind großartig: so der Satz ›Unsagbares ist hier gesagt, entsprechend‹. Dieses an sich abgeschliffene Wort ›entsprechend‹ rauscht plötzlich von vergessener Bedeutung« (an Kraft, 22. Februar 1962).

Das Unsagbare entsprechend sagen das könnte als Motto über Leben und Werk von Ludwig Greve stehen. Was aber ist »Unsagbares«? Was bedeutet »entsprechend«? In welcher Richtung zu suchen ist, zeigt eben diese Rezension. Werner Kraft schreibt über das Gedicht *Lucca, Giardino Botanico*, gewidmet »Dem Gedächtnis an Evelyn Greve, die im Frühling 1944, fünfzehnjährig, deportiert wurde«: »In der letzten [Strophe] ist etwas geschehen, was nicht dem Dichter zur Last gelegt zu werden braucht, sondern eher dem Umstand, daß im gegebenen Sprachmaterial die Gestaltung an einem Punkt versagen mußte. [...] Daß dieser Reim mißglückt ist, läßt sich aber auch positiv deuten: vielleicht darf es hier keinen Einklang geben. Ein anderes Reimwort für ›begegnen‹ wäre denkbar, ein anderes für ›Unterlegenen‹ kann es nicht geben, die Prosaaussage dieses Satzes (die natürlich auch eine Versaussage ist, aber später) muß erhalten bleiben.«

Der »mißglückte« Reim, der verweigerte Einklang können als Elemente des »entsprechend« gedeutet werden. Bei solchen Behauptungen tastet man sich im Vagen vor. Hier gibt es kein: So ist es! oder gar: So muss es sein! Doch wie jeder ein Gespür für das angemessene Wort im Alltag entwickeln kann – oder es vermissen lässt –, gibt es für den Schreibenden das Gespür für das Entsprechende, das Angemessene in der Darstellung.

In Ludwig Greves Vortrag »Warum schreibe ich anders«, gehalten 1976 auf Einladung von Uwe Pörksen vor Freiburger Studenten, spricht er auch über die Tage, in denen Vater und Schwester verhaftet wurden. Im Winter 1943/44 versteckt ein Bauer im piemontesischen Bergdorf San Michele die Familie, sie leben von den Zuwendungen der Dorfbewohner. Bei dem Beschuss des Dorfes durch deutsche Einheiten als Vergeltung für Partisanenaktionen werden seine Eltern durch Granatsplitter verletzt, seine Mutter schwer. »Da wir glaubten, daß sie eine weitere Flucht nicht überstehen werde, sahen wir keinen Ausweg, als der erklärten Freundlichkeit ausgerechnet der Carabinieri zu trauen, die unser Versteck entdeckt hatten. Am nächsten Morgen machte sich mein Vater mit meiner fünfzehnjährigen Schwester, dazu hatte der Dorfpfarrer geraten, auf den Weg in die Provinzhauptstadt Cuneo. Ich brachte sie zur Straße hinunter, der gefrorene Schnee knirschte unter den Sommerschuhen.

Meine kleine Schwester hatte Angst wie so oft, ich schalt sie aus. Als sie sich in einiger Entfernung noch einmal umdrehten, hob ich den Arm und rief: ›Bis heute Abend!‹ Ich rief sie nicht zurück.«

Wenige Wochen später – die »Bedrohung hielt an, aber es gab Menschen, die bereit waren, sie mit uns zu teilen« – beginnt er zu schreiben. »Was den Anstoß gab, habe ich vergessen«, heißt es in seiner Freiburger Vorlesung. »Ich hatte keine Mühe, mich wie in Menschen, zu denen ich

Zutrauen gefaßt hatte, in ihre Sprache einzufühlen. Es gibt so was wie ein Gehör für Worte, das hatte ich wohl, im Gespräch oder beim Lesen. Ich erriet mehr als ich verstand. Aber das nichtgerufene Wort, an dem ich seit jenem Morgen würgte, konnte weder erraten noch gelernt werden, es mußte mir, entschuldigen Sie das Pathos, widerfahren.«

Widerfahren bedeutet auch: Warten können. Und den Widerspruch aushalten, Erfahrungen gemacht zu haben, die nicht allein als individuelle beschreibbar sind, weil sie millionenfach gemacht wurden, und sich andererseits dagegen zu behaupten, entindividualisiert, zu etwas gemacht zu werden. Ludwig Greve hat der Gefährdung, Jude zu sein – »Gleich, was du von dir denkst, du bist und bleibst Jude«, sagte Auschwitz« (György Konrad) –, weitere Gefährdungen hinzugefügt, indem er in Frankreich als Mitglied der Résistance Flüchtlinge an die spanische und Schweizer Grenze schleuste und in Italien an der bewaffneten Befreiung von Lucca teilnahm. Aber auch nach der Zeit der unmittelbaren Gefährdung nimmt er es nicht hin, »schicksallos« zu sein. »Ich wollte, je älter ich werde, kein ›Fall‹ sein, sondern nach meinen eigenen Bedingungen leben« (an Ernst Papanek, 18. November 1967). Und zugleich ist es dieses »nichtgerufene Wort«, das hinter allem steht, was er schreibt.

Bei Ludwig Greve scheint mitunter in einem einzigen Satz eine ganze Poetik auf: »Ich brachte sie zur Straße hinunter, der gefrorene Schnee knirschte unter den Sommerschuhen.« Dass Schnee in großer Kälte unter den Schuhen knirscht, ist bekannt. Aber es sind Sommerschuhe, in denen die Familie durch den Schnee gehen muss. Ich hatte in der ersten Lektüre überlesen, was eigentlich nicht zu überlesen ist. Erst beim Wiederlesen traf es mich. Ludwig Greve evoziert durch dieses eine Detail die ganze Situation. Die Kälte kriecht im Leser selbst hoch, gerade weil er derart diskret und präzise schreibt. Nur muss man diese Prosa – eigentlich eine Selbstverständlichkeit – so genau wie Lyrik lesen.

In den Jahren 1952 und 1955 ist Ludwig Greve genötigt, über die Zeit der Flucht und des Widerstandes zu schreiben, um für sich selbst, er ist völlig mittellos, wie für seine Mutter, die noch immer unter den Folgen der Verwundung leidet, finanzielle Unterstützung zu beantragen. So entstehen *Übersetzung meines Lebens ins Lebensläufische* (1952), *Lebenslauf und Verfolgungsbericht* (1952) und die *Eidesstattliche Versicherung* (1955). Doch selbst in diesen für Ämter und Kommissionen bestimmten Schreiben verweist er auf die Unangemessenheit der amtlichen »lebensläufischen« Sprache für das Erfahrene. Es bedarf der Übersetzung. Wie reagiert ein Beamter, der einen Lebenslauf erwartet, auf einen Satz wie: »1933 sah ich weinend aus dem Fenster nach den ersten Hitlerjugendaufmärschen und erfuhr, dass ich ›Jude‹ sei, eine geheimnisvolle Krankheit.« Oder: »Ich lernte, meine Augen zu leeren und meiner und der Freunde Angst Gewalt anzutun. Ich wurde mehrmals verhaftet und entkam.«

Der früheste dieser Berichte (*Übersetzung meines Lebens ins Lebensläufische*) ist auf den ersten Blick der literarischste, doch auch jener, der am wenigsten preisgibt. Hier rebelliert jemand gegen die amtlichen Kategorisierungen und führt diese ad absurdum. Legt man die Übersetzung neben den *Verfolgungsbericht*, der aus dem gleichen Jahr stammt, so ließe sich die Übereinstimmung im Inhalt für Zufall halten, so verschiedene Sprachen sprechen sie. Der *Verfolgungsbericht*, vor allem aber die *Eidesstattliche Versicherung* von 1955 mit ihrer Konzentration auf die Ereignisse in den piemontesischen Bergen im Winter 1943/44 machen den Eindruck, als bediente sich Ludwig Greve bewusst des amtlichen Tonfalls als stilistisches Mittel, um etwas niederzulegen, was einem Brief anzuvertrauen ihm kaum möglich war. Es ist, als hätte ihm ein Beamter, wie bei Brecht der Zöllner dem Laotse, ein Werk abgefordert. In *Lebenslauf* und *Verfolgungsbericht* findet sich eine Begründung, warum Ludwig Greve nach Deutschland zurückkehrt. Darüber hinaus sagt sie viel über seinen Blick auf die Welt. »Den Haß, den viele Menschen in Palästina gegen Deutschland hegen, fand ich, wenn auch begreiflich, dumm und selbstgerecht. Ich fühlte mich außerdem nicht wohl unter ›Siegern‹. Ich war außerdem der Ansicht, daß es nicht genüge, ein Volk zu verdammen, das schreckliche Taten begangen und geduldet hatte: sondern daß jedes Volk zu solchen und ähnlichen Taten fähig war und ist, ließ mich nicht ruhig schlafen.« So schreibt keiner, dessen Blick auf die Welt durch das selbst erfahrene Leiden beschränkt wird.

Aber vergessen ist nichts. Die *Eidesstattliche Versicherung* endet mit der Wendung: »Ich glaube, daß diese ausführlichen Äußerungen, obwohl sie von dem Sohn stammen, der Behörde dazu verhelfen können, ebenso großzügig zu sein wie das Volk, das sie vertritt im Morden es war.«

Von Ludwig Greves autobiografischer Prosa wurde zu seinen Lebzeiten kaum etwas veröffentlicht. Die *Geschichte einer Jugend* bricht kurz vor Ausbruch des Zweiten Weltkriegs ab, sie erschien posthum. Doch wie ein roter Faden ziehen sich die Berichte über seine Prosaversuche durch die Briefe. Und von Anfang an ist es vor allem eins, was er von sich fordert: Leichtigkeit! »Dabei träume ich von Stoffen mit großer Leichtigkeit« (an Herbert Schwöbel, 4. Juli 1958).

Vier Jahre später ist es die Trauer über den Tod des Galeristen Otto Lutz, »dessen Freundschaft vor allem mir lange die Heimat ersetzte, bis ich sie in der Landschaft wiederfand«, die ihm die Zunge löst und ihn grundsätzlich werden lässt: »Wenn so einer stirbt, sieht man, wie viel er vermochte u. wie modisch das Gerede von unserer Ohnmacht ist: es ist eine Ausrede.« Und als hätte er dabei vor allem sich selbst gemeint, fährt er ohne Absatz fort: »So sehr ich mich davor fürchtete, will ich doch versuchen, Prosa zu schreiben, nicht noch eine Geschichte vom Krieg, sondern meine Jugend darin. Ich glaube, es ist jetzt Zeit, da ich eingesehen habe, daß der Reichtum, die unendliche Verquickung aller mit allem, nur von einer ruhigen Sprache getragen werden kann. Die Schwäche gestikuliert« (an Werner Kraft, 13. Dezember 1962).

Das Buch, das er Don Raimondo im Herbst 1945 versprochen hat, scheint siebzehn Jahre später noch das nämliche zu sein, auch wenn die steten Überlegungen zu dessen Gestalt, dessen Stil, dessen Klang vorbereitend daran formen. Das, was Ludwig Greve fassen und benennen will, ist die »teuflische Mechanik« des Geschehenen – und zugleich gilt es, etwas dagegenzusetzen, das ein Weiterleben möglich macht: »Das hat mir in den Jahren nach dem Krieg das Leben unmöglich gemacht, zu wissen, daß nur wenige Menschen dem widerstehen können. Die anderen sind keine Teufel, weit entfernt davon. Teuflisch ist vielmehr die Mechanik, in die sie, ihr Talent, ihr Fleiß, ihr Lebenswillen, ihre Liebe – alles legitime Dinge! – gepresst werden. Das ist hundertmal geschrieben worden, fast immer mit Gefühl oder Zorn, also ungenügend. [...] In unserer Sache habe ich nichts vergessen, glauben Sie mir, aber ich habe alle meine Tränen geweint, Haß, Abrechnung – das möge andere beschäftigen, ich möchte etwas tun, damit die Menschen zu leben beginnen: das Mögliche, die Schönheit des Möglichen zeigen« (an Werner Kraft, 12. Juni 1962).

Aus dieser Haltung heraus bewundert er *A Sentimental Journey Through France and Italy by Mr. Yorick* von Laurence Sterne. Mehrfach spricht Ludwig Greve von seiner eigenen Sentimental Journey. Dabei ging es ihm nicht allein um die geografische Übereinstimmung. Die moderne Prosa von Sterne, seine Darstellung der Zeit als Nicht-Kontinuum, sein Abschweifen, Aufgreifen scheinbarer Nebensächlichkeiten – und gerade darin seine Unbeirrbarkeit, sich nicht vom Kontext ablenken zu lassen, sondern das ihm Wesentliche zu erzählen – faszinierten Ludwig Greve. Er, der in den Kategorien von Mr. Yorick ein »notwendig Reisender« war, fand bei Sterne, was er immer von sich selbst forderte: Leichtigkeit, Distanz zu sich selbst, dabei nichts zu »erfinden«, sondern Erlebtes in Kunst zu verwandeln und die Schönheit des Möglichen zu zeigen. In diesem Sinne schreibt er am 12. Januar 1962 an Josua Reichert: »Ende des Jahres wußte ich den kürzesten Satz: »Ich lebe. Sowohl Feststellung wie Jubel.«

Es dauerte noch bis in die achtziger Jahre, bis Ludwig Greve seine Sentimental Journey schreiben konnte. In einem Brief an Friedhelm Kemp vom 28. Juli 1984 hält er ein Erlebnis fest, das zum Beginn seiner *Geschichte einer Jugend* werden sollte: »Der Ansatz kam unerwartet, eine Alltagsbegegnung mit einem ›Ostjuden‹, u. als ich, statt einer Erholungsreise sozusagen, mir auf ein paar Seiten Rechenschaft ablegen wollte, was mich daran unangenehm berührte, befand ich mich auf einmal inmitten der Kindheit, die sich unter der Verschüttung bewegte, so daß die Bilder nicht chronologisch, sondern wie nach einer Vorzeichnung sich zusammenfügten; sagen wir dem Davidstern. ›Das Judentum klebt wie Pech‹, hat Max Fürst am Ende seines Lebens gesagt. Diese immer vermiedene Auseinandersetzung, so wenig originell sie auch erscheint, könnte das Thema sein, das die biografischen Zufälligkeiten bindet.«

Die eigentliche Niederschrift beginnt Ende der achtziger Jahre. Während des Schreibens erschließt sich ihm etwas, wonach er gesucht hat, das aber erst durch die literarische Gestaltung Kontur gewinnt. »Ohne Selbstprüfung wäre das ein Buch eines Überlebenden mehr; es muß aber in der wirren Lebensabfolge etwas stecken, was keinen Namen hat, das zeigt sich langsam (an Herbert G. Göpfert, 17. August 1989).

Noch aus Stuttgart, kurz vor der Abreise in die Ferien an der Nordsee, meldet er am 4. Juli 1991 an Friedhelm Kemp: »[...] da ich gestern nun doch ›mein Pensum‹ vor der Abfahrt in die Maschine getippt habe, – ein Ab-, ein Übergang, mit Ihnen zu sprechen – kann ich heute die Morgenkühle mit Ihren Gedichten verbringen.« Was als »Geschichte einer Jugend« zu lesen ist, endet mit einem »Ab- und Übergang«. War der Fortgang der Geschichte durch einige Hinweise im Text selbst schon verankert, so lässt sich jetzt mit Bestimmtheit sagen, dass eine Fortsetzung, der Übergang zu einem nächsten »Kapitel« geplant war. Acht Tage später ertrank Ludwig Greve in der Nordsee.

Was aber waren die Widerstände, die so lange das Gelingen seiner Sentimental Journey verhinderten? Man braucht darin kein Problem zu sehen und könnte mit Ludwig Greve antworten: Jeder hat seine Zeit. Man muss warten können. »Dichtung und Wahrheit« schreibt niemand in jungen Jahren. Man kann es auch auf die Lebensumstände schieben. Entscheidend aber ist etwas anderes. Ludwig Greve wird mit einem Widerspruch konfrontiert, der zuerst von jenen wahrgenommen wird, die, weil sie Juden waren, ermordet werden sollten: Wie lässt sich über das Erlebte sprechen, wenn die Sprache aus einer Welt stammt, die die Erfahrung der Shoa nicht kennt? Imre Kertész führt in seinem Essay »Die exilierte Sprache« den Begriff des »atonalen Erzählens« ein: »Sehen wir nämlich die Tonalität, die einheitliche Tonart, als eine allgemein anerkannte Konvention an, dann deklariert Atonalität die Ungültigkeit von Übereinkunft, von Tradition. Auch in der Literatur existierte einmal der Grundton, eine auf eine allgemein anerkannte Moral und Ethik gestützte Wertordnung, die das Beziehungsgeflecht von Sätzen und Gedanken bestimmte. Die wenigen, die ihre Existenz daransetzten, Zeugnis vom Holocaust zu geben, wußten genau, daß die Kontinuität ihres Lebens zerbrochen war, dass es für sie unmöglich war, ihr Leben, wenn ich so sagen darf, in der für sie gesellschaftlich gebotenen Weise fortzusetzen, ihre Erfahrungen in der Vor-Auschwitz-Sprache zu formulieren.«[1]

Die Schriftstellerin Christina Viragh hat den *Roman eines Schicksallosen* von Imre Kertész aus dem Ungarischen ins Deutsche übertragen.[2] Ihr verdanken wir auch die Analyse von Stil und Erzählhaltung dieses Buches. In ihren Beobachtungen und Schlussfolgerungen findet sich am ehesten eine Erklärung dafür, was »Atonalität« literarisch bedeuten könnte. Und zugleich sollte dies helfen, besser zu verstehen, was Ludwig

Greve unter »entsprechend« verstand. Denn auch er war der Überzeugung, dass wir uns, wie Kertész es formulierte, »vom Holocaust, dieser unfassbaren und unüberblickbaren Wirklichkeit [...] allein mit Hilfe der ästhetischen Einbildungskraft eine wahrhafte Vorstellung machen« können.[3] »Verlauf und Ausgang sowohl der historischen als auch der persönlichen Geschichte stehen ja im Voraus fest, und daß Kertész sie nicht einfach nacherzählt, kommt daher, daß er sie sich als stilistische Aufgabe stellt«, schreibt Christina Viragh.[4] Im Stil aber verkörpert sich auch immer eine Sicht auf die Welt, im Stil offenbart sich das Verhältnis des Autors zur Welt deutlicher als durch »Inhalte« und Erklärungen.

Was den Stil neben der »Aktualisierung einer bekannten, doppelt bekannten Begebenheit« prägt, ist eine Intimität des Erzählens, die wiederum das Bekannte als unbekannt erscheinen lässt. Der Blick auf das Geschehen ist nahezu unbeteiligt. Oder besser: »unbeirrbar von historischen, ethischen oder moralisierend sentimentalen Vorgaben behält der Autor den Blick für das Gesamt des Moments, der neben dem Bekannten das Noch-Nicht des nächsten Augenblicks«. Der Stil spiegelt das Sich-Vortasten ins Nichts.

Dadurch wird das Erzählte nicht nur »zu einer sich im Hier und Jetzt entwickelten Begebenheit, sondern zur Realität, die den Leser zu aktuellem Nachvollzug zwingt«. Eine weitere wichtige Beobachtung gilt dem Erzähler. Der vierzehnjährige Protagonisten-Erzähler ist »keineswegs naiver als alle« anderen, aber »redseliger, kommentierfreudiger, ein besserer Beobachter als der Durchschnitt und damit der ideale Erzähler einer Geschichte, die erst geschrieben werden muß«. Neben dem Protagonisten-Erzähler aber scheint noch ein weiterer Erzähler am Werk zu sein.

Als Beispiel dafür dient Christina Viragh eine Beschreibung: »Und so tastete, lief und kratzte seine Hand eine Zeitlang bloß von außen auf seiner Brust herum wie eine spärlich behaarte große Spinne oder besser, ein kleines Meeresungeheuer, das einen Spalt sucht, um ihm unter die Jacke zu schlüpfen.« Ist ein Vierzehnjähriger in der Lage, solch einen Vergleich zu formulieren? Fällt er hier nicht aus seiner Rolle? Ein anderes Beispiel: Es »[...] war nämlich das Gerücht aufgekommen und sofort auf dem ganzen Hof aufgegriffen und des langen und breiten erörtert und verbreitet worden: ›Bald gibt es eine warme Suppe!‹ Ohne Frage, auch ich fand es an der Zeit, aber diese vielen strahlenden Gesichter, diese Dankbarkeit, diese fast schon irgendwie kindlich wirkende Freude, mit der die Nachricht aufgenommen wurde, haben mich dann doch ein bißchen erstaunt: deshalb hatte ich wohl das Gefühl, sie galten nicht so sehr der Suppe, sondern eher irgendwie der Fürsorge an sich [...].« »Wer sagt solche Dinge?«, fragt Christina Viragh. »Doch wohl nicht wirklich György [der vierzehnjährige Protagonist – I.S.]? Da ist ein heimlicher Erzähler am Werk. Einer, der zwar nicht an Beobachtungsgabe, aber an Artikuliertheit weit über ihn hinausgeht und den Text in die große europäische Erzähltradition des psychologischen Romans einfügt.«

Der Vierzehnjährige, der sich gemäß seiner bisherigen »traditionellen« Lebenserfahrung verhält und damit auch ungewollt zum Komplizen seiner potentiellen Mörder wird, und der heimliche Erzähler, dessen Bildung und Wissen diese Tradition noch verstärken, verhalten sich gemäß ihren bisherigen Erfahrungen rational. Ihre Rationalität, man kann sie humanistisch oder der Aufklärung verbunden nennen oder eine des urbanen, zivilen Lebens, kollidiert mit der Rationalität der industriellen Tötung von Menschen. Indem diese beiden »Rationalitäten« aufeinanderprallen, gewinnt das Unsagbare eine Evidenz, die sich unmittelbar auf den Leser überträgt. Dieses unentwegte und nachvollziehbare Aufeinanderprallen zweier verschiedener Rationalitäten ließe sich als atonales Erzählen fassen. In dieser Kollision enden alle Gewissheiten und Absprachen. Und trotzdem – und das macht die Größe von Imre Kertész aus, »seine Kühnheit« – existiert in seiner Darstellung neben dem Entsetzlichen das Schöne. Und mehr noch: Durch seine Darstellung schafft er das Schöne, das hier auch das Entsprechende, das Angemessene genannt werden kann. Das ist der Grund, weshalb uns der Anblick der Medusa nicht versteinert. Die Kunst ist das glänzende Schild, in dem wir das Grauen erkennen und uns ihm – wie Perseus – stellen können.

Ludwig Greves *Wo gehörte ich hin? Geschichte einer Jugend* (der vom Verlag gewählte Titel lässt eher an Memoiren-Literatur denken) beginnt mit dem Wort »komisch«: »Komisch, wie man sich ändert; noch mit dreißig fand ich morgens nur schwer aus dem Bett, während es mir jetzt nichts ausmacht, ein paar Bahnen früher als nötig zur Arbeit zu fahren.«

Die nachfolgende Begründung, dass er dann in Ruhe lesen könne, ungestört von Schulkindern – ohne dass sich aus dem Walkman ein »Stampfrhythmus« einmischt, verschont von den »Explosiv- und Grunzlauten« derer, die sich einen Western nacherzählen –, leuchtet ein. Doch sofort fällt sich der Erzähler selbst ins Wort: »Die Sorgfalt dieser Beschreibung könnte mich, falls das einer liest, in den Geruch eines Kinderfeindes bringen, das ist lächerlich, jeder, der mich kennt ..., vielmehr achte ich am Anfang wohl besonders auf die Formulierung, sagen wir, aus Mangel an Zutrauen. Das wird sich geben oder auch nicht.« Allein diese Zeilen auf der ersten Seite des Buches stellen einen Erzähler vor, der in der Gegenwart spricht und der unsicher ist. Tastend bewegt er sich vorwärts. Das Eingeständnis mangelnden Zutrauens (in sich selbst und seine Fähigkeiten? in die Welt? in die Leser?) macht den Leser mitverantwortlich für die Situation des Erzählens.

»[...] doch seit ein paar Jahren überkommt mich beim Geräusch der ersten Lastwagen die Panik meiner Jugend, vielleicht ist es auch nur Ärger im Büro, nun aber unentrinnbar wie in der griechischen Tragödie, genug, ich breche aus der dumpfen Höhle aus, in der die Bettdecke mich einschließt, und suche Klarheit unter der Dusche. War da nicht noch was anderes?« Was sollte da noch anderes sein? Welche Panik der Jugend? Also doch nicht störende Schulkinder als Grund für die frühen Fahrten?

Erst auf der nächsten Seite findet sich ein Hinweis, beiläufig, derart beiläufig, dass es auffallen muss: »Habe ich schon gesagt, daß ich Jude bin? Jedenfalls für die anderen, vor meinesgleichen mache ich keine gute Figur.« Jude sein oder zum Juden gemacht werden – er ist einer, der »noch nicht mal den Kaddisch gelernt« hat, »was nur deshalb ungeahndet blieb, weil mein Vater – davon später.« Die Erzählung bricht ab, nimmt den Faden wieder auf, weicht aus, schweift ab, deutet voraus. Was zu sagen ist, braucht Zeit. Er spricht, als müsse er erst herausfinden, ob zu sprechen hier und jetzt überhaupt möglich ist. Die Prosa von Ludwig Greve hat fast immer, direkt oder indirekt, einen Adressaten. In seiner *Geschichte einer Jugend* wird sie explizit im Text benannt. Es ist »Golem«. Der Erzähler nennt so einen Mann, dem er eine Zeitlang um sieben Uhr morgens in der Straßenbahn begegnet. Man könnte sagen, er erschafft sich selbst einen Golem, er macht sich ein Gegenüber. Die

Erinnerung an Golem ist nichts Abgeschlossenes – »weiß der Henker, warum er mir auffiel«.

Manchmal sitzt Golem ein anderer Mann in der Straßenbahn gegenüber. Dann redet er wie aufgezogen.

»Der Golem hatte keine angenehme Stimme, heiser, rechthaberisch, doch immerhin war's ein Anzeichen von Leben; dann erkannte ich die Sprache [...] Jiddisch.« Außer dem Erzähler scheint sich niemand daran zu stören. Für ihn jedoch ist das der Grund, nun noch eine halbe Stunde früher zu fahren. »Warum sollte ich mich schuldig fühlen, daß ich nach ein paar Wochen die stumme Verabredung, sagen wir, vergaß – ich wachte offensichtlich immer früher auf, weil eine Terminarbeit mir zu schaffen machte. *Soll ich meines Bruder Hüter sein?*« Er geht seinem »Bruder« aus dem Weg, in seiner Vorstellung aber – als gäbe es da eine Schuld abzutragen – solidarisiert er sich mit ihm. Er würde sich zu den beiden stellen, wenn ein Fahrgast, »dann die anderen, ich war dessen schon gewärtig, die Juden anpöbelte«. Aber sicher kann er sich seiner eigenen Reaktion auch nicht sein. »So weit ich zurückdenken kann, habe ich mich immer bemüht, nein, nein, nicht bemüht, es kam ganz natürlich – nicht aufzufallen.« Darin konnte es der Erzähler angeblich »schon zu einiger Vollendung bringen, sofern meiner Mutter Sohn, wie die Lustigen Personen bei Shakespeare sagen, sich nicht einmischte. Kannst Du mir folgen, Golem? Aber der Haken steckt.«

Offensichtlich hat hier einer Erfahrungen gemacht, die ihn die Wirklichkeit anders erleben und deuten lassen, als es die Menschen tun, die ihm im Alltag begegnen. Sein Vertrauen in die ihn umgebenden Verhältnisse ist keine Selbstverständlichkeit. Ihm ist sein »Weltvertrauen« abhandengekommen. Und er braucht zumindest in Gedanken ein Gegenüber – das konkrete Gegenüber muss da nicht immer förderlich sein–, das »dabei gewesen« ist, wie es Ludwig Greve in einem frühen Brief schreibt.

In seiner Prosa vollzieht Ludwig Greve nach, was zu einer bestimmenden Erfahrung seines Lebens geworden war: dass es unmöglich ist, voraussetzungslos mit dem Sprechen, mit dem Erzählen zu beginnen. Diese Introduktion ist notwendig, um eine Situation zu schaffen, in der das Erzählen – vielleicht – gelingt.

Ludwig Greve macht die Voraussetzungen des Schreibens kenntlich, indem er den Erzähler sich vorstellen lässt. Dies geschieht durch die Art und Weise seines Sprechens genauso wie durch den beschriebenen Konflikt: Dem Erzähler sind die Stimmen der einen wie des anderen unangenehm, er meidet die lauten Schulkinder und weicht vor Golem aus, als dieser spricht, Jiddisch spricht. Zugleich aber wird das Erzählen zur Gegenbewegung. Er erzählt Golem seine Geschichte. Und vielleicht – so die unausgesprochene Hoffnung – hören ihm irgendwann einmal sogar die Schulkinder zu.

Auffällig sind auch die Ähnlichkeiten in der Beschreibung zwischen den Figuren des Golems und des Vaters. Die Anzüge des Vaters – »immer in der gleichen Machart« – sind grau oder graugrün, die des Golems sind »immer Anzüge [...] von der Stange, graugrün oder beige, eigentlich undefinierbar«. Auch die Schwierigkeiten in der Beschreibung von Golem (»Der Mensch reizte mich irgendwie«) und Vater (»Beschreibe wer seinen Vater«) korrespondieren. Indem er Golem erzählt, überwindet er auch seine Stummheit gegenüber dem Vater. Golem ist zugleich das hebräische Wort für »Ungeformtes«. Das gibt dem Erzählen eine weitere Bedeutung: Es vollzieht sich gegenüber dem Ungeformten, es ist dem Ungeformten abgerungen. »Der ungeformte Stoff ermüdet.« Kann der geformte Stoff etwas von dieser ermüdenden Last nehmen? Die Erinnerung beginnt mit der stilistischen Figur der Ellipse, der Auslassung: »Wir sollten stolz darauf sein, hatte mein Vater gesagt.« – Zwei Seiten weiter heißt es: »Worauf sollten wir stolz sein? Daß wir Juden waren. Ich hatte das Wort natürlich schon gehört, ohne mir viel dabei zu denken. Die Erwachsenen hatten ihre Sprache, das ging mich nichts an, solange sie mich nicht betraf.« Wer spricht da? Doch nicht jener Erzähler, den wir eingangs hörten! Hier spricht ein Kind. Was da geschieht, sehen wir plötzlich mit seinen Augen, erleben wir aus seiner Perspektive. Die Beobachtungen des Kindes setzen sich fort: »Es gab da noch eine Art Familienwörter, die sogar Mimi nicht verstand, obwohl sie doch, weiß Gott, mehr zu uns gehörte als Onkels und Tanten. [...] Sie war auch schon mal streng, regte sich aber nicht über jedes aufgeschlagene Knie oder unterlassenen Diener auf wie meine Mutter. Irgendwann schloß ich daraus, daß sie zu den Gojim gehören mußte, welches eins von den Wörtern war, die, als wenn sie keine frische Luft vertrügen, nur innerhalb der Familie gebraucht wurden.« Ist das jetzt noch der Junge? So einen Vergleich würde er – ganz so wie der vierzehnjährige György im *Roman eines Schicksallosen* – nicht zustande bringen. Auch in der *Geschichte einer Jugend* gibt es zwei Erzähler, die sich überlagern. Zum einen ist da jener erwachsene Erzähler, der sich in der Gegenwart befindet. Sobald er aber beginnt, seine Geschichte Golem zu erzählen, meldet sich rasch ein anderer Erzähler, nämlich der Junge, der mal sechs, mal zehn, mal schon fast fünfzehn Jahre alt ist und der uns seine Beobachtungen mitteilt.

Dem Erwachsenen-Erzähler gelingt es oft, sich ganz hinter der Figur des Kindes zu verstecken, sodass wir plötzlich nur dieses hören. Mitunter ist es schwer zu entscheiden, welcher der Erzähler spricht, oft sind beide gleichzeitig auf der Bühne, bis sich der erwachsene Erzähler im Präsens wieder an Golem wendet: »So wäre es also falsch zu behaupten, ich hätte nicht schon in der Volksschule gewußt, was einen Juden ausmacht. Etwas mit Religion, da hatten wir eine Freistunde. Mit den paar Jungen, die das außer mir betraf, verband mich sonst wenig, wir redeten auch nicht darüber. Vom Turnen befreit zu sein, hätte ich als weit schlimmeren Makel angesehen. Ach Golem, wie soll ich dir so viel Gottlosigkeit erklären?«

Bei Imre Kertész vollzieht sich die Erzählung in einer unerbittlich voranschreitenden Linearität, in der immer wieder der »heimliche Erzähler«, der Erwachsenen-Erzähler, dem jugendlichen Protagonisten mit Kommentaren und Formulierungen zu Hilfe kommt. Ludwig Greve schafft seinem Erwachsenen-Erzähler eher einen Raum der Gleichzeitigkeit, in dem – gemäß der sich einstellenden Erinnerung – alle Ereignisse gleich nah und entfernt liegen können, wodurch die Linearität der Zeit, des Älterwerdens gebrochen wird. Das hat eine beständige Vergegenwärtigung zur Folge. Der Erzähler, der im Heute zu Golem spricht, holt die Erinnerung immer wieder in seine Jetztzeit.

Der doppelte Erzähler und die damit einhergehende Vergegenwärtigung des Vergangenen lassen, wie bei Kertész, zwei Rationalitäten aufeinanderprallen. *Wo gehörte ich hin? Geschichte einer Jugend* beschreibt die Anfänge der mörderischen Rationalität der Shoa und deren Crescendo, das Verschwinden aller Gewissheiten und Regeln im Alltag des Einzelnen. Imre Kertész wie Ludwig Greve bewirken durch ihre Prosa etwas, das ich als befreiende Einsicht bezeichnen würde, als nachvollziehbare Erfahrung von etwas, das ohne die Literatur unsagbar und damit unerklärlich bliebe. Das macht die Schönheit, die Angemessenheit ihrer Literatur aus, und darin liegt vielleicht auch der Grund, weshalb diese Prosa den Leser nie mit Betroffenheit erpresst, sondern ihm stattdessen Souveränität schenkt, eine Souveränität, in der alles möglich ist – selbst Glück.

Das Manuskript, das Ludwig Greve hinterließ, bricht zu Beginn jener Zeit seines Lebens ab, nach der ihn Freunde und frühere Weggefährten besonders oft und meist vergeblich fragten. Dieses »versprochene« Buch nicht lesen zu können ist schmerzlich. Anders stellt es sich dar, wenn man von dem einzelnen Manuskript absieht und Ludwig Greves Schriften und Briefe, also seine Prosa, in der hier vorliegenden Vielfalt überblickt. So wie die *Geschichte einer Jugend* auch als Brief an Golem gedeutet werden kann, lassen sich die Briefe wie die drei Berichte als Prosa lesen.

Es ist auffällig und auch nachvollziehbar, dass Ludwig Greve immer dann über das, was ihm und anderen widerfahren ist, auch im Brief schreiben kann, wenn sich eine »entsprechende« Situation zwischen ihm und seinem Gegenüber eröffnet. Seine Berichte sind dann Antworten auf besondere Vertrauensbeweise und Nöte seines Gegenübers. So muss es gewesen sein, als er HAP Grieshaber auf einen nicht erhalten gebliebenen Brief antwortet und die Umstände beschreibt, unter denen Vater und Schwester verhaftet worden sind. Welche Kluft zwischen dem Erlebten und der Möglichkeit, darüber zu sprechen, besteht, lässt sich daran ermessen, dass der enge Freund, der »große Gries«, davon erst 1964, zwölf Jahre nach der ersten euphorischen Begegnung, erfährt. Dabei hatte Grieshaber den ersten Gedichtband gestaltet, der mit dem der deportierten Schwester gewidmeten Gedicht *Lucca, Giardino Botanico* beginnt. So ist es auch gegenüber Werner Weber, dem Feuilletonredakteur der Neuen Zürcher Zeitung, der regelmäßig Gedichte von Ludwig Greve veröffentlicht. Sobald sein Gegenüber etwas von sich offenbart oder dieser sich in einer Notsituation befindet, kann auch Ludwig Greve von sich sprechen – als Trost, als Gegengabe, als Vertrauens- und Freundschaftsbeweis. Bei Ludwig Greve hat das Schreiben stets Gesprächscharakter. »[...] ohne atemnahe Rede und Gegenrede, läuft jedes Wort die Gefahr, zu feierlich oder zu zynisch zu klingen«, schreibt er in einem anderen Zusammenhang (an Hans Windmüller, 17. November 1946).

Selbst noch im Unfertigen, im Abbrechen der Erzählung, im ungeschriebenen Italien-Teil der Reise, bewährt sich die Analogie zu Laurence Sternes *Sentimental Journey*. Und sind die kenntlich gemachten Leerstellen nicht auch zu lesen als das Entsprechende, das Angemessene, so wie ein Reim, der nicht aufgehen darf? Die Prosa von Ludwig Greve lässt die Frage, wie das Unsagbare sagbar werden kann, das Ungestaltete Gestalt erhält, als eine die ganze Existenz des Menschen durchdringende Frage erscheinen. Sie handeln von der Suche nach einer Sprache, in der das Erlebte »mit-teilbar« wird, um das »nicht fortsetzbare Dasein fortzusetzen«. Deshalb zählen aber auch die – mitunter kenntlichen – Leerstellen hinzu. Vielleicht sind gerade sie es, die für die Wahrhaftigkeit seiner Schriften und Briefe bürgen und ihnen den Rang von Prosa verleihen. Sie lassen das Nicht-Gesagte als zum Werk gehörig erscheinen, die Leerstellen sind Teil der »entsprechenden«, der angemessenen Erzählung. Und sie geben eine Vorstellung davon, was es bedeutet zu sagen: Ich lebe!

1 Imre Kertész, *Die exilierte Sprache. Essays und Reden*, Frankfurt am Main 2003, S. 212.

2 Imre Kertész, *Roman eines Schicksallosen*, Berlin 1996.

3 Imre Kertész, *Die exilierte Sprache. Essays und Reden*, Frankfurt am Main 2003, S. 54.

4 Christina Viragh, »Bis hierher und nicht weiter«, in: Dietmar Ebert (Hg.), Das Glück des atonalen Erzählens. Studien zu Imre Kertész, Dresden 2010, S. 135-143

Theresia Biehl

»The only constant was change«[1] – Ernest (früher Ernst) Glaser

Dass er einmal acht Jahre seines Lebens in Schanghai verbringen würde, hatte sich Ernest Glaser als Kind vermutlich nicht vorgestellt.

Am 2. März 1924 wird Ernst Adolf Berthold Glaser, wie sein vollständiger Name bei der Geburt lautet, in Berlin-Charlottenburg geboren. Er ist das einzige Kind seiner Eltern. Sein Vater Moritz Glaser ist selbstständiger Kaufmann und handelt mit landwirtschaftlichem Zubehör wie Seilen und Schnüren. Er ist beruflich viel unterwegs. Ernests Mutter Erna Glaser, geborene Friedländer arbeitet vor seiner Geburt als Fremdsprachenkorrespondentin. Der Familie geht es finanziell gut, sie leben in einer großen Wohnung unweit des Kurfürstendamms. Im Haushalt lebt auch das Dienstmädchen Ella.

Ganz in der Nähe der Wohnung liegt die Grundschule, die Ernest ab April 1930 besucht. In seine Klasse gehen über 30 Schüler, ausschließlich Jungen. Einige seiner Mitschüler sind wie er jüdisch, vor allem mit ihnen ist er befreundet. Später erinnert sich Ernest, dass er Kontakt zu nicht-jüdischen Kindern nur beim Spiel auf der Straße hatte und Einladungen nach Hause zwischen jüdischen und nicht-jüdischen Kindern äußerst selten gewesen seien. An antisemitische Anfeindungen in der Schule kann er sich nicht erinnern.[2] Seit Beginn der 30er-Jahre begegnet Ernest jedoch auf der Straße antijüdischer Propaganda, zunehmend wird er dort auch mit antisemitischen Angriffen konfrontiert.

Bald haben die Zwangsmaßnahmen gegen Jüdinnen und Juden direkte Auswirkungen auf den Alltag der Familie: Als Jude ist Ernests Vater in Hotels zunehmend unerwünscht, sodass er seine Geschäfte, für die er früher viel herumreiste, nur noch in der näheren Umgebung erledigen kann. Um sein Unternehmen zu »arisieren«, geht der Vater circa

1934/1935 eine Kooperation mit einem Mitbewerber ein, der NSDAP-Mitglied ist. Bis zur Emigration erhält er aus dieser Kooperation ein monatliches Gehalt. Mit der Einführung der sogenannten »Nürnberger Gesetze« im September 1935 muss Ella die Familie Glaser verlassen. Denn fortan ist es jüdischen Haushalten untersagt, »arische« Dienstmädchen unter 45 Jahren zu beschäftigen.

Ernest beendet 1934 die Grundschule und seine Eltern entscheiden, ihn auf eine weiterführende Schule für jüdische Kinder zu schicken. Die Private Waldschule Grunewald ist säkular geprägt und berücksichtigt die ungewisse Zukunft der Jugendlichen. Viele Unterrichtsinhalte bereiten auf die Emigration vor und es ist auch möglich, neben dem deutschen einen britischen Abschluss zu erhalten.

Wie für viele andere deutsche Jüdinnen und Juden auch, bedeuten die gewaltsamen Pogrome in der Nacht vom 9. auf den 10. November 1938 einen tiefen Einschnitt im Leben der Familie Glaser. Von seinem früheren Geschäftspartner gewarnt, versteckt sich Ernests Vater und entgeht so der Verhaftung durch die Gestapo.

Ernests Vater, der lange gezögert hatte, entschließt sich nun zur Flucht. Zunächst bemühen sich die Glasers um eine Einreiseerlaubnis für die USA. Im Januar 1939 erhalten sie ihre Quotennummern für die Einreise; diese sind aber so hoch, dass sie lange warten müssten, bis sie an der Reihe sind. Die Stadt Schanghai, für die sie keine Einreisevisa benötigen, ist eine der letzten Zufluchtsmöglichkeiten für Ernest und seine Familie.[3] Nach einigen Mühen gelingt es den Glasers, Schiffstickets für die Überfahrt zu erhalten. Sie buchen eine Passage für den 16. Juni 1939.

Bis zur Abreise sind Ernest und seine Eltern mit den weiteren Emigrationsvorbereitungen beschäftigt: Bei den deutschen Behörden müssen sie verschiedene Ausreisedokumente beantragen. Außerdem erhalten sie Impfungen zum Schutz vor tropischen Krankheiten. Die Mitnahme von Geld ist begrenzt: Nur 10 Reichsmark darf jedes Familienmitglied aus Deutschland ausführen.[4] Um Hausrat und Kleidung zu transportieren, lässt die Familie spezielle Reisekisten aus Holz anfertigen, die später in Schanghai zu Möbeln umfunktioniert werden können.

Der 14. Juni 1939 ist der Tag der Abreise. Ella, das Dienstmädchen, und einige Bekannte verabschieden die Glasers am Zug. Von Berlin fahren sie über München in die italienische Hafenstadt Triest. Dort gehen sie an Bord der S.S. Conte Rosso, einem komfortablen Passagierschiff, das regelmäßig zwischen Europa und Schanghai verkehrt. Für Ernest ist die Reise ein Abenteuer: Er erkundet das Schiff, badet im Pool, treibt Sport und genießt das ausgefallene Essen an Bord. An einigen Orten, die sie während der Reise passieren, hat Ernest auch Gelegenheit, an Land zu gehen. Bedenkt man den Grund der Reise – die Familie flieht vor Verfolgung – stehen die Erlebnisse auf dem Schiff dazu in starkem Kontrast.

Nach fast vierwöchiger Reise erreichen die Glasers Schanghai am 9. Juli 1939. Es ist eine Stadt, über deren gesellschaftlichen und kulturellen Verhältnisse sie zu diesem Zeitpunkt wenig wissen. Sie beziehen ihre erste Unterkunft im Stadtteil Hongkew. Es ist eine karg eingerichtete Einzimmerwohnung, es gibt kein eigenes Bad und keine Toilette, die hygienischen Bedingungen sind schlecht, Gesundheitsrisiken allgegenwärtig. Hinzu kommen die ungewohnten klimatischen Bedingungen, unter denen die Familie leidet.

Jüdische Hilfsorganisation unterstützen Ernest und seine Eltern nach der Ankunft und helfen unter anderem bei der Registrierung. Ernest wird in einer Schule angemeldet, die vom jüdischen Berufsbildungswerk ORT betrieben wird. Er schreibt sich in einen Kurs für Elektriker ein und lernt dort mit Jugendlichen in seinem Alter; einige werden zu neuen Freunden. Als Ernest einen Job in der Fabrik eines Softdrinkherstellers angeboten bekommt, verlässt er die Schule, um Geld zu verdienen.

Anfang 1940 können die Glasers mit finanzieller Unterstützung der Familie ein Haus mit guter Ausstattung in der französischen Konzession pachten. Sie verdienen Geld durch die Vermietung von Zimmern und leben selbst mietfrei. Ein Jahr nach ihrer Ankunft haben sich die Glasers in Schanghai eingefunden und mit den neuen Lebensverhältnissen arrangiert. In der Stadt gibt es ein reiches kulturelles Leben mit vielfältigen Unterhaltungsangeboten, deutschsprachiger Presse und Geschäften nach europäischem Vorbild.[5] Dennoch hoffen sie, dass ihre Quotennummern für die USA bald aufgerufen werden.

Nicht nur mit Blick auf die Weiteremigration bemüht sich Ernest, sein Englisch zu verbessern. Es ist auch die Sprache, die er in Schanghai häufig spricht. Etwas Chinesisch lernt er auf der Straße und bedauert rückblickend, dass er sich der Sprache nicht intensiver gewidmet hat. Zu Hause mit seinen Eltern spricht er Deutsch.[6]

Bald nimmt Ernest eine neue Stelle als Lehrling in einer Krawattenfabrik an und arbeitet in einem Krawattenladen. Ab 1941 ist er als Lehrling im Import-Export-Geschäft tätig. Ernest erhält auch Kontakt zu Jugendlichen, die keine Flüchtlinge sind. Es entsteht ein kulturell gemischter Freundeskreis, mit dem Ernest seine Freizeit verbringt.

Mit dem Angriff auf Pearl Harbor am 7. Dezember 1941 verändert sich die Situation in Schanghai. Die japanische Armee erobert die internationale Zone. Durch die Kriegslage werden Lebensmittel rationiert und Hilfszahlungen für Flüchtlinge erschwert.[7] Mit dem pazifischen Krieg schwindet auch die Hoffnung auf Weiteremigration. Am 18. Februar 1943 werden alle jüdischen Flüchtlinge aufgefordert, binnen drei Monaten in ein Getto zu ziehen, das im Stadtteil Hongkew eingerichtet wurde.[8] Im Mai 1943 tauschen die Glasers ihr Haus in der französischen Zone gegen eines in Hongkew. Sie kehren zurück zur entbehrungsreichen Wohnsituation, die sie drei Jahre zuvor hinter sich gelassen hatten.

Nach Kriegsende entscheiden sich die Glasers Schanghai zu verlassen. Ihre Quotennummern für die USA sind nun verfügbar. Noch einmal erleben Ernest und seine Familie, wie es ist, alles hinter sich zu lassen.

Da es zu dieser Zeit kaum Passagierschiffe[9] gibt, fahren die Glasers im Juni 1947 mit einem ehemaligen Truppentransporter von Schanghai ab. Einen Monat später, Anfang Juli 1947, erreichen sie San Francisco. Ernest ist nun 23 Jahre alt und hat acht Jahre seines Lebens in Schanghai verbracht. In seinen Erinnerungen schreibt er: »I arrived an inexperienced youngster and left a mature adult.«[10]

Die Familie bezieht eine Wohnung in San Francisco. Ernest findet schnell einen Job, zunächst als Zuschneider, dann in der Zollabwicklung. Als er zum Militärdienst eingezogen werden soll, entschließt er sich, seine Schulausbildung wiederaufzunehmen, denn wegen der Emigration hatte er die weiterführende Schule in Deutschland nicht abgeschlossen. Ab 1948 holt er seinen High-School-Abschluss nach und schreibt sich

1950 als Student der Lebensmitteltechnik ein. Im Mai 1955 erhält er seinen Master of Business Administration. Seine Einbürgerung in den USA erfolgt im Dezember 1952.

1957 heiratet Ernest Glaser Eleanor Keller, genannt Elly. 1958 wird sein Sohn Bob, zwei Jahre später sein Sohn Bill geboren. Ernest und seine Familie leben an verschiedenen Orten in den USA, in der Gegend um Chicago und San Francisco. Er arbeitet im Bereich Lebensmitteltechnologie und ist beruflich erfolgreich. Er reist viel, häufig gemeinsam mit der Familie. In fortgeschrittenem Alter engagiert sich Ernest Glaser in der jüdischen Gemeinde und ist auch in der Flüchtlingshilfe aktiv.

Rückblickend schreibt er über sein Leben: »I can say that the only constant was change. Yet it could not have turned out better if I had planned it all.«[11]

Passfoto von Ernest Glaser, 1939

Das Foto wurde kurz vor der Emigration aufgenommen und für die Reisedokumente verwendet. Seinem Namen auf dem Foto musste Ernest Glaser den Zwangsvornamen »Israel« hinzufügen.

Preuss. Institut für Infektionskrankheiten "Robert Koch".

Berlin N 65, den 9.VI.39

Föhrerstr. 2

Fernspr.: 46 41 36.

Bescheinigung Nr. 377/32

Ernst Glaser

wurde am 30.V.39 gegen Pocken geimpft.

Er wurde auch gegen Typhus, Paratyphus A + B und gegen Cholera 3 mal in Simultanimpfung geimpft.

Die Impfungen erfolgten:

am 30.V.39 mit 1,5 ccm Impfstoff,

am 3.VI.39 mit 3,0 ccm Impfstoff,

am 9.VI.39 mit 3,0 ccm Impfstoff.

Prof. Dr. G. Rose, Abteilungsdirektor.

Impfzertifikat für Ernest Glaser, 9. Juni 1939

Zum Schutz vor tropischen Krankheiten wurde Ernest Glaser vor seiner Emigration nach Schanghai am Berliner Robert-Koch-Institut gegen Pocken, Typhus, Paratyphus und Cholera geimpft.

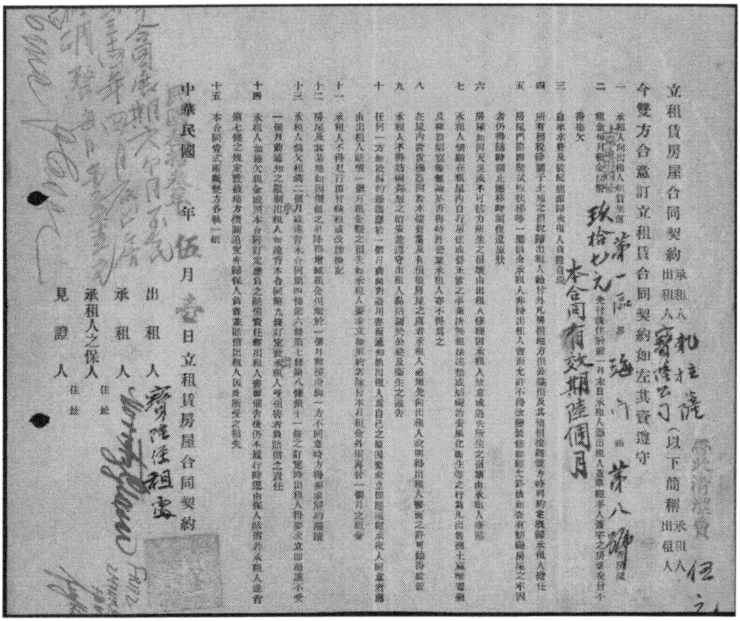

立租賃房屋合同契約

今雙方合意訂立租賃合同契約如左共資遵守

中華民國 年 伍 月 壹 日立租賃房屋合同契約

出租人

承租人

承租人之保人

見證人

Mietvertrag der Familie Glaser für ein Haus im französischen Verwaltungsbezirk in Schanghai, 1940er-Jahre

Auch für die Wohnungssuche waren Sprachkenntnisse unerlässlich.
Nach einiger Zeit konnte die Familie Glaser in Schanghai ihre Wohnsituation verbessern.
Moritz und Erna Glaser unterschrieben einen Mietvertrag im Vertrauen auf Eigentümer und Makler.
Lesen konnten sie die chinesischen Schriftzeichen nicht.

Alle Abbildungen S. 57–69: Splittervorlass Ernest Glaser, EB 2012/115,
Deutsches Exilarchiv 1933–1945 der Deutschen Nationalbibliothek.

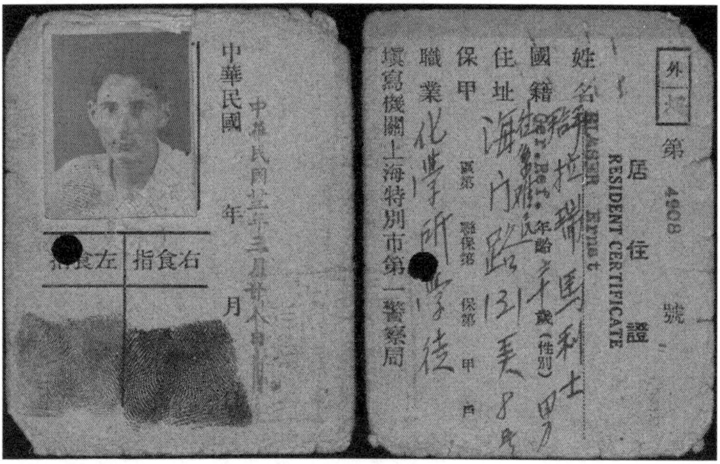

第 4908 號

居住證

RESIDENT CERTIFICATE

姓名 GLASER Ernst

國籍

住址

保甲

職業

塡寫機關上海特別市第一警察局

中華民國 年 月

左食指 右食指

»Resident Certificate« für Ernest Glaser, um 1943

Nach der Einweisung der jüdischen Flüchtlinge ins Getto von Hongkew wurde von der japanischen Administration eine Zentralregistratur eingeführt. Die Emigrant*innen erhielten einen Ausweis, der mit einem gelben Streifen markiert war, und ihre Fingerabdrücke trug

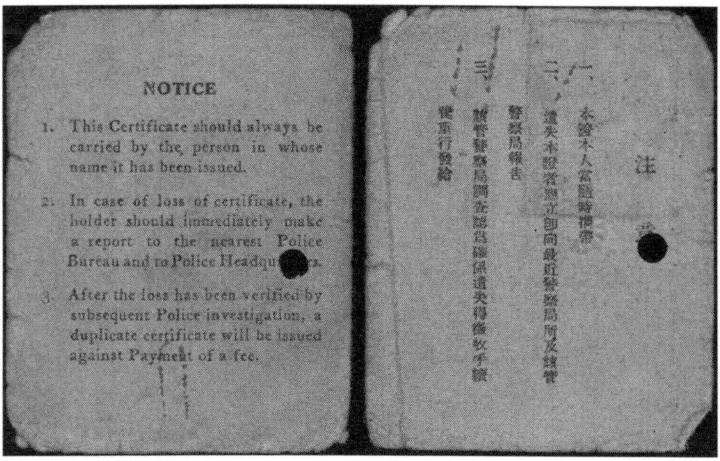

NOTICE

1. This Certificate should always be carried by the person in whose name it has been issued.
2. In case of loss of certificate, the holder should immediately make a report to the nearest Police Bureau and to Police Headquarters.
3. After the loss has been verified by subsequent Police investigation, a duplicate certificate will be issued against Payment of a fee.

1 Ernest Glaser, A Life Well Lived. Berlin, Schanghai, and America, San Bernardino, CA, 2017, S. 291. Die biografischen Informationen dieses Beitrags basieren im Wesentlichen auf dieser Autobiografie von Ernest Glaser.

2 Vgl. Glaser, A Life Well Lived, a. a. O., S. 32f.

3 Die Stadt ist damals aufgeteilt in drei Zonen: das chinesische Schanghai (seit 1937 unter japanischer Kontrolle) und zwei exterritoriale Zonen. Exterritorial verwaltet werden die französische Konzession und die multinational verwaltete internationale Niederlassung (= International Settlement). Bis 1941 ist die Einreise in die internationale und die französische Zone ohne Einreisevisum möglich. Ab 1940 wird die Zuwanderung durch die Einführung eines Permits und eines verpflichtenden Vorzeigegelds eingeschränkt. Etwa 18.000 bis 20.000 meist jüdische Flüchtlinge aus dem deutschsprachigen Raum flüchten zwischen 1937 und 1941 vor der nationalsozialistischen Verfolgung nach Schanghai. Vgl. Patrik von zur Mühlen, Ostasien, in: Handbuch der deutschsprachigen Emigration 1933–1945, hrsg. v. Claus-Dieter Krohn u. a., Darmstadt 1998, S. 336-349, hier S. 338f. Außerdem: Petra Löber, Leben im Wartesaal. Exil in Schanghai 1938-1947, in: Leben im Wartesaal. Exil in Schanghai 1938-1947, hrsg. v. Jüdischen Museum im Stadtmuseum Berlin, Berlin 1997, S. 10-41, hier S. 13, 17 und 19f.

4 Glaser, A Life Well Lived, a. a. O., S. 102f.; siehe auch Löber, Leben im Wartesaal, a. a. O., S. 24.

5 Zur Presse und zum Kulturleben in Shanghai siehe Löber, Leben im Wartesaal, a. a. O., S. 27-33; von zur Mühlen, Ostasien, a. a. O., S. 340-342.

6 Vgl. Glaser, A Life Well Lived, a. a. O., S. 171f

7 Vgl. von zur Mühlen, Ostasien, a. a. O., S. 340.

8 Zum Getto in Hongkew siehe Löber, Leben im Wartesaal, a. a. O., S. 35-37.

9 Vgl. von zur Mühlen, Ostasien, a. a. O., S. 344.

10 Glaser, A Life Well Lived, a. a. O., S. 192.

11 Glaser, A Life Well Lived, a. a. O., S. 291.

David Barth

Thomas Häfner – »...maßgeblich für mich war das Erlebnis des Dschungels, das Unheimliche, das Phantastische des Dschungels.« [1]

Thomas Häfner in Colombo, ca. 1942/43

Thomas Häfner[2] wurde am 24. Dezember 1928 in eine Berliner Künstler*innenfamilie hineingeboren und ist das einzige Kind von Herbert Häfner und Ilse Häfner-Mode, geborene Mode. Der Vater und die Mutter verdienten ihren Lebensunterhalt mit dem Verkauf ihrer Gemälde. So kam er bereits in jungen Jahren mit dem Leben in Ateliers und mit der Malerei in Kontakt.

Nach der Machtübergabe an Adolf Hitler 1933 verschlechterte sich die Situation der Familie zunehmend. Der Vater galt nach dem rassistischen Raster der nationalsozialistischen Ideologie zwar als »Arier«, doch die Mutter war Jüdin, wodurch Thomas als sogenannter »Halbjude« eingestuft wurde. Durch das am 1. Januar 1936 in Kraft getretene »Gesetz zum Schutze des deutschen oder artverwandten Blutes und der deutschen Ehre« wurde die Ehe von Ilse Häfner-Mode und Herbert Häfner als »Verbrechen am Volke« verurteilt. Herbert Häfner wurde von Nationalsozialist*innen unter Druck gesetzt, sich von seiner Frau scheiden zu lassen. Er kam dieser Forderung nicht nach, um seine Frau zu schützen.[3] Erschwerend kam hinzu, dass ein Berufs- und Erwerbsverbot für beide Eheleute verhängt wurde, wodurch sie nur noch in geringem Umfang oder im Verborgenen ihrer Tätigkeit nachgehen konnten. Herbert Häfner arbeitete als Schaufensterdekorateur und Ilse Häfner-Mode verkaufte ihre Gemälde und Porträts nur noch unter der Hand. Angesichts der spätestens ab Mitte der 1930er-Jahre stark zunehmenden Verschlechterung der sozialen Lage für Jüdinnen und Juden in Deutschland und der drohenden Gefahr für Leib und Leben, begrüßte die Familie das Angebot Professor Lyn Ludowyks, ihren Sohn nach Ceylon[4] mitzunehmen und sich um ihn zu kümmern. Ilse Häfner-Modes Bruder, Heinz Mode, hatte den Professor während eines Studienaufenthalts auf Ceylon kennengelernt. Zeitweise lebte Prof. Ludowyk auch in Berlin, wodurch der Kontakt zu Ilse Häfner-Mode entstand.

1938 reiste der damals zehnjährige Thomas Häfner zunächst zu seinem Onkel Heinz Mode in die Schweiz, bei dem er einige Wochen verbrachte. Von dort nahm er den Zug ins französische Marseille und gelangte in Begleitung von Lyn Ludowyk schließlich mit dem Schiff »Président Dumer«[5] nach Colombo, der Hauptstadt der damaligen britischen Kolonie Ceylon.

Auf Ceylon lebte Thomas Häfner überwiegend in einem Internat in der Nähe von Jaffna, einem Ort im Norden der Insel und wechselte in seinen Briefen schnell ins Englische. Die Schulzeugnisse weisen Thomas Häfner als einen guten Schüler aus. Ihm gelang es sogar, erfolgreich seine Abiturprüfung abzulegen. Seiner Mutter schilderte er seine Zeit im Internat in einem Brief vom 22. Juni 1945 rückblickend als zunächst »...rather strange. I was the only European student and had never been in a boarding school before. But soon it became very enjoyable, the life in a boarding house is really very fine, there were about 125 students living in the school and it was soon possible to make friends.«[6]

Seinen Eltern – insbesondere seiner Mutter – berichtete Thomas Häfner immer wieder von seinen Erlebnissen und illustrierte seine Briefe mit Dingen, Tieren oder Pflanzen, die er neu entdeckt hatte oder deren englische Bezeichnung er noch nicht kannte. Neben der Freude über seine neuesten Entdeckungen wird aber immer wieder die Sehnsucht des jungen Thomas nach seinen Eltern deutlich: »Dear Mother and Father, I would really be so happy if you would come to Ceylon[.] [A] little while ago I received your letter saying that you would come perhaps [.] I was really very very very very happy.«[7]

Durch den Beginn des Zweiten Weltkriegs im September 1939 war es Ilse Häfner-Mode nicht mehr möglich gewesen, ihrem Sohn nach Ceylon zu folgen. Sie hatte im Vorfeld bereits alles für die Ausreise aus Deutschland und die Überfahrt nach Ceylon vorbereitet, doch erreichten sie die notwendigen Papiere erst wenige Tage, nachdem der Zweite Weltkrieg bereits begonnen hatte. Sie versteckte sich ab 1942 bei Verwandten in Leopoldshöhe, wurde allerdings von Dorfbewohnern denunziert und im September 1944 von der Gestapo in das Frauenlager Elben bei Kassel deportiert, aus dem sie im April 1945 von US-Amerikanischen Truppen befreit wurde.[8] Beide Elternteile überlebten die Zeit des Nationalsozialismus.

Auch nach dem Krieg hielt Thomas Häfner an dem Wunsch fest, seine Eltern und Verwandten wiederzusehen, und kündigte seiner Mutter an, nach Deutschland zurückzukehren: »...I long to go back to Germany again to see all of you again, and especially you. Uncle Lyn has been trying his best in the past to make it possible to get permission, and now that all is well with you, we shall try even harder, if possible, then some day soon, I hope very soon we shall be in Leopoldshöhe together... Tell me more of how things are in Germany, the things we read and hear, are not re-assuring. /.../ I do know English, but I am afraid, I don't know German, but three weeks with your help should remake that...«[9]

Am 19. Juni 1948, zehn Jahre nachdem Thomas Häfner nach Ceylon ins Exil gegangen war, setzte er seinen Plan in die Tat um und heuerte als Matrose auf dem Schiff »S.S. Fort Glenlyon« an, um sich die Überfahrt nach Deutschland zu finanzieren.

In Deutschland nahm er an der Dortmunder Kunstakademie ein Kunststudium auf und erlangte später als Mitglied der Künstler*innengruppe »Junge Realisten« Bekanntheit. Wie er später berichtete, prägte vor allem die Erfahrung des Dschungels seine Kunst, die sowohl aus Gemälden als auch Skulpturen bestand und zum Fantastischen Realismus zählt.[10]

In der Nacht zum 30. Januar 1985 starb Häfner mit 57 Jahren in seiner Düsseldorfer Wohnung.

Alle Abbildungen S. 61–66: Teilnachlass Thomas Häfner, EB93/246, Deutsches Exilarchiv 1933–1945 der Deutschen Nationalbibliothek.

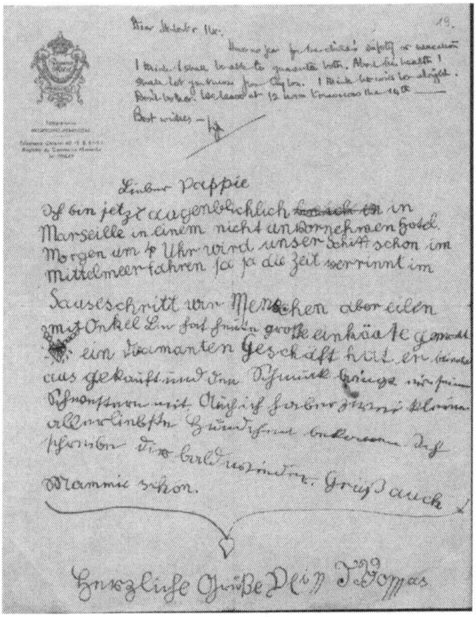

Thomas Häfner: Letzter Brief aus Europa an die Eltern in Deutschland, Marseille, Ende 1938

Hierbei handelt es sich um einen undatierten Brief, den Thomas Häfner vermutlich Ende 1938 kurz vor seiner Abreise nach Colombo, der Hauptstadt Ceylons, an seine Eltern geschickt hat. Die Worte Häfners wirken auf den heutigen Leser unbeschwert. Der Zehnjährige berichtete von seiner noblen Unterkunft in Marseille und setzte seine Eltern von der baldigen Abreise nach Ceylon in Kenntnis. Neben der Handschrift Häfners befindet sich noch eine zweite auf dem oberen Teil des Briefs. Sie gehört Häfners Begleiter Prof. Lyn Ludowyk, der den Eltern ebenfalls eine kurze Nachricht hinterließ und zusicherte, für die Bildung und das Wohlergehen des Jungen zu sorgen.

Transkription:

[In der Handschrift von Prof. Lyn Ludowyk]

Dear Herbert, Ilse,
Have no fear for the child's safety or education I think I shall be able to guarantee both. About his health I should [unleserlich] from Ceylon. I think he will be alright. Don't bother. We leave at 12 noon tomorrow the 14th –
Best wishes – Lyn

[In der Handschrift von Thomas Häfner]

Lieber Pappie,

Ich bin jetzt augenblicklich in Marseille in einem nicht unvornehmen Hotel. Morgen um 4 Uhr wird unser Schiff schon im Mittelmeer fahren jaja die Zeit verrinnt im Sauseschritt wir Menschen aber eilen mit[.] Onkel Lin [sic] hat heute große [E]inkäufe gemacht [Skizze eines Anhängers mit eingelassenem Diamanten] ein [D]iamantengeschäft hat er beinahe ausgekauft und den Schmuck bringt er seinen Schwestern mit. Auch ich habe zwei kleine allerliebste Hündchen bekommen. Ich schreibe dir bald wieder, grüß auch Mammie schön.

Herzliche Grüße Dein Thomas

[Anmerkungen/Änderungen durch den Autor]

Zeichnung auf der Rückseite eines Briefs an die Eltern, Colombo/Ceylon, 1939

Der zehnjährige Thomas Häfner war neugierig auf sein Exilland Ceylon. In seinen Briefen an die Eltern in Deutschland versuchte er, die neue kulturelle Umgebung auch zeichnend zu vermitteln. In diesem Fall hielt er das buddhistische Fest »Kandy Perahery« fest, das mit einer Prozession von Elefanten bei Vollmond gefeiert wird.

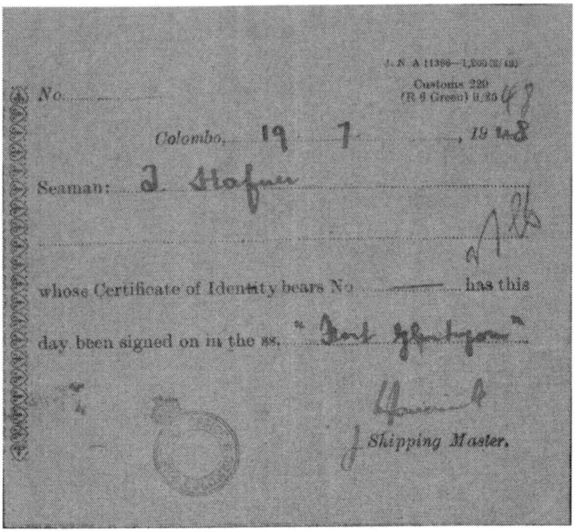

Customs 220

No. ......

Colombo, 19 7 , 19 48

Seaman: T. Häfner

whose Certificate of Identity bears No —— has this day been signed on in the ss. "Fort Glenlyon"

Shipping Master.

Anmusterungsschein als »Seaman«/Matrose für Thomas Häfner auf dem Schiff »S. S. Fort Glenlyon«, 19.07.1948

Dieses Dokument bezeugt Thomas Häfners Überfahrt nach Europa, für die er als Matrose auf dem Schiff »S. S. Fort Glenlyon« anheuerte, um sie sich zu finanzieren. Nach der mehrwöchigen Seereise legte das Schiff zunächst in Großbritannien an, von dort reiste Häfner zu seiner Mutter nach Leopoldshöhe.

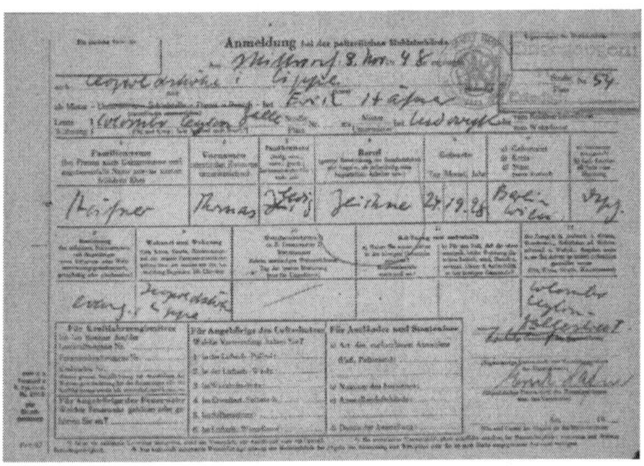

Anmeldung

Polizeiliche Anmeldung von Thomas Häfner, Leopoldshöhe, 3. November 1948

Verwendet wurde der alte Meldebogen, basierend auf der »Reichsmeldeverordnung vom 6. Januar 1938«. Im Meldebogen waren noch 1948 – drei Jahre nach dem Ende der nationalsozialistischen Diktatur – neben der Staatsangehörigkeit auch Angaben zur »Rassenzugehörigkeit« einzutragen. Thomas Häfner ließ dieses Feld unausgefüllt und trug lediglich ein, Deutscher Staatsbürger zu sein.

1 Zitiert nach: Alfred Müller-Gast, Der Blick hinter die Maske, in: Die Volksbühne 18. Jahrgang 1, 1965/66, S. 32-37, zitiert nach: Paul Rütti, Zur Person, in: Thomas Häfner 1928–1985, Der Maler und Bildhauer, Leben und Werk, hrsg. von Freundeskreis Stadtmuseum Düsseldorf e.V., Düsseldorf 1995, S. 8-24, hier: S. 8.

2 Weiterc Informationen zur Person Thomas Häfner in: Thomas Häfner 1928–1985, Der Maler und Bildhauer, Leben und Werk, a.a.O.

3 U.a. in: Ditmar Schmetz, Ilse Häfner-Mode – Bilder im Lebens- und Liebesreigen, in: Ilse Häfner-Mode. Bilder im Lebens- und Liebesreigen, hrsg. Von Christian Walda, Rendsburg 2013, S. 20. Siehe auch: Paul Rütti, Zur Person, a.a.O., S. 8-24, hier: S. 9.

4 Ceylon wurde 1948 nach dem Zweiten Weltkrieg von Großbritannien unabhängig und nennt sich seit 1972 Sri Lanka. Vgl. hierzu: Gerald Hubert Peiris, Artikel „Sri Lanka“, in: Encyclopaedia Britannica, <https://www.britannica.com/place/Sri-Lanka>, zuletzt abgerufen am 11.01.2022.

5 Vgl. Thomas Häfner an Ilse Häfner-Mode [undatiert, vermutlich 1939], Teilnachlass Thomas Häfner, EB 93/246, Bl. 11, Deutsches Exilarchiv 1933–1945 der Deutschen Nationalbibliothek.

6 Thomas Häfner an Ilse Häfner-Mode, 22. Juni 1945, Teilnachlass Thomas Häfner, EB 93/246, Bl. 36, Deutsches Exilarchiv 1933–1945 der Deutschen Nationalbibliothek.

7 Thomas Häfner an die Eltern [undatiert, vermutlich 2. Quartal 1939], Teilnachlass Thomas Häfner, EB 93/246, Bl. 23, Deutsches Exilarchiv 1933–1945 der Deutschen Nationalbibliothek.

8 Vgl. dazu Robert Matthies, Kunsthistorische Korrektur, in: Tageszeitung vom 7. März 2013, S. 23, <https://taz.de/!509172/>, zuletzt abgerufen am 11.01.2022; Ditmar Schmetz, Ilse Häfner-Mode – Bilder im Lebens- und Liebesreigen, a.a.O., S. 20.

9 Thomas Häfner an Ilse Häfner-Mode, [undatiert, vermutlich 1947], teilweise abgedruckt in und zitiert nach: Krystof Ruminski, Zur Person, in: Thomas Häfner 1928 – 1985, Der Maler und Bildhauer, Leben und Werk, a.a.O., S. 8-24, hier: S. 9

10 Vgl. Alfred Müller-Gast, Der Blick hinter die Maske, in: Die Volksbühne 18. Jahrgang 1, 1965/66, S. 32-37, zitiert nach: Paul Rütti, Zur Person, a.a.O., hier: S. 8.

Hertha Freund

Ein Emigrantenkind spricht

Heut' sprech ich die vierte Sprache
und ich bin in einem dritten Land,
wo ich mir vielen Kummer mache,
was aus mir wird, bleibt unbekannt.

Ich fühl' es ja, wir müssen wieder wandern,
Denn meine Mutter weint jetzt oft und viel,
Ich sehe traurig auf die Glücklichen, die Andern,
Und denk an unser nächstes Reiseziel.

Und an die fremden, großen Städte,
Und an den Hunger, den man abends hat,
Ach, wenn ich einen Freund doch hätte.
Ich hab' die Einsamkeit so satt.

Wohin nur werden wir nun fahren?
Läßt man uns bleiben, wo wir sind!
Ich bin schon müde von den sieben Jahren
Und nicht mehr froh,
ich bin ein Emigrantenkind.

Hannah Arendt

Unsere Identität wechselt so häufig

Unsere Zuversicht ist in der Tat bewundernswert, auch wenn diese Feststellung von uns selbst kommt. Denn schließlich ist die Geschichte unseres Kampfes jetzt bekannt geworden. Wir haben unser Zuhause und damit die Vertrautheit des Alltags verloren. Wir haben unseren Beruf verloren und damit das Vertrauen eingebüßt, in dieser Welt irgendwie von Nutzen zu sein. Wir haben unsere Sprache verloren und mit ihr die Natürlichkeit unserer Reaktionen, die Einfachheit unserer Gebärden und den ungezwungenen Ausdruck unserer Gefühle. Wir haben unsere Verwandten in den polnischen Ghettos zurückgelassen, unsere besten Freunde sind in den Konzentrationslagern umgebracht worden, und das bedeutet den Zusammenbruch unserer privaten Welt.

Aber dennoch haben wir sofort nach unserer Rettung – und die meisten von uns mussten mehrmals gerettet werden – ein neues Leben angefangen und versucht, all die guten Ratschläge, die unsere Retter für uns bereithielten, so genau wie möglich zu befolgen. Man sagte uns, wir sollten vergessen; und das taten wir schneller, als es sich irgendjemand überhaupt vorstellen konnte. Auf ganz freundliche Weise wurde uns klargemacht, dass das neue Land unsere neue Heimat werden würde; und nach vier Wochen in Frankreich oder sechs Wochen in Amerika gaben wir vor, Franzosen bzw. Amerikaner zu sein. Die größeren Optimisten unter uns gingen gewöhnlich sogar so weit, zu behaupten, sie hätten ihr gesamtes vorheriges Leben in einer Art unbewusstem Exil verbracht und erst von ihrem neuen Leben gelernt, was es bedeute, ein richtiges Zuhause zu haben. Es stimmt, dass wir manchmal Einwände erheben gegen den wohlgemeinten Rat, unsere frühere Tätigkeit zu vergessen; auch unsere einstigen Ideale werfen wir in der Regel nur schweren Herzens über Bord, wenn unsere gesellschaftliche Position auf dem

Spiel steht. Mit der Sprache haben wir allerdings keine Schwierigkeiten: die Optimisten unter uns sind schon nach einem Jahr der festen Überzeugung, sie sprächen Englisch so gut wie ihre eigene Muttersprache; und nach zwei Jahren schwören sie feierlich, dass sie Englisch besser beherrschten als irgendeine andere Sprache – an die deutsche Sprache erinnern sie sich kaum noch.

Um reibungsloser zu vergessen, vermeiden wir lieber jede Anspielung auf die Konzentrations- und Internierungslager, die wir fast überall in Europa durchgemacht haben – denn das könnte man uns als Pessimismus oder als mangelndes Vertrauen in das neue Heimatland auslegen. Wie oft hat man uns außerdem zu verstehen gegeben, dass das niemand hören möchte; die Hölle ist keine religiöse Vorstellung mehr und kein Phantasiegebilde, sondern so wirklich wie Häuser, Steine und Bäume. Offensichtlich will niemand wissen, dass die Zeitgeschichte eine neue Gattung von Menschen geschaffen hat – Menschen, die von ihren Feinden ins Konzentrationslager und von ihren Freunden ins Internierungslager gesteckt werden.

[...]

Je weniger wir frei sind zu entscheiden, wer wir sind oder wie wir leben wollen, desto mehr versuchen wir, eine Fassade zu errichten, die Tatsachen zu verbergen und in Rollen zu schlüpfen. Wir wurden aus Deutschland vertrieben, weil wir Juden sind. Doch kaum hatten wir die Grenze zu Frankreich passiert, da wurden wir zu »boches«[1] gemacht. Man sagte uns sogar, wir müssten diese Bezeichnung akzeptieren, wenn wir wirklich gegen Hitlers Rassentheorien wären. Sieben Jahre lang spielten wir die lächerliche Rolle von Leuten, die versuchten, Franzosen zu sein, oder zumindest künftige Staatsbürger; aber bei Kriegsausbruch wurden wir trotzdem als »boches« interniert. In der Zwischenzeit aber waren die meisten von uns tatsächlich derart loyale Franzosen geworden, dass wir nicht einmal einen französischen Regierungserlass kritisieren konnten; und entsprechend erklärten wir, dass es mit unserer Internierung sein Recht habe. Wir waren die ersten »prisonniers volontaires«[2], die die Geschichte je gesehen hat. Nach dem Einmarsch der Deutschen musste die französische Regierung nur den Namen der Firma ändern; man hatte uns eingesperrt, weil wir Deutsche waren, jetzt ließ man uns nicht frei, weil wir Juden waren.

Es ist die nämliche Geschichte auf der ganzen Welt, die sich immer wiederholt. In Europa beschlagnahmten die Nazis unser Eigentum, doch in Brasilien müssen wir 30 Prozent unseres Vermögens abliefern, genauso wie das allerloyalste Mitglied des »Bundes der Auslandsdeutschen«. In Paris konnten wir unsere Wohnung nach acht Uhr nicht mehr verlassen, weil wir Juden waren, doch in Los Angeles legt man uns Beschränkungen auf, weil wir »feindliche Ausländer« sind. Unsere Identität wechselt so häufig, dass keiner herausfinden kann, wer wir eigentlich sind.

1 (Frz.) abwertende Bezeichnung für Deutsche.

2 (Frz.) »freiwillige Gefangene«.

Georg Stefan Troller

Wir Überflüssigen

Während der Kristallnacht, als in ganz Wien die Synagogen brannten, hielt ich mich im Keller der Buchbinderwerkstatt versteckt, wo ich als 16jähriger meine »Umschulung« machte (ich habe nachher tatsächlich mehrere Jahre lang meinen Unterhalt als Buchbinder verdient). Das Hinterfenster des Kellers ging auf ein Polizeikommissariat, in dem die ganze Nacht hindurch willkürlich verhaftete Juden unter Gejohle eingeliefert und geprügelt wurden. Daß auch mein Vater darunter war, habe ich erst am nächsten Morgen erfahren, als ich mich wieder nach Hause traute. Glücklicherweise wurde er einige Tage später entlassen. Ein bestochener »Pascher« brachte mich kurz darauf zu Fuß über die tschechische Grenze und stahl mir dabei das Köfferchen mit meiner letzten Habe.

Ich blieb einer der wenigen, denen der Grenzübergang glückte. Bereits im August 1933 waren es fast 100.000 Österreicher (und dorthin geflohene Deutsche), die um Einreise in die Tschechoslowakei nachgesucht hatten. Diesem Antrag wurde grundsätzlich nur stattgegeben, falls die Weiterreise in ein anderes Land und die dazu nötigen Mittel nachweisbar waren, also praktisch nie. Schon hier begann die Aussiebung, die dann die meisten von uns das Leben gekostet hat.

In Prag lebte man unter ständiger Angst vor der Behörde, denn das Innenministerium innerhalb der sonst sehr demokratischen Regierungskoalition unterstand den reaktionären Agrariern. Meist hielten sich die Flüchtlinge im Automatenbüfett »Fenix« auf, wo sie die geringe Unterstützung ihrer diversen Hilfskomitees verzehrten. Ein Witz, der dort die Runde machte, betraf den berüchtigten sudetendeutschen Naziführer Henlein. Dieser sollte von der tschechischen Regierung den Posten des Innenministers gefordert haben. Es wurde ihm statt dessen die Stelle eines Kolonialministers angetragen. »Aber die Tschechei besitzt doch gar keine Kolonien!« »Und wenn schon«, wurde ihm geantwortet. »Italien hat ja auch einen Finanzminister und Deutschland einen Justizminister.«

[…]

Einer der niederschmetterndsten Eindrücke war der Einmarsch der *Hitler*-Truppen in Prag am 15. März 1939. Hatte man sich genau ein Jahr zuvor beim Anschluß Österreichs noch der Illusion hingegeben, es »werde nicht so heißgegessen wie gekocht«, so wußten wir jetzt, daß es ums Leben ging. Zu diesem Zeitpunkt gab es hier 900 politische und 5.000 jüdische Flüchtlinge aus Deutschland und Österreich, dazu 27.000 sudetendeutsche Flüchtlinge aus den bereits annektierten Grenzgebieten. Weitere 345.000 Juden der sogenannten Resttschechoslowakei waren jetzt gefährdet. Da sie sich, im Gegensatz zu den deutschen und österreichischen Flüchtlingen nie für wirklich bedroht gehalten hatten und an keine Auswanderung dachten, sind die meisten von ihnen umgekommen.

Meinen Eltern und mir gelang es, über Jugoslawien und Italien Paris zu erreichen dank einem illegal gekauften und eigentlich ungültigen Visum nach Uruguay. Natürlich gab es keine Schiffe mehr nach Uruguay, doch mußten wir uns in der Hafenstadt Boulogne an der französischen Kanalküste ansiedeln, im Fall solch ein Schiff durch ein Wunder doch noch auftauchen würde. Dort erlebten wir den Kriegsausbruch und nachher zum dritten mal eine Nazi-Invasion.

[…]

Alfred Polgar hat unsere Lage in einer bezeichnenden Anekdote zusammengefaßt:

> »Ein Mensch fällt in den Strom. Er droht zu ertrinken. Von beiden Landseiten springen, eigener Gefahr nicht achtend, Leute ins Wasser, ihn zu retten.
> Ein Mensch wird hinterrücks gepackt und in den Strom geworfen. Er droht zu ertrinken. Die Leute auf beiden Seiten des Stroms se-

hen mit wachsender Beunruhigung den verzweifelten Schwimmversuchen des ins Wasser Geworfenen zu, denkend: wenn er sich nur nicht an *unser* Ufer rettet.«

Nach heutigen Schätzungen waren es nicht mehr als einige zehntausend Flüchtlinge, denen es gelang, nach Frankreich zu entkommen. Man behandelte uns, als wären wir ein Feindesheer vor Millionen, jeder einzelne ein potentieller Wirtschaftskonkurrent oder gar Spion. »Wenn man euch rausgeschmissen hat, so wird es wohl einen triftigen Grund gegeben haben.«

[...]

Das herausragende, uns Tag und Nacht nicht verlassende Gefühl in dieser Zeit war: Angst. Die Angst sitzt dem Flüchtling in den Knochen, sie brandmarkt ihn auf immer. Er lernt, daß er eigentlich nur überleben kann als Illegaler, als Schwindler. Sein Überleben als ehrlicher Mensch ist im Schöpfungsplan nicht vorgesehen. Ganz im Gegenteil, um zu überleben, muß er durch ein feinmaschiges Geflecht von Gesetzen und Verordnungen schlüpfen, die letzten Endes dazu geschaffen sind, seinen Tod herbeizuführen. Nicht mit Absicht, beileibe nicht mit Absicht! Nur will sich jedes Land vor den »Ausländern« schützen, die es irgendwie als bedrohlich empfindet. Die Hauptsorge des Flüchtlings – neben Essen und Unterkunft – gilt dem »Papier«: dem Ausweis, dem Stempel, die sein Weiterleben wenigstens auf ein paar Wochen garantieren. Der Aufwand an Zeit, an Schläue, an Durchsetzungskraft, an Demut, um dergleichen Wische zu besorgen, ist enorm. Der Flüchtling irrt durch ein makabres bürokratisches Labyrinth voller Fallen und Abgründe. Jeder falsche Federstrich, von gleichgültiger Hand ausgeführt, kann ihn seine Existenz kosten. Hier muß er den einen Beleg vorzeigen, dort ableugnen, ihn je besessen zu haben. Er darf nur als Todkranker ausreisen, aber als Kerngesunder einreisen. Die eine Stelle verlangt den Nachweis seiner politischen Gefährdung, für die andere soll er ein unbeschriebenes Blatt sein. Morgens durch eine Razzia der Polizei aus dem Schlaf geschreckt, muß man im Moment entscheiden, welches Dokument man herausholt, welchen Akzent man vortäuscht, welche Rolle man sich zulegt. Ein läppischer Fehler, und es drohen Ausweisung, Lager, Gefängnis, Zersplitterung der Familie, das Ende.

Geld darf grundsätzlich nicht verdient werden. Verdient man aber keines, so gilt man als Parasit, der dem Staat auf der Tasche liegt. Man soll seinen »zugewiesenen Aufenthalt« nicht verlassen, gleichzeitig aber muß man sich in der Hauptstadt oder in einem Hafen um seine Weiterwanderung kümmern. Aufenthaltserlaubnis gibt es nur für den Inhaber einer Arbeitskarte, diese wiederum nur für den Besitzer des »Aufenthalts«. Am Ende fühlt man sich als Gespenst, als ein lebender Toter, und das inmitten einer Umwelt, die verständnislos ihren Geschäften nachgeht und die, um ihren Mangel an Mitgefühl zu kaschieren, darauf kommt, daß »man es sich selber zuzuschreiben hat«.

Und hier sind wir bei einem weiteren Gefühl, das den Flüchtling beherrscht. Dieses Urteil seiner Umwelt wird nämlich von ihm verinnerlicht. Wer allzulange Pech hat, der beginnt, sich selber schuldig zu fühlen: Vielleicht sind wirklich »die Juden«, »die Emigranten« an ihrem eigenen Elend schuld. Gegenüber dem strahlenden Bild des sich »erneuernden« Landes, aus dem er vertrieben wurde, sieht er sich nun als negatives Gegenbild: heruntergekommen, unrasiert, arbeitslos, ein Faulenzer, ein Niemand. Es beginnen die Krakeelerei, die Reibereien mit seinen Schicksalsgenossen, von denen er sich ja irgendwie abheben muß, um einen Rest Selbstachtung zu bewahren. Jetzt identifiziert er sich unbewußt mit seinen Peinigern. Er bekehrt sich zur vorherrschenden Religion oder Politik, oder er sieht sich als »Künstler und geistiger Mensch« über allem stehen, meint gar, daß in manchen Dingen seine Feinde »nicht so unrecht haben«, daß man schon mal mit »eisernem Besen« durchgreifen müsse. Zunehmend wird er die Sauberkeit, die Ordnung, die »Kultur« des Landes, dem er entflohen ist, proklamieren.

Das ist nun das Herzzerreißendste. Der Flüchtling leidet an Heimweh nach einem Land, das er nicht mehr seine Heimat nennen darf. Und er lebt in einem andern und ist unterwegs zu einem dritten und vierten – in Länder, die er nie seine Heimat nennen wird. Das weiß er schon jetzt. Er verliert die eine Kultur und Sprache (von nun an redet er »Emigranto«), ohne je eine andere wirklich zu gewinnen. Im Grunde liebt er das Volk seiner Vertreiber und kann dasjenige nicht lieben, das ihn immerhin existieren läßt. Er befindet sich in einem Zwischenreich, er wird – denn man kehrt ja nie zurück – auf alle Zeiten in diesem bleiben. Er wird eigentlich nie wieder irgendwohin gehören. Von nun an ist er ein Kalter, ein Mißtrauischer, ein Berechnender. Was man ihm früher ungerecht vorgeworfen hat – die Distanz zum selbstverständlichen Gemeinschaftsgefühl der andern, der Eingesessenen –: das wird er nun tatsächlich verkörpern. Er ist wurzellos geworden, ist »Kosmopolit«. Das, was man heute so gerne im Vollgefühl seiner Zugehörigkeit als den kommenden Zustand der Menschheit preist, das kennt er bereits und möchte doch ganz etwas anderes.

[...]

Wir waren zumeist keine Kämpfer – wer hätte uns auch inspirieren, organisieren sollen? Selbst die Kommunisten waren damals nach dem deutsch-sowjetischen Nichtangriffspakt, der den Krieg auslöste, hoffnungslos verwirrt. Wir saßen in Ländern, wo man das wieder aufgerüstete Deutschland mit Faszination, ja oft mit Bewunderung betrachtete. Wie sahen wir dagegen aus? »Deutscher Geist im Exil.« Daß ich nicht lache. Die »Großen«, die auch wir verehrten, waren drüben geblieben. Die *Hauptmann*, die *Richard Strauss*, *Furtwängler*, *Gründgens*, *Jannings*, *Albers*, *Benn*, *Barlach*, *Weinheber*, *Fallada*, *Jünger*, *Kästner*... Und wie wirkten die auf unserer Seite auf einmal klein und mickerig, höchstens mit Ausnahme von *Einstein* und dem zweideutigen *Thomas Mann*. Auf wen sollten wir uns berufen? Wer stand ein für uns, wer sagte uns überzeugend, daß wir am Ende die »Besseren« blieben? Wir waren für die Welt und für uns selber ein Haufen »Juden und Kommunisten«, ganz wie *Hitler* uns diffamiert hatte. Exil – wir waren nicht im Exil, auf solche schönen Begriffe kamen wir gar nicht. Wir hasteten unwürdig von Amt zu Amt, von Komitee zu Komitee. Und da stießen wir manchmal auf gleichermaßen ängstliche, schwitzende, hysterische Gestalten, die aus abgewetzten Aktenmappen mit zittriger Hand Papiere herauskramten und vorlegten... Und das waren dann die geistigen Heroen unserer Schulzeit.

[...]

In Wirklichkeit waren wir alle anonym. Wer unter denen, die über unser Dasein entschieden, hatte schon von *Werfel* gehört, von *Walter Benjamin*, von *Joseph Roth*, die Geringeren gar nicht zu erwähnen. Sie gehörten zur gleichen Herde der Überflüssigen wie wir. Unzählige Menschen, deren jeder einzelne in seinem Land durchaus integriert und am Platze war, die aber, über die Grenzen gestoßen, auf einmal zu einer amorphen Masse wurden, von der auch nicht einer als notwendig empfunden werden konnte.

Und da ist schließlich das niederdrückendste Gefühl, das uns beseelte. Man brauchte uns nicht. Es kam nicht auf uns an. Man hätte uns mit ungeheurer Erleichterung tot gesehen. Wir waren nur ein Störfaktor wie seitdem Millionen Vietnamesen, Somalier, Palästinenser... Und ich glaube, wir waren die ersten in der Weltgeschichte, die gründlich gespürt haben, was heute jeder als geheime Überzeugung in sich trägt: daß er nur als Funktionsträger irgendwie von Wert ist, als Teil der Volkswirtschaft, als Glied in der Kette, daß ihm aber als bloßes Individuum von seiten seiner Umwelt keinerlei Bedeutung zusteht. Es ist der unerträglichste Zustand, den es gibt, und es ist der, in dem sich der Mensch in unserer heutigen Zivilisation befindet. Das haben wir unter Schmerzen vorgelebt: als Nicht-Soldaten, Nicht-Wirtschaftskräfte, auch als Nicht-Widerständler zumeist den Beweis angetreten.

[...]

Was immer wir nachher für Glaubensartikel vorbrachten, man kann darin nur eine gewollte Verdrängung dessen sehen, was man uns ein für allemal klargemacht hatte: daß es nicht auf uns ankam. Der Kampf um die eigene Haut aber, ohne höheren Lebenszweck, hat immer etwas Komisches.

Meinen Eltern und mir gelang es, auf zwei der letzten Schiffe, die im Sommer 1941 Europa verließen, nach Amerika zu entkommen. Inzwischen sind vier Jahrzehnte vorüber. Es vergeht aber kaum ein Tag, an dem ich nicht auf die damaligen Vorgänge verwiesen werde – an dem ich nicht jäh begreife, daß manche plötzlichen Aufwallungen, Erregungszustände auf sie zurückzuführen sind.

Man emigriert eben auf Lebenszeit. *Alfred Polgar* hat auch hier auf seine subtile Weise das Nötige in wenigen Zeilen gesagt:

> »Abel, wenn er vor den Mordabsichten seines Bruders Kain geflohen wäre, hätte als Emigrant bittere Unannehmlichkeiten zu erdulden gehabt. Er wäre sein Leben lang in der Welt herumgelaufen mit dem Abel-Zeichen auf der Stirn.«

Max Werner Lenz

Mensch ohne Pass

(Cabaret Cornichon, Zürich 1935)

Ich bin aus aller Ordnung
ausgetrieben.
Sie nennen mich ein
Emigrantenschwein.
Sie sagen, wärst Du doch
zu Haus geblieben!
Ich aber wollte ein Charakter
sein.
Ich sagte »Guten Tag« statt
»Heil« zu rufen.
Da hat man mir die Schutz-
haft angedroht.
Doch ich bin nicht zum
Märtyrer berufen!
Ich floh – aus einer Not in
andre Not.
Jetzt bin ich ein
unangemeldetes Leben.
Ich habe keinen Pass.
Ich steh daneben und bleibe
daneben –
Den Beamten ein ewiger Haß.

Günther Anders

Lebenserlaubnis

Der verlorene Seinsbeweis

Als unbezweifelhaft *da* erfährt sich jeder von uns allein dann, wenn er von anderen als daseiend in Anspruch genommen wird. Im Unterschiede zum Cartesischen Cogito ergo sum müßte der im Leben faktisch geltende Seinsbeweis lauten: *Cogitor ergo sum* – »man denkt an mich, also bin ich«. »Müßte« sage ich, weil diejenigen, die diesen Satz unterschreiben (also alle), ihn gar nicht erst in Worte fassen. Und das tun sie deshalb nicht, weil ihnen die Wahrheit des Satzes für ausdrückliche Formulierung zu selbstverständlich ist. Wie manche andere Wahrheit verdankt auch diese ihre Unbekanntheit der Universalität ihrer Anerkennung.

~

Daß man unser im Exil gedacht hatte, davon konnte keine Rede sein. Eine kurze Zeit lang galt zwar noch eine infernalische Variante dieses Seinsbeweises, denn wir waren ja Verfolgte gewesen. Auch aus dem »Man ist hinter mir her« ergibt sich ja noch ein letztes »Also bin ich«, auch der Verfolger denkt ja noch unser, wenn auch nur, damit es unsereins nicht mehr gebe – gleichviel, auch dieses skandalöse Minimum an Bestätigung ging rasch verloren, und bald wanderten wir, wo immer der Zufall uns hinverschlagen hatte, zwischen Millionen, die uns als Luft behandelten – und so *wurden* wir Luft. Es hat wohl keinen unter uns gegeben, der nicht eines Tages an irgendeiner Ecke irgendeiner Stadt stehengeblieben wäre, um festzustellen, daß die Rufe und Geräusche der Welt plötzlich so klangen, als wären sie nur für die anderen gemeint – kurz: der nicht die Erfahrung gemacht hätte, daß er *nicht mehr da war*. Die

Emigrations-Selbstmorde besiegelten nur diesen Existenzverlust. Die Erhängten oder Überfahrenen, die nun als Müll fortgerollt wurden, waren immer schon, ehe Schnur oder Rad ihr Werk getan hatten, an Weltlosigkeit und Sozialhunger eingegangen.

Kein Wunder, daß die meisten von uns gierig darauf waren, sich den Seinsbeweis, ohne dessen täglich neuen Konsum auch sie nicht leben konnten, so rasch wie möglich von neuem zu beschaffen. Die meisten brannten also darauf, den Zufall der irgendwann einmal erreichten Küste in das Schicksal einer zweiten Heimat zu verwandeln, sich von dem neuen Lande, gleich ob dieses tragfähig war oder nicht, und gleich ob es traglustig war oder nicht, »tragen« zu lassen, von diesem anerkannt zu werden, in diesem, statt nur als fünftes oder fünftausendstes Rad am Wagen von der Fremdenpolizei gezählt zu werden, wirklich zu *zählen* – kurz: Die meisten von uns waren wild darauf, aus *Emigranten* so rasch wie möglich *Immigranten* zu werden, um dadurch wieder dazusein. Diese Gierigen als treulos oder anschmeißerisch abzutun, wäre einfach ungerecht. Nur Doktrinäre verlangen von den Durchschnittlichen, die es gerade getroffen hat, daß sie über Nacht ebenso groß werden wie das überwältigende Unglück, in das sie hineingeraten sind, daß sie dieses also »bewältigen«; kein Mensch ist so gebaut, daß er es lange als bloßer »*Überschuß*« aushalten könnte. Wie bedauerlich oder skandalös das auch klingen mag, selbst das Leben derer, die zu bloßen Funktionsträgern innerhalb eines Apparates erniedrigt sind, ist noch leichter ertragbar als das Leben derer, die in nackter Funktionslosigkeit weiterzuexistieren haben.

~

Ich spreche von der ganz ordinären Sorge um das nackte Leben.

Jeder von uns (die Ausnahmen sind kaum der Rede wert) hatte ja erst einmal zu versuchen, sein Lebensminimum zu erjagen, als da sind: ein Bett, Arbeitserlaubnis, Geld, Essenskarten, Schwarzarbeit, vor allem aber seine (»Aufenthaltserlaubnis« genannte) *Lebenserlaubnis*. Und die Jagd auf diese Lebenserlaubnis (die zumeist im Warten auf Korridoren bestand) war, da wir aus dem Regen ja nicht etwa in Gutwetter gekommen waren, sondern wiederum in Regen (nämlich aus einer Welt der Arbeitslosigkeit in andere Welten der Arbeitslosigkeit), eigentlich aussichtslos. In manchen Fällen war der Schnörkel des Infernalischen besonders sinnig: die Jagd nämlich bei strengster Strafe (Rücktransport zur Grenze) untersagt – was darauf hinauslief, daß man uns gewissermaßen amtlich dazu zwang, die Gesetze zu umgehen, nämlich schwarzzuarbeiten, weil uns ohne diese Schwarzarbeit, abgesehen von dem Kleingeld, das man nun einmal braucht, um aus der Hand in den Mund zu leben, auch das größere Geld gefehlt hätte, das für die Aufenthaltserlaubnis verlangt wurde. In anderen Worten: Offiziell gefordert waren Zahlungen von Beträgen, deren Erwerb ebenso offiziell untersagt war. Kurz: Die ordinäre Sorge war, mindestens in den ersten Zeiten der Emigration, so ungeheuer und so nervenaufreibend, daß sie im Weitstreit der Sorgen oft im weitesten Abstand als Siegerin hervorging.

Und das heißt: daß sie uns nicht nur gegen die »feinen« Probleme blind gemacht hat, sondern, und das gar nicht so selten, auch gegen die eigentlichen und würdigeren; daß sie uns dazu gezwungen hat, auch diese als Luxus beiseite zu schieben. Wie oft ist es unsereins passiert, daß wir, erschöpft vom Herumjagen – nein, nicht des Schlafes, sondern umgekehrt gerade *der Schlaflosigkeit beraubt* waren, jener Schlaflosigkeit, die wir nötig gehabt hätten, um uns unseren eigentlichen Sorgen auf gebührende Weise zuzuwenden.

Walter Victor

Von Wiesen und Visen

Der junge Mann hat einen italienischen Vornamen, denn er ist im Tessin geboren, er lebt heute in Amerika, aber er spricht leider noch immer sächsisch. Das kommt von seiner Großmutter. Der vier Jahre alte junge Mann verstand die Sache mit den Visen nicht.

»Sind Visen etwa Blumenwiesen, Mutti?«
»Mutti, hat ein Visum denn Beine, daß es ablaufen kann?«
»Und wann kommt es wieder angelaufen?«

Die (sächsische) Großmutter kam erst Monate nach uns hier an. Es gab viele Schwierigkeiten, bei Vitos Mutter viele Tränen. Vito mit einem Stoßseufzer zu Bekannten, mit denen die Situation besprochen wird:

»Wäre wenigstens Nonas spanisches Visum nicht auch noch weggelaufen.«

Rosemarie Silbermann

Alles war fremd

Ich landete also im Oktober 1934 mit dem Schiff von Venedig kommend im Jaffaer Hafen. Orient! Araber in weiten Hosen, roten Fezen, eine komische Sprache sprechend. Hitze, Krach, laut, fremd. Der Hafen in Jaffa war altmodisch. Heute landet kein Schiff mehr dort. Man konnte damals wegen der vielen Felsen, die aus dem Wasser ragten, nicht mit dem Schiff bis an den Kai gelangen. Das Schiff blieb draußen. Meine Großmutter und ich wurden in ein kleines Boot gehoben, das uns bis an den Kai brachte. Dort stand mein Vater, aufgeregt winkend. Nun waren wir wieder beisammen. Beisammen? Ja, die engste Familie, und all die anderen? Die große Chempinsche Familie aus Berlin war zum Teil in Berlin geblieben. Nicht alle überlebten es.

Jaffa, Tel Aviv, Palästina! Fremdes Land, fremde Sprache, fremde Sitten. Ich dachte vom ersten Tag an, bald ist alles vorbei und wir gehen wieder zurück. Zurück nach Berlin. In meine Straße, meine Schule, zu meinem Wald und meinen Seen – und die Judenbank war nur ein böser Traum. Aber ich irrte mich. Ich war inzwischen dreizehn Jahre alt geworden. Ich mußte zur Schule. Mein Bruder Peter war tot. An Typhus gestorben, der andere arbeitete. Der Älteste war nach Amerika gegangen, um sein Studium zu beenden.

Ich wurde eingeschult. Eine Schule der Kibbuzbewegung, ähnlich wie Kuhlmühle. Aber es war nicht Kuhlmühle. Alles war fremd. Die Landschaft, das Wetter, die Sprache, die Feste, alles war anders und fremd. Ich war stolz. Die anderen sollten nicht wissen, wie mir zumute war. Nur nachts, wenn alle schliefen, weinte ich ohne Tränen in mein Kissen. Warum, warum mußte ich hier sein? Warum hatte ich plötzlich keine Heimat mehr? Wut und Trauer quälten mich. Ich wollte die neue Sprache nicht lernen. Ich liebte die deutsche Sprache. Warum sollte ich sie nicht mehr sprechen dürfen? Ich weigerte mich, hebräisch zu sprechen. Ich verstand die Sprache schnell, aber ich wollte sie nicht sprechen. Ich war mit einer ganzen Gruppe von Kindern aus Deutschland zusammen. Wir sprachen untereinander deutsch. Der Unterricht war natürlich auf Hebräisch. Ich boykottierte die hebräische Sprache, aber da wir einen sehr verständigen Lehrer hatten, erlaubte er mir, mit deutschen Büchern zu lernen, soweit es möglich war.

Es gab dort auch einen Wald, von den Mitgliedern des Kibbuz angepflanzt, dem die Schule gehörte. Oft, wenn ich es nicht mehr aushielt vor Sehnsucht und Verzweiflung, lief ich dorthin, aber es war nicht mein Wald. Meinen Wald hatte man mir weggenommen. Ich wollte keine neue Heimat. Ich wollte meine, die ich kannte. Ich wollte nach Hause, nach Deutschland. Ich las die Zeitung. Es gab eine deutsche für Deutschsprachige. Es kamen die ersten Nachrichten von Konzentrationslagern, für deutsche Kommunisten und Juden bestimmt. Es war das Jahr 1936. Wieder waren es die Feinde Deutschlands, also mußte man etwas tun. Was konnte eine Vierzehnjährige fern der Heimat tun für die Heimat, die man ihr gestohlen hatte? Sehr wenig.

Der Krieg in Spanien brach aus. Die Feinde Deutschlands waren auch die Feinde Spaniens. Das leuchtete mir ein. Wir Kinder sammelten auf meinen Vorschlag hin für die Internationalen Brigaden, die auf der Seite des spanischen Volkes gegen deutsche, italienische und spanische Faschisten kämpften. Das spanische Volk, die Internationalen Brigaden wurden geschlagen und verfolgt. Wieder siegten die Feinde Deutschlands, diesmal mit Unterstützung der italienischen Feinde Italiens und der spanischen Feinde Spaniens. Das Bild begann sich abzurunden. Ich begann zu verstehen. Es war also eine allgemeine Sache. Eines jeden Heimat hat Feinde der guten Sache. Der Sache der Freiheit und der Menschlichkeit. Wenn ich also in meine deutsche Heimat zurück wollte, und das wollte ich, dann mußte ich etwas tun, mich einsetzen. Ganz egal wo. Ich mußte etwas tun gegen die Feinde meiner Heimat und anderer Leute Heimat. Es waren ja dieselben. Ich trat also dem zur damaligen Zeit illegalen kommunistischen Jugendverband Palästinas bei.

Es war das Jahr 1938, ich war siebzehn Jahre alt. Der Anschluß Österreichs an das Deutsche Reich. Wir hörten Hitler im Radio bellen: »Frieden, Heimkehr ins Reich.« Wir hörten die Wiener ihm zujubeln. Ich verstand wieder nicht. Wie konnten die Wiener jubeln, von den deutschen Feinden Deutschlands annektiert zu werden? Und nun kamen die österreichischen Juden nach Palästina und erzählten von Plakaten an Geschäften, von Prügeleien und Schmähungen. Auch sie waren aus ihrer Heimat vertrieben worden, so wie ich fünf Jahre vorher. Dann kamen Prag, Warschau, Holland, Belgien, Paris – und nun marschierten sie gegen England. Der offene Krieg war ausgebrochen. Ich war weit von meinem Ziel entfernt, in meine Heimat zurückkehren zu können.

Eines dankte ich Palästina, das damals noch nicht Israel war. Es gab mir die Möglichkeit zu leben, zu wachsen, meinen Kopf und meinen Verstand zu gebrauchen. Ich konnte als freier Mensch aufwachsen, aber zu Hause war ich nicht. Immerhin lebte ich, und das war schon viel wert damals. Dann der 21. Juni 1941. Kriegserklärung gegen die Sowjetunion. Halb Europa war bereits unter dem Stiefel der deutschen Feinde Deutschlands zertreten.

Es kamen die ersten Nachrichten von Folterungen und Erschießungen. Eins war mir klar: Es ging um Sein oder Nichtsein. Ich meldete mich mit einer ganzen Gruppe Jugendlicher zur Jüdischen Brigade beim britischen Militär. Es gab schon Nachrichten vom gelben Stern, den alle Juden unter deutscher Herrschaft tragen mußten. Wir wollten ihn mit Stolz auf unserer Uniform tragen. Es war wie mit der Judenbank. Und nun kamen die ersten Nachrichten von Gaskammern und Massenerschießungen von Zivilbevölkerung in den okkupierten Gebieten. Ich konnte plötzlich nur noch die Feinde sehen. Wo waren die anderen? Diejenigen, mit denen ich zur Schule ging, diejenigen, neben denen ich wohnte. Warum schwiegen alle? Wo war denn Deutschland? Irgendetwas stimmte nicht mit der Theorie, die ich hatte. Es konnte doch nicht sein, daß ganz Deutschland auf die Seite der Feinde Deutschlands übergegangen war. Es gab hitzige Diskussionen unter uns. Die meisten waren der Meinung, daß ganz Deutschland ausgerottet werden sollte für die furchtbaren Verbrechen, die es gegen die Menschheit begangen hatte. Deutsch zu sprechen war verpönt. Selbst wer nur schlecht Hebräisch sprach, gab sich Mühe, kein Deutsch zu sprechen, und schon gar nicht deutsche Lieder zu singen. Arnold Zweig wurde mit Steinen beworfen und der Ehrlosigkeit bezichtigt, weil er einen Vortrag in deutscher Sprache hielt.

Ich glaubte noch immer, daß es auch ein anderes Deutschland gibt. Ich haßte die Nazis, die Mörder wehrloser Menschen; sie waren für mich gleichbedeutend mit den Feinden der Menschheit und der Humanität. Für organisierten, geplant ausgeführten Mord an Millionen gab es kein Pardon und keine Entschuldigung.

Ich liebte die deutsche Sprache, die deutsche Kultur und sah meine Zeit in Palästina als unfreiwillige Emigration und als Übergang an. Ich wollte um jeden Preis zurück. Meine Heimat war das andere Deutschland, und niemand konnte mir das absprechen oder ausreden. Es war das Jahr 1943. Ich war bereits zwei Jahre Soldat. Stalingrad war das Symbol des Widerstandes geworden. In unserer Tasche war das Pamphlet Ilja Ehrenburgs. Es hieß: Lerne zu hassen. Ich war nicht zum Hassen erzogen worden, aber ich lernte es. Ich war auf Urlaub in Tel Aviv. Es war Ende des Jahres 1943 oder Anfang 1944. Ich sah auf einem der Boulevards eine Gruppe von Kindern zwischen 12 und 16 Jahren. Sie sprachen eine Art Deutsch. Ich ging zu ihnen und fragte sie, woher sie seien. Sie sagten: aus Polen. Sie waren irgendwo in einem Vernichtungslager gewesen, waren aber befreit und mit Hilfe der Jüdischen Brigade nach Palästina gebracht worden. Sie sahen schrecklich aus. Schmal und blaß. Ein Junge drehte sich zu mir um, und ich sah, daß er keine Hände hatte. Nur Stümpfe. Alle hatten Nummern im Arm eintätowiert. Ich fragte einen, was mit den Händen des Jungen passiert sei. Er sagte ganz trocken: »Ach der, der hat Brot im Lager gestohlen, weil er Hunger hatte, und ist erwischt worden. Da hat man ihm zur Strafe die Hände amputiert.« Ich war entsetzt und verstört. Die Wut wurde zum Haß. Haß gegen die Bestien in Menschengestalt, die zu so etwas fähig waren.

Dann kamen die ersten von Auschwitz und Mauthausen. Das Grauen packte uns. Organisierte totale Vernichtung, Ausmerzung, Ausrottung. So wie man Ratten oder Ungeziefer vernichtet. Grausamer als Ungeziefervernichtung, denn Ungeziefer wird auf einen Schlag vernichtet. Die Menschen in den Vernichtungslagern ließ man aber meistens langsam eines qualvollen Todes sterben, nachdem man ihnen das Letzte genommen hatte. So etwas war doch nur möglich, wenn das ganze deutsche Volk mitmachte, und zu meiner großen Trauer war es auch fast das ganze Volk, mit wenigen Ausnahmen. Ich sprach nur noch ganz leise Deutsch. Nur zu Hause, niemals auf der Straße. Das Wichtigste im Moment war, alles zu tun, damit der Krieg schnell vorbeigeht, um zu retten, was noch zu retten war. Für mein anderes Deutschland. Es mußte doch irgendwo existieren. Wenn ich davon sprach, lachte man mich aus oder wurde böse. Man sagte, wie kannst du heute noch von einem anderen, guten Deutschland sprechen. Nach Auschwitz, Bergen-Belsen, Mauthausen, Dachau und dem Warschauer Ghetto!

Ich glaubte, daß ich im englischen Militär als deutsche Jüdin und Antifaschistin auf der Seite des wahren Deutschlands stand, das aus den Ruinen wieder auferstehen wird.

8. Mai 1945. Bedingungslose Kapitulation. Der Krieg war zu Ende. Ich hatte eine Woche vorher noch im Militär geheiratet. Einen Jungen, der aus Wien stammte und genau wie ich ein Antifaschist war und zurück wollte. Wohin zurück?

Nach Wien oder nach Berlin? Ich wollte nach Deutschland, um meine Heimat, die man mir gestohlen hatte, und meine Sprache wieder in Besitz zu nehmen. Ich wollte dorthin, wo ich glaubte hinzugehören, nach Berlin.

Sylvia Asmus

»Daß meine Eltern so weitsichtig waren, sich von ihrem einzigen Sohn zu trennen und mich 1936 mit der sogenannten Jugend-Alijah nach Palästina zu schicken, rechne ich ihnen hoch an. Es rettete mir das Leben.«[1] – Ernst Loewy

Als Schüler erlebte Ernst Loewy[2] schon vor 1933 offenen Antisemitismus. Die Familie lebte in Krefeld, wo Ernst Loewy am 25. April 1920 geboren wurde. Im Herbst 1935, Ernst Loewy war 15 Jahre alt, beschlossen seine Eltern, ihr einziges Kind aus Deutschland heraus und nach Palästina zu bringen. Die Organisation der Reise sollte über die Kinder- und Jugend-Alijah organisiert werden. 1932 hatte die Pädagogin Recha Freier die Jugend-Alijah initiiert, die ab 1933 als »Arbeitsgemeinschaft für Kinder- und Jugend-Alijah« die Anstrengungen mehrerer Initiativen und Organisationen für die Einwanderung von Kindern und Jugendlichen nach Palästina bündelte.[3] In Palästina war es die Sozialarbeiterin Henrietta Szold, die sich vor Ort um die Einwanderung und Unterbringung der Kinder und Jugendlichen kümmerte.[4] Um in deren Programm aufgenommen zu werden, war eine Vorbereitungszeit notwendig. Die zwischen 15 und 17 Jahre alten Jugendlichen wurden in handwerklichen und landwirtschaftlichen Kenntnissen ausgebildet, um für ein Leben in Palästina gerüstet zu sein. Auch Sprachkurse und Landeskunde gehörten zum Training. Vier Wochen verbrachte Ernst Loewy auf dem landwirtschaftlichen Gut Schniebinchen bei Berlin. Am Ende dieser Phase wurde über die Tauglichkeit der Jugendlichen für ein Leben in Palästina befunden. War die sogenannte »Bestätigung« erfolgt, begannen die Reiseplanungen. Ernst Loewy hatte seine Sache gut gemacht und wurde ausgewählt.

Palästina, damals britisches Mandatsgebiet, war nach den USA das zweitwichtigste Aufnahmeland für verfolgte Jüdinnen und Juden. Die Ankommenden galten weniger als Flüchtlinge, vielmehr als Bürger*innen eines künftigen jüdischen Staates. Aus Deutschland reisten ungefähr 4.500 Jugendliche mit der Jugend-Alijah nach Palästina ein[5], hinzu kamen Jugendliche aus Österreich, Polen und der Tschechoslowakei. Für Jugendliche waren spezielle Einreise-Zertifikate innerhalb des strikten Quotensystems vorgesehen, mit dem die Einreise nach Palästina gesteuert wurde. Wie in anderen Ländern galt auch hier, dass die Jugendlichen dem Land nicht finanziell zur Last fallen sollten. Die Eltern der Jugendlichen waren aufgerufen, sich an den Reisekosten und am Lebensunterhalt zu beteiligen und ihren Kindern die notwendige Ausrüstung mitzugeben. Zudem sprangen unterschiedliche Hilfsorganisationen ein und es wurden Spenden gesammelt, um die geforderten finanziellen Garantien beibringen zu können.

Von Krefeld führte die Reiseroute Ernst Loewys nach München, Salzburg und Triest, von wo das Schiff nach Haifa in See stach. 12 Tage dauerte die Reise, deren Ziel die landwirtschaftliche Gemeinschaftssiedlung Kirjat Anavim in der Nähe von Jerusalem war. Am 2. April 1936 traf die Gruppe dort ein.

Mit seinen Eltern hielt Ernst Loewy per Brief Kontakt. Mehrmals in der Woche tauschten sie sich schriftlich aus. Die überlieferten Korrespondenzen machen deutlich, wie sehr sich die Lebenswirklichkeiten von Sohn und Eltern voneinander entfernten. Ernst Loewy schilderte in langen Schreiben den Alltag in der Kwuzah und hielt auch mit Kritik daran nicht zurück. Die Eltern dagegen hatten andere Prioritäten. Immer verzweifelter versuchten sie, eine Einreisegenehmigung für Palästina zu erhalten, während ihr Sohn ihnen davon abriet. »Du gehst immer noch von dem Standpunkt aus, dass man es nicht gut in der Kwuzah hat, aber es geht nicht darum, um gut oder nicht gut, sondern nur darum, dort zu sein«, schrieb der Vater Richard Loewy an seinen Sohn.[6] Die dramatische, sich immer mehr zuspitzende Lage der Jüdinnen und Juden in Deutschland konnte Ernst Loewy in Palästina so wenig erahnen, wie er sich die gutbürgerlichen Eltern in der einfachen Gemeinschaftssiedlung in Palästina vorstellen konnte.[7]

Im Sommer 1937 hatte der Vater Gelegenheit, den Sohn in Palästina zu besuchen und die Lage für sich und seine Frau zu erkunden. Es gelang den Eltern, im November 1938 ebenfalls nach Palästina auszureisen.

Ernst Loewy wandte sich von der Landwirtschaft und dem Leben im Kibbuz ab. Er vermisste Bildung und Literatur und fühlte sich für ein Leben in der Gemeinschaft nicht geeignet. »Ich habe in einem Jahr Gelegenheit genug gehabt einzusehen, daß ich letzten Endes kein Arbeiter bin, und zwar ist es hauptsächlich nicht deshalb, weil ich körperlich keinen allzu großen Anstrengungen gewachsen bin (nicht allzu schwere Anstrengungen könnte ich immer machen), sondern weil mir die richtige Beziehung zur Arbeit fehlt, weil ich keine richtige Verbindung zur Arbeit habe, mich einfach nicht als Arbeiter fühle«, schreibt er am 12. Mai 1937 an seine Eltern.[8] Ab März 1938 absolvierte er folgerichtig eine Ausbildung zum Buchhändler in Tel Aviv. Für ein Studium, das er gerne absolviert hätte, fehlten ihm die finanziellen Mittel. Nach seinem Einsatz bei der britischen und israelischen Armee 1942 und 1943 war Ernst Loewy 1949 erneut als Buchhändler tätig, bevor er als Bibliothekar und Archivar ins Presseamt der israelischen Regierung wechselte.

Gleichzeitig verfasste er Beiträge für die Exilzeitschrift »Orient«. 1956 kehrte er, inzwischen verheiratet und Familienvater, nach Deutschland zurück. »Wir – meine Frau und ich – werden oft gefragt, warum wir (manchmal auch mit dem Zusatz ›eigentlich‹) zurückgekommen seien. [...] Warum hätten wir vom Standpunkt eines demokratischen Deutschen oder eines deutschen Demokraten aus – ›eigentlich‹ - nicht zurückkehren sollen, da wir doch hier geboren sind wie schon unsere Urgroßeltern und also ›eigentlich‹ Deutsche sind. [...] Die Antwort ist in dem Gesagten implizit bereits enthalten. Sie hat mit Sprache zu tun, aber auch mit Landschaft, dem Klima, dem Grün der Wälder, der Romantik alter Städte und (nicht ganz so alter) Bahnhöfe, mit Gefühlen also, die allein vielleicht wenig erklären, ohne die das Übrige allerdings unerklärbar bleibt«[9], äußerte sich Ernst Loewy im Rückblick zu seiner Remigration.

Richard und Erna Loewy folgten 1957. Die Familie Loewy lebte in Frankfurt am Main, wo Ernst Loewy in der Judaica-Abteilung der Frankfurter Stadt- und Universitätsbibliothek und als Referent im Deutschen Rundfunkarchiv tätig war. Sein besonderes Interesse galt der Exilforschung, 1984 war er Mitbegründer der Gesellschaft für Exilforschung e. V., die ihm wichtige Impulse und Forschungsanregungen verdankt, die bis heute aktuell sind.

Am 17. September 2002 ist Ernst Loewy in Frankfurt am Main gestorben.

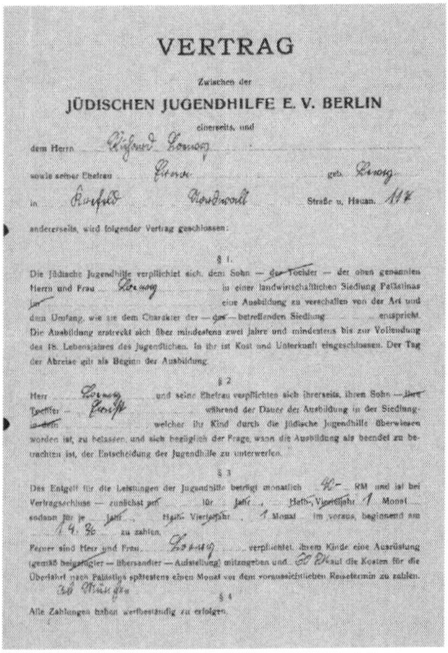

VERTRAG

Zwischen der

JÜDISCHEN JUGENDHILFE E. V. BERLIN

einerseits, und

dem Herrn ...

sowie seiner Ehefrau ... geb. ...

in ... Straße u. Hausn. ...

andererseits, wird folgender Vertrag geschlossen:

§ 1.

Die Jüdische Jugendhilfe verpflichtet sich, dem Sohn — der Tochter — der oben genannten Herrn und Frau ... in einer landwirtschaftlichen Siedlung Palästinas ... eine Ausbildung zu verschaffen von der Art und dem Umfang, wie sie dem Charakter der — des — betreffenden Siedlung ... entspricht. Die Ausbildung erstreckt sich über mindestens zwei Jahre und mindestens bis zur Vollendung des 18. Lebensjahres des Jugendlichen. In ihr ist Kost und Unterkunft eingeschlossen. Der Tag der Abreise gilt als Beginn der Ausbildung.

§ 2

Herr ... und seine Ehefrau verpflichten sich ihrerseits, ihren Sohn — ihre Tochter — ... während der Dauer der Ausbildung in der Siedlung in dem ... welcher ihr Kind durch die Jüdische Jugendhilfe überwiesen worden ist, zu belassen, und sich bezüglich der Frage, wann die Ausbildung als beendet zu betrachten ist, der Entscheidung der Jugendhilfe zu unterwerfen.

§ 3

Das Entgelt für die Leistungen der Jugendhilfe beträgt monatlich ... RM und ist bei Vertragsschluss — zunächst für ... Jahr, ... Halb-, Vierteljahr ... Monat ... sodann für je ... Jahr, ... Halb-, Vierteljahr, ... Monat im voraus, beginnend am ... zu zahlen.

Ferner sind Herr und Frau ... verpflichtet, ihrem Kinde eine Ausrüstung (gemäß beigefügter — übersandter — Aufstellung) mitzugeben und ... RM auf die Kosten für die Überfahrt nach Palästina spätestens einen Monat vor dem voraussichtlichen Reisetermin zu zahlen.

§ 4

Alle Zahlungen haben wertbeständig zu erfolgen.

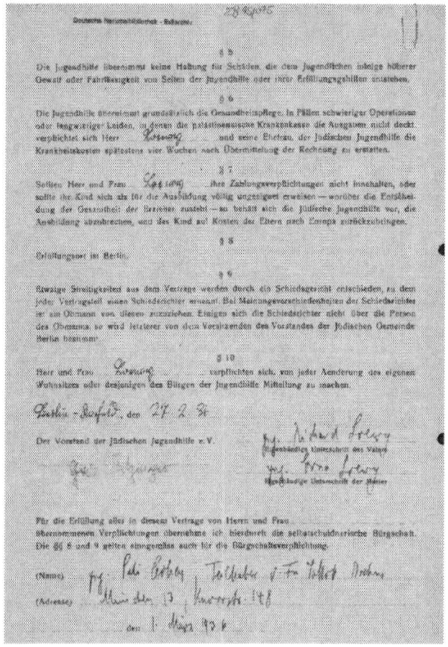

Deutsche Nationalbibliothek - Exilarchiv

§ 5

Die Jugendhilfe übernimmt keine Haftung für Schäden, die dem Jugendlichen infolge höherer Gewalt oder Fahrlässigkeit von Seiten der Jugendhilfe oder ihrer Erfüllungsgehilfen entstehen.

§ 6

Die Jugendhilfe übernimmt grundsätzlich die Gesundheitspflege. In Fällen schwieriger Operationen oder langwieriger Leiden, in denen die palästinensische Krankenkasse die Ausgaben nicht deckt, verpflichtet sich Herr ... und seine Ehefrau, der Jüdischen Jugendhilfe die Krankheitskosten spätestens vier Wochen nach Übermittelung der Rechnung zu erstatten.

§ 7

Sollten Herr und Frau ... ihre Zahlungsverpflichtungen nicht innehalten, oder sollte ihr Kind sich als für die Ausbildung völlig ungeeignet erweisen — worüber die Entscheidung der Gesamtheit der Erzieher zusteht — so behält sich die Jüdische Jugendhilfe vor, die Ausbildung abzubrechen, und das Kind auf Kosten der Eltern nach Europa zurückzubringen.

§ 8

Erfüllungsort ist Berlin.

§ 9

Etwaige Streitigkeiten aus dem Vertrage werden durch ein Schiedsgericht entschieden, zu dem jeder Vertragsteil einen Schiedsrichter ernennt. Bei Meinungsverschiedenheiten der Schiedsrichter ist ein Obmann von diesen zuzuziehen. Einigen sich die Schiedsrichter nicht über die Person des Obmanns, so wird letzterer von dem Vorsitzenden des Vorstandes der Jüdischen Gemeinde Berlin bestimmt.

§ 10

Herr und Frau ... verpflichten sich, von jeder Aenderung des eigenen Wohnsitzes oder desjenigen des Bürgen der Jugendhilfe Mitteilung zu machen.

..., den ...

Der Vorstand der Jüdischen Jugendhilfe e. V.

Eigenhändige Unterschrift des Vaters

Eigenhändige Unterschrift der Mutter

Für die Erfüllung aller in diesem Vertrage von Herrn und Frau ... übernommenen Verpflichtungen übernehme ich hierdurch die selbstschuldnerische Bürgschaft. Die §§ 8 und 9 gelten sinngemäss auch für die Bürgschaftsverpflichtung.

(Name) ...

(Adresse) ...

den ...

Ausbildungsvertrag zwischen der Jüdischen Jugendhilfe e. V. Berlin
und Ernst Loewys Eltern, 1936

Die Jüdische Jugendhilfe organisierte die Einwanderung Jugendlicher nach Palästina (Jugend-Alijah). Nach einer kurzen Vorbereitungszeit auf Gut Schniebinchen in der Nähe von Berlin war Ernst Loewy für geeignet befunden worden, und seine Eltern konnten den rettenden Vertrag unterschreiben.

Alle Abbildungen S.92–93 Nachlass Ernst Loewy, EB 95/075,
Deutsches Exilarchiv 1933–1945 der Deutschen Nationalbibliothek.

הסוכנות היהודית לא"י, מחלקת-העליה
Jewish Agency for Palestine, Immigration Department
Palestine Office Warsaw
תעודת-עליה
PALESTINE IMMIGRANT CERTIFICATE
No 3285
Category B
Name Ernst Löwy
25.2.36
Palästina-Amt
אזהרה!

Einwanderungszertifikat für Palästina für Ernst Loewy, 25. Februar, 1936

Für die Einreise im Rahmen der Jugend-Alijah waren besondere Zertifikate vorgesehen. Ein solches Einwanderungszertifikat zu erhalten, war für Ernst Loewy nur möglich, da seine Eltern seinen Lebensunterhalt für zwei Jahre im Voraus aufbringen konnten.

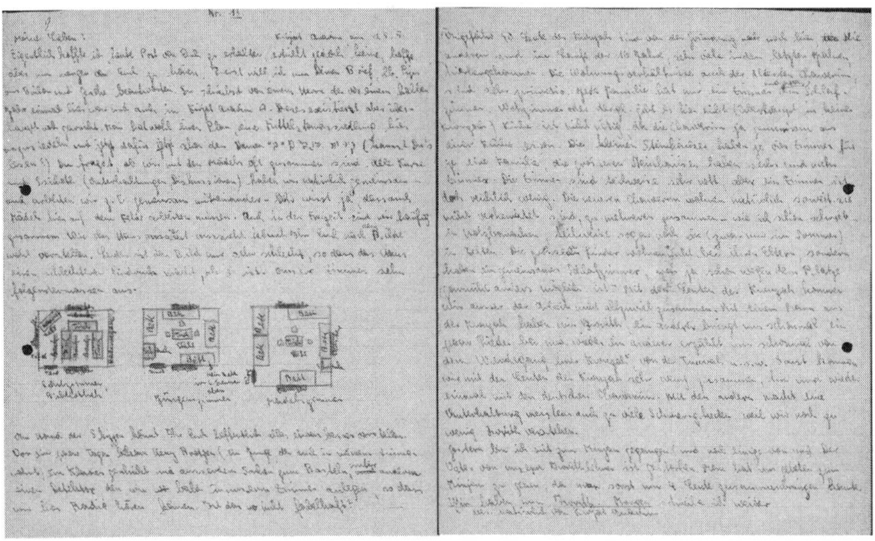

Brief von Ernst Loewy an seine Eltern, Kirjat Anavim, 25. Mai 1936

Transkription: Christian Herbart, siehe S. 94–95

Nr. 13.

Kirjat Anavim, am 25.5.

Meine Lieben!
Eigentlich hoffte ich, heute Post von Euch zu erhalten, erhielt jedoch keine, hoffe aber nun morgen von Euch zu hören. Zuerst will ich nun Deinen Brief, lb. Pips aus Brilon und Geseke beantworten. Du schriebst von einem Herrn, der vor einem halben Jahr einmal hier war und auch in Kirjat Anavim ב[10]. Dieses existierst aber überhaupt noch gar nicht. Man hat wohl einen Plan, eine Mittelstandssiedlung hier anzusiedeln und jetzt dafür jetzt schon den Namen[11] קירית ענבים 'ב' (kannst Du's lesen?) Du fragst, ob wir mit den Mädels oft zusammen sind. Alle Kurse und Ssichoth (Unterhaltungen, Diskussionen) haben wir natürlich gemeinsam – auch arbeiten wir z.T. gemeinsam miteinander – Ihr wisst ja, dass auch Mädels hier auf dem Felde arbeiten müssen. Auch in der Freizeit sind wir häufig zusammen. Wie das Haus aussiht aussieht könnt Ihr Euch nach dem Bilde wohl vorstellen. Leider ist das Bild nur sehr schlecht, so dass das Haus einen schlechteren Eindruck macht, als es ist. Unsere Zimmer sehn folgendermassen aus:

[Skizze links] Schulzimmer, Bibliothek
[Skizze Mitte] Jungenszimmer
[Skizze rechts] Mädelszimmer

An Hand der Skizzen könnt Ihr Euch hoffentlich alles etwas besser vorstellen. Vor ein paar Tagen bekam Heinz Brotzen (ein Junge, der auch in meinem Zimmer wohnt) ein Klavier geschickt und ausserdem Sachen zum Basteln, und unter anderm einen Detektor, den wir wo bald in unserm Zimmer anlegen, so dass wir hier Radio hören können. Ist das wo nicht fabelhaft?

[Rückseite]

Ungefähr 40 Leute der Kwuzah sind von der Gründung nah noch hier, der die anderen sind im Laufe der 16 Jahre, sehr viele in den letzten Jahren, hierhergekommen. Die Wohnungsverhältnisse, auch der ältesten Chawerim[12], sind sehr primitiv. Jede Familie hat nur ein Zimmer, und zwar ein Schlafzimmer. Wohnzimmer oder dergl. gibt es hier nicht (überhaupt in keiner Kwuzah), Küche ist nicht nötig, da die Chawerim ja gemeinsam aus einer Küche essen. Die kleinen Steinhäuser haben je vier Zimmer für je eine Familie, die grösseren Steinhäuser haben sechs und mehr Zimmer. Die Zimmer sind teilweise sehr nett, aber ein Zimmer ist doch reichlich wenig. Die neueren Chawerim wohnen natürlich, soweit sie nicht verheiratet sind, zu mehreren zusammen – wie ich schon schrieb – in Holzbaracken, teilweise sogar noch in (zwar nur im Sommer) in Zelten. Die grösseren Kinder wohnen nicht bei ihren Eltern, sondern haben ein gemeinsames Schlafzimmer, was ja schon wegen dem Platze gar nicht anders möglich ist.– Mit den Leuten der Kwuzah kommen wir ausser der Arbeit nicht allzuviel zusammen. Mit einem Mann aus der Kwuzah haben wir Iwrith, ein anderer bringt uns schonmal ein paar Lieder bei und wieder ein anderer erzählt uns schonmal von dem Werdegang einer Kwuzah*, von der Tnuvah[13] u.s.w. Sonst kommen wir mit den Leuten der Kwuzah sehr wenig zusammen, hin und wieder einmal mit den deutschen Chawerim. Mit den andern macht eine Unterhaltung meistens auch zu viele Schwierigkeiten, weil wir noch zu wenig Iwrith verstehen.

Gestern bin ich mit zum Minjan[14] gegangen (und noch einige von uns). Der Vater von unserm Iwrithlehrer ist gestorben. Man hat uns gebeten zum Minjan zu gehen, da man sonst nur 4 Leute zusammenbringen konnte. Wir haben nun Iwrith. Morgen schreibe ich weiter.

*bes. natürlich von Kirjat A

[Transkription und Anmerkungen in Klammern: Christian Herbart]

1 Ernst Loewy, Jude, Israeli, Deutscher. Mit dem Widerspruch leben, in: Das jüdische Exil und andere Themen, hrsg. im Auftrag der Gesellschaft für Exilforschung von Thomas Koebner in Verbindung mit Lieselotte Maas, München 1986, S. 13-42, hier S. 19.

2 Zu Ernst Loewy siehe Ernst Loewy, Jugend in Palästina. Briefe an die Eltern 1935-1938, hrsg. von Brita Eckert, Berlin 1997.

3 Siehe dazu: Brita Eckert, Die jüdische Emigration aus Deutschland 1933-1941. Die Geschichte einer Austreibung, Frankfurt a. M. 1985, S. 155 ff.

4 Zu Henrietta Szold siehe: Axel Maier, Die Jugend-Alija in Deutschland 1932-1941, in: Aus Kindern wurden Briefe. Die Rettung jüdischer Kinder aus Nazi-Deutschland, hrsg. von Gudrun Maierhof, Chana Schütz und Hermann Simon, Berlin 2004, S. 71-94, hier S. 77 ff.

5 Siehe dazu: Axel Meier, Die Jugend-Alija in Deutschland 1932 bis 1941, in: Aus Kindern wurden Briefe, a. a. O., S. 92.

6 Richard Loewy an Ernst Loewy, Krefeld, 19. Februar 1938, Nachlass Ernst Loewy, EB 95/075, Deutsches Exilarchiv 1933-1945 der Deutschen Nationalbibliothek.

7 Siehe dazu: Sylvia Asmus, »In Gedanken reisen wir mit dir« – Vorstufen des Exils in der Dauerausstellung des Deutschen Exilarchivs 1933-1945, in: Vorstufen des Exils / Early Stages of Exile, hrsg. von Reinhard Andress, Leiden, Boston 2020, S. 3-17.

8 Ernst Loewy an Richard und Erna Loewy, Kirjat Anavim, 12. Mai 1937. Nachlass Ernst Loewy, EB 95/075, Deutsches Exilarchiv 1933-1945 der Deutschen Nationalbibliothek.

9 Ernst Loewy, Jude, Israeli, Deutscher. Mit dem Widerspruch leben, in: Das jüdische Exil und andere Themen, hrsg. im Auftrag der Gesellschaft für Exilforschung von Thomas Koebner in Verbindung mit Lieselotte Maas, München 1986, S. 13-42, hier S. 39.

10 Beth, zweiter Buchstabe des hebr. Alphabets.

11 Kirjat Anavim »Beth«.

12 Freunde, Mitglieder.

13 Vermutlich gemeint: Israel. Genossenschaft zur Vermarktung landwirtschaftlicher Produkte.

14 Gemeinschaft von mindestens zehn jüdischen Personen, die notwendig ist, um aus der Thora zu lesen oder zu Gebeten zusammenzukommen.

Hans Sahl

Washington Square

Mitleidslos steht die Sonne über Manhattan.
Von der achten Straße her weht verdorben ein Wind.
Wo bliebt ihr, die in kühleren Gegenden ich liebte?
Meine Mutter versprach mir ein festliches Dasein,
reich an Ehren und Titeln – jetzt sitze ich hier,
auf dem Platz, den die Stadt mir gelassen, barhäuptig,
ohne Arbeit, unter spärlichen Bäumen und wie diese
verdurstend.

Helga Wolff

Ich fand immer Menschen ...

Der Anfang

Der Schatten legte sich sehr langsam über meine Kindheit. Es kam mir nur allmählich zu Bewußtsein, daß wir nicht mehr dazugehörten. So trug beispielsweise unser Klassenlehrer eines Tages ein Hakenkreuz und betonte, daß sich bald alles ändern würde. Der Frauenarzt meiner Mutter wollte sie nicht mehr behandeln, und wir durften nicht mehr mit seinen Kindern spielen, obwohl wir ein Herz und eine Seele waren.

Viele jüdische Familien verließen damals Deutschland mit Sack und Pack, aber mein Vater war ein geborener Optimist und wollte nichts davon wissen. Ich glaube auch, daß wir es uns kaum hätten leisten können, denn die Universitätsbuchhandlung meines Vaters wurde boykottiert und ging schließlich pleite. Zuletzt arbeitete er »schwarz«, weil sein Wissen all denen half, die die Bibliotheken der Emigranten billig aufkauften. Er mußte es nachts machen, damit ihn keiner in einem christlichen Geschäft arbeiten sah. Einmal erwischte man ihn doch und schlug ihn so, daß er blutend nach Hause kam.

Meine Mutter setzte alle Hebel in Bewegung, um die beste Möglichkeit herauszufinden, wenigstens mich in die Fremde zu schicken. Als ich erfuhr, daß meine Tante – die schon 1933 nach Frankreich übergesiedelt war und dort ihren Modegroßhandel weiterführte – mich aufnehmen wollte, war ich sofort Feuer und Flamme. Ich konnte nicht verstehen, daß mein achtzehnjähriger Bruder Kurt auf dem Weg zum Bahnhof mitten auf der Straße stehenblieb und zu heulen anfing. Erst später habe ich erkannt, wie tapfer meine Eltern waren. Was muß dieser Weg sie gekostet haben!

In Paris

In Paris bewunderte ich die große Wohnung meiner Tante, die Reisenden und die Angestellten im Geschäft, die Mode, das vornehme Essen; vor allen Dingen entdeckte ich die Stadt. Mein Onkel war selten daheim, und Tante Wally arbeitete Tag und Nacht. Meistens war ich auf mich selbst angewiesen.

Man hatte mich in der Alliance Française eingeschult. Hier erfuhr ich eine mir gänzlich neue Sprache, Kunst und Literatur. Die übrige Zeit wanderte ich alleine durch die Straßen und konnte mich nicht satt sehen. Auf französisch sagt man »battre le pavé«, meine Füße trugen mich hin und her, und alle meine Sinne waren wie benommen.

Allerdings war ich nicht darauf gefaßt, daß meine Aufenthaltsgenehmigung in Frankreich begrenzt war. Man ersuchte mich, pünktlich zu einer Vorladung zu kommen, weil mein Visum in einer Woche abgelaufen sei. In der Aufregung hatten meine Eltern übersehen, daß ich nur zwei Wochen Aufenthaltserlaubnis hatte. Meine Tante war genauso überrascht wie ich. Wie gewöhnlich mußte ich alleine losziehen. Bewaffnet mit meinem Schülerausweis und einem Brief von meiner Tante, in dem sie bestätigte, daß sie für alle Kosten aufkommen würde, zog ich los. Glücklicherweise war mir gar nicht bewußt, was auf dem Spiel stand.

Paris war meine neue Heimat, ich fühlte mich wohl und freute mich über die lieben Briefe aus Frankfurt. Was sich dort in Wirklichkeit tat, wurde von mir ferngehalten.

In der Prefecture (Verwaltung) erklärte mir der Beamte, daß ich innerhalb kurzer Frist abfahren müsse. Schlagartig wurde mir der Ernst meiner Situation bewußt. Der Beamte hatte mir meinen Schreck wohl angesehen, denn er erbarmte sich und füllte ein neues Vorladungsformular aus. »Aber dann mußt du Frankreich verlassen, sonst wirst du über die Grenze abgeschoben.«

Weinend stürzte ich die Treppe hinunter. Die Woche verflog. Zurück zur Prefecture, Schlange stehen, stundenlang. Man gab mir einen weiteren Termin von vierzehn Tagen. Doch beim nächsten Mal wurde mein Visum nicht verlängert. Bis zum 30. Mai mußte ich endgültig ausgereist sein, sonst würde ich polizeilich abgeholt. Später erfuhr ich, daß dies keine leere Drohung gewesen war, denn sie suchten mich bei meiner Tante.

Meine Tante setzte alle Hebel in Bewegung. Dank ihrer Bemühungen boten sich Menschen an, mich auf dem Land zu verstecken oder über die Schweizer Grenze zu bringen. Natürlich verlangte man horrende Summen. Meine Tante wäre zu allem bereit gewesen, wenn nicht ein Brief vom *Comité Israelite pour les Enfants venant d'Allemagne et de 'Europe Centrale* eingetroffen wäre. »Wir bitten Sie, sofort dafür Sorge zu treffen, daß das Kind reisefertig gemacht wird, da der von uns organisierte Sammeltransport in den allernächsten Tagen stattfinden wird.« So kamen wir nicht zum Nachdenken. Meine erneute Ausreise mußte in aller Eile vorbereitet werden.

Auf dem Bahnsteig stand der Leiter des Kindertransportes mit zirka fünfzehn Kindern. Die jüngsten waren kaum vier Jahre alt und klammerten sich an ihre Angehörigen. Wie ich wanderten sie zum zweiten mal aus. Der Abschied war herzzerreißend. Es wurde deutsch, tschechisch und französisch durcheinander gesprochen.

In England

In London angekommen, begegneten hungrige Kinder ihrer neuen Umgebung. Wo war man eigentlich? Was wollte die Dame von mir, der mich der Leiter übergab? Sie packte mich in ihren Wagen, rief dem Chauffeur die Adresse zu und fuhr mit mir nach Maida Vale, vielleicht eine halbe Stunde von Victoria Station entfernt. Ich war eingehüllt in einen Schleier von Müdigkeit. Als der Wagen hielt, kam ich zu mir. Die Koffer wurden in ein großes Haus getragen, und eine Schar fröhlicher englischer Mädchen führte mich durch die offene Tür. Die fremde Dame sprach mit der Hausmutter, verabschiedete sich kurz von mir und verschwand. Nach und nach wurde mir klargemacht, daß ich für sechs Wochen in einem Studentenheim der Londoner Universität untergebracht werde, weil im Kinderheim Scharlach ausgebrochen war.

Die Wochen im Studentenheim waren auf Jahre hinaus meine schönste Zeit. Die Mädchen verwöhnten mich, behandelten mich wie eine zerbrechliche Puppe, nahmen mich auf ihre Ausflüge mit und versuchten, mir Englisch beizubringen.

Aus heiterem Himmel hieß es dann plötzlich: »Morgen gehst du zu deinen Kameradinnen ins Kinderheim«, und ich packte wieder einmal mein Köfferchen. Am Abend nahm ich Abschied von meinen lieben Gefährtinnen, die den Grundstein für meine Liebe zu diesem Land legten. So viele von uns Kindern wurden hier aufgenommen, und obwohl ich hie und da Schmerzliches und Unangenehmes erfahren habe, überwiegt die Tatsache, daß ich immer Menschen gefunden habe, die sich meiner annahmen.

Im Kinderheim befanden sich keine Kinder, sondern Jugendliche aus Deutschland und Österreich, die vor lauter Langeweile entweder faul herumlagen oder zu alten Schlagern tanzten. Der einzige Lichtblick hier war Renate, meine Kusine aus Berlin, die auch im Heim wohnte, weil ihre Mutter arbeiten mußte und sich daher nicht um sie kümmern konnte.

Nachmittags hatten wir frei, vormittags wurde unendliche Male das Haus geputzt, besonders wenn man die Komiteedamen erwartete. Für unsere Ausbildung wurde nicht gesorgt.

Weil Krieg drohte, wollte man uns in Sicherheit bringen. Im September 1939 erwartete mich wieder ein Kindertransport. Der Bahnhof wimmelte von Kindern, alle mit Gasmasken und Koffern ausgerüstet. Die Eltern der Kinder versuchten heiter zu sein, die Kinder starrten traurig in die Zukunft. Unsere Gruppe war es gewöhnt, Abschied zu nehmen, und wir ließen keine Angehörigen zurück. Für uns bedeutete der Transport nur eine neue Episode unserer Wanderschaft durch die Fremde.

Nach der Zugfahrt bekamen wir in einer Kirche Tee und Kuchen, um dann in verschiedenen Dörfern untergebracht zu werden. Der Staat kam für die Kinder auf. Die Familien, die Kinder aufnahmen, konnten eine bestimmte Summe in Anspruch nehmen. Doch die Fürsorgerin konnte meine Kusine und mich nicht unterbringen. Wer wollte schon Ausländer aus Deutschland haben! Wie eine Hausiererin ging die Fürsorgerin herum und versuchte, ihre Ware loszuwerden. Nachdem uns etliche Türen zugeschlagen worden waren, nahm eine Frau uns dann doch auf. Hier war nun unser neues Heim: ein kleines, sauberes Zimmer mit Doppelbett im Haus eines fleißigen Ehepaares mit einem acht- oder neunjährigen Sohn.

Als wir sonntags mit der Familie in der Kirche waren, hörten wir eine Sirene heulen. Der Geistliche bat die Gemeinde niederzuknien. Nach dem Gottesdienst gingen alle bedrückt nach Hause. Nur wir wußten aufgrund unserer schlechten Englischkenntnisse noch nicht, daß der Krieg ausgebrochen war. Wir aßen mit Genuß unser Mittagessen, spielten auf der Wiese und gingen mit dem Jungen in die Religionsstunde.

Die politische Katastrophe betraf uns vorläufig noch nicht, wir lebten uns wunderbar ein, halfen im Haushalt und nahmen am religiösen Leben der Familie teil. Dieses friedliche Dasein wurde jedoch von Renates Mutter zerstört, die nicht damit einverstanden war, daß die Familie uns in ihre Religion mit einbezog. Das Ehepaar, das uns so viel Gutes gegeben hatte, war dem Problem nicht gewachsen. Die Familie verhielt sich uns gegenüber viel kühler, und schließlich wurden wir wieder ausquartiert.

In unserer nächsten Unterkunft war es grausam. Wir befanden uns in einem Loch von Zimmer über einem Wirtshaus. Renate hustete und bekam Fieber. An einem nebligen Morgen wurden wir zurück nach London gebracht. Renate saß mit Schüttelfrost neben mir und war sehr schwach.

Zu guter Letzt suchte ihre Mutter sich eine Stellung, wo ihr Kind bei ihr wohnen durfte. Die beiden zogen in eine andere Stadt, und ich war völlig auf mich allein gestellt. Zu dieser Zeit fingen die Luftangriffe an. Das Getöse nachts war unheimlich.

Ich bewarb mich um eine Stelle in einem Anwaltsbüro. Dort mußte ich alles in Ordnung halten und das Telefon bedienen. Ordnung halten konnte ich, aber von den Telefongesprächen verstand ich kaum die Hälfte. Nach kurzer Zeit wurde ich gekündigt.

Als nächstes arbeitete ich in der Abteilung eines Kaufhauses, in der bezahlte Rechnungen quittiert und an die Kunden zurückgesandt wurden. Ich gewann gleich den Eindruck, daß ich mich dort wohl fühlen würde.

Zusammen mit einer Freundin fuhr ich jeden Morgen in die Stadt. Manchmal sahen wir das Unheil, das die deutschen Bomber während der Nacht angestellt hatten. *Business as usual*, las man an den Geschäften, deren Fenster durch die Luftangriffe zerschmettert worden waren. Die Scherben bedeckten die Straßen; sie wurden ohne viel Umstände weggekehrt. Die Londoner ließen sich nicht aus der Ruhe bringen. Wir bewunderten sie und machten es ihnen nach.

Jede von uns verdiente ein Pfund in der Woche, ein Reichtum für uns, denn im Heim erhielten wir nur sechs Pence Taschengeld. Meine Kolleginnen kümmerten sich rührend um mich. Auf die Mittagspause freute ich mich jeden Tag, weil sie mir die schönsten Leckerbissen mitbrachten, damit ich zunahm.

Schon bald beschlossen meine Freundin und ich, aus dem Heim auszuziehen. Die Zimmersuche erwies sich jedoch als gar nicht so einfach. Sobald man merkte, daß wir keine Engländerinnen waren, wurde uns die Tür vor der Nase zugeschlagen. Schließlich kamen wir bei einer Französin unter, die schon lange in England ansässig war. Meine Kolleginnen schenkten uns allerlei Haushaltsgegenstände. Die Mahlzeiten nahmen wir in der Kaufhauskantine zu uns. Am Wochenende kochten wir Eintopfgerichte auf dem Gasherd in unserem Zimmer. Jeden Freitag rechneten wir ab: zwei Pfund Wochenlohn, Miete fünfzehn Shilling, zehn Shilling für alles andere. Ich sah so unterernährt aus, daß der Schaffner im Autobus mir von sich aus einen Kinderfahrschein gab. Wenn wir besonders knapp bei Kasse waren, gingen wir den langen Weg zu Fuß. Nachdem wir etliche Monate zusammengelebt hatten, meldete sich meine Freundin zur Landarmee. Ich zog wieder um und fing eine neue Arbeit in einem Büro an, das sich um die Belange der Flüchtlinge kümmerte.

Bei Kriegsbeginn befanden sich etwa neuntausend Flüchtlinge in England, die aus politischen oder religiösen Gründen ihre Heimat verlassen mußten. Der bürokratische Apparat Englands war diesem Zustrom nicht gewachsen. Viele der Flüchtlinge wurden aus sicherheitspolitischen Gründen in Haft genommen. Im August 1940 wurde dann ein neues Gesetz verabschiedet, nach dem die meisten der Internierten Anspruch auf Entlassung hatten. Ein Komitee, in dem ich ab 1942 mitarbeitete, half diesen Menschen unentgeltlich. Für die meist mittellosen Flüchtlinge war dies ein Segen. Wir versuchten uns von jedem Antragsteller ein Bild zu machen, indem wir Freunde und Bekannte um schriftliche Auskunft baten. Nach und nach weitete sich unsere Arbeit aus. Das Komitee setzte sich auch für die Menschen ein, die in den besetzten Ländern in den Konzentrationslagern zurückgeblieben waren.

Nach meinem einundzwanzigsten Geburtstag wurde es höchste Zeit, daß ich mir Gedanken über meine Zukunft machte. Schon früh hatte ich den Entschluß gefaßt, Lehrerin zu werden. Aber wie sollte mir das ohne Geld und ohne Schulabschluß gelingen? Eleanor Rathbone, die Leiterin des Komitees, wandte sich an den Erziehungsminister und ermöglichte es mir, am Lehrerseminar der Universität von Liverpool zu studieren.

Hans Schmeier

Heimweh

Manchmal, wenn ich durch London geh,
irgendwo im Nebel steh,
ist mir zum Weinen.

Manchmal tut das Fremdsein weh,
wenn ich mein Wien vor den Augen seh
mit den buckligen Pflastersteinen.

Sylvia Asmus

»Ich wurde ganz unzulänglich gekleidet und statt des Dankes für meine viele Arbeit zog ich häufig noch Prügel.«[1] – Lili Schneider, geborene Fürst

Als einzige Tochter von Sally und Ida Fürst wurde Lili Fürst[2] am 26. Juni 1925 in Frankfurt am Main geboren. Die Eltern betrieben in Frankfurt eine Mehlhandlung. Schon seit Mitte der 1930er-Jahre hatte die jüdische Familie versucht, die Ausreise aus Deutschland zu organisieren. Die Entrechtung und Verfolgung der Jüdinnen und Juden war auch für sie zunehmend spürbar geworden. Lili musste auf die jüdische Schule »Philanthropin« wechseln, denn jüdischen Schüler*innen war der Besuch allgemeiner Schulen verboten worden.

Weil die Bemühungen, im Familienverbund zu emigrieren, scheiterten, schickten die Eltern ihre einzige Tochter mit einem Kindertransport in die Fremde. Etwa 20.000 Kindern und Jugendlichen gelang mit solchen Transporten nach den Novemberpogromen 1938 die Flucht aus dem Einflussbereich der nationalsozialistischen Diktatur. Mindestens 10.000 Kinder fanden in Großbritannien Zuflucht, aber auch andere Länder erklärten sich zur Aufnahme bereit. Wie ungefähr 500 weitere Kinder konnte Lili Fürst im Rahmen der »Kinderaktion« in Schweden einreisen.[3] Die Kinder waren dort, wie in den meisten Asylländern, nur temporär geduldet und sollten zudem dem Staat nicht finanziell zur Last fallen. Die jüdischen Gemeinden Schwedens übernahmen die Organisation und Finanzierung. Ein Fünftel der aufgenommenen Kinder verließ das Land wieder, um nach Palästina, in die USA oder nach Großbritannien weiterzuwandern.[4] Diejenigen, die in Schweden blieben, wurden in Heimen oder in privaten Haushalten untergebracht.

Auch Lili Fürst, die Malmö im Januar 1939 erreicht hatte, war von einer schwedischen jüdischen Pflegefamilie aufgenommen worden. Sie erlebte dort keine gute Zeit. Sie musste sich im Haushalt nützlich machen und das leibliche Kind der Pflegeeltern betreuen. Für ihre traumatische Situation fand Lili Fürst in der Pflegefamilie kein Verständnis. Anhand der überlieferten Entschädigungsakten lässt sich ihre Situation erahnen. Sie litt psychisch wie physisch und erstritt aufgrund des erlittenen Unrechts, ihrer schlechten körperlichen wie seelischen Verfassung nach 1945 in entwürdigenden Verfahren Entschädigungszahlungen. Mit ihren Eltern in Deutschland blieb Lili Fürst über Briefe im Austausch. Über die Distanz versuchten die Eltern, am Alltag und auch am religiösen Leben ihrer Tochter Anteil zu haben: »Du wirst wohl dieses Jahr Jom Kippur einen ganzen Tag fasten?«, heißt es in einem Schreiben vom 16. September 1939.[5] Sie bemühten sich auch, die Bindung der Tochter an ihren Herkunftsort aufrecht zu erhalten, und ermahnten die Tochter, in der Freizeit deutschsprachige Bücher zu lesen, um die »Muttersprache« nicht zu verlernen.[6]

Besonders seit Kriegsbeginn unterstützte Lili die Eltern ab und an mit Paketsendungen. Sie schickte Lebensmittel, aber auch Handarbeiten, die die Eltern in Gegenbriefen kommentieren. Im Oktober 1941 brach die Korrespondenz ab. Verwandte hatten mitgeteilt, dass die Eltern in Frankfurt nicht mehr erreichbar waren. Sie waren am 19. Oktober 1941 ins Getto Litzmannstadt (Łódź) deportiert worden. Sie überlebten den Holocaust nicht.

Nach ihrem Schulabschluss absolvierte Lili Fürst eine Ausbildung zur Modistin. Ihre Versuche, zu Verwandten in die USA zu gelangen, scheiterten. So blieb sie in Schweden, dem Land, das nur eine Transitstation sein sollte. Lili Fürst heiratete 1947 den Zuschneider Willi Schneider und wurde schwedische Staatsbürgerin. Sie wurde Mutter zweier Kinder. Am 14. März 1972 kam sie bei einem Flugzeugabsturz ums Leben.

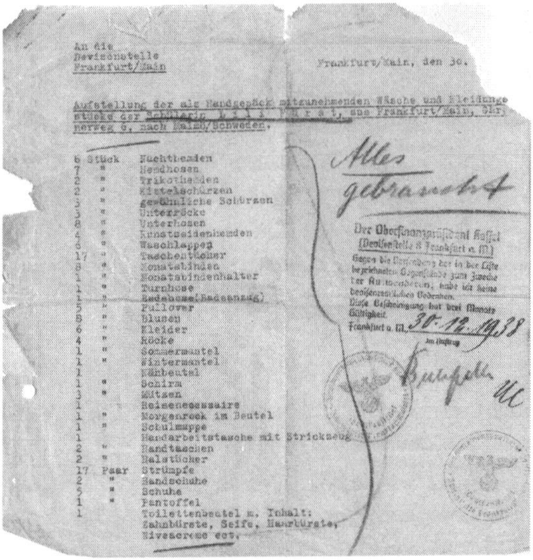

An die
Devisenstelle
Frankfurt/Main

Frankfurt/Main, den 30.

Aufstellung der als Handgepäck mitzunehmenden Wäsche und Kleidungsstücke der Schülerin L i l i F ü r s t, aus Frankfurt/Main, [illegible]nerweg 6, nach Malmö/Schweden.

6	Stück	Nachthemden
7	"	Hemdhosen
2	"	Trikothemden
2	"	Kittelschürzen
3	"	gewöhnliche Schürzen
3	"	Unterröcke
8	"	Unterhosen
4	"	Kunstseidenhemden
6	"	Waschlappen
17	"	Taschentücher
8	"	Monatsbinden
1	"	Monatsbindenhalter
1	"	Turnhose
1	"	Badehose(Badeanzug)
5	"	Pullover
8	"	Blusen
6	"	Kleider
4	"	Röcke
1	"	Sommermantel
1	"	Wintermantel
1		Nähbeutel
1	"	Schirm
3	"	Mützen
1		Reisenecessaire
1	"	Morgenrock im Beutel
1	"	Schulmappe
1		Handarbeitstasche mit Strickzeug
2	"	Handtaschen
2	"	Halstücher
17	Paar	Strümpfe
2	"	Handschuhe
5	"	Schuhe
1	"	Pantoffel
1		Toilettenbeutel m. Inhalt: Zahnbürste, Seife, Haarbürste, Niveacreme ect.

Alles gebraucht

Der Oberfinanzpräsident Kassel
(Devisenstelle S Frankfurt a. M.)
Gegen die Entsendung der in der Liste bezeichneten Gegenstände zum Zwecke der Auswanderung habe ich keine devisenrechtlichen Bedenken.
Diese Bescheinigung hat drei Monate Gültigkeit.
Frankfurt a. M., 30.12.1938
Im Auftrag

Handgepäckliste von Lili Fürst, Frankfurt am Main, 30. Dezember 1938

»Alles gebraucht« steht neben den insgesamt 133 Stücken, die auf dieser Liste versammelt sind. Dieser Zusatz war wichtig, denn nur Gegenstände, die bis zur Emigration benutzt wurden, konnten ausgeführt werden. Mit diesen Dingen also beginnt Lili Fürst ihr Leben in Stockholm. Es sind nur nützliche Gegenstände aufgeführt. Vermutlich wollten die Eltern den begrenzten Platz im Koffer nicht mit Spielsachen, Fotografien oder Erinnerungsstücken belegen.

Lili Fürst kurz nach ihrer Ankunft in Malmö, 1939

Alle Abbildungen S. 108–110: Splitternachlass Lili Fürst, EB 2020/004, Deutsches Exilarchiv 1933–1945 der Deutschen Nationalbibliothek.

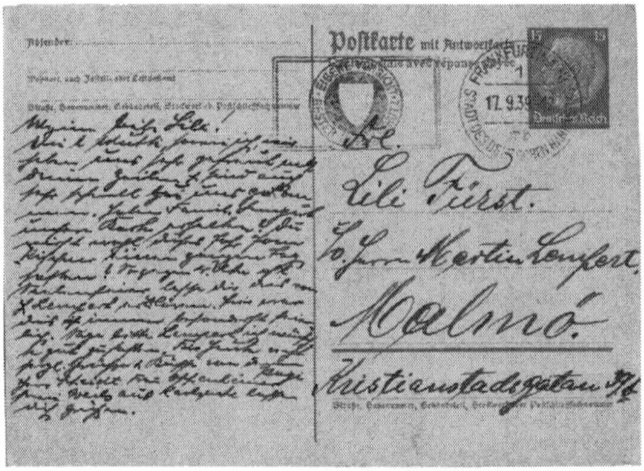

Sally und Ida Fürst an ihre Tochter Lili, Frankfurt a. M., 16. September 1939

[Vorderseite]
Lili Fürst
Co. Herrn Martin Lempert
Malmö.
Kristianstadsgatan 39b

Meine liebe Lili!
Die l[iebe] Mutti, sowie ich, wir haben uns sehr gefreut mit deinen Zeilen + sind auch sehr schnell zu uns gekommen. Haben Famil. Lempert unsere Karte erhalten? Du wirst wohl dieses Jahr Jom Kippur einen ganzen Tag fasten? So gegen 4. Uhr ist Seelenfeier[?], lasse dir dies von H Lempert erklären. Hier war das ~~ih~~ immer besonderst feierlich. Sage bitte Lempert, ich wünschte gut zu fasten. Für Heute recht herzl. Grüße + Küsse von deinem Papi Herr Scheidt Frau Offenheimer Frau Weils[?] aus Karlsruhe lassen dich grüßen.

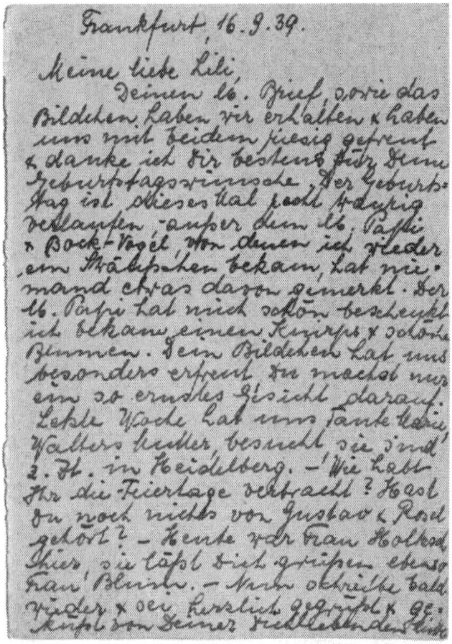

[Rückseite]

Frankfurt, 16.9.39.

Meine liebe Lili,

Deinen lb. Brief, sowie das Bildchen haben wir erhalten & haben uns mit beidem riesig gefreut & danke ich Dir bestens für Deine Geburtstagswünsche. Der Geburtstag ist dieses Mal recht traurig verlaufen; außer dem lb. Papi & Bock-Vogel, von denen ich wieder ein Sträußchen bekam, hat niemand etwas davon gemerkt. Der lb. Papi hat mich schön beschenkt, ich bekam einen Knirps & schöne Blumen. Dein Bildchen hat uns besonders gefreut, Du machst nur ein so ernstes Gesicht darauf. Letzte Woche hat uns Tante Marie, Walters Mutter, besucht, sie sind z. Zt. in Heidelberg. – Wie habt Ihr die Feiertage verbracht? Hast Du noch nichts von Gustav & Rosel gehört? – Heute war Frau Holtzsch hier, sie lässt Dich grüßen ebenso Frau Blum. – Nun schreibe bald wieder & sei herzlich gegrüßt & geküßt von Deiner Dich liebenden Mutti.

[Transkription und Anmerkungen in Klammern: Christian Herbart und Leon Ratermann]

1 Aussage Lili Schneiders im Rahmen des Entschädigungsverfahrens, Malmö, 13. September 1955, Hessisches Hauptstaatsarchiv Wiesbaden, HHStAW, Best. 518 Nr. 11598.

2 Zu Lili Fürst siehe auch den Beitrag von Mona Wikhäll in: Initiative Stolpersteine Frankfurt am Main, 16. Dokumentation, 2018, S. 91-92, sowie: Kinderemigration aus Frankfurt am Main. Geschichten der Rettung, des Verlusts und der Erinnerung = Child emigration from Frankfurt am Main, hrsg. von Sylvia Asmus für das Deutsche Exilarchiv 1933–1945 der Deutschen Nationalbibliothek und Jessica Beebone für die Stadt Frankfurt. Göttingen 2021, S. 38-43.

3 Zu den Kindertransporten nach Schweden siehe: Clemens Maier-Wolthausen, Zuflucht im Norden. Die schwedischen Juden und die Flüchtlinge 1933–1941. Göttingen 2019.

4 Ebd., S. 130.

5 Sally und Ida Fürst an Lili Fürst, Frankfurt a. M., 16. September 1939, Nachlass Lili Fürst, EB 2020/004, Deutsches Exilarchiv 1933–1945 der Deutschen Nationalbibliothek.

6 Sally und Ida Fürst an Lili Fürst, Frankfurt a. M., 6. Oktober 1941, Nachlass Lili Fürst, EB 2020/004, Deutsches Exilarchiv 1933–1945 der Deutschen Nationalbibliothek.

Joseph Roth

Die Kinder der Verbannten

Ich habe (allzu oft) Gelegenheit, mit Emigrantenkindern zusammen zu sein. Manchmal treffe ich sie im Wartezimmer der Polizei-Präfektur, wo sie, die so lange gewandert sind, endlich einmal warten dürfen: auf Anweisungen, Ausweisungen, Zuweisungen, Abweisungen, Rückweisungen. Ich gestehe, daß ich mich gerne in derlei Wartezimmern aufhalte. Der Kinder wegen, aber auch des Leides wegen, das sich hier versammelt. Der gehäufte Schmerz erst wird erträglich.

Zuerst, als ich anfing, mich mit dem Leid vertraut zu machen, das die Gastfreundschaft beschert, hatte ich allen Anlaß zu glauben, daß die Kinder nichts oder nur sehr wenig von dem Unglück wissen, das ihren Eltern beschert ist. Und gerade wegen ihrer Unwissenheit liebte und beklagte ich sie alle mehr als ihre Eltern. Man ist leicht geneigt zu glauben, daß ein unwissendes menschliches Wesen, ein Kind mit dem »unschuldigen Kinderblick« eben, mehr leidet als ein Erwachsener, der sieht und weiß. Wie groß aber war mein Erstaunen, als ich die bittere Erfahrung machte, daß die Kinder mehr wußten als ihre Eltern! Und um wieviel stärker wurde da mein Schmerz um sie! Denn – gibt es Schmerzlicheres, als *wissende* Kinder zu sehen? Sie wissen mehr als ihre Eltern. Sie sehen so scharf und unerbittlich, daß mir vielmehr die Eltern einen unschuldigen Kinderblick zu haben scheinen. Man ermesse daran, in welch einer Zeit wir leben! Die Kinder wissen – und die sie gezeugt haben, scheinen ahnungslos neben ihnen. Ahnungslos, wie sie in ihr fürchterlich von ihnen selbst vorbereitetes Geschick gefallen sind, stehen sie neben ihren wissenden Kindern, deren unerbittliches Auge beinahe nicht mehr die Klage gegen die Vergehungen ihres Erzeugers ausdrückt, sondern bereits die Verzeihung ...

Im folgenden gebe ich, zum Beweis, ein Gespräch wieder, das ich mit dem achtjährigen Sohn eines österreichischen Schusters im Wartezimmer der Polizei-Präfektur führen durfte. Der Vater wurde ins Büro gerufen, um angewiesen, ausgewiesen, eingewiesen oder hergewiesen zu werden. Er bat mich, den Kleinen zu bewachen.

Kannst du schon Französisch? fragte ich.
Bald! sagte er. Ich bin schon drei Monate hier.
Willst du hierbleiben?
Ich weiß nicht. Ich bin zu klein, um zu entscheiden.
Warum seid ihr denn weg aus Wien?
Wegen der Rassengesetze. Meine Mutter ist Jüdin.
Und warum hat sich dein Vater nicht scheiden lassen?
Er liebt meine Mutter. Ich auch. (Lange Pause, dann:) So was gibt's!
Hast du den Führer gesehen?
Ja!
Wie gefällt er dir?
Sie sind vielleicht ein Spitzel?
Nein! Ich bin ja hier mit deinem Vater.
Spitzel können alles!
Ich bin aber kein Spitzel.
Das sagen alle in Wien, sogar in Ottakring, wo wir gewohnt haben.
Was willst du machen?
Schießen am liebsten.
Auf wen?
Auf die Scheißhunde.
Wo findest du sie?
Überall! Vielleicht sind Sie auch einer.
Möchtest du mit mir in den Zirkus?
Nein! Wer denkt jetzt an Zirkus?

In diesem Augenblick kam der Vater, der Schuster, der – o Wunder! – seine Frau liebte, aus dem Büro des Polizeibeamten. Er hatte nur eine Anweisung bekommen, keine Rückweisung. Er war heiter. Seine Augen hatten den »unschuldigen Kinderblick«, jenen Kinderblick eben, der, sobald er in die Augen von Erwachsenen eintritt, diese zur Torheit nicht nur verpflichtet, sondern auch verdammt.

Er gab mir die Hand und dankte mir dafür, daß ich ihn zur Polizei begleitet hatte. Auf einmal hatte ich die Empfindung, daß ich ihm sagen müsse: »Paß auf! Laß dich von deinem Sohn an der Hand führen!« Aber ich sagte nur zu dem Kleinen: »Lassen Sie Ihren Vater nicht einen Augenblick allein!« »Ich weiß, ich weiß!« antwortete er. Und er winkte mir zu, klein, schmächtig, ein Bürschchen – und ein Greis.

Lore Wolf

Widerstand

Dann brach Hitlerdeutschland den Krieg vom Zaun. Alle deutschen Emigranten mußten sich bei den französischen Behörden melden und wurden in Lager abtransportiert. Ich meldete mich nicht, sondern verpflichtete mich zur Arbeit in einer Munitionsfabrik in Nevers-Fourchambault. Mein Kind, das inzwischen mit meinem Mann aus Deutschland geflüchtet war, befand sich bei einer französischen Familie in Paris. Ich arbeitete in Tag- und Nachtschichten und plagte mich sehr. Als Deutsche hatte ich vieles durchzustehen. Für die Mitarbeiter war ich eine Nazideutsche. Ich durfte ihnen ja nichts von mir erzählen, konnte es nicht, und somit war ich wehrlos.

Sie verachteten mich, taten mir manch übles Ding an. Bis eines Tages ein ehemaliger Kriegsgefangener auftauchte, der die deutsche Sprache beherrschte und dem ich nun mein Leid klagen konnte. Ich sagte ihm, warum ich niemals in der Kantine äße, sondern mein Brot abseits in einer Ecke zu mir nähme. Ich müßte so sparsam leben, damit ich meinen Mitstreitern, die von der französischen Regierung in Konzentrationslager eingesperrt worden waren und dort verhungern könnten, Geld und Lebensmittelpakete schicken könnte. Ich schilderte den Kampf der Emigranten gegen Hitler und die würdelose Behandlung durch die Grande Nation. Alles redete ich mir vom Herzen. Die Stimmung schlug um. Die Frauen weinten und umarmten mich, die Männer standen hilflos und beschämt. Sie sammelten zweihundert Francs und drückten sie mir in die Hände für die Lager Verne und Riencros.

Die deutsche Wehrmacht marschierte! Rotterdam war bombardiert. Der »Blitzkrieg« wurde in die westlichen Länder getragen. Flüchtlinge überfluteten die Straßen Frankreichs. Aus vielen Ländern kamen sie an:

Lothringen, Belgien. Bomben fielen auf Paris. Zweihundert Tote. Ein Elendszug wälzte sich nach Südfrankreich, dem Meer zu.

In den Nächten kampierten die Menschen auf den Straßen, Koffer türmten sich zu Bergen auf den Bahnhöfen, Wäsche und Kleider quollen aus ihren Hüllen. Keiner bückte sich danach, achtlos stürzten die Menschen über sie hinweg. Deutsche Bomber überfielen den Flüchtlingszug auf den Landstraßen, Pferde lagen mit aufgeplatzten Leibern. Der Krieg ging auf französischem Boden weiter. [...]

Ich erlebte noch den Einmarsch der deutschen Truppen in Nevers, packte meine wenigen Habseligkeiten zusammen und machte mich auf den Weg nach Paris mit der bangen Frage im Herzen: Wirst du dein Kind wiederfinden? Lebt es noch? Die Angst trieb mich vorwärts. Ich raste sofort zu der Familie, bei der das Kind untergebracht war. Es war ein herzzerreißendes Wiedersehen.

Meine Tochter Hannelore, sie war inzwischen vierzehn Jahre alt geworden, und ich schlossen uns sofort der Résistance an. Wir verteilten Flugblätter an die Bevölkerung, diskutierten vorsichtig mit deutschen Soldaten, fragten, warum sie den Krieg gegen das französische Volk führten, und erhielten gestotterte Auskünfte. Man sah es den Soldaten an, daß ihnen diese Frage peinlich war. Nachts wurden Losungen quer über die Straßen geschrieben: »Deutsche Soldaten, beendet den Krieg gegen das französische Volk und kämpft gegen den Feind im eigenen Land!« Diese Parolen mußten bei Nacht und während der Ausgangssperre geschrieben werden. Die Schreiber schwebten in diesen Stunden ständig in Lebensgefahr.

Beim Einmarsch der deutschen Wehrmacht in Paris hatte ich mein Kind aus dem Kinderheim, das aufgelöst werden mußte, abgeholt und in meiner kleinen Dachkammer untergebracht. In unserem Stadtviertel gehörte ich einer Gruppe der Résistance an. Mein Kind, kaum vierzehn Jahre alt, holte bei französischen Freunden Flugblätter ab, schleppte sie im Schulranzen zur Schule und gab sie an die Lehrerin weiter, die sie in ihrem Bekanntenkreis verbreitete. Selten gingen wir ohne Flugblätter aus. Auf dem Markt steckten wir sie in die Taschen der Hausfrauen, in die Kitteltaschen der Verkäufer, in die Obst- und Gemüsekörbe. Aufrufe, dem Krieg ein Ende zu bereiten und die Waffen gegen Hitler umzudrehen, fanden die deutschen Soldaten, wohin sie auch gingen. Waren keine Flugblätter mehr vorhanden, so standen am Morgen Losungen an Hauswänden und quer über die ganze Straßenbreite geschrieben: »Kämpft mit uns für die wirkliche Beendigung des Krieges, für einen wahren Frieden!«

Dann [...] schlug auch für mich die Stunde! Die Luft war blau und der Himmel über Paris wolkenlos an jenem 30. August 1940, als der Verräter mit zwei Gestapobeamten in mein Zimmer trat. An diesem Vormittag befand sich Hannelore noch in der Schule. Nachdem die Schergen mein Zimmer durchwühlt hatten, führten mich die Gestapomänner mit gezogener Pistole ab. Der Concierge befahlen sie, das Kind nachmittags zum Gestapobüro zu bringen.

Als das Kind nach Hause kam, bot sich ihm ein furchtbarer Anblick: Schränke und Schubladen waren aufgerissen, Kleidungsstücke und Papiere lagen auf dem Boden verstreut. Die Mutter war fort. Es muß schlimm für das Mädchen gewesen sein.

Von meinem Kind getrennt, wurde ich in die berüchtigte »Santé« transportiert. Eine fünf Meter hohe Mauer umgab dieses Gefängnis. Düster lag es mitten in Paris. Noch in der gleichen Stunde begannen die Verhöre. Drei Gestapoleute saßen mir gegenüber, eine Stenotypistin notierte.

Dann stand plötzlich einer der Leute auf und ging zur Tür. »Reinbringen!« schrie er. Die Tür wurde aufgerissen und Hannelore in den Raum gezerrt. Da brach ich zusammen. Mein Kopf fiel auf den Tisch, ich begann hemmungslos zu schluchzen. Ich wußte in diesem Augenblick, daß ich mein Kind zum letzten mal sehen würde. Hannelore kam auf mich zu. Sie weinte nicht, aber war totenblaß.

»Mama, vor denen da wirst du doch nicht weinen!« war alles, was sie sagen konnte.

»Sie haben Ihre Tochter ja gut erzogen«, brüllte ein Gestapomann. »Raus, aber schnell raus!« Er riß die Tür auf, Hannelore ging rückwärts auf die Türe zu, mit den Augen hing sie an mir, bis der Gestapomann die Tür zuschlug. Das war unser Abschied!

Ich blieb mehrere Wochen in der »Santé«. Fast täglich wurde ich verhört. Dann kam der Abtransport nach Deutschland.

Der Autobus, vollgestopft mit lebender Last, holperte durch die schlafende Stadt. Mit den Augen streichelte ich noch einmal die wohlbekannten Straßen, Plätze und Häuser. Nur wenige hundert Meter entfernt schlummerte mein Kind, nicht ahnend, welche schweren Minuten seine Mutter durchlebte. Fest, ganz fest sog ich das Bild der zurückbleibenden, verschwimmenden Stadt in mich hinein. Ich nahm Abschied für immer! Zehn Stunden Fahrt durch einst blühendes, fruchtbares Land. Nun Trümmer, Schutt und Asche. Zerstörte Städte und Dörfer.

Trier, Koblenz, der Rhein. So mußte ich sie wiedersehen, die Städte meiner Heimat. Ich hätte hinausbrüllen mögen vor übermäßigem Weh. Dutzende Gefängnisse nahmen uns unterwegs auf. Viele Tage mußten wir oft auf den Weitertransport warten. Dazu Hunger, entsetzlicher Hunger!

Endlich erreichten wir Frankfurt. Fast genau auf den Tag, nach über siebenjähriger illegaler Tätigkeit im Kampf gegen das Naziregime, wurde ich gewaltsam in meine Heimatstadt zurückgeschleppt.

Ein Jahr Voruntersuchung. Enge, schwarzgestrichene Zelle. Einzelhaft. Vernehmungen durch die Gestapo und immer wieder Vernehmungen. Noch wußte ich nichts von meinem Kind, das allein und ohne Geld in der Riesenstadt Paris zurückgeblieben war. Immer wieder antwortete man mir auf meine Frage, wo das Kind geblieben sei: »Sagen Sie uns, mit wem Sie in Paris zusammengearbeitet haben, und wir sagen Ihnen, wo Ihr Kind ist.« Ich schwieg. Sie schwiegen auch.

Am 18. Juni 1941 war der Prozeß vor dem Volksgerichtshof Berlin. Urteil: »Wegen Vorbereitung zum Hochverrat zwölf Jahre Zuchthaus.« Erst danach erfuhr ich, daß Hannelore nach einem monatelangen Aufenthalt in einem Lager bei Straßburg zu meinen Eltern gebracht worden war.

Fast fünf Jahre verbrachte ich in Einzelhaft. Was das bedeutet, kann man nicht schildern!

Irmgard Keun

Mutter zum Kind

Wir können nur reisen
In winzigen Kreisen,
Unsre großen Reisen
Sind keine Reisen,
Die sind unser Heim, da wir heimatlos sind.

Drum müssen wir reisen
In zierlichen Kreisen
Und Wechsel empfinden,
Um Freude zu finden
Möchtest du nicht mal verreisen, mein Kind?

Unser Zimmer hat Wände,
Nimm meine Hände,
Wir wandern zum Fenster,
Da winken Gespenster,
Vielleicht sind sie gut, und riechst du den Wind?

Kind, grüß die Gespenster
Und lasse das Fenster.
Such Schuhe und Kleider,
Wir müssen leider
Die Koffer packen, die Zeit verrinnt.

Inge Hansen-Schaberg

»Wieder ›Kinder‹ aus diesen unglücklichen kleinen Geschöpfen zu machen« – Kinder im Exil. Ihre Rettung und Betreuung[1]

Hunderttausende Kinder und Jugendliche vor allem aus jüdischen Familien wurden in Deutschland und in allen annektierten und okkupierten Ländern in der NS-Zeit verfolgt und waren meist ohne Begleitung und ohne Betreuung auf der Flucht.[2] Nur ein kleiner Teil der Kinder ging mit der Familie ins Exil; andere Kinder wurden durch organisierte Maßnahmen allein ins Ausland geschickt, zum Beispiel mehr als 7.200 Kinder und Jugendliche durch die Abteilung Kinderauswanderung der Zentralwohlfahrtsstelle der deutschen Juden.

Nach der Reichspogromnacht vom 9./10. November 1938 wurden Rettungsaktionen in großem Umfang gestartet, als Großbritannien für 10.000 jüdische Kinder und Jugendliche (bis 16 Jahre) die Einreise mit sog. »Kindertransporten« ermöglichte und als Mandatsregierung zusätzliche 2.500 Zertifikate für die Jugend-Aliyah (Aliyah: hebr. »der Aufstieg«, Ausdruck für Einwanderung nach Palästina). In der Schweiz fanden 10.500 Kinder Zuflucht und wurden unter anderem vom Schweizer Hilfswerk für Emigrantenkinder betreut. Ein weiteres Beispiel sind die Kinderheime der OSE (Organisation pour la Santé et l'Éducation/Œuvre de Secours aux Enfants); ab Februar 1939 wurden drei- bis fünfzehnjährige Kinder zunächst in die vier Heime in Montmorency (nördlich von Paris) gebracht. Schon im Frühling 1940 waren es elf Heime, in denen 1.600 Kinder lebten: 1.100 aus Elsass-Lothringen und dem okkupierten Frankreich, 300 aus Deutschland, Österreich, Polen und der Tschechoslowakei, 200 Kinder aus Holland und Belgien.[3]

Im Folgenden soll zum einen über das Verfolgungsgeschehen und über die Problematik von Flucht und Exil informiert werden. Zum anderen soll die soziale Lage und psychische Verfassung dieser Kinder, die schon Erfahrungen mit Ausgrenzung, Verfolgung und Gewalt im NS-Regime gemacht hatten, dargestellt werden. Und schließlich geht es um die notwendige Hilfe, die diesen Kindern allerdings nur ausnahmsweise in pädagogisch sinnvoller Weise zuteil wurde. Solche positiven Beispiele sollen im Mittelpunkt der Darstellung stehen.

Überblick über die Ausgrenzung jüdischer Kinder im NS-Staat

Als das »Gesetz gegen die Überfüllung deutscher Schulen und Hochschulen« vom 25. April 1933 erlassen wurde, das vorsah, dass an keiner Schule mehr als 5 Prozent jüdische Schülerinnen und Schüler sein sollten und sie insgesamt nur 1,5 Prozent der Gesamtschülerzahl ausmachen durften, ging es um Diskriminierung durch eine Begrenzung der Bildungsmöglichkeiten. Die Stigmatisierung verschärfte sich durch die Einführung der »Rassentrennung« ab dem Schuljahr 1936. Das bedeutete den Ausschluss aus dem öffentlichen Bildungswesen und den Zwang zum Aufbau und Unterhalt separierter jüdischer Volksschulen; der Aufbau höherer Schulen war freigestellt. Nach der Polizeiverordnung vom 1. September 1941 mussten auch Kinder den Judenstern tragen. 1942 wurde die Schulpflicht für jüdische Kinder aufgehoben und die Schließung aller noch bestehenden jüdischen Schulen angeordnet. Mit der Wannsee-Konferenz am 20. Januar 1942 war die physische Vernichtung des europäischen Judentums zum erklärten Ziel des NS-Staates geworden. Unter den mehr als 6 Millionen jüdischen Menschen, die in den Vernichtungslagern ermordet wurden, waren 1,5 Millionen Kinder.

Kindertransporte

Die Kindertransporte für jüdische Kinder und Jugendliche aus Deutschland, Österreich, Polen und der Tschechoslowakei wurden in Berlin von der »Reichsvertretung der Juden in Deutschland«, in Wien von der »Kultusgemeinde« organisiert. Sie fanden von Dezember 1938 bis September 1939, also bis zum Kriegsbeginn, statt. Mit Zügen wurden die Kinder nach Holland gebracht und mit Fährschiffen nach Harwich, wo sie in Sammelunterkünfte kamen, bis sie in Pflegefamilien vermittelt werden konnten oder in Kinderheimen untergebracht wurden. Die Aufnahme unbegleiteter Kinder ohne Visum oder Reisepass basierte auf einem Statement des Home Secretary an das House of Commons vom 21. November 1938 und sah einen vorübergehenden Aufenthalt vor, bis eine Familienzusammenführung oder zum Beispiel die Ausreise nach Palästina möglich wurde. Pro Kind musste eine Bürgschaft in Höhe von 50 englischen Pfund Sterling hinterlegt werden, die von jüdischen Gemeinden, den Quäkern oder Privatpersonen gestellt wurde.

Vernunft und Hoffnung bewogen die Eltern, ihre Kinder fortzuschicken, damit zumindest diese eine Zukunft hatten. Und die Mütter und Väter mussten die furchtbare Erfahrung machen, dass sie, selbst schutzlos und der Gewalt ausgeliefert, ihre Kinder nicht beschützen konnten. Die meisten Kinder haben ihre Familien nie mehr wiedergesehen und wurden irgendwann mit der Nachricht konfrontiert, dass sie die einzigen Überlebenden waren. Lisa und Peter Leist aus Wien gehören zu den wenigen, die ihre Eltern wiedersahen, weil diese nach Argentinien flüchten konnten. Sie hatten sich allerdings in den acht Jahren der Trennung von ihnen entfremdet und waren zu englischen Jugendlichen geworden, die ihr Zufluchtsland eigentlich gar nicht mehr verlassen wollten.[4]

Jugend-Aliyah

Durch die Jugend-Aliyah nach Palästina konnten circa 7.600 Mädchen und Jungen der Verfolgung in Deutschland entgehen. Recha Freier (1892–1984), in Norden in Ostfriesland geboren, gründete am 30. Januar 1933 das »Hilfskomitee für jüdische Jugendliche« in Berlin.[5] Das Ziel der zionistischen Vereinigung war die berufliche Eingliederung von Jugendlichen in Palästina durch mehrwöchige landwirtschaftliche Vorbereitungskurse (»Hachschara«). Da die Einreise abhängig von der Erteilung der Zertifikate durch die britische Mandatsregierung war, organisierte Recha Freier auch illegale Einwanderungsaktionen, was 1939 zu ihrer Amtsenthebung führte, aber die Rettung Hunderter Jugendlicher bedeutete. Dazu gehörten zum Beispiel auch über 70 Kinder und Jugendliche, die insgesamt fünf Jahre auf der Flucht waren, bevor sie nach Kriegsende in Palästina ankamen. Sie sind als die Kinder der Villa Emma bekannt geworden.[6] In Nonantola in Italien konnten sie mit Unterstützung durch jüdische Hilfsorganisationen und einheimische Familien ein Jahr leben und im Sommer 1943 vor dem Zugriff der deutschen Feldgendarmerie gerettet werden und schließlich in die Schweiz flüchten.

Schulen im Exil

Nach der Machtübergabe wurde eine Reihe reformpädagogisch orientierter (Privat-)Schulen geschlossen, und politisch oppositionelle und jüdische Lehrkräfte wurden aus dem Bildungsbereich entfernt. Das »Gesetz zur Wiederherstellung des Berufsbeamtentums« vom 7. April 1933 war dabei ein wesentliches Instrument. Verfolgung und Gewalt lösten die erste Fluchtwelle aus; unter den Geflohenen befanden sich auch Pädagoginnen und Pädagogen. Einige von ihnen schafften es, Schulen und Kinderheime in der Schweiz, Großbritannien, Frankreich, Italien, Dänemark, Schweden, den Niederlanden, den USA und Argentinien aufzubauen. Bisher sind mehr als 20 Schulgründungen von emigrierten Pädagoginnen und Pädagogen bekannt, die meist in der Tradition der Landerziehungsheime standen, also zugleich Kinderheim und Schule waren.

In den im Exil von Pädagoginnen und Pädagogen gegründeten Schulen ist eine Weiterführung reformpädagogischer Ansätze zu konstatieren, die die Selbsttätigkeit des Kindes, offene kreative Lehr- und Lernprozesse und Mitbestimmungsmöglichkeiten und Selbstversorgung als ökonomische Notwendigkeit beinhalten. Zugleich kommt es zu einer Anreicherung und Modifikation der Konzepte durch die Konfrontation mit der »Fremde« und den neuen Notwendigkeiten. Dazu gehört insbesondere die Fürsorge für die durch die Verfolgung verstörten beziehungsweise traumatisierten Kinder.

Beispiel: Bunce Court School in England

Anna Essinger (1879–1960) hatte als Schulleiterin des Landschulheims Herrlingen bei Ulm gleich Anfang 1933 eine wichtige Entscheidung getroffen: »Mir schien Deutschland nicht länger ein Ort zu sein, an dem man Kinder in Ehrlichkeit und Freiheit großziehen konnte, und ich beschloß damals, für unsere Schule eine andere Heimat zu suchen.«[7] Sie fand sie in England, und nachdem alles vorbereitet war, zogen über 70 Schülerinnen und Schüler und fast alle Lehrkräfte im Herbst desselben Jahres in die Bunce Court School. Um unbehelligt ausreisen zu können, wurde das Ganze als Schulausflug getarnt. Es gibt einen sehr bewegenden Dokumentarfilm von Angelika Schubert und Gabriele Kröber mit dem Titel »Annas Kinder«, in dem einige als Erwachsene Auskunft über das erfahrene Leid und ihre Rettung geben. Insgesamt waren es in den zehn Jahren des Bestehens der Schule mehr als 500 Mädchen und Jungen, die hier Zuflucht und liebevollen Unterricht bekommen konnten. Darunter waren auch Kindertransport-Kinder, denn Anna Essinger hat die Aufnahme und Vermittlung der Kinder mitorganisiert. Ihre Schule in Deutschland wurde als »Jüdisches Landschulheim Herrlingen« unter der Leitung von Hugo Rosenthal (1889–1980) bis 1939 weitergeführt.

Beispiel: Östrupgaard in Dänemark

Die Schulleiterin der Walkemühle bei Melsungen, Minna Specht (1879–1961), trat ebenfalls 1933 die Flucht ins Exil an und gründete zunächst für die bislang betreuten Kinder Nachfolgeschulen in Dänemark, Wales und England. Über die Schule auf Fünen schreibt ihre ehemalige Schülerin Tamen Köhler später: »Dort begann das Paradies. [...] In Östrupgaard verlebte ich die schönsten Jahre meiner Kindheit. Sie wären völlig unbeschwert gewesen, hätten nicht Heimweh nach der Mutter und das Wissen um ihre Bedrohung durch die Nazis die Einschlafminuten abends überschattet. Oft kam dann die Furcht bei mir auf, die Nazis könnten eines Tages in Östrupgaard auftauchen. [...] Es war ein herrliches Haus, in dem wir lebten, ein ehemaliges Gut. Es gab einen riesigen Außenhof, eingerahmt von Stallungen, Heuschobern und Geräteschuppen, alles im niedrigen Fachwerk mit durchgehendem Strohdach. Da alles leer stand, turnten wir Kinder gern über die Balken von einem Gebäude ins nächste. Es fehlte nie an Abenteuern.«[8] In dieser Schule fanden auch Kinder von weiteren Emigrierten Aufnahme, z. B. die Tochter von Helene Weigel und Bertolt Brecht.

Beispiel: Plan für eine »International School«

Minna Specht konzipierte den Plan, in England eine »International School«[9] zu gründen und damit bereits während des Krieges zu Toleranz und Friedensbereitschaft zu erziehen und den Europa-Gedanken in der pädagogischen Praxis zu erproben. Sie konnte für dieses Projekt einiges in die Waagschale werfen, nämlich 30 Kinder aus fünf Ländern aus ihren beiden Schulen in Wales und deren Lehrkräfte, die Bereitschaft zur Kooperation und Teilung der Verantwortung, die Bereitstellung der finanziellen Mittel und eine reformpädagogische Ausrichtung. Nach dem Kauf des Herrenhofes Butcombe Court bei Bristol/Somerset mit der Absicht, etwa 50 bis 60 Kinder aufzunehmen, und einem hoffnungsvollen Start am 22. April 1940 musste das Schulprojekt nach wenigen Wochen beendet werden, denn am 3. Juni 1940 wurden Minna Specht und weitere Lehrkräfte als »enemy aliens« (feindliche Ausländer) interniert.

Beispiel: La Coûme in den Pyrenäen

Yvès Krüger geb. Fustier (1903–1988) und Pitt Krüger (1904–1989) gründeten im Herbst 1933 mit Unterstützung der Quäkerinnen Edit Pye und Hilda Clark die Exilschule La Coûme in den Pyrenäen, 60 Kilometer entfernt von Perpignan.[10] Ursprünglich war La Coûme als landwirtschaftliche Ausbildungsstätte für junge Flüchtlinge aus Deutschland gedacht, vermutlich als Vorbereitung auf die Auswanderung nach Palästina. 1936 wurde daraus eine internationale Jugendherberge und 1939, nach dem verlorenen spanischen Bürgerkrieg, eine Zufluchtsstätte für spanische Flüchtlingskinder. Später kamen auch Mädchen und Jungen hinzu, die vor den deutschen Truppen aus Nordfrankreich geflohen waren. Yvès und Pitt Krüger stellten der Résistance La Coûme als Stützpunkt für die Schleusung der Flüchtlinge zur Verfügung. Nach der Verhaftung Pitt

Krügers durch die französische Miliz und dessen Auslieferung an die Gestapo im Jahre 1944 tauchte Yvès Krüger mit den beiden Töchtern unter, konnte aber nach dem Kriegsende La Coûme zu einem reformpädagogischen Landerziehungsheim für 50 Kinder aufbauen. Pitt Krüger kehrte 1948 aus russischer Kriegsgefangenschaft dorthin zurück.[11]

Soziale Lage und psychische Verfassung von verfolgten Kindern

Nach Deutschland wurden Österreich und die Tschechoslowakei und dann die im Krieg eroberten Länder ebenfalls Orte der Verfolgung, und die vermeintliche Sicherheit im Exil war vorbei. Die Lager-Internierung, die eigene Deportation oder die Deportation von Angehörigen gehörten ebenso zu den Verfolgungs-, Kriegs- und Exilerfahrungen von Kindern wie die Flucht durch oft mehrere Länder oder das Überleben im Versteck, das »Untertauchen«. Wie war nun die psychische Verfassung dieser Kinder, die traumatische Erfahrungen machen mussten und die um ihr Überleben kämpften, und wie konnte ihnen geholfen werden?

Was ein Kind idealerweise für seine Entwicklung braucht, ist Liebe, Orientierung, Geborgenheit, Anregung, Anerkennung, Vertrauen, Verlässlichkeit und Sicherheit. Die Erfahrungen unter der NS-Herrschaft aber waren geprägt von Hilflosigkeit, Ausgrenzung, Angst, Hoffnungslosigkeit und Gewalt und beendeten das Kind-Sein. In der Flucht- und Exilsituation mussten die Kinder die Trennung von den Eltern verkraften und, auf sich allein gestellt, sich durchsetzen, kämpfen und anpassungsfähig sein. Wie tief die Kinder traumatisiert waren, lässt sich z. B. an der Frage eines neunjährigen Mädchens ablesen, das im Februar 1939 nach Montmorency kam: »Dürfen jüdische Kinder wirklich in den Park gehen?«[12] Der 1934 aus Wien geflüchtete Pädagoge Ernst Papanek (1900–1974), der die Kinderheime der OSE in Frankreich leitete, schreibt: »Etwa 85 Prozent dieser Kinder waren jüdisch; bei den anderen handelte es sich um Söhne und Töchter von politischen Flüchtlingen oder von Männern und Frauen, die durch politische Verfolgung zugrunde gerichtet worden waren.«[13] Aus seinen Erfahrungen folgert er: »Ihre Leben zu retten, war schon eine wichtige Aufgabe, aber es gab mehr als das zu tun. Es war notwendig, den Kindern und ihren verzweifelten Eltern in den Konzentrationslagern Hoffnung und Aussicht auf eine bessere Zukunft zu geben. Wir wollten die Jugendlichen ohne Verletzung ihrer Psyche, ungebrochen durch Angst, unbefangen von Unterdrückung und nicht brutalisiert durch die harte Lehre des Krieges durch diese qualvolle Zeit bringen. In diesem Krieg wurde für die Freiheit und Menschlichkeit gegen Tyrannei und Barbarei gekämpft; die Frucht fällt uns nicht von selbst in den Schoß, sie muss errungen werden. Den Kindern diesen Kampfgeist zu geben, ohne dass sie ihren Willen zur Freiheit und ihr Gefühl für die Würde des Menschen und die Menschlichkeit verloren, vielmehr eben diese zur Hauptquelle ihrer Kampfbereitschaft zu machen – das war die Lektion, die wir sie lehren wollten.«[14]

Als Paris im Juni 1940 von den deutschen Truppen besetzt wurde, waren Hunderttausende wieder auf der Flucht nach Süd-Frankreich. Allerdings gab es keine Ausreiseerlaubnis aus dem unbesetzten Teil Frankreichs für Flüchtlinge aus Deutschland und Österreich, denn im Art. 19 des Waffenstillstandsabkommens hatte sich die Vichy-Regierung zur »Auslieferung auf Verlangen« verpflichtet. Das bedeutete, dass aus Frankreich heraus nur eine vom Untergrund organisierte Flucht auf Schmugglerpfaden über die Pyrenäen nach Spanien und dann nach Lissabon führte. Aber Europa verlassen konnte man nur mit einem Visum.

Ernst Papanek und seiner Familie gelang diese Flucht. Angekommen in New York konnte er das »U. S. Committee for the Care of European Children« überzeugen, zusammen mit dem »American OSE Committee«, dem »American Joint Distribution Committee« und den Quäkern zwei Kindertransporte zu organisieren. Nach den Recherchen seiner Schwiegertochter Hanna Papanek waren es 197 jüdische Kinder, die im Sommer 1941 auf diese Weise über Marseille in die USA kamen.[15] Die meisten allerdings saßen in Frankreich in der Falle und wurden interniert, deportiert und ermordet, wenn ihnen keine Hilfe zuteilwurde. Die Hilfe sah so aus, dass couragierte Menschen zum Beispiel in der Résistance und der OSE Kinder aus den Lagern befreiten, sie in Klöstern und auf Bauernhöfen versteckten oder sie über die Grenze in die Schweiz brachten.

Über einige in der Schweiz gestrandete Flüchtlingskinder schreibt Walther Pollatschek (1901–1975), selbst Emigrant und damals Betreuer in einem Schweizer Kinderheim 1943: »Das Lagerleben haben alle diese Kinder durchgemacht, viele wissen überhaupt nicht, was ein Daheim ist, was bürgerliche Sicherheit bedeutet. So ungefähr sehen ihre Erfahrungen aus: Der Mensch ist eine Bestie. Man kann nur leben, wenn man es versteht, Amtsstellen zu beschwindeln, Schwarzhandel zu treiben, sich falsche Papiere zu verschaffen. Derart also waren diese Kinder: äußerlich und innerlich verwahrlost, teilweise seit Jahren von niemandem erzogen, voller Mißtrauen gegen jeden Menschen.«[16]

Pädagogisches Handeln

Aus den Schriften Ernst Papaneks geht hervor, wie mit den Kindern in den OSE-Heimen gearbeitet wurde. Er schreibt rückblickend: »Unsere erste Aufgabe war es, wieder ›Kinder‹ aus diesen unglücklichen kleinen Geschöpfen zu machen, und – ganz einfach gesagt – sie glücklich zu machen.«[17] In einem nächsten Schritt sollten sie »sich wieder an ein geordnetes Leben gewöhnen; es galt, ihren Sinn für soziale Anpassung und geregelte Lebensumstände zu kultivieren, und sie mussten lernen, was es bedeutet, zu lernen.«[18]

Der reformpädagogische Ansatz wird bereits in der Präambel der Verfassung der Kinderheime deutlich: »Alle Kinder und Erwachsenen, die in den Kinderheimen der OSE leben, bilden eine Gemeinschaft, die das Leben in den Heimen durch demokratische Zusammenarbeit in der Verwaltung regelt.«[19] Dies steht im Gegensatz zu der landläufigen Auffassung, dass Kinder mit den »Erfahrungen mit Verfolgung und Terror« in Arbeits- oder Konzentrationslagern und daraus resultierender »Banden-Mentalität« nicht die geeigneten Adressaten für derartige offene Erziehungsansätze und demokratische Strukturen einschließlich einer Mitverwaltung sind. Nach der Auffassung von Ernst Papanek erforderten gerade »all diese Faktoren [...] eine Periode der Re-Edukation für diese Kinder in einer echten Kindergemeinschaft unter qualifizierter und gut organisierter professioneller Führung.«[20]

Der Unterricht spielte dabei eine wichtige Rolle, was auch Walther Pollatschek 1943 bestätigte: »Der Schulbetrieb hat jetzt voll angefangen, allerdings immer noch mit Umstellungen. Es gibt so allerlei Schwierigkeiten: Kinder, die sich überhaupt nicht interessieren oder bändigen lassen, [...] aber auch manches Schöne. Die überwiegende Mehrheit ist sehr lernbegierig, ganz begeistert von den Stunden.«[21] Das Wichtigste sei gewesen, ihr Vertrauen zu gewinnen und: »Sie leise und allmählich von dem Abgrunde der Angst und des Mißtrauens den Menschen gegenüber wegzuführen und ihnen ein klein wenig von dem zu geben, was ihnen und schließlich ja einem jeden von uns so wichtig und heilsam ist: Vertrauen in die Menschheit.«[22]

Was Minna Specht über die pädagogische Arbeit im Exil schreibt, trifft vermutlich auf alle diejenigen zu, die sich engagiert um die verstörten Kinder bemühten und ihnen halfen, ins Leben zurückzufinden: »Sie hatten ihre Staatsangehörigkeit, ihr Heimatland, die Gegenwart ihrer Eltern, ihre soziale Herkunft und ihre alten Kameraden verloren, aber sie erhielten die Chance, nach einer kurzen Übergangszeit wieder Wurzeln zu schlagen. Eine vollständige Anpassung wurde nicht erreicht; sowohl alte, in der Erinnerung weit zurückliegende aufregende Erfahrungen als auch die erst kürzlich erlebten erschwerten den Prozeß. Aber wenn ich zurückblicke, meine ich, daß es uns gelang, bei vielen Kindern die für das Wachstum notwendigen Vorbedingungen wieder zu schaffen: *das Vertrauen in andere Menschen und in die eigenen Kräfte.*«[23]

Reflexionen über die als Kind erlebte Verfolgung

Ernst Papanek hat sich in vielen Texten mit heimatlosen Waisenkindern befasst, die im Exil oder in deutschen Konzentrations- und Arbeitslagern überlebt haben und war davon überzeugt, dass alle diese Kinder physisch und psychisch gerettet werden müssen und können. Er unterscheidet in seiner Studie »They were not expendable« drei verschiedene Phasen der Traumatisierung: »Kinder, die nur die Anfangszeit der Judenverfolgung miterlebten, deren Ziel im Wesentlichen noch darin bestand, die Juden aus dem Land zu treiben, reagierten psychisch in anderer Weise als Kinder, die die zweite Phase, die Zeit der geschlossenen Grenzen, durchgemacht hatten. Ihre völlige Verzweiflung ließ auch den Kindern in relativ günstigen Verhältnissen keinen Raum mehr für Hoffnung auf eine normale oder sogar bessere Zukunft. [...] Die dritte Gruppe besteht aus denjenigen Kindern, die wir erst nach dem Krieg sahen. Sie hatten Hitlers Konzentrationslager überlebt. [...] Die Kinder dieser dritten Gruppe waren dem Schrecken der Gaskammern ausgesetzt gewesen, hatten mit angesehen, wie ihre Angehörigen ermordet wurden, hatten als Sklaven für den Feind gearbeitet, hatten unter ständigem Hunger und Kälte und Angst vor Folter und Tod gelitten.«[24]

Insbesondere die dritte Gruppe stellte die größte Herausforderung für pädagogisches und therapeutisches Handeln in der Nachkriegszeit dar: »Es waren Jugendliche ohne Heim oder Schule, ohne Freunde, ohne den Glauben an Freundschaft, die nur einen Weg gelernt hatten, toleriert zu werden und kleine Vorteile zu erlangen – nämlich, sich selbst zu erniedrigen, unterwürfig zu sein, zu Kreuze zu kriechen, den Nachbarn heimtückisch zu betrügen, ihn zu denunzieren und ihn in die Hände der Mächtigen auszuliefern. Moral, Anstand, Sittlichkeit, Beziehungen zum anderen Geschlecht, die Stellung des einzelnen in der sozialen Gemeinschaft – all das musste von Grund auf gelernt werden von Kindern und Jugendlichen, die ein völlig abnormes Leben voll Schrecken und Terror gewohnt waren.«[25]

Wie trotz der traumatischen Erfahrungen ein neues Leben begonnen werden konnte und in Einzelfällen sogar das »Exil als Chance«, wie Hanna Papanek es ausdrückt, wahrgenommen wurde, kann zum einen in einer politischen Haltung begründet gewesen sein: »Wir waren keine isolierten Flüchtlinge, sondern teilten das Schicksal mit vielen anderen, die mutig gegen den Nationalsozialismus fochten. [...] Wir sahen uns nicht als Opfer einer dunklen Macht, die uns aus unverständlichen Gründen verfolgte, sondern eher als bewusste Kämpfer für ein großes Ideal.«[26] Zum anderen konnte eine Genugtuung daraus entstehen, überlebt und das gerettete Leben sinnvoll gestaltet zu haben, wie Gideon Behrend es beschreibt: »Doch wenn ich es genau überlege, wird mir doch mit Genugtuung klar, dass ich mehr zurücklasse, als mir beim Einzug in diese Welt mitgegeben wurde. Meinen Kindern hinterlasse ich [...] etwas, das ich nie hatte: ein eigenes Land! Eine Heimat!«[27]

Ende der 1980er-Jahre fanden die ersten Treffen der ehemaligen Kindertransport-Kinder statt, und in der Folge wurden zahlreiche autobiografische Texte publiziert. Sie sind inzwischen vielschichtig untersucht worden und belegen, dass lebenslange traumatische Folgen insbesondere dann zu verzeichnen sind, wenn Kinder vereinzelt, isoliert, im völligen Bruch zu ihrer Herkunft, ihrem Heimatland, ihrem religiösen oder politischen Umfeld aufwachsen mussten, was leider oft vorkam und in jener Zeit sogar als pädagogisch sinnvoll bzw. als unumgänglich notwendig vertreten wurde. Dagegen hatten die Kinder, die wirkliche Ersatzfamilien fanden, und auch diejenigen, die in Schulen und Kinderheimen mit spezifischer pädagogischer Prägung unterkamen, die günstigeren Bedingungen für ein Weiterleben nach der Shoah. Sie waren besser gerüstet für die Auseinandersetzung mit den furchtbaren Erfahrungen und konnten auch Erinnerungen an glückliche Momente zulassen.

Literatur und Anmerkungen

Wolfgang Benz/ Claudia Curio/ Andrea Hammel (Hg.): Die Kindertransporte 1938/39. Rettung und Integration, Frankfurt a. M. 2003.

Exilforschung. Ein internationales Jahrbuch, Bd. 24: Kindheit und Jugend im Exil – ein Generationenthema. Hg. von Claus-Dieter Krohn, Erwin Rotermund, Lutz Winckler und Wulf Koepke unter Mitarbeit von Inge Hansen-Schaberg, München 2006.

Hildegard Feidel-Mertz (Hg.): Schulen im Exil. Die verdrängte Pädagogik nach 1933, Reinbek 1983.

Inge Hansen-Schaberg (Hg.): Als Kind verfolgt. Anne Frank und die anderen, Berlin 2004.

Kinderemigration aus Frankfurt a. M. Geschichten der Rettung, des Verlusts und der Erinnerung. Hrsg. von Sylvia Asmus für das Deutsche Exilarchiv 1933–1945 der Deutschen Nationalbibliothek und Jessica Beebone für die Stadt Frankfurt, Göttingen 2021.

Salome Lienert: »Wir wollen helfen, da wo Not ist.« Das Schweizer Hilfswerk für Emigrantenkinder 1933–1947, Zürich 2013.

Ernst Papanek: Pädagogische und therapeutische Arbeit. Kinder mit Verfolgungs-, Flucht und Exilerfahrungen während der NS-Zeit. Herausgegeben von Inge

Hansen-Schaberg, Hanna Papanek und Gabriele Rühl-Nawabi unter Mitarbeit von Lars Asmussen, Elisabeth Groh-Lenz und Lisa Schaberg, Wien 2015.
Hanna Papanek: Elly und Alexander. Revolution, Rotes Berlin, Flucht, Exil – eine sozialistische Familiengeschichte. Mit einem Vorwort von Peter Lösche. Übersetzt von Joachim Helfer und Hannah C. Wettig, Berlin 2006.
Vivette Samuel: Die Kinder retten, Frankfurt a. M. 1999.
Minna Specht: Gesinnungswandel. Beiträge zur Pädagogik im Exil und zur Erneuerung von Erziehung und Bildung im Nachkriegsdeutschland. Herausgegeben und eingeleitet von Inge Hansen-Schaberg unter Mitarbeit von Sigrid Rathgens. Frankfurt a. M. u. a. 2005.
Klaus Voigt: Solidarität und Hilfe für Juden während der NS-Zeit. Band 6. Villa Emma – Jüdische Kinder auf der Flucht 1940–1945, Berlin 2002.

1 Unter dem Titel »Kinder im Exil. Ihre Rettung und Betreuung« wurde eine frühere Fassung des Textes in den »Rotenburger Schriften«, Heft 94/2014, S. 199-212, publiziert. Mit freundlicher Erlaubnis des Vereins der Freunde des Archivs für Heimatforschung Rotenburg (Wümme) kann der überarbeitete und aktualisierte Beitrag in diesem Sammelband veröffentlicht werden. Das neu hinzugefügte Zitat stammt von Ernst Papanek: Pädagogische und therapeutische Arbeit. Kinder mit Verfolgungs-, Flucht und Exilerfahrungen während der NS-Zeit. Herausgegeben von Inge Hansen-Schaberg, Hanna Papanek und Gabriele Rühl-Nawabi unter Mitarbeit von Lars Asmussen, Elisabeth Groh-Lenz und Lisa Schaberg. Wien 2015, S. 146.

2 Siehe Inge Hansen-Schaberg: Kindheit und Jugend im Exil, in: Claus-Dieter Krohn/Patrik von zur Mühlen/Gerhard Paul/Lutz Winckler (Hg.): Handbuch der deutschsprachigen Emigration 1933–1945. Darmstadt 1998, Spalten 81-94.

3 Ernst Papanek: Die Kinderfürsorge der »OSE«. 500 Refugeekinder aus Frankreich wollen in die U.S.A., in: Aufbau, 7. Februar 1941, S. 8. Besitzende Institution: Deutsches Exilarchiv 1933–1945 der Deutschen Nationalbibliothek, Frankfurt a. M.

4 Siehe Lisa Seiden: »Bleib immer mit deinem Bruder zusammen!« Eine Geschichte vom Kindertransport. Originaltitel: No te separes de tu hermano.

Una historia del Kindertransport. Herausgegeben und mit einem Nachwort von Inge Hansen-Schaberg. Aus dem Spanischen von Dieter Heymann. Berlin 2018.

5 Siehe Gudrun Maierhof: Recha Freier – Zwischen Zionismus und Widerstand. In: Hansen-Schaberg, Inge/Ritzi, Christian (Hg.): Wege von Pädagoginnen vor und nach 1933. Baltmannsweiler 2004, S. 139-150

6 Siehe Klaus Voigt: Solidarität und Hilfe für Juden während der NS-Zeit, Band 6, Villa Emma – Jüdische Kinder auf der Flucht 1940–1945. Berlin 2002.

7 Anna Essinger: Die Bunce Court School (1933–1943), in: Hildegard Feidel-Mertz (Hg.): Schulen im Exil. Reinbek 1983, S. 71-88, hier S. 72

8 Tamen Köhler: Tamen erinnert sich. Undatierte Aufzeichnungen, im Besitz der Verfasserin dieses Beitrags.

9 Minna Specht: The Scheme for an International School, in: Minna Specht: Gesinnungswandel. Beiträge zur Pädagogik im Exil und zur Erneuerung von Erziehung und Bildung im Nachkriegsdeutschland. Herausgegeben und eingeleitet von Inge Hansen-Schaberg unter Mitarbeit von Sigrid Rathgens. Frankfurt a. M. u. a. 2005, S. 52-55.

10 Siehe Jamine und Pierre Noack: Yvès und Pitt Krüger. Exil und Gründung aus Überzeugung. <www.exil-archiv.de/grafik/biografien/krueger/yves-krueger.pdf> [zuletzt aufgerufen: 4.12.2021]. In Zusammenarbeit mit Jamine und Pierre Noack wird diese Zufluchtsstätte demnächst Gegenstand weiterer Untersuchungen von Inge Hansen-Schaberg sein.

11 Siehe auch Hildegard Feidel-Mertz: Pitt Krüger, La Coûme und das Prinzip der »Ausgeglichenheit«, in: Hildegard Feidel-Mertz (Hg.): Schulen im Exil. Die verdrängte Pädagogik nach 1933, Reinbek 1983, S. 167–177.

12 Ernst Papanek: Die Kinder von Montmorency, Wien 1980, S. 59.

13 Ernst Papanek: Pädagogische und therapeutische Arbeit. Kinder mit Verfolgungs-, Flucht und Exilerfahrungen während der NS-Zeit. Herausgegeben von Inge Hansen-Schaberg, Hanna Papanek und Gabriele Rühl-Nawabi unter Mitarbeit von Lars Asmussen, Elisabeth Groh-Lenz und Lisa Schaberg, Wien 2015, S. 118.

14 Ebd., S. 92.

15 Hanna Papanek: Elly und Alexander. Revolution, Rotes Berlin, Flucht, Exil – eine sozialistische Familiengeschichte. Mit einem Vorwort von Peter Lösche. Übersetzt von Joachim Helfer und Hannah C. Wettig. Berlin 2006, S. 240.

16 Zitiert nach Silvia Schlenstedt: Bericht über Flüchtlingskinder, in: Inge Hansen-Schaberg (Hg.): Als Kind verfolgt. Anne Frank und die anderen, Berlin 2004, S. 48.

17 Ernst Papanek 2015, S. 146.

18 Ebd., S. 147.

19 Zitiert nach Ernst Papanek 2015, S. 83.

20 Ernst Papanek 2015, S. 86.

21 Zitiert nach Silvia Schlenstedt 2004, S. 47.

22 Zitiert nach Silvia Schlenstedt 2004, S. 52.

23 Minna Specht: Erziehung zum Selbstvertrauen, in: Hildegard Feidel-Mertz (Hg.): Schulen im Exil. Reinbek 1983, S. 92-103, hier S. 92, Hervorhebung i. O.

24 Ernst Papanek 2015, S. 121 f.

25 Ernst Papanek 2015, S. 122.

26 Hanna Papanek: Rote Falken, Kinderheim, Flucht, in: Anne Saint Sauveur-Henn (Hg.): Fluchtziel Paris. Die deutschsprachige Emigration 1933–1940, Berlin 2002, S. 316-325, hier S. 318.

27 Gideon Behrendt: Mit dem Kindertransport in die Freiheit, Frankfurt a. M. 2001, S. 9.

Max

Wertlose Fracht

Max, ein vierzehnjähriger Junge aus Hamburg, schrieb an seine Mutter einen 40.000 Worte langen Brief, kurz nachdem die St. Louis am 18. Juni 1939 in Antwerpen angelegt hatte. Der Junge, dessen Vater noch vor der »Kristallnacht« von der Gestapo verschleppt worden war, wurde nach Kuba geschickt, um dort zu warten, bis die Einreise zu seinem Onkel in Miami möglich würde.

Fünfter und letzter Tag im Hafen von Havanna:

Die gemieteten Motorboote mit den Verwandten und Freunden der Passagiere kamen am Morgen wieder, und abermals wollte die Polizei ihnen nicht gestatten, nahe an das Schiff heranzukommen. Die Frau und die Kinder waren auf unserem Schiff, der Mann und Vater in dem kleinen Boot. Oder die Eltern waren auf unserem Schiff und die Kinder in dem kleinen Boot. Aber diesmal winkten sie und riefen uns zu, daß das Parlament zu unseren Gunsten bestimmt habe und das Gesetz nur auf die Unterschrift des Präsidenten warte. Sie riefen, daß wir bald würden landen dürfen. »Mañana«. Immer wieder »Mañana«. Die Worte waren uns kein Trost. Sie hatten genau die gegenteilige Wirkung. Zu oft waren wir enttäuscht und niedergeschlagen gewesen. Gar nichts konnte auf uns noch Eindruck machen. Wir glaubten ihnen nichts. Als sie zu Mittag und am Abend wiederkamen, waren es die Passagiere, die riefen: »Mañana! Mañana!« Schließlich wollten die Passagiere die Boote nicht mehr sehen. Die Unruhe wuchs. Viele Menschen hatten einen Nervenzusammenbruch und weinten hemmungslos. Manche schrien und fluchten, viele Frauen und Kinder weinten, als sie ihre Väter unten in den Booten sahen und nicht zu ihnen kommen konnten. Es war, als wäre man in einem verhexten Schloß. Ich selbst versuchte ruhig zu bleiben, denn was ich seit dem 28. Oktober erlebt hatte, machte mich gleichgültig gegenüber dieser Situation. Was geschah, war unwichtig. Es tat mir nur leid, daß Du Deine letzten Ersparnisse darauf verwendet hattest, mir eine Karte zu kaufen, und daß Dein großes Opfer nun umsonst war.

Die St. Louis fuhr so nahe an der Küste von Florida vorbei, daß man den weißen Strand von Miami und die Wolkenkratzer sehen konnte (»...so nahe, daß wir sie fast berühren und leicht hätten hinschwimmen können«):

Mein Onkel ist in diesem schönen Miami! Ich soll dorthin einwandern. Ich bin so nahe und doch so weit entfernt, aber auch alle anderen waren sehr bewegt, weil uns bewußt wurde, was für wertlose Fracht wir sein mußten, da jeder uns ablehnte. Sklaven hatten es besser in früheren Zeiten. Man war bereit, für sie zu zahlen, und wir hatten sogar angeboten, für jeden einzelnen von uns zu zahlen, und trotzdem will uns niemand. Sind wir wirklich so schlecht und verdorben? Sind wir wirklich das Ungeziefer der Menschheit und werden deshalb so behandelt? Warum werden wir wie Aussätzige behandelt? Sieht man in uns nicht mehr menschliche Wesen? Hat sich die Menschheit schließlich zu jenem Naturgesetz bekannt, das nur jenen das Überleben zuerkennt, die als die Geeigneten anerkannt werden? Ist sie daran, jene auszurotten, die sie als ungeeignet ansieht, wie die Natur die Schwächeren und Hilfloseren in der Tier- und Pflanzenwelt ausrottet? Dann reißt euch die Maske vom Gesicht. Nennt euch nicht mehr Menschen mit Intelligenz, Mut und einer höheren Moral. Ihr seid schlechter als die Tiere, denn diese kämpfen nur, wenn der natürliche Selbsterhaltungstrieb sie dazu zwingt, aber ihr glaubt Helden zu sein, wenn ihr gegen die Schwächsten eurer Art kämpft.

Sylvia Asmus

»Als einziger Jude wieder in Kippenheim zu leben, wäre kaum möglich gewesen«[1] – Kurt Salomon Maier

Am Fuße des Schwarzwaldes, zwischen Offenburg und Freiburg, liegt der kleine Ort Kippenheim. Dort wurde Kurt Salomon Maier[2] am 4. Mai 1930 geboren. Er war das zweite Kind von Siegfried und Charlotte Maier, geborene Auerbacher. Sein Bruder Heinz war drei Jahre älter. Die Eltern waren Inhaber eines kleinen Geschäfts, in dem sie Stoffe, Kurzwaren, aber auch Lebensmittel anboten. Zudem war der Vater als reisender Händler tätig, der die Waren in der Ortenau anbot. Ein sorgenfreies Leben war das nicht. In seiner Autobiografie schildert Kurt Maier einen Selbstmordversuch der Mutter, die so Druck und Streit innerhalb der Familie zu entkommen versuchte.[3] Bis heute trägt er von diesem Erlebnis ein Gefühl des Unbehagens in sich, das sich Samstagabends, dem Zeitpunkt der Verzweiflungstat, bei ihm einstellt. Das Leben in Kippenheim war einfach, aber nicht arm. Die Familie Maier wohnte im eigenen Haus und besaß sogar einen Pkw. Eine religiöse Heimat fanden sie in der jüdischen Gemeinde, Kippenheim verfügte über eine eigene Synagoge. Die jüdischen Feste strukturierten auch für die Familie Maier das Kalenderjahr. 1933 lebten 144 Juden und Jüdinnen in Kippenheim.[4] Die NS-Ideologie, der Antisemitismus fielen auch in Kippenheim auf fruchtbaren Boden. »Es gab in Kippenheim etliche Nazis, aber nur wenige vergriffen sich an Juden. Einer davon war der Postmeister Link. Link war als Judenquäler bekannt. Wir hatten Angst in die Post zu gehen, wenn er am Schalter saß«, erinnert sich Kurt Maier.[5] Wurde der Boykott jüdischer Geschäfte vom 1. April 1933 in Kippenheim noch verhalten ausgeübt, nahmen die Restriktionen und Entrechtungen der jüdischen Bürger*innen mit den Jahren immer weiter zu. Drohungen und Ausschluss aus der Gemeinschaft gehörten für Jüdinnen und Juden zum Alltag. Am 10. November 1938 marschierten auch in Kippenheim Nationalsozialisten auf, zerstörten Schaufenster, schlugen und demütigten jüdische Bürger*innen. Die jüdischen Männer des Ortes wurden verhaftet und in das Konzentrationslager Dachau gebracht, unter ihnen Kurt Maiers Vater und Großvater. Nach ihrer Entlassung blieb die Familie zunächst in Kippenheim. Kurt und sein Bruder Heinz mussten nun in Freiburg zur Schule gehen, denn die allgemeine Schule in Kippenheim war jüdischen Schüler*innen versperrt. Vor diesem Hintergrund hatte die Familie Maier sich um die Ausreise in die USA bemüht. Schon im August 1938 hatten sie vom amerikanischen Konsulat in Stuttgart ihre Wartenummern für die Einreisevisen erhalten. Zudem hatten die Eltern und Großeltern Möbel, Hausrat, Bücher, Kleidung und Erinnerungsstücke für die Ausreise in die USA vorbereitet und von einer Spedition 1939 abholen lassen. Der »Lift«, wie die großen Umzugskisten genannt wurden, sollte die Familie erst lange nach Ende des Krieges erreichen.

Am 22. Oktober 1940 wurden Kurt und sein Bruder Heinz aus der Freiburger Schule abgeholt und nach Kippenheim gebracht. Die Eltern hatten ein Taxi geschickt, um die Brüder nach Hause zu bringen. Ohne Vorwarnung waren die Eltern und Großeltern wie die übrigen badischen und saarpfälzischen Jüdinnen und Juden von Polizeibeamten über ihren bevorstehenden Transport informiert worden. Innerhalb weniger Stunden mussten sie ihre Habseligkeiten packen und sich für die Reise bereit machen.[6] »Die Großeltern saßen im Wohnzimmer mit zwei mit Wäsche vollgestopften Kissen. Opa konnte nicht viel tun, er litt an den Folgen eines Schlaganfalls und zitterte an den Händen. Wir gingen aus dem Haus und stiegen auf den Militärlastwagen«, beschreibt Kurt Maier die Deportation in seiner Autobiografie.[7] Vor den Augen von nichtjüdischen Mitbürger*innen wurden die jüdischen Familien abtransportiert. In Offenburg musste die Familie Maier in einen Zug steigen. Das Ziel, Südfrankreich, kannten sie nicht. Die Vichy-Regierung in Frankreich war von den Nationalsozialist*innen getäuscht und von den als Wehrmachtstransporte deklarierten Deportationszügen mit den ausgewiesenen Jüdinnen und Juden überrascht worden.[8] Sie brachten die erschöpften und verstörten Insassen in das Lager Gurs, in dem schon bald menschenunwürdige Zustände herrschten. »Ich kam in die Frauenbaracke mit Mutter und Oma; Heinz kam mit Vater und Opa in die Männerbaracke. Es war dunkel, auf dem Boden lagen Strohsäcke; wir legten uns darauf und schliefen, so gut es ging. Zum Zudecken hatten wir nur unsere Mäntel«, blickt Kurt Maier auf die erste Nacht im Lager zurück.[9] Kälte, Schmutz, Ekel und Ratten gehören zu den Erinnerungen an seine Zeit im Lager. Er erkrankte dort an Diphtherie, sein Großvater Hermann Auerbacher starb im Lager. Viele Jüdinnen und Juden sind ab 1942 von Gurs in die Vernichtungslager deportiert und ermordet worden. Der Familie Maier aber gelang es 1941, von dort in die USA zu entkommen. Die 1938 beantragte Einreise in die USA war dabei nützlich, zudem setzten sich dort lebende Verwandte für sie ein und bürgten mit einem sogenannten »Affidavit« dafür, dass die Familie Maier dem amerikanischen Staat nicht zur Last fallen würde. Von Gurs fuhren die Maiers nach Marseille, dem Sitz des US-amerikanischen Generalkonsulats. Das persönliche Erscheinen war notwendig, um eine Einreisegenehmigung zu erhalten. Während Mutter, Großmutter und Kinder im Hotel Terminus ein Zimmer bezogen, musste der Vater sich im Lager Les Milles aufhalten.[10] Am 8. Mai 1941 erhielten sie die ersehnten Papiere. Über Casablanca, von wo sie erneut mehrere Wochen in einem Lager namens »Sidi el-Ajachi« interniert wurden, erreichten sie mit dem Schiff »S.S. Nyassa« New York City. Sie bezogen eine Wohnung in der Bronx, die Mutter arbeitete als Putzfrau und später in einer Fabrik, der Vater versuchte, sich als Stoffhändler zu etablieren. Kurt und Heinz besuchten die Public School. Obwohl sie die englische Sprache erlernten, blieben die Eltern und die Großmutter ihrem Kippenheimer Leben verhaftet. »In meiner Familie lebte man immer noch mit Kippenheimer Maß. Wenn ich die Eltern fragte, ›wie weit weg ist das von unserer Wohnung?‹, dann bekam ich zum Beispiel die Antwort, so weit wie von der Querstraße bis zur Schule oder zum Stockbrunnen«, erinnert sich Kurt Maier.[11] Die Eltern hielten, wie viele ihrer Nachbar*innen und Mitglieder der jüdischen Gemeinde, zu Hause an der deutschen Sprache fest. Mit deutschem Akzent und zunächst auch an seiner Kleidung als nicht zugehörig erkennbar, erfuhr der Jugendliche auch Ausgrenzung. Man nannte ihn »Heinie« und erkannte in ihm den »Refugee«, was er als Stigmatisierung empfand. Während für seine Eltern eine Rückkehr nach Deutschland nicht in Betracht kam, sehnte sich der Jugendliche zurück. »Aber ich hatte nicht den Mut, meine Familie zu verlassen. Als einziger Jude wieder in Kippenheim zu leben, wäre kaum möglich gewesen«.[12] Nach seiner Dienstzeit in der US Army, in der er auch in Deutschland eingesetzt war, studierte Kurt Maier deutsche Literatur und Bibliothekswissenschaften in New York City. Mit seiner Frau Margery (gest. 2007) zog er nach Washington D.C., wo der promovierte Germanist seit 1978 in der Library of Congress in Washington D.C. für die Erschließung fremdsprachiger, besonders deutschsprachiger Literatur zuständig ist.

1989 sprach er als Zeitzeuge zum ersten Mal in einer deutschen Schule über die Erlebnisse in NS-Deutschland. Regelmäßig hat er seitdem Zeugnis davon abgelegt, in Zeitzeugengesprächen, Publikationen und Vorträgen. Aktuell wirkt Kurt Salomon Maier an einer besonderen Form der Zeitzeug*innenschaft mit. Das Deutsche Exilarchiv 1933–1945 der Deutschen Nationalbibliothek und die USC Shoah Foundation arbeiten bei dem Projekt »Dimensions in Testimony« mit Kurt Salomon Maier zusammen, um seine wichtige Zeitzeugenschaft in Form eines dreidimensionalen, interaktiven Interviews für die Zukunft zu sichern.

Kurt Salomon Maier und sein Bruder Heinz Maier beim Purimfest in Kippenheim, 1934

Die Familie Maier
um 1939

V.l.n.r. Siegfried, Heinz, Kurt und Charlotte Maier. Ernst schauen die Erwachsenen und der größere Bruder in die Kamera. Zum Zeitpunkt der Fotoaufnahme hatte die Familie schon Jahre der zunehmenden Entrechtung und Ausgrenzung erlebt.

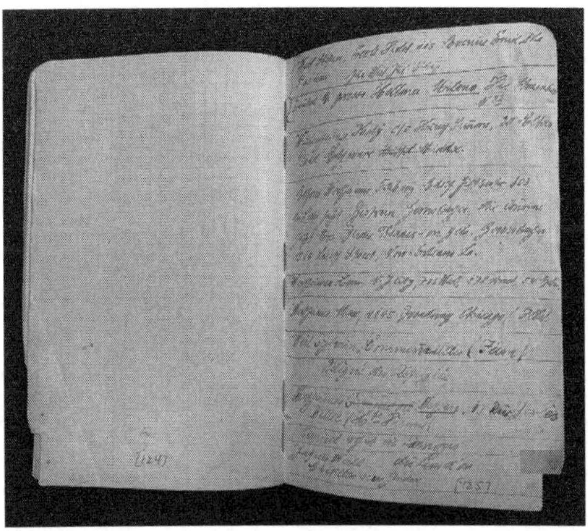

Adressbuch von Siegfried Maier

Dieses Adressbuch führte der Vater, Siegfried Maier, auch in Gurs mit sich. Als die Mitinhaftierten erfuhren, dass Familie Maier das Lager verlassen würde, baten viele Personen den Vater darum, Anschriften ihrer Verwandten zu notieren und diese nach der Ankunft in den USA zu kontaktieren. So, hofften sie, würde auch ihnen noch die Ausreise gelingen.

Alle Abbildungen S. 140–142: Splittervorlass Kurt Salomon Maier, EB 2007/020, Deutsches Exilarchiv 1933–1945 der Deutschen Nationalbibliothek.

Kurt Salomon Maier im St. Mary's Park, New York City, 1942

Das Bild zeigt Kurt Salomon Maier einige Monate nach der Ankunft in New York im St. Mary's Park. An seiner Kleidung war er als Flüchtlingskind erkennbar. »Ich trug noch meine deutschen Knickerhosen und das machte noch mehr verdächtig und lächerlich. Man erkannte den deutschen Flüchtling auf den ersten Blick.« (Kurt Salomon Maier in »Unerwünscht«, S. 118.)

1 Kurt Salomon Maier: Unerwünscht. Kindheits- und Jugenderinnerungen eines jüdischen Kippenheimers. Eine jüdische Jugend im Dritten Reich, hrsg. von der Evangelischen Landeskirche in Baden, Ubstadt-Weiher u. a. 2018, S. 120.

2 Siehe dazu: Kurt Salomon Maier: Unerwünscht., a. a. O.; Katja Limbacher, »Ich weiß nicht, ob wir nochmals schreiben können«. 20. Tishri 5701, Sukkoth – 22. Oktober 1940, Laubhüttenfest. Die Deportation der badischen und saarpfälzer Juden in das Internierungslager Gurs in den Pyrenäen, hrsg. von der Landeszentrale für politische Bildung Baden-Württemberg. Stuttgart 2010.

3 Kurt Salomon Maier: Unerwünscht, a. a. O., S. 20.

4 Jüdisches Leben in der Ortenau, hrsg. von Förderverein Ehemalige Synagoge Kippenheim e. V. Kippenheim 2018, S. 118.

5 Kurt Salomon Maier: Unerwünscht, a. a. O., S. 83.

6 Siehe dazu: »Vor aller Augen«. Die Deportation der Juden und die Versteigerung ihres Eigentums. Fotografien aus Lörrach 1940, hrsg. von Klaus Hesse und Andreas Nachama, Leipzig 2018.

7 Kurt Salomon Maier: Unerwünscht, a. a. O., S. 98.

8 Zum Ablauf der Deportationen siehe: »Vor aller Augen«, a. a. O.

9 Kurt Salomon Maier: Unerwünscht, a. a. O., S. 102.

10 Zum Ablauf der Ausreise siehe: Gerhard J. Teschner: Die Deportation der badischen und saarpfälzischen Juden am 22. Oktober 1940. Vorgeschichte und Durchführung der Deportation und das weitere Schicksal der Deportierten bis zum Kriegsende im Kontext der deutschen und französischen Judenpolitik, Frankfurt a. M. 2002, S. 214 ff.

11 Kurt Salomon Maier: Unerwünscht, a. a. O., S. 114.

12 Kurt Salomon Maier: Unerwünscht, a. a. O., S. 120.

H. H.

Ein Kind erlebt Gurs

Es ist 5 Uhr morgens. Unterdrücktes Stöhnen wird neben meinem Bette hörbar; ich wälze mich unruhig herum; eisige Kälte herrschte in der Baracke. Das Schnarchen und Pfeifen der Schlafenden von Stöhnen unterbrochen durchtönt den Raum. Der neben mir beruhigt sich nicht und stöhnt wie auf Kommando. Ich suche meine Taschenuhr, die ständig unter meinem Kopfkissen liegt; doch kaum strecke ich meine Hand aus, ziehe ich sie blitzschnell wieder zurück. Die Kälte ist ja richtig greifbar. Plötzlich wirds lebendig. Links von mir springt mit rasender Geschwindigkeit ein Mann aus dem Bett, die Hosen übergezogen und schon ist er draußen. Nun beginnt hinten einer zu lachen: »Der Kurt hat ja schon wieder mal die Laufe.« Ja das ist einer von den Vielen, die Durchfall haben und nach zwei Wochen wie ne Bohnenstange aussehen. Langsam verrinnt die Zeit; endlich bringt man das Frühstück, –

Frühstück? lächerlich, ein Kübel dunkles Wasser wird verteilt. Man kann sogar 2 Blechbüchsen von diesem Getränke kriegen. Die Glücklichen, die noch eine oder ne halbe Schnitte Brot haben, packen dies jetzt sorgfältig aus, die Anderen trösten sich damit, wenn man was ißt, bekommt man ja noch mehr Hunger. Ich ziehe mich langsam an. Ich hab's gut; die Jugend geht morgens zum Secours Suisse und bekommt eine Tasse Milch und Konfitüre. Vor dem Ausgangstor des Ilot steht eine Gruppe frierender Gestalten, fast alle zittern vor Kälte und haben eine Decke um ihren Leib geschlungen. Ich gehe ganz nahe an ihnen vorbei und betrachte sie mir genau. Die meisten haben ganz angeschwollene Glieder, einer hat ganz dicke Augenlider; ein anderer hat einen schönen runden Bauch, der gar nicht zu ihm paßt, das Gesicht ganz eingefallen, und die Augen blicken so leer, man könnte meinen, er weiß gar nicht, was um ihn vorgeht, Man hat mir erzählt, das sei die Wasserkrankheit, sie komme von den eintönigen, wasserhaltigen Speisen, wie Kürbis, Kohlrüben usw., die auch nur in Wasser und fast ohne jegliche Zubehör gekocht werden. Ja, die Wasser- und Durchfallkranken, die sterben wie die Fliegen im Winter, rund 12 per Tag. Wenn sich wie im Winter Kälte und Hunger vereinen, dann kann der menschliche Körper nicht widerstehen. Langsam schlendre ich die Landstraße entlang, an beiden Seiten türmt sich der Stacheldraht, und immer sind grad einige dabei, von der einen zur anderen Seite gewisse Nachrichten rüberzurufen. Da ich noch ein Kind bin und von einem Ilot ins andere gehen darf, muß ich vielmals den Boten spielen. Geh mal rüber ins Ilot D und ruf Herrn Stamm zum Stacheldraht. Das ist natürlich leichter gesagt, als getan, da es Tage gibt, an denen der Schlamm fast 25 cm hoch ist und man sich von einer Baracke zur anderen durcharbeiten muß. Mein Weg zum Secours Suisse führt mich auch am Schutthaufen vorbei, wo zu jeder Tageszeit einige Leute beschäftigt sind, die Kürbisschalen und Abfälle aufzulesen, um sich davon ein schmackhaftes Gericht zu bereiten. Vor dem Secours Suisse steht schon die Gurser Jugend versammelt. Die Jugend, die Hungern gelernt hat, die gelernt hat, jeden Gendarm und Polizisten als ihren Feind anzusehen. Die Jugend, die weiß, wie man sich durch den Stacheldraht schmuggelt, um beim nächsten Bauern Essen für teures Geld zu erstehen, und wenn sie ein Gendarm anhält, zu lügen, als ob der frühere Schulunterricht nur eine Ausbildung fürs Lügen wäre. Heil demjenigen, der standhaft zu lügen verstand, der konnte sich dann auch meistenteils retten, die Anderen aber, die nicht jedem Gendarmen Märchen aufzutischen wußten, die waren verloren.

Aber doch hatte diese Jugend nicht den Mut verloren, und vor und nach der Mahlzeit wurden mit begeisterter Stimme Lieder von Glück und Freiheit gesungen. Glück und Freiheit, auf welches wir gar nicht mehr zu hoffen wagen, seitdem man uns von unseren Eltern getrennt und diese deportiert hat. Nach Beendigung der Mahlzeit begebe ich mich zur Y.M.C.A.-Bibliothek, auch diese hat viel beigetragen, unser Leben angenehmer zu gestalten. Gegen elf Uhr komme ich wieder in meine Baracke. Es ist ganz still, der Berichterstatter ist gerade anwesend. Zweimal am Tage wird beim Ilotchef Radio gehört und dann werden jeder Baracke die Nachrichten gemeldet. Über gute Nachrichten wird stundenlang diskutiert, und die meisten sind sehr optimistisch eingestellt, da ja das Kriegsende ihr einziges Sehnen und Hoffen ist. Von Baracke 6 wird gerade einer rausgetragen. »Was ist denn mit dem los?«, läßt sich neben mir eine Stimme vernehmen. Die beiden Träger grinsen: »Ja, der hat 2 Wochen Durchfall gehabt und hats endlich überstanden, es ist heute No. 9.« Keiner der Übrigen achtet mehr darauf, es ist ja eine alltägliche Sache.

Laut schlägt der Gong zum Mittagessen, die Essenholer nehmen die Kübel und stürmen zur Küche. Jeder setzt sich aufs Bett, nimmt seine Blechbüchse und wartet. Einige sind natürlich noch gar nicht aufgestanden, da eine eisige Kälte herrscht; die Anderen haben sich in eine Decke eingewickelt und marschieren durch die Baracke, oder manche springen rum, denen sind nämlich die Füße eingefroren. Nun jetzt sitzen sie alle auf oder im Bett und erwarten das Mittagessen. Es vergehen keine 5 Minuten und ein großer Kübel, natürlich mit Kürbis gefüllt, wird hereingebracht. Alle Augen sind gespannt auf den Austeiler gerichtet, ob er jedes mal wohl richtig umrührt, damit nicht Einer das Wasser und der Andere das Gemüse bekommt. Sollte das mal der Fall sein, dann geht der Krach los. Die Meisten sind Intellektuelle, die erste Zeit geniert man sich und tut, als ob man sich nichts daraus macht, ob man ein Bißchen mehr oder weniger bekommt, hat man aber 1–2 Jahre gehungert, so ist der ganze Stolz hinweggespült, und jeder ist nur noch auf seinen eigenen Magen bedacht.

Nach dem Essen rollt sich jeder in seine Decke und bald verhindert lautes Schnarchen, daß der Schlaf die mangelnde Speise zu ersetzen sucht. Um 3 Uhr werden alle geweckt. Ungezieferuntersuchung. Jeder lächelt oder versucht es wenigstens, um dem Nachbar zu zeigen, daß man gar keine Angst hat, aber dennoch ziehen sich die Meisten schnell das Hemd aus, um sich vor der Untersuchung selbst nochmals zu überzeugen, daß man einwandfrei ist. 2 wurden unrein befunden und kamen in die Ungezieferbaracke, wo selbst sie gereinigt und später wieder in andere Baracken verteilt werden.

Langsam verrinnt die Zeit, und endlich schlägt der Gong zum Abendbrot. Der Unterschied zwischen Mittagessen und Abendbrot ist nur der verschiedene Name, zu essen gibt es nämlich genau das Gleiche, nämlich

Kürbis. Schnell bricht die Dämmerung rein, geschwind laufe ich noch zu meinem Freund. Habe nämlich erfahren, daß Ilot H geräumt worden ist, da könnten wir den Zaun, welcher die Küche umgrenzt, ganz gut abnehmen. Eine halbe Stunde später steigen wir bewaffnet mit Zange und Hammer ins llot H, systematisch wird der Küchenzaun abgebrochen, die erbeuteten Stangen, ungefähr 50, werden unter eine Baracke geschoben, und wir schleichen uns wieder raus. Am selben Abend noch habe ich alle Stangen, 3 Fr. das Stück, an einen Kaffeekocher verkauft. Gegen 8 Uhr wird das Feuer angezündet, die ganze Baracke setzt sich um den Ofen und diskutiert politische Probleme. Inzwischen kommt wieder der Ansager, gibt die Meldungen und auch gleich lokale Gurser Nachrichten: Heute z.B. hält bei uns in der Kulturbaracke Herr Dr. ... einen Vortrag über Nachkriegsprobleme, in Ilot D wird ein religiöses Thema behandelt, Im Ilot F wird ein Stück von der Gurser Theatertruppe aufgeführt usw. Das ist ja das Einzige, was uns noch geblieben ist, obwohl man den Körper niederringen konnte, ist Gurser Geist und Kultur allen Stimmen zum Trotz aufrecht geblieben.

Marion

Singend vor Freude

Ich heiße Marion. Ich bin 1932 in Wien geboren, um zwölf Uhr mittags. Seit meiner Geburt bin ich in Wien geblieben, im 18. Bezirk. Bis zu meinem sechsten Lebensjahr hatte ich ein normales Leben, aber seit Hitler gekommen ist, ist mein Leben so: Man wollte meinen Papi nach Buchenwald schicken; da ist er nach Belgien geflüchtet, und Muttili ist mit mir einen Monat später nach Belgien. Unsere Flucht war so: Wir sind nach Deutschland in das Departement Köln gefahren, von dort aus hat ein Herr mit einem Auto uns abgeholt und hat uns bis zur belgischen Grenze gebracht. Er hat gesagt, daß wir bis Mitternacht warten sollen, bis er wiederkommt, und wir taten es, und um Mitternacht kam er, und wir gingen die ganze Nacht. Wie der Tag anbrach, führte er uns in ein Haus, dort blieben wir den ganzen Tag; die zweite Nacht sind wir nur bis drei Uhr gegangen, denn ein Schlitten wartete auf uns. Wir sind mit dem Schlitten unter Stroh versteckt bis drei Uhr nachmittags gefahren; dann sind wir in ein Auto eingestiegen und sind *singend vor Freude* in Brüssel angekommen. In Brüssel bin ich bis zu meinem achten Lebensjahr geblieben, da ist der Krieg ausgebrochen, und wir sind mit einem Emigrantenzug nach Frankreich geflüchtet. Die Reise war furchtbar, man wollte den Zug bombardieren, aber er war schneller als die Bomben. Viele Leute sind verrückt geworden. Und wenn der Zug nicht bald angekommen wäre, so wäre ich auch verrückt geworden. Wir sind in Toulouse eine Nacht geblieben. Von dort hat man Papi nach St. Cyprien geschickt, und Muttili ging mit mir nach Ville-Neuve, dort sind wir fünf Monate geblieben; von dort hat man uns ins Camp de Gurs gebracht; dort sind wir acht Monate geblieben. Das Camp war furchtbar dreckig, und es war ein Wunder, daß ich keine Läuse bekommen habe. Von dort hat man uns nach Marseille geschickt. Papi hat man ins Camp les Milles gesteckt, und Muttili kam mit mir ins Centre d'Accueil Bompard. Dann bin ich krank geworden und bin ein Jahr im Spital gelegen. Dann hat man mich ein Jahr nach Grenoble geschickt zur Erholung. Dann bin ich wieder zu Muttili zurück; im Camp les Milles war ich nur eine Nacht. Aber ich war voller Flohstiche. Von dort hat man uns ins Camp de Rivesaltes geschickt, von dort hat man meine Eltern deportiert, und mich hat man in ein Kinderheim gebracht. Von dort hat man mich nach Annemasse geschickt zum Salat holen. Da hat der Herr gesagt, daß wir über die Grenze sollen, aber wir sollen keine Angst haben, weil die Schweizer sehr nett sind. Das war nicht nötig, mir zu sagen, denn das sah ich selber. Wir sind über die Grenze, und am Zollamt hat man uns ausgefragt über die Flucht, und dann sind wir nach dem Camp de Charmilles, und dann bin ich nach dem Kinderheim, wo ich so glücklich bin, daß ich nicht mehr weg will.

Saul Friedländer

Abschied von den Eltern

Am frühen Morgen fuhren wir bei Kehl über den Rhein, der noch im Nebel lag. Wenige Minuten später waren wir im Bahnhof von Straßburg. Zum ersten mal sah ich die runden Käppis und die über die Ohren gezogenen Baskenmützen: Wir waren also in Sicherheit.

Ich werde den Augenblick, als wir die »Grenze« zwischen dem Protektorat und dem Reich überquerten, nie vergessen. Zu viert begannen sie alles zu durchwühlen, sogar meinen Schulranzen und mein Schreibetui; sie schraubten den Füllfederhalter mit der Glasspitze auf. Der Geruch ihrer Ledermäntel! Endlich fuhr der Zug weiter, und ich schlief ein. Wenn ich heute daran denke, so frage ich mich, wie meine Eltern diese Nacht verbracht haben. Bahnhöfe, Aufenthalte: Nürnberg, Stuttgart. Sind Deutsche zugestiegen? Merkten sie, wer wir waren? Wie sahen sie uns an? Was sagten, was taten sie?

Paris: Der ungewohnte Geruch der Gare de l'Est, der Métro, der Baguettes. Für ein Kind lassen sich die großen Umschwünge oft in diese ganz simplen Veränderungen fassen wie zum Beispiel den ersten für den Laden neben dem Hotel Montholon auswendig gelernten französischen Satz: »Je voudrais une boîte d'allumettes, s'il vous plaît.«

Paris und seine zugleich alten und neuen Ängste: Meine Eltern glauben, daß ich ruhig schlafe, wie es sich für ein Kind meines Alters gehört, vergessen aber, daß dieses Kind in der neuen Umgebung erregt, beunruhigt ist, vergessen auch, daß das Gefühl der Verlassenheit die Mauern des Schlafes durchdringen, durch die Türen des Traumes einsickern und ihm sagen kann, daß die Gefahr da ist, symbolisch, doch gewiß. Ich wache auf, von Panik ergriffen. Alles in diesem Zimmer ist neu, ungewohnt, ja angsterregend, und meine Eltern sind weg. Vom leeren Treppenabsatz sehe ich die hell erleuchtete Eingangshalle und den Nachtwächter hinter seinem Tisch. Schluchzend stürze ich die Stufen hinunter und versuche dem Mann im abgetragenen Anzug etwas zu sagen. Versteht er Tschechisch? Wie sollte er es verstehen können? Doch die Stadt ist ja voller Emigranten, und der Nachtwächter ist Pole, sicher Jude; er versteht mich und beruhigt mich – ein wenig. Das Schluchzen hört auf, wir sprechen ein Gemisch aus Tschechisch und Polnisch, das ein seit langem verschwundenes Verständnis wiederherstellt; und endlich kommen meine Eltern. Das soll nicht wieder vorkommen. Von nun an gehen wir zusammen ins Kino, in die Oper, überall hin. [...]

Mein Vater gab die Elektromechanik auf, und da er hoffte, ein kanadisches Visum zu erhalten, reiste er nach Aurillac, um dort die Anfangsgründe eines jenseits des Atlantiks sehr gefragten Handwerks zu erlernen: die Käseherstellung. Meine Mutter besuchte weiter den Kosmetiklehrgang, und ich wurde in Montmorency bei Paris in einem *home* für jüdische Kinder untergebracht.

Eines dieser Kinder hieß Jacob. Stundenlang saß er, in einen Stapel Illustrierte vertieft, auf seinem Bett: Er hatte eine sehr weiße Haut, grüne Augen, auf dem Kopf ein schwarzes Käppchen, und das Gesicht umrahmten braune Schläfenlocken, die er zum Teil hinter den Ohren versteckte.

Ich könnte heute nicht mehr sagen, ob alle diese Kinder fromm waren, doch viele waren es und zu meinem Unglück auch Jacob. Er bemerkte sofort, daß seine Gebete mir ebenso fremd waren wie sein Jiddisch, sein Käppchen und seine Schläfenlocken, und er schlug Alarm. Ich war ein Nichtjude, ein *goi*. Und nun rächten sich die jüdischen Kinder von Montmorency für all das, was die *gojim* ihnen, ihren Familien und dem ganzen jüdischen Volk angetan hatten – ob sie dies nun selbst erlebt hatten oder nicht. Für all diese Leiden sollte ich der Sündenbock sein. Ich war unter Juden zum Juden geworden, doppelter Jude.

Sie banden mich an einen Baum und schlugen mich. Wie viele Alpträume sind mit diesem schrecklichen Augenblick verbunden. Ich sehe den Baum wieder, erinnere mich an die Rinde, fühle die Rauheit ihrer grünlichen Oberfläche. In der Ferne das stattliche Gebäude, in dem wir wohnten, von einer großen Terrasse umgeben. Ein strahlender Sonnentag, Blumenbeete, frisch geschnittene Rasenflächen. Jüdische Kinder schlugen mich, da sie mich für anders hielten. So gehörte ich zu niemandem mehr. In diesem Augenblick wußte ich nur eins: Meine Eltern waren weit weg, und diese Kinder flößten mir Entsetzen ein. Ich schrie vor Angst, schlug den Kopf gegen den Stamm. Auf mein Geschrei eilten die Erzieherinnen herbei. Eine von ihnen nahm mich auf den Schoß. Ich zitterte so stark, daß ich lange Zeit keinen zusammenhängenden Satz herausbekam. Endlich beruhigte ich mich, aber das Unglück war geschehen: Ich war wieder ein Kind von knapp drei Jahren, und jede Nacht machte ich mich naß. Man legte mich zu den »Kleinen«: Dort roch alles schlecht, doch wenigstens quälte man hier nicht die *gojim*.

Ich blieb noch gut sechs Monate in Montmorency. Es war eine Zeit ständigen Leidens, nicht wegen der Quälereien – die hörten auf –, sondern wegen der Trennung.

Die Wochentage waren noch zu ertragen, da ich in Erwartung des Sonntags, in ständiger Hoffnung auf Besuch lebte.

Zu Beginn meines Aufenthalts besuchten mich meine Eltern alle beide, aber als mein Vater Paris verlassen hatte, konnte meine Mutter allein nicht jeden Sonntag bei mir verbringen. Und ich wußte niemals im voraus, ob und wann sie kommen würde.

Gab es ein Telefon in Montmorency? Nie erhielt ich einen Anruf, und jeden Sonntagmorgen begann das Warten von neuem. Von der Terrasse konnte man sehen, wer sich dort, ungefähr hundert Meter weit weg, wo die Bäume die Straße nicht verbargen, dem Eingangsportal näherte. Gleich nach dem Frühstück ging ich auf die Terrasse und legte mich auf die Lauer. Von Zeit zu Zeit kam Besuch für ein anderes Kind, und ich wurde noch trauriger. Stundenlang konnte ich so ausharren, verließ meinen Posten nur, um zu essen, und sofort danach war ich wieder zur Stelle. Manchmal wartete ich noch am Nachmittag, obwohl ich doch schon wußte, daß meine Mutter nicht mehr kommen würde.

An den meisten Sonntagen jedoch kam meine Mutter. Bis zum Mittagessen lebte ich dann in höchstem Glück. Dann aber begann die Angst vor ihrer Abreise. So verschwommen ich mich auch an jene Besuchstage erinnere, einen Ort habe ich noch ganz genau im Gedächtnis: die Gartenlaube.

Wenn man das Heim verließ und die Straße hinunterging, kam man zu einem Café, das mitten in einem Garten lag. In diesem Garten gab es eine Laube und darin zwei oder drei Tische. Dorthin setzte sich meine Mutter am Nachmittag oft mit mir, ehe sie wieder abfuhr. Und so ist all die Traurigkeit, derer ein Kind fähig ist, in einer ganz alltäglichen Szene eingefangen: An einem Sommernachmittag in Montmorency sitzt ein kleiner siebenjähriger Junge in der Gartenlaube eines Cafés seiner Mutter gegenüber. Zwei Gläser mit Limonade stehen auf dem Tisch, doch trotz der Hitze sind sie noch nicht leer. In ungefähr einer Stunde wird die Mutter fahren. Das ist alles.

Dieser Zeitabschnitt findet nur beiläufig in einem Brief meines Vaters Erwähnung: »Der Kleine fühlt sich in dem Institut, in dem wir ihn untergebracht haben, nicht sehr wohl, was uns – wie Du Dir vorstellen kannst – ziemliche Sorgen bereitet...« [...]

Im Juli 1942 begann in beiden Teilen Frankreichs die Festnahme der ausländischen Juden. Vor diesem Zeitpunkt hatten die Deutschen mit Transportschwierigkeiten zu kämpfen, da man das gesamte rollende Material für die Offensive im Osten requiriert hatte. Ende Juni jedoch konnte die Wehrmacht genügend Züge bereitstellen, so daß alle zwei Tage ein Judentransport Frankreich verließ. Der ursprüngliche Plan sah die Deportation von hunderttausend Juden vor, fünfzigtausend aus der besetzten, fünfzigtausend aus der freien Zone Frankreichs, doch eine Operation dieses Ausmaßes konnte nur mit der aktiven Unterstützung der französischen Polizei stattfinden. Die Einzelheiten der Verhandlung zwischen dem SS-Brigadeführer Oberg und dem Ministerpräsidenten der Vichy-Regierung Laval sind bekannt. Um die französischen Juden zu retten, forderte Laval, daß bei der ersten Deportationswelle nur ausländische Juden erfaßt werden sollten, und sagte seinerseits eine aktive Beteiligung der französischen Polizei bei der geplanten Operation zu; Laval schlug übrigens den Deutschen vor, auch Kinder zu deportieren.

Am 16. Juli 1942 begann in Paris die große Razzia: Ungefähr dreizehntausend ausländische Juden, darunter viertausend Kinder, wurden im Vel-d'Hiv zusammengepfercht. Schon am 20. Juli ließ Eichmann wissen, daß in den Transporten, die noch vor Ende August nach Osten abgehen sollten, genügend Platz für die Kinder sei.

Einige Tage später gingen die ersten Transporte mit Deportierten aus der freien Zone über die Demarkationslinie. Die Vichy-Regierung lieferte zunächst die schon internierten fünftausend ausländischen Juden aus, im August wurden dann weitere siebentausend verhaftet. Tief erschreckt über diese schnelle Entwicklung, beschlossen meine Eltern, mich um jeden Preis zu verstecken. Doch welchen Ort wählten sie in ihrer Verwirrung? Ein Kinderheim in der Nähe von La Souterraine im Departement Creuse, ein jüdisches Kinderheim...

Pascal Delaume, der Direktor der Gemeindeschule, übernahm es, mich dorthin zu bringen. Wir fuhren zunächst mit dem Zug, dann mit dem Bus, und an einem strahlenden Augustmorgen erreichten wir ein freundliches Heim, das überall von Teichen mit blühenden Seerosen umgeben war.

Als mein Koffer untergebracht war, machten Monsieur Delaume und ich bis zur Abfahrt des Busses einen Spaziergang um die Teiche. Beide hatten wir in greifbarer Nähe die herrlichen weißen Blüten bemerkt. Der gute Monsieur Delaume wollte eine von ihnen pflücken, näherte sich vorsichtig dem Wasserrand, rutschte plötzlich aus und versank mit beiden Füßen im Schlamm. Der Vorfall nahm ohne böse Folgen und ohne Seerosen ein Ende, doch meine ich gesehen zu haben, daß unser guter Direktor, dessen schwarze, glatte Haarpracht sich plötzlich auf dem kugelrunden Schädel verschoben hatte, eine Perücke trug.

Warum verweile ich so eingehend bei derartigen Einzelheiten? Weil Pascal Delaume, dieser ruhig-väterliche Freund, der sich zweifellos schon den Fünfzigern näherte und wegen seiner rundlichen Statur, der Perücke und seiner Ungeschicklichkeit ein wenig lächerlich wirkte, für mich zum Symbol der Rechtschaffenheit schlechthin geworden ist: Er kannte uns kaum, und die Klugheit mußte ihm auf jeden Fall gebieten, sich passiv zu verhalten. War es also nötig, gerade als die Razzien begannen, als die Polizei wachsamer war als gewöhnlich, diese Reise zu unternehmen und jeden Moment zu riskieren, in eine Kontrolle zu geraten oder sich zumindest schweren Unannehmlichkeiten auszusetzen? War es nötig, einen Schritt zu tun, während alle anderen sogar mit Blicken geizten? Lieber Pascal Delaume, in Néris kam ich nur bis zur Mittelstufe, ich war nicht in Ihrer Klasse, doch Sie werden mir immer ein Beispiel und ein ferner Freund bleiben.

Seltsam, wie in der Erinnerung manches wiederauflebt. Ein Sommermorgen von vollkommener Klarheit, gleichzeitig aber eine dumpfe Angst, Angst, die zwar nicht erkennbar, aber dennoch da war, die in allen Ecken lauerte.

Nach außen hin herrschte im Heim eine sorglose Ferienstimmung. Vom frühen Morgen an fanden sportliche Wettkämpfe statt. Ungefähr hundert Kinder, Jungen und Mädchen, liefen, sprangen, schwammen um die Wette oder spielten Ball. Überall nur freudiges Geschrei und Lachen.

Zum ersten Mal seit Montmorency war ich wieder unter jüdischen Kindern, doch diese hier habe ich in ganz anderer Erinnerung. Trotzdem empfand ich sofort den eindeutig jüdischen Charakter dieser Kolonie, der sich vor allem im Aussehen, den Blicken, auch Namen wie Sigi, Isi, Manek zeigte. Für mich waren das damals unbekannte Klänge, und wenn ich sie heute immer wieder höre, so muß ich unwillkürlich an jenen unvergeßlichen Augustaufenthalt zurückdenken. Doch vor allem waren da die Lieder.

So gegen fünf Uhr nachmittags, wenn die Sieger ihre Preise erhalten hatten, versammelte man sich zum gemeinsamen Kaffeetrinken in dem großen Speisesaal im Erdgeschoß. Mehrere Erzieher waren bei uns, einer von ihnen hatte ein Akkordeon. Nach dem Kaffeetrinken begann er zu spielen, und sogar ich – so fremd mir dies alles war – spürte, wieviel Sehnsucht, Schönheit, Melancholie von diesen jiddischen Liedern ausging, von jener Welt, deren Ausdruck sie waren und die in diesem Augenblick für immer unterging.

Nach wenigen Minuten schon drängte sich das gesamte Personal des Hauses in den Türen des Speisesaals, und alle sangen die Refrains oder die bekanntesten Stellen mit. Auch ich erkannte allmählich die Melodien:

Tschiri bum, bum, bum.
Tschiri bum, bum, bum...

Das Abendessen verlief heiter, und da es für alle ein langer Tag gewesen war, gingen wir bald zu Bett.

An jenem Tag machte mich der Gedanke, meine Eltern verlassen zu haben, nicht traurig, denn ich wußte, sie waren in Néris, und ich glaubte nicht an eine wirkliche Trennung. So schlief ich abends mühelos ein.

Heftiger Lärm weckte uns gegen zwei oder drei Uhr morgens, und in wenigen Augenblicken drängelten sich Kinder in Pyjamas im Flur der oberen Etage, wo die Schlafräume lagen. Unten in der Eingangshalle eilten behelmte Gendarmen hin und her. Draußen war Motorengeräusch zu hören: Die Fahrer der Lastwagen hatten sich gar nicht erst die Mühe gemacht, den Motor abzustellen; sie waren wohl überzeugt davon, daß alles sehr schnell gehen würde, oder aber sie waren sich der einschüchternden Wirkung dieser Geräuschkulisse bewußt.

Jemand verlas eine Namensliste: Wer aufgerufen wurde, mußte sich schnell anziehen. Alle Kinder über zehn Jahren wurden mitgenommen, und wenig später schon waren sie in zwei Reihen in der Halle aufgestellt. Am nächsten Tag, so kündeten die Gendarmen an, werde man die anderen holen.

Am folgenden Abend waren wir alle im Speisesaal versammelt: Die Großen, zu denen ich gehörte, hielten die Kleinen an der Hand. Der Junge neben mir war höchstens fünf Jahre alt; seinen Namen habe ich vergessen, doch erinnere ich mich, daß seine Nase lief, daß er schrecklich schielte und für sein Alter viel zu traurig und gefaßt aussah. Einer der Erzieher ermahnte uns, tapfer zu sein und vor allem ganz leise zu marschieren. Er fügte etwas hinzu, was mir heute noch seltsam vorkommt; er sagte nämlich, wenn wir uns im Wald versteckten, würden wir der Roten Armee bei ihrem Kampf helfen. Vielleicht wollte er uns wenigstens für eine Nacht etwas vom Heldenmut der Partisanen einflößen, die ebenfalls im Wald schliefen, und so gleichzeitig für Ruhe und Disziplin sorgen. In diesem Moment öffnete sich die Saaltür, eine Frau trat ein, und als sie die aufbruchbereite Kinderschar sah, schlug sie die Hände vors Gesicht und brach plötzlich zusammen.

Paarweise zogen wir los. Der Marsch verlief ohne Zwischenfälle. Kein Geräusch war zu vernehmen; ich hörte nur, wie die Kieselsteine unter unseren Füßen knirschten und wie der kleine Junge neben mir von Zeit zu Zeit die Nase hochzog. Wir gingen in den Wald hinein bis zu einer Lichtung, dort befahl man uns zu halten, da wir hier die Nacht verbringen sollten.

Ich schlief nicht. Ich war mir der Gefahr überhaupt nicht bewußt, ganz im Gegenteil: Der laue Wind, die rauschenden Bäume, die leichten Wolken, die hin und wieder die Sterne verhüllten, all dies erfüllte mich mit Wohlbehagen.

Kamen die Gendarmen wieder? Ich weiß es nicht, denn am nächsten Tag kam Frau Fränkel, und zusammen kehrten wir nach Néris zurück.

Wenige Tage nach meiner Rückkehr nach Néris spielte sich jene letzte Szene unseres gemeinsamen Lebens ab, die mir im Gedächtnis geblieben ist. Alle drei waren wir im selben Zimmer, es war dunkel, und aus irgendeinem Grund brannte nur eine Nachttischlampe. Meine Mutter packte die Koffer: einen, den ich mitnehmen sollte, zwei oder drei für meine Eltern; alles andere, was wir von Prag mitgebracht hatten, sollte bei Freunden deponiert werden. Dieses Mal ließ mein Vater seine Bücher zurück (bis auf eins – ich weiß nicht mehr welches), ebenso viele Kleidungsstücke, die mir alle vertraut waren.

Damals konnte ich nicht ahnen, daß ich nach dem Krieg dieselben nur ein wenig geänderten Sachen tragen sollte. Ich muß wohl ziemlich grotesk darin ausgesehen haben, wie das so ist, wenn Jugendliche bestimmte Kleidungsstücke von Erwachsenen tragen, die inzwischen völlig aus der Mode gekommen sind. Doch das war gut so: Diese dem Zufall überlassenen Kleidungsstücke, die durch Zufall wiedergefunden und dann von neuem getragen wurden, wurden zum äußeren Zeichen einer Kontinuität, die eben einer grotesken Seite nicht entbehrte.

Meine Mutter legte sorgfältig Hemden und Anzüge zusammen. Heute scheinen mir diese drei verschiedenen Kleidungsstapel das endgültige Auseinanderbrechen unserer Familie zu symbolisieren, doch zum Symbol werden die toten Gegenstände immer erst dann, wenn die Ereignisse längst vergangen sind. [...]

Als ich das Tor von Saint-Béranger, dem Internat der Sodalität[1], durchschritt, wo ich nun künftig leben sollte, wurde ich ein anderer: Ich hieß nun Paul-Henri Ferland – ein Name von zweifelsfreier Herkunft, dem bei meiner Taufe außerdem noch Marie hinzugefügt wurde; alles sollte wohl besonders echt erscheinen, oder aber man wollte den Schutz der Jungfrau für mich erflehen, jener himmlischen Mutter, die sicher ist vor allen Stürmen und weniger verletzlich als die irdische Mutter, die in diesem Augenblick schon vom Strudel mitgerissen wurde. [...]

Für die Direktorin von Saint-Béranger hatte mein Vater folgenden Brief verfaßt: »Mit großer Freude habe ich von Madame M. de L. erfahren, daß Sie bereit sind, meinen einzigen Sohn bei sich aufzunehmen... und ihn im katholischen Glauben zu erziehen.

Voll Dankbarkeit gebe ich meine Einwilligung und die formelle Zustimmung zu seiner Taufe. Wir, meine Frau und ich, versprechen Ihnen, in Ihrem Sinne weiterzuwirken, sobald der Wille Gottes und die äußeren Umstände es uns erlauben, selbst wieder über seine Erziehung zu wachen.«

Ich verstehe den Brief meines Vaters: Hätte ich in jener Lage, angesichts jener Tragödie nicht dasselbe geschrieben, ebenfalls meine Zustimmung gegeben, dieselben Versprechungen gemacht? Ich habe nie erfahren, ob man diese Versprechungen ausdrücklich verlangt hatte; gut möglich. In diesem Punkt waren meine Eltern mit sich im reinen, denn von nun an gab es für sie nur noch ein Ziel, nur noch einen Imperativ: die Rettung ihres Kindes. Und angesichts so großer Verzweiflung sage ich mir: Es war ein Glück, nicht nur für mich, sondern für sie, daß keine religiöse Fessel sie hinderte, daß sie diesen Schritt taten, ohne von Zweifeln oder Schuldgefühlen geplagt zu werden. Doch was hätte ein religiöser Jude in einer so furchtbaren Zwangslage getan?

Am Tage nach meiner Ankunft wurde ich ernst und feierlich von der Direktorin Madame Dutour empfangen: »Mein lieber Junge, deine Eltern haben dich uns anvertraut. Du mußt tüchtig arbeiten und schnell den Katechismus lernen, damit der kleine Jesus dich bald zu den Seinen zählen kann. Hier ist ein Blatt mit dem *Vaterunser* und dem *Gegrüßet seist du Maria*, du wirst mir beides morgen aufsagen. Madame Chapuis wird dich auf die Taufe vorbereiten, und sie wird auch deinen Stundenplan festlegen. Geh also schnell zu ihr und vergiß nicht, deine Gebete zu lernen.«

Unterdessen suchten meine Eltern verzweifelt nach einem Versteck. Mein Vater, dessen Geschwür sich zusehends verschlimmerte, wurde ins Krankenhaus in Montluçon aufgenommen. In ihrem Brief an Madame M. de L. hatte meine Mutter noch geschrieben:

»...Für meinen Mann, wenn man ihn eine Weile im Krankenhaus läßt, muß ich eine Unterkunft haben, bis er kommt und auch für mich... Hier, wo ich jetzt bin, kann ich nur mehr wenige Tage bleiben. Ich glaube, das richtige wäre eine Ferme in der Umgebung von Néris. Es müßten natürlich verläßliche Menschen sein und andererseits besser arme Leute, denen man materiell für ihren Dienst etwas bieten kann. Die Umgebung von Néris ist deshalb wichtig, weil ich in Néris Freunde habe, die mir die nötigen Lebensmittel liefern würden... Ich weiß nicht, wie ich allen Menschen danken soll, die uns in unserer großen Not helfen. Es ist ein solcher enormer Trost für uns, soviel Güte und Hilfsbereitschaft bei unseren Freunden zu finden...«

Meine Mutter fand keinen Bauernhof in der Umgebung von Néris. Man erlaubte ihr, einige Tage bei meinem Vater im Krankenhaus zu bleiben, doch dann sollten sie es beide verlassen. Das Netz zog sich zusammen; es gab nur noch eine Chance: über die Grenze zu gehen und in die Schweiz zu fliehen. Und auf diesem gefährlichen Weg konnte ich sie nicht begleiten. Das Risiko war zu groß. Selbst in Montluçon war ich womöglich nicht mehr sicher genug.

[...]

Da ich noch ein kleiner Heide war, wurden meine Kontakte mit den anderen Kindern zunächst auf ein Minimum beschränkt. Im übrigen war es schon aus Gründen der Klugheit besser, mich abzusondern, um mich vor der feindlichen Haltung einiger meiner neuen Kameraden – vor allem vor dem Lothringer Gilbert – zu schützen. Kurz und gut, ich machte noch einmal die gleichen Erfahrungen wie in Montmorency, doch dieses Mal ganz im normalen Sinn der Geschichte.

Ich wurde im Katechismus unterwiesen, sonst tat ich fast nichts. Und da ich im Arbeitssaal noch keinen festen Platz hatte, verbrachte ich einen großen Teil des Tages im Besuchszimmer. Hier in diesem kleinen, fast immer leeren Zimmer stand ich stundenlang am Fenster und starrte auf die von einigen Pflanzen umrahmte Terrasse und hinunter auf den staubigen Hof; als es eines Nachmittags regnete, war das eine Ablenkung, ja eine Erleichterung.

[...]

Alles erstickte mich: die strenge Disziplin, die ewigen Gebete, von denen ich kein Wort verstand, der trostlose Anblick des düsteren Gebäudes und schließlich das Essen, vor dem ich mich ekelte. Ich weiß nicht warum, aber ich bildete mir ein, das gummiartige Fleisch, das man uns am Tage nach meiner Ankunft vorgesetzt hatte, sei Katzenfleisch gewesen. [...]

Doch alles, was mit mir geschah, drang nur wie durch einen Filter zu mir; ein einziger Gedanke, eine einzige Sehnsucht, ein einziger heftiger Wunsch beherrschte meine gesamte zehnjährige Existenz: Ich mußte unbedingt zu meinen Eltern! Weit mehr als Verzweiflung oder Heimweh, war dies gewissermaßen ein physisches Bedürfnis, dem sich nichts in den Weg stellen konnte. Nach La Souterraine war ich ohne Traurigkeit gegangen, doch nun fühlte ich mit dem unerklärlichen Instinkt des Kindes, daß diese Trennung womöglich endgültig sein würde, wenn es mir nicht gelänge, zu meinem Vater und meiner Mutter zurückzukehren, ehe diese das Krankenhaus in Montluçon verließen.

Ich beschloß zu fliehen. [...]

Trotz meiner Angst setzte ich mich am frühen Nachmittag des ersten Sonntags in Saint-Béranger, als alles ruhiger als gewöhnlich war, auf die Bank im Eingangshof und wartete mit möglichst unbeteiligter Miene darauf, daß Chapuis die Pförtnerloge verließ. Gegen drei Uhr ging er. Ich flitzte zum Tor, öffnete es einen Spalt, und draußen war ich.

Die Flucht war mir geglückt, doch wo war das Krankenhaus? Ein zehnjähriges Kind findet schon den Weg, es fragt sich durch. Vielleicht waren die Leute, die ich ansprach, ein wenig erstaunt, daß ein so kleiner Junge so schnell und ganz allein zum Krankenhaus rannte. Aber wunderte man sich damals überhaupt noch über irgendetwas?

Bei der Ankunft fragte ich nach dem Zimmer meiner Eltern. Man wies mir den Weg. Bis zum heutigen Tag kann ich immer noch nicht begreifen, warum sich meine Eltern unter ihrem eigenen Namen versteckten. Oder sollte ich ihren Decknamen völlig vergessen haben? Und außerdem, wie hätte ich ihn wissen sollen?

Ich stieg in den vierten Stock, öffnete die Tür und warf mich meiner Mutter in die Arme.

Es gibt Erinnerungen, die man mit niemandem teilen kann, so groß ist der Unterschied zwischen dem, was sie uns selbst bedeuten, und dem, was andere darin sehen können. Sicher waren es ganz alltägliche Worte, die in diesem Krankenzimmer gewechselt wurden: flehende Bitten eines Kindes und Versprechungen der Erwachsenen.

Ich saß auf dem Schoß meiner Mutter und hatte die Arme um ihren Hals gelegt. Ich weinte. Alles in diesem Zimmer war weiß, von jener kalkweißen Farbe der Krankenhäuser. Mehrere Betten standen im Zimmer, doch im Moment, als ich kam, waren sie leer. Das Zimmer ging auf einen Balkon, der um den ganzen Stock herumlief und die einzelnen Zimmer miteinander verband. Von dort kam mein Vater zu uns herein.

In dem allgemeinen Weiß ringsherum hoben sich die Geranientöpfe am Balkongeländer als rote Flecken ab. Auf unserem Fensterbrett in Néris hatten wir ebenfalls Geranien gehabt. Meine Mutter und ich pflegten sie. Wir gossen sie liebevoll und vorsichtig. Wenn der Winter kam, hieß es, sich vor den Frösten in acht zu nehmen, doch welche Freude, wenn sich die ersten Knospen öffneten!

Auf dem Balkon standen Liegestühle und ein kleiner Tisch, auf dem nichts als Briefpapier, ein Tintenfaß und ein Federhalter zu sehen waren: kein Wollknäuel, keine Stricknadeln. In Néris hatte meine Mutter abends immer gestrickt. Sie hatte mir einen Pullover, einen Schal und Fausthandschuhe gestrickt, denn – sagte ich es schon? – im Winter war es sehr kalt, und alle Kinder hatten Frostbeulen. Seitdem der Krieg zu Ende ist, scheint es seltsamerweise keine Frostbeulen mehr zu geben. Ich weiß nicht, wie meine Mutter zu der Wolle gekommen war, auf jeden Fall war der Pullover, den sie mir strickte – und den ich nach Montluçon mitnahm –, weiß mit roten Querstreifen; auch die Handschuhe waren buntgestreift. Alles sollte hübsch aussehen, so wollte es meine Mutter.

Mein Vater war an jenem Tag noch bleicher als sonst, er war schlecht rasiert und ging ständig auf und ab. Obgleich es sehr mild war, trug er eine hellbraune Wolljacke mit einer schmalen blauen Borte am Ärmelaufschlag. Ein Arzt trat ein und ging mit meinem Vater auf den Balkon.

Ich sah, wie mein Vater den Kopf schüttelte; der Arzt ging, und mein Vater kam ins Zimmer zurück.

Im Flur und auch auf dem Balkon, vor den Nachbarzimmern, waren Stimmen zu hören. Besuchszeit. Hin und wieder lachte jemand. Langsam wurde es dämmerig.

Mein Vater und meine Mutter sprachen beide abwechselnd. Immer wieder versicherten sie mir, daß unsere Trennung nur kurz sein werde. In der Zwischenzeit war es absolut erforderlich, daß ich nach Saint-Béranger zurückkehrte. Nein, ich durfte sie nicht begleiten: warum, konnten sie mir nicht erklären, doch war es besser so. Bald würden wir wieder zusammen sein. Außerdem werde der Krieg bald zu Ende sein, und wir würden nach Prag zurückkehren; dann könnten uns alle... Und meine Mutter gebrauchte einen ziemlich vulgären tschechischen Ausdruck, wohl um uns alle ein wenig aufzuheitern und um mir zu zeigen, daß überhaupt kein Grund war, traurig zu sein.

Ich spürte sehr wohl, daß sich hinter diesen Worten Angst verbarg: Meine Eltern sprachen mit der ganzen Überzeugungskraft derer auf mich ein, die wissen, daß man ihnen nicht glaubt. In diesem Moment klopfte es.

Man hatte in Saint-Béranger angerufen: Kurz darauf, glaube ich, kamen Madame Chapuis und Madame Robert. Ich mußte gehen. Meine Mutter schloß mich in die Arme, doch mein Vater war es, der mir – ohne es zu wollen – zu verstehen gab, was diese Trennung in Wirklichkeit bedeutete: Er preßte mich an sich und küßte mich. Es war das erste Mal, daß mich dieser so schüchterne Vater küßte. Bisher war noch nichts endgültig; andere Eltern hatten das Risiko auf sich genommen, ihre Kinder mitzunehmen. Meine Eltern hatten mich in Sicherheit gebracht, doch ich war geflohen, ich war zu ihnen geeilt, da ich die Trennung nicht ertrug. Konnte man mich ihnen ein zweites Mal entreißen? Ich klammerte mich an die Gitterstäbe des Bettes. Wie brachten es meine Eltern fertig, meine Hände zu lösen, ohne vor mir in Tränen auszubrechen?

Die Katastrophe und die Zeit haben alles hinweggespült. Was mein Vater und meine Mutter in jenem Moment empfanden, ist mit ihnen verschwunden; was ich fühlte, geriet in Vergessenheit, und von diesem ungeheuren Schmerz ist nur ein Bild in meiner Erinnerung geblieben:

Im sanften Herbstlicht geht ein Kind zwischen zwei schwarzgekleideten Nonnen die Rue de la Garde hinunter, die es kurz zuvor in entgegengesetzter Richtung entlanggeeilt ist.

Wenige Tage später verließen meine Eltern Montluçon. In Lyon schlossen sie sich einer Gruppe an, um gemeinsam über die Schweizer Grenze zu gehen. Sie versuchten ihr Glück in der Gegend von Saint-Gingolph. Die Schweizer Polizei wies sie zurück und lieferte sie an die Franzosen aus.

Am 30. September, dem Tag ihrer Festnahme, konnten meine Eltern einen Brief an Madame M. de L. schicken:

»Wir haben nach einer sehr anstrengenden Reise die Schweiz erreicht und wurden abgeschoben. Man hatte uns nicht richtig informiert...«

Man hatte uns nicht richtig informiert...

Vor einigen Monaten bin ich zum ersten Mal nach Saint-Gingolph gefahren. Ich sah gleich, daß meine Eltern nicht dort versucht hatten, die Grenze zu überqueren, doch wurden sie dann dorthin zurückgebracht. Auf der Landkarte fand ich einen Ort, acht Kilometer von Saint-Gingolph entfernt, in den Bergen: das Dorf Novel. Ich fuhr hin. Ein Einwohner bestätigte mir: Im Herbst 1942 hätte eine jüdische Gruppe versucht, oberhalb von Novel die Grenze zu überqueren. Im Hotel Grammont könne ich außerdem eine Akte und einen genauen Bericht darüber finden.

Ich ging ins Hotel; der Besitzer gab mir die Akte. Ich setzte mich auf die Terrasse. Kein Wölkchen am Himmel, ringsherum Wälder; rechts die Felsen des Grammont-Berges; einige hundert Meter vor mir das Tal der Morge: die Grenze! Ich schlug die Akte auf:

»Novel, Erinnerungen, Rückblicke (1973).« Und auf der folgenden Seite: »Alptraumhafter Aufenthalt. Vom 27. September bis 6. Oktober 1942.« Der Bericht einer Augenzeugin, einer Madame Francken, damals Einwohnerin von Novel. Der Brief meiner Eltern war vom 30. September. Madame Francken hatte alles gesehen, und auf diesen zehn Seiten berichtete sie darüber. Der Bericht schloß mit folgenden Worten:»...Wir haben nie erfahren, was aus diesen beiden geworden ist! Da sie noch jung waren (es waren zwei tschechische Juden, Bruder und Schwester), wurden sie sicher zurückgewiesen. Sergeant Arrettaz von Saint-Gingolph tat dies im übrigen mit sadistischer Freude und brachte es so zu trauriger Berühmtheit, während sein Kollege (der Zollbeamte) sich versteckt hielt, um nicht den grausamen Anblick all derer ertragen zu müssen, die direkt an der Grenze der Miliz ausgeliefert wurden. Zwei dieser unglücklichen Menschen haben sich am selben Tag auf der Brücke die Pulsadern aufgeschnitten, und eine Frau (wir haben gesehen, wie sie auf der Haut de Morge verfolgt wurde) hat sich aus dem Fenster ihres im dritten Stock gelegenen Hotelzimmers in Saint-Gingolph gestürzt...«

Im weiteren Verlauf ihres Berichts schreibt Madame Francken:

»...die Schweiz nimmt Alte, Kranke, Familien mit Kindern auf. Alle anderen werden an der Grenze den Soldaten ausgeliefert!«

Wenn ich meine Eltern begleitet hätte, wären wir dann alle hinübergekommen?

Hier der vollständige Wortlaut des Briefes vom 30. September: »Wir haben nach einer sehr anstrengenden Reise die Schweiz erreicht und wurden abgeschoben. Man hatte uns nicht richtig informiert. Wir erwarten nun unsere Überführung ins Lager von Rivesaltes, wo man in der Ihnen wohl bekannten Art und Weise über unser Schicksal entscheiden wird. Wir haben keine Worte, um Ihnen unser Elend und unsere Verzweiflung zu beschreiben. Außerdem haben wir kein Gepäck mehr. Können Sie sich unseren physischen und psychischen Zustand vorstellen? ... Vielleicht könnte uns eine Intervention in Vichy das Schlimmste ersparen. Es ist nicht das Lager, vor dem wir uns fürchten. Sie wissen das. Wir bitten Sie inständigst, uns zu helfen, wenn Sie nur die geringste Möglichkeit dazu haben. Handeln Sie schnell. Man wird sicher in Vichy eine Lösung finden, die für uns weniger katastrophale Folgen hätte. Vergessen Sie den Kleinen nicht!«

Dann am 3. Oktober kam ein Telegramm aus dem Lager in Rivesaltes: »Ohne Intervention Innenministerium baldige Abfahrt unvermeidlich. In Freundschaft, Jan Friedländer, 3548 Rivesaltes, Block K.«

Am 5. Oktober schließlich kam der letzte Brief; sie hatten ihn vom Zug aus den Quäkern zugeworfen, die in den Bahnhöfen die Durchfahrt der Deportierten-Transporte erwarteten. Die ersten Zeilen sind mit Tinte geschrieben, die nächsten dann mit fast leerer Feder und hinterher mit

Bleistift nachgezogen: »Madame, ich schreibe Ihnen aus dem Zug, der uns nach Deutschland bringt. Im letzten Moment habe ich einem Vertreter der Quäker 6000 Francs und ein Armband mit Anhängern und einer Dame ein Briefmarkenalbum zur Weitersendung an Sie übergeben. Heben Sie alles für den Kleinen auf und nehmen Sie zum letzten Mal unseren unendlichen Dank und die herzlichsten Wünsche für Sie und Ihre ganze Familie entgegen. Lassen Sie den Jungen nicht im Stich! Gott möge Ihnen alles vergelten und Sie und Ihre ganze Familie segnen! Elli und Jan Friedländer.«

Um welchen Gott handelte es sich?

1 Katholische Bruder- bzw. Schwesternschaft.

Saul Friedländer

Der tiefste Kern der Persönlichkeit wird immer eine Verwundung behalten

Einigen Lesern werden die Memoiren *Wenn die Erinnerung* kommt wie die Beschreibung eines vollständigen Verlustes erschienen sein, auf den das Wiederfinden des Ich und der Aufbau eines normalen Lebens folgte. Ich muß dieses Bild korrigieren oder wenigstens nuancieren. Menschen, die wie ich in ihrer Kindheit unter katastrophalen Bedingungen lebten, mögen sich äußerlich den Anschein von »Normalität« geschaffen haben. Aber wie immer diese Fassade auch gestaltet sein mag, der tiefste Kern ihrer Persönlichkeit wird immer eine Verwundung behalten. Daraus entsteht häufig eine seltsame Dynamik: man kann die Verwundung nicht loswerden, man bessert aber, um sie zu kompensieren, unermüdlich das äußere Bild aus – was nicht viel hilft und dazu führt, daß man sich über viele Jahre verzweifelt anstrengt und doch nie sicher, immer verängstigt ist. Dieses stets wiederkehrende Gefühl stumpft irgendwann ab, aber es hat mich über weite Teile meiner bewegten Existenz als eine Art Generalbaß durch Höhen und Tiefen begleitet. Und so einmalig jede einzelne Lebensgeschichte sein mag, sie kann auch, wenn sie erzählt wird, eine Art Wiedererkennen auslösen.

In meinem Fall machte sich die innere Wunde hauptsächlich in Form einer Gefühlslähmung bemerkbar. Irgendwann im Internat geschah es, daß ich mich nicht mehr nach meinen Eltern sehnte und ich mich zu sorgen begann, daß ich bei ihrer Rückkehr nicht genügend Freude zeigen könnte. Ich weinte heftig, als man mir mitteilte, daß sie nicht wiederkommen würden, aber wurde das nicht von mir erwartet? Bald darauf, vor allem, nachdem ich das Internat verlassen hatte, wurde mir klar, daß mich nichts mehr tief berühren konnte. Später bediente ich mich oft einer Metapher, um meine Unfähigkeit, eine normale emotionale Beziehung aufzubauen, zu beschreiben: Ich sei wie ein Insekt, dem man die Fühler abgerissen hatte. Von außen war mir das nicht leicht anzusehen – ich lächelte viel, wußte die richtigen Dinge zu sagen und konnte mich rasch wechselnden Umständen leicht anpassen. Wer mich gut kannte, ließ sich jedoch nicht täuschen. »Du bist gefühlskalt«, bekam ich oft zu hören. »Deine Seele ist verdorrt.«

Die Gefühlslähmung betraf nur meine Beziehung zu anderen Menschen. Für eine Sache (etwa den Zionismus) konnte ich mich durchaus begeistern oder tief gerührt sein, wenn ich ein Buch las oder Musik hörte. Kurzum, es bestand Hoffnung, daß ich mich ändern könnte – nach und nach.

Alfred Grosser

Ein anderes Deutschland mitgestalten

Es geht darum, eine Frage zu beantworten: Wie sind Sie dazu gekommen, sich so schnell nach Kriegsende für und in Deutschland einzusetzen, trotz allem, was Sie und Ihre Angehörigen erlitten und erlebt haben?

Das Erlebte, das war zunächst die Emigration. Mein Vater fasste den Entschluss, mit seiner Frau und seinen beiden Kindern, Margarete, geboren 1922, und Alfred, geboren 1925, auszuwandern, weil sein Vaterland ihn als Jude nicht mehr wollte. Von seinem Posten als Leiter eines Kinderkrankenhauses, seiner Stelle als außerordentlicher Professor für Kinderheilkunde an der Uni Frankfurt, aus dem Verein der Träger des Eisernen Kreuzes Erster Klasse, das er während den vier Jahren an der Front erworben hatte – überall war er bereits im Jahr 1933 rausgeworfen worden. Wir sind am 19. Dezember 1933 in Frankreich angekommen. Warum Frankreich? Weil er Französisch sprechen konnte und kein Amerikanisch. Er wollte in Saint Germain en Laye, 20 Kilometer von Paris, ein kleines Kindersanatorium gründen. Er ist aber bereits am 7. Februar 1934 an Herzversagen gestorben. Später hat ein bundesdeutscher Beamter meiner Mutter nur eine winzige Pension zuerkannt: Sie könne ja nicht beweisen, dass der Tod ihres Gatten etwas mit der Emigration zu tun gehabt hatte! Meinerseits habe ich nie etwas beansprucht: Ich war ja voller Franzose geworden und hatte dafür nicht »entschädigt« zu werden!

In der Tat ist die Integration schnell und schön verlaufen. Obwohl ich am ersten Schultag, dem 5. Januar 1934, kein Wort Französisch konnte, habe ich schnell aufgeholt, und bei Kriegsbeginn 1939 war ich ganz normal in der Sekunda. Am 1. Oktober 1937 war meine Mutter Lily Grosser, geb. Rosenthal, mit uns beiden Kindern französische Staatsbürgerin geworden. Aber natürlich hatten wir mehr von Hitler-Deutschland zu fürchten als »normale« Franzosen. Als dann im Juni 1940 die Wehrmacht nach Paris vordrang, sind meine Schwester und ich auf unseren schwerbeladenen Fahrrädern nach Süden geflohen. Unsere Mutter blieb bei ihrer im Sterben liegenden Mutter, die noch 1938 aus Frankfurt zu uns hatte kommen können. Wir haben uns dann später in Saint Raphaël (an der Côte d'Azur) wiedergefunden. Meine Schwester ist dort im April 1941 gestorben: Sie hatte sich während unserer langen Radreise eine Blutvergiftung zugezogen, damals gab es noch kein Penicillin. 1943 drangen Wehrmacht und Gestapo in die unbesetzte Zone ein. Wir konnten rechtzeitig untertauchen. So fand ich mich im August 1944 mit falschem Ausweis als Lehrer an einer katholischen Schule in Marseille wieder.

An einem Abend horchte ich dort die verbotenen Sendungen der BBC. Eine Nachricht kam wie ein Schock. Die Insassen des Konzentrationslagers Theresienstadt, das für alte Leute eingerichtet worden war, seien nach Auschwitz transportiert worden, um dort vernichtet zu werden. Unter ihnen befanden sich wahrscheinlich – die Bestätigung erhielt ich nach dem Krieg – die Schwester meines Vaters, »Tante Ida«, und ihr Gatte, »Onkel Kurt«, die Berlin nie hatten verlassen wollen. In dieser Nacht lag ich wach, aber am nächsten Morgen war ich sicher, endgültig sicher, dass es keine Kollektivschuld geben soll, so furchtbar auch die Verbrechen sind und so groß die Anzahl der Verbrecher ist.

Nach den Kämpfen zur Befreiung von Marseille besuchte ich ein Militärkrankenhaus, wo ein Freund wegen eines Granatsplitters im Sterben lag. Neben ihm lag ein junger deutscher Kriegsgefangener: Ich unterhielt mich mit diesem Gleichaltrigen auf Deutsch und stellte fest, dass er wirklich keine Ahnung vom Horror des Hitler-Regimes hatte. Wahrscheinlich entstand wegen dieser Gespräche meine Überzeugung, dass ich eine Mitverantwortung trug für seine geistige Nachkriegsentwicklung, d.h. für das freiheitlich-demokratische Werden der deutschen Jugend.

Gerhard L. Durlacher

Der Beginn einer Reise

Westerbork, 3. Oktober 1942, Tag des Entsetzens. Zwölftausend Männer, Frauen und Kinder, sitzend, liegend, herumhängend auf ausgebeulten Koffern und Rucksäcken. Grau und verschwitzt. Tränen, versickert im Staub auf unrasierten Wangen. Laut gerufene Vornamen, Nachnamen, Ortsnamen. Streit um eine Handbreit Platz, einen Schluck Wasser, einen Löffel Essen. Schlangen und Gedränge vor den Suppenkesseln. Grüne, gelbe, blaue emaillierte Eßnäpfe wie Lampions in den Händen der Wartenden.

Tausende auf der Suche nach Frau und Kind, nach Wasser und Nahrung, nach Baracke und Schlafplatz, nach Waschplatz und Latrine. Braune, nach Teer stinkende Holzbaracken, voll mit wackelnden eisernen Gestellen: dreistöckige Betten aus Winkeleisen, Eisenband und ausgeleierten Federn. Menschen drängeln sich zwischen den Pritschen, gestikulieren erregt über die Verteilung von sechs Schläfern auf zwei Betten oder hocken unglücklich auf der Bettkante, weil durch die Überlastung jede Ordnung zusammengebrochen ist. Eintopf im Eßnapf, ohne Salz, Zwiebeln oder Fleisch, aber voll Schalen und Sand. Durst, Staub und Wasserknappheit.

Immer wieder Neuankömmlinge, die den vorhandenen Raum vermindern. Einfältig, weil sie noch nicht wissen, in welche Baracke, zu welchem Wasserhahn. Der Wissensvorsprung von zwei Stunden verringert das Gefühl der Unsicherheit.

Meine Eltern auf der Suche nach Bekannten, um aus kollektivem Nichtwissen Scheinsicherheiten aufzubauen. Ausschau haltend nach den Koffern, die an den Bahngeleisen, mehrere Kilometer vor dem Lagereingang, bei Männern in Overalls mit Mützen und Binden um den linken Arm zurückgeblieben sind.

Ich, ängstlicher Bewacher der Rucksäcke, eingeschüchtert durch Phantasien der Verlassenheit in einem Wald von Menschen.

Eine richtungslose Eisscholle, losgelöst von Vergangenheit und Zukunft. Was hat mich hierher verschlagen, an diesen gottverlassenen Ort in Zeit und Raum?

Vierundzwanzig Stunden zuvor war meine Nabelschnur zu der Zeit durchschnitten worden. Schrecken und Betroffenheit waren weniger groß, als ich es mir in den vorangehenden Wochen und Monaten vorgestellt hatte. Die Festnahme verlief anders, gemächlicher. Wie eine bedrohliche, aber unabwendbare Naturkatastrophe.

Draußen war es noch ziemlich hell. Nicht später als fünf Uhr nachmittags, zu einer Stunde, in der man glaubt: Heute kommen sie nicht mehr. Doch sie kamen: ein Grüner mit zwei niederländischen Polizisten. Wir hörten den Kies knirschen, sie brauchten nur kurz zu läuten. Sofort war jemand an der Tür, meine Mutter, glaube ich, denn warum soll man eine gute Haustür zusammentreten lassen?

Einer der Polizisten, halb in der Diele: »Wohnen hier Arthur Israel Durlacher, seine Ehefrau Erna Sarah Durlacher geborene Solomonica, sein Sohn Gerhard Israel Durlacher, sowie Frau Ilse Sarah Maltenfort geborene Solomonica, Hans Israel Fleischmann und Herman Israel Feiner?« Eine überflüssige Frage, die mir drohend und lächerlich zugleich vorkam.

An das, was dann folgte, kann ich mich nicht mehr genau entsinnen, ich begriff nur, daß innerhalb weniger Stunden gepackt werden mußte, in Anwesenheit eines der Polizisten. Noch heute hege ich einen Widerwillen gegen Rucksäcke und Packlisten, so wie mir viele Dinge widerwärtig sind, die für meine Mitbürger zu den gewöhnlichsten Dingen der Welt zählen: Uniformen, Stacheldraht, Feuerwachttürme.

Die Packlisten waren schon Monate zuvor vom Jüdischen Rat ausgeteilt worden. Die Rucksäcke mußten selbst angefertigt werden. Wie konnte man Sackleinwand auftreiben und wer sollte sie verarbeiten? Wer würde Daunendecken gegen Wolldecken umtauschen? Wo wurden noch Campingbesteck und emaillierte Eßnäpfe verkauft?

Was war das für ein grimmiges Picknick, das uns erwartete? Nach verworrenem Hin- und Hergerede verschwand der grüne Mof[1] mit seinem niederländischen Handlanger. Der zurückgebliebene Polizist begann sich ungeschickt zu rechtfertigen. Er könne nichts dafür, er müsse den Befehl befolgen; wir sollten ihn nicht in Schwierigkeiten bringen durch Fluchtversuche oder durch Kontakte mit den Nachbarn; auch das Telefon durften wir nicht benutzen. Kurzum: wir sollten froh sein, daß wir an einen so menschlichen Polizisten geraten waren. Und wie obrigkeitshörig wir ihm gehorchten! Man stelle sich vor, er hätte ja von seinem Chef oder einem Mof einen Rüffel bekommen können!

Später erzählte uns Hans Fleischmann, er habe eine Armeepistole in seiner Kiste versteckt gehabt. Die Waffe stammte noch aus seiner Militärdienstzeit beim K.u.K.-Regiment, er habe jedoch keinen Augenblick lang daran gedacht, sie zu seiner eigenen Rettung zu benutzen. Er wollte uns keiner Gefahr aussetzen, denn er wußte, welche Repressalien dafür drohten.

Fast gleichzeitig mit unserem anderen Gast, Haus- und Schicksalsgenossen, »Onkel« und Freund Herman Feiner, war Fleischmann 1939 mittellos und hungrig in die Niederlande gekommen. Ein paar Monate davor war meine Tante, Mutters Schwester, bei uns eingezogen, nachdem meine Eltern durch Audienzen und Bittschriften bei den Ministern Goseling und de Kroon durchgesetzt hatten, daß man sie nach der Kristallnacht über die Grenze ließ. Völlig verarmt kam sie zu uns nach Rotterdam und bezog das Zimmer, wo vor ein paar Monaten meine Großmutter durch den Tod von ihrer Angst vor der Gestapo erlöst worden war, eine Angst, die mir, dem kleinen Jungen von zehn Jahren, absurd erschien.

Auch Fleischmann und Feiner waren mit ihrem Koffer und zehn Reichsmark in letzter Minute über die Grenze geschlüpft. Wie sie, an einen Lebensstandard gewöhnt, mit dem verglichen der unsere sich bescheiden ausnahm, von den Almosen des Jüdischen Rates (oder wie immer dessen Vorläufer 1939 hieß) leben konnten, wird mir stets ein Rätsel bleiben.

Wie lebendig hatte Feiner von den Diners bei Kempinski erzählt, von seinen Kollegen in Berlin, wo er bis zur Ankunft Hitlers Regisseur und Bühnenautor gewesen war, und mit allen befreundet, die etwas mit dem Theater zu tun hatten. Seine Freunde vom Emigrantenkabarett in Scheveningen, Max Ehrlich, Kurt Lilien, Rudolf Nelson, Camilla Spira und Willy Rosen hatten ihn über die Grenze geholt, während sie selber ein schlichtes Emigrantendasein führten. Ich glaube, sie haben auch ihrem Freund und Kollegen vom Wiener Volkstheater, Hans Fleischmann, bei der Flucht geholfen. Beide verschlissen ihre perfekten Maßanzüge als Untermieter in Rotterdam.

Meine Eltern machten ihre Bekanntschaft auf einem großen Musikabend zugunsten der Flüchtlinge, die ein halbes Jahr lang auf der St. Louis über den Ozean geirrt waren und, statt im sicheren Kuba, sich mit einem Unterschlupf in den Niederlanden, in Belgien, Frankreich oder England abfinden mußten. Monate vor dem deutschen Einfall waren beide längst abendliche Gäste an unserem Tisch, und am 10. Mai 1940 waren sie mehr als Freunde: Sie waren Familienmitglieder geworden.

Was war das für eine lebhafte Tafelrunde an den Freitagabenden vor dem Krieg! Der Tisch war ausgezogen und zehn bis zwölf Menschen saßen redend, gestikulierend, kauend, politisierend um ihn herum. Manchmal ertönte das Gebrüll Hitlers oder Goebbels' aus dem Lautsprecher des Radios, dann hielten alle den Atem an und trauten sich kaum zu essen. Es waren immerhin Wetterberichte von einem Feuersturm, und jeder versuchte zu erraten, ob er sich legen oder uns versengen werde.

Vor allem die Gäste aus dem Holland-Amerika-Hotel – einem kahlen, kalten Gebäude, das den verstörten Flüchtlingen der St. Louis ein leckendes Dach und zugige Zimmer bot – waren düster gestimmt. Ihre mißlungene Flucht über den Ozean hatte den Charakter eines Alptraums. Sie ahnten die Wölfe noch dichter hinter sich als wir.

Ihre Verbannung in das knapp fünfzig Kilometer von der deutschen Grenze entfernte Lager Westerbork, auf Druck der niederländischen Regierung und unter den wohlwollenden Blicken des Jüdischen Rates, muß ihnen 1939 das Gefühl vermittelt haben, Gott und die Welt habe sie verlassen. Dieses Gefühl, das sich auch körperlich äußert, als ströme zu dünnes Blut in den Adern, so daß das Herz wie verrückt zu pumpen beginnt, ist die Angst. Am 10. Mai 1940 lernte ich es in seiner vollen Wucht kennen, stärker als in meinen Kinderjahren in Deutschland, als Hitlerjungen mich wie ein schutzloses Stück Wild jagten, mir nachjohlten und mich schlugen.

Der Anfang des Krieges ist für mich ein blauer Himmel mit grauen Watteflecken, das dumpfe Krachen der Abwehrgeschütze und die keuchende Stimme des Radiokommentators als Hintergrundgeräusch vor den überreizten Stimmen meiner Eltern und meiner Tante. Der einzige, der einigermaßen Ruhe bewahrte, war Fleischmann, der in der Nacht vom 8. auf den 9. Mai mit einem Vorgefühl drohenden Unheils zum Schlafen bei uns geblieben war. Er wußte als einziger, was Krieg bedeutete, aber innerhalb weniger Stunden wußten auch wir es.

Am anderen Ufer der Schie, auf dem Baugelände, wo ich noch vor ein oder zwei Tagen mit Freunden durch den Schlamm gewatet war, lag ein Nest von Maschinengewehrschützen mit drei ganz jungen Soldaten in sauberen Uniformen. Ein paar Tage später sah ich sie trotz des Verbots der Erwachsenen wieder. Blutig lagen sie nebeneinander, besudelt vom Tod. Hundert Meter weiter, neben der italienischen Eisdiele, wo ich im vorigen Sommer meine Fünfcent-Stücke verpraßt hatte, stand eine Garage. Dort wartete der dunkelgrüne Chevrolet meines Vaters auf unsere Flucht.

Die Kriegsereignisse wirkten zunächst lähmend auf uns. Feiner hatte sich zu uns gesellt und drängte mit vor Angst erhärteter Stimme zur Flucht. Diskussionen und Auseinandersetzungen über die Chancen und Risiken; Weinen und Migräne, und im Hintergrund entweder nervenzermürbende Nachrichten oder nervenzerreißende Stille. Der Lautsprecher meldete Ausgangsverbot. Die Straße wurde verbotenes Terrain, für die deutschen Juden ebenso wie für ihre Todfeinde, die Deutschen, die sich in diesen Maitagen bereits hier aufhielten. Ein stumpfsinniger, herzloser Befehl. Unsere Pässe waren immerhin seit einem Jahr mit einem großen J gebrandmarkt.

Wir warteten und warteten, gelähmt wie Kaninchen im Scheinwerfer der Gefahr. Fliehen erschien lebensgefährlich. Kindliche Erwartungen über die Uneinnehmbarkeit der Wasserlinie wurden wie beschwörende Formeln laut. Die Tage bis zum 14. Mai waren in einen Schleier von Angst gehüllt. Um ein Uhr mittags zerriß den Schleier peitschendes Knallen von Abwehrgeschützen und schweres Gewittergrollen. Wir rannten die Treppe hinunter in die schützende Obhut des backsteinernen Torbogens. In beiden Ecken zusammengekauert, die Treppenöffnung meidend, warteten wir auf den großen Schlag, während das Abwehrgeschütz immer heftiger feuerte. Meine Phantasie reichte nicht aus, mir die Verstümmelung durch Brand- oder Sprengbomben, geschweige denn den Tod vorzustellen. Nur ein Gedanke flitzte durch mein Hirn: Laß es kommen, laß es bald vorbei sein.

Dann, nach ein paar schrecklichen Erdstößen, Schutt, Kalk, Steine und Staub; vor allem Staub und Stille. In der Ferne Gewittergeräusche, schreiende Stimmen. Eine alte Nachbarin reglos auf dem Boden. Risse in den Mauern, durch die man hereinsehen kann. Überall Glas, kein Möbelstück mehr an seinem Platz. Der Telefonhörer baumelt aus einem Gemälde. Mein Hund ist verschwunden. Dann plötzlich ein lauter Befehl Fleischmanns: »Bückt euch! In die Ecke!« Er beugt sich über uns. Stotternde Flugzeugmotoren und scharfes Pfeifen. Abermals Erschütterungen und donnernder Krach, etwas weiter als das erste Mal. Das Haus schlingert wie ein Schiff im Sturm, hält aber stand. Wieder Staub und Trümmer, dann ist es vorbei. Nur in der Ferne ein Tönen wie von einem atonalen Chor. Entsetzt, blaß und staubig betrachten wir uns gegenseitig, uns selber, das zerborstene Haus. Niemand im Torbogen ist ernsthaft verletzt. Die alte Dame erhält eine Pille von ihrer Tochter und kommt wieder zur Besinnung. Der Bombenangriff auf Rotterdam ist vorüber.

Alle gehen auf die Straße hinaus. Bombenkrater, mannstief, unmittelbar vor dem Haus. Mein Hund ist fort. Gibt es dort drüben Verletzte? Was ist passiert? Auf der Straße stehen die Leute gruppenweise im Gespräch. Das Wort »Kapitulation« fällt. Was bedeutet das?

Ein Freund meiner Eltern, der ein paar Straßen weiter wohnte, bot seine Hilfe an. Er, ein Niederländer, Nicht-Jude, und in diesem Moment in unseren Augen allwissend, riet uns, die Flucht über Ijmuiden zu versuchen.

Fast ohne Gepäck, das lederne Toilettenköfferchen – aus unerfindlichen Gründen Ezechiel genannt – vollgestopft mit Papieren und Wertsachen fest in Vaters Hand, schlichen wir uns an den Hauswänden entlang zu den Garagen am anderen Ufer der Schie. Angst vor Bombenkratern und herabfallenden Trümmern, mehr Angst, angehalten zu werden. Durfte man überhaupt auf die Straße, auch wenn das Haus eine Ruine war? Ein gespenstischer halber Kilometer. Quälender Durst.

Die Aufregung und der Schock hinderten Vater daran, das Auto mit gewohntem Schwung aus der Garage zu fahren, doch einmal unterwegs machte seine Nervosität einer eiskalten Ruhe Platz, die sich auch auf uns übertrug. Kein Wort darüber, was wir zurückließen. Es war im selben Augenblick vergessen, obwohl jedes einzelne Möbelstück, mir seit frühester Kindheit vertraut, stets mit übertriebener Sorgfalt gepflegt worden war.

Durch Blijdorp fuhren wir in Richtung Schiebroek. In der Ferne die Zugbrücke, aufgesperrt wie eine Rattenfalle. Kleine Gruppen von Soldaten. Halt. Die Angst eiskalt im Rücken. Ein Unteroffizier, nicht unfreundlich, steckt den Kopf durchs Fenster und erkennt offenbar die Situation. Meine Mutter ergreift das Wort. Ihr schwerer Akzent und die ausgeprägten Gesichtszüge machen Legitimation und Erklärungen überflüssig. Es täte ihm leid, er könne uns nicht helfen, die Brücke sei durch Schüsse beschädigt, weiterfahren nicht möglich; vielleicht über den Bergweg oder die Maasbrücke?

Zurück, aber nicht an unserem Haus vorbei. Die Angst, erkannt zu werden. Über den Walenburgerweg zum Bergweg. Rennende Menschen, Schüsse, vermutlich ein Gefecht mit deutschen Fallschirmjägern. Heftiges Winken: »Fahrt weiter, Gefahr«. Ein harter Stoß, ein Streifschuß am glänzend polierten Kotflügel. Mir kam es wie ein Verbrechen vor.

Ijmuiden schien unerreichbar. Wohin dann? Nach Zeeland? Mein Vater kannte den Weg zur Maasbrücke. Wie oft hatten wir an Sonntagnachmittagen Cousin und Cousine auf der Insel besucht, wo Mutter meinen Vater und unseren angeheirateten Cousin beim Einstudieren von Verdi-Duetten oder Operetten am Klavier begleitet hatte.

Ich weiß nicht, wie nahe wir an die Maasbrücke herangekommen waren, sie blieb jedoch unerreichbar. Alle Autos, Radfahrer, Fußgänger wurden zurückgeschickt. In der Ferne Marinesoldaten, das Gewehr im Anschlag. Explosionen und Rauch. Angst und Verzweiflung bei uns Autoinsassen. Vater, heiser wie im Lampenfieber vor einem Gesangsvortrag und kreidebleich, riß das Lenkrad herum und versuchte, den Weg in die Van Weelstraat zu finden, wo mein Onkel wohnte.

Wie in einem Fiebertraum sah ich vorbeihuschende Bilder des brennenden Rotterdams. Die Gegend, wo unsere Verwandten wohnten, war nicht getroffen worden. Der Keller im Haus meines Onkels war sogar mit Stützbalken versehen. Seine Umsicht überraschte uns. Es war alles sehr eng, aber einen anderen Zufluchtsort hatten wir nicht. Vater versuchte zu erzählen, brach in Tränen aus und fiel plötzlich in Ohnmacht. Der Anfang vom Ende hatte begonnen.

Heute, mehr als vierzig Jahre später, erscheinen mir die restlichen Frühlingsmonate des Jahres 1940 wie eine unscharfe Dia-Serie. Ich sehe meine Eltern auf der Suche nach einer anderen Unterkunft, in Etagen- oder Kellerwohnungen in Blijdorp – die Freude bei jedem neuen und die Enttäuschung bei jedem gescheiterten Versuch: vermietet oder unbezahlbar. Leere Zimmer, die mit voluminösen Möbeln aus Großvaters Zeiten gefüllt werden müßten. Das möblierte Appartement am Heemraadsingel mit sechs über alle Zimmer verteilten Betten und einem schwer erreichbaren WC, zu dem man mich bei jedem Luftalarm, schwindelig und mit revoltierenden Eingeweiden, führen muß. Die Heimkehr in die beschädigte und wieder hergerichtete Wohnung am Schieweg mit den zementierten Rissen und dem Geruch nach frischem Fensterkitt und jungem Bretterholz.

Am Abend unserer Heimkehr füllt der wilde Bariton eines alten Klassenkameraden von Mutter, Pianist und Dirigent, das Haus mit Smetana und Schubert. Zum Glück kann er nicht bei uns übernachten und fährt in seinem dunkelgrünen, uralten kleinen Fiat aus unserem Leben. Wir winken ihm auf dem Gehsteig nach.

In dieser Nacht entlädt sich ein heftiges Gewitter über der Stadt. Ängstlich liege ich in meinem Bett, geweckt vom Donner, mit einer Vorahnung von Unheil. Habe ich das rumpelnde Geräusch von Bombern gehört? Oder war es nur Einbildung? Mit elf Jahren weckt man die Eltern nicht mehr aus Furcht vor einem Gewitter oder vermeintlichen Geräuschen. Mürrische Worte: Es ist zwei Uhr, das ist Einbildung, Unsinn. Ich lasse mich nicht davon abbringen und liege ein wenig später, der Härte der hölzernen Bettkante zum Trotz, zwischen ihnen. Aber die Unruhe bleibt; ich höre noch immer, was es nicht zu hören gibt. Ein krachender Donnerschlag, der keiner war, reißt uns aus den Betten. Herumfliegende Glassplitter und Trümmer, ein Erdbeben, Regen und Sturm im Schlafzimmer. Die Betten zusammengebrochen. Wir flüchten die Innentreppe hinunter. Der harte Bouclé-Läufer voller Schutt und Scherben. Mein Fuß blutet. Unten sieht es aus, als hätte die Zeit seit dem 14. Mai stillgestanden, nur daß es diesmal verirrte englische Bomben gewesen sind. Die folgenden Stunden habe ich vergessen. Am nächsten Morgen habe ich einen verbundenen Fuß und sehe die Eltern im Nachthemd.

Die folgenden Wochen sind unterbelichtet. Wieder dasselbe Appartement am Heemraadsingel, wieder Schwindelanfälle, wieder Flugzeuglärm und Sirenen als Abführmittel. Fleischmann beugt sich über meinen Schulatlas. Wo ist ein sicherer Ort in den Niederlanden? Wo gibt es Wälder, um sich darin zu stecken, wo genügend Menschen, um nicht aufzufallen? Der Juli zieht vorbei wie eine Staubwolke; habe ich Geburtstag gefeiert und hat es die Zeit danach wirklich gegeben?

Dann: ein großes, weißgekalktes Haus an der Loolaan in Apeldoorn, darin eine lange Suite »mit Küchenbenutzung«. Die Vermieterin mehr säuerlich als süß, aber nicht unverschämt, solange sie Geld wittert. Doch sobald sie fürchtet, der Strom könnte versiegen, ändert sich ihr Ton, scheint tiefer aus ihrer Kehle zu kommen, wobei ihre kurzsichtigen Schellfischaugen und ihr wucherndes Zahnfleisch meiner Mutter mehr Angst einjagen als der Wortschwall, den sie nur zur Hälfte versteht. Eine in meinen Augen schon alte, freundliche Frau aus der Nachbarschaft, eine etwas bäuerlich aussehende Witwe mit rotgeäderten Wangen und runden Augen, besucht uns zum Tee. Ihre Blicke und die unserer Wirtin kreuzen sich wie Degen. Dann ändert sich alles überraschend schnell. Die Tochter der Nachbarin, ein großgewachsenes Mädchen von etlichen zwanzig Jahren, von Natur aus oder aus Verlegenheit ständig errötend, dunkelhaarig und rundbrüstig, bekommt Gesangsstunden von meinem Vater. Ein pensionierter Seemann mit Mütze, Bibel und baptistischer Glaubensgesinnung, ein Verwandter oder Freund der Mutter, bietet uns sein soeben fertig gebautes Haus zu einem angemessenen Mietpreis an.

Das tägliche Leben erhält einen Anflug von Normalität. Mit Musik und Textilwaren verdient Vater gerade genug, um unsere größer gewordene Familie über Wasser zu halten. Doch ohne den Verkauf von Schmuckstücken aus besseren Zeiten hätten die mattgekratzten Rosenthalteller und -schüsseln einen tristen Anblick geboten. Der Faden meines unterbrochenen Schulbesuchs wird wieder aufgenommen. Der Bruch nach den Rotterdammer Ereignissen scheint überwunden. Freundlich werde ich vom Lehrer und von den Klassenkameraden aufgenommen und das Pauken für die Aufnahmeprüfung ist eher vergnüglich als bedrückend. Für kurze Zeit koste ich die Jugend aus. Ein zartgliedriges, sommersprossiges Mädchen mit rotbraunem Haar in der Parallelklasse ahnt nicht, daß meine Gedanken um sie kreisen. Mein Barett entlockt ihr und ihren Freundinnen girrendes Gekicher. Zu Hause versuche ich mich vor den ewigen Nachrichtensendungen, vor dem heiseren Gebrüll Hitlers und den anschließenden pessimistischen Kommentaren abzuschotten. Feiners Prophezeiung, der Krieg werde in drei Monaten zu Ende sein, wird nicht nur Lügen gestraft, sondern in verbissenen Diskussionen verhöhnt von den Hausgenossen und den vielen neuen emigrierten Gästen an unserem Tisch. Der ergraute Dr. Abel, Philosoph und Zahnarzt, verarmt, weise und mild, besänftigt die stachelige Atmosphäre, geht mit mir spazieren und erzählt mir vom sich ausdehnenden Weltall.

Mutter arbeitet sich die Hände rot und hört zuweilen mit seitlich geneigtem Kopf und gelassenem Lächeln zu, die ergrauenden Haarsträhnen mit dem Handgelenk aus der Stirn streichend. Oft zieht Vater sich schon um neun Uhr ins Schlafzimmer zurück, müde, den Spannungen nicht mehr gewachsen.

Ein Maimorgen 1941, einfarbig blauer Himmel, glänzender Tau auf den Sträuchern; ich bin unterwegs zu dem strengen Gebäude aus der Zeit von Thorbecke, in dem sich die Königliche Höhere Bürgerschule befindet, um mich gemeinsam mit anderen Altersgenossen der Aufnahmeprüfung zu unterziehen. Die Fassade des Hauses wirkt keineswegs freundlich, und der ältere grauhaarige Mann mit den forschenden Augen und knarrenden Schuhen, der uns in einem schäbigen Klassenzimmer mit hölzernem Fußboden, zerkratzten Schulbänken und einem schwarzen Kanonenofen empfängt, flößt uns Kindern Furcht und Respekt ein. Nach der relativen Geborgenheit der Grundschule spüren wir den Ernst der »Gesellschaft« und begreifen, daß von dieser Prüfung viel abhängt. Über unsere Aufgaben gebeugt, die immer länger und schwieriger sind als erwartet, hören wir Stunde um Stunde vor, neben oder hinter uns die gleichmäßig knarrenden Schritte von Dr. Logemann. Ab und zu wird es still. Dann schaut er einem von uns über die Schulter, sagt aber kein Wort und verrät mit keiner Geste, ob man den richtigen oder falschen Weg zur Lösung eingeschlagen hat. An Reden oder Vorsagen wagt keiner auch nur zu denken.

Wenn mein Gedächtnis mich nicht täuscht, dauerte die Prüfung zwei Tage. Trotz den Kriegsverhältnissen, den beklemmenden Gerüchten über Razzien und den Spannungen in unserem überbevölkerten Haus warteten meine Eltern, unsere Hausgenossen und ich auf den schriftlichen Bescheid, als wäre er das wichtigste Dokument. Solche relativ unbedeutenden Dinge rückten hin und wieder die große Bedrohung in den Hintergrund. Man ließ uns nicht lange im Ungewissen. Offensichtlich hatte ich zwar die Aufnahmeprüfung bestanden, aber, so etwa lautete das Schreiben des Herrn Direktors Dr. Logemann, meine Zulassung sei nicht möglich aufgrund einer Verordnung der Besatzungsmacht, der zufolge jüdische Kinder nicht am Unterricht in nicht jüdischen Institutionen teilnehmen dürften.

In einer solchen Situation kann man auf unterschiedliche Art reagieren. Vater entschied sich für aktives Vorgehen und bat um eine Unterredung mit Dr. Logemann, der uns zu einem Gespräch bei sich zu Hause einlud. Während der unbehaglichen Teevisite gab er zu verstehen, daß er bereits Schritte unternommen habe, um mich durch einen jüdischen Kollegen, Dr. Wijler, in den geisteswissenschaftlichen Fächern unterrichten zu lassen. Er selber werde einspringen, sollten sich Probleme mit den naturwissenschaftlichen Fächern ergeben.

Die politische Bedrohung wurde im Laufe des Jahres 1941 zunehmend stärker. Im Familien- und Freundeskreis wuchs die Angst vor der Zukunft und der Deportation. Die wöchentlichen Unterrichtsstunden bedeuteten für mich keine Last, sondern ein befreites Aufatmen; ein verzauberter Garten, zu dem die Angst keinen Zutritt hatte.

Die Ordnung wurde jäh gestört durch den selbstgewählten Tod von Dr. Wijler. Die Worte einer Nachbarin und Gesprächsfetzen aus der halbgeöffneten Tür seines Wohnhauses betäubten mich vor Schmerz. Für Dr. Logemann muß das Ereignis ebenso erschütternd gewesen sein wie für uns. Er empfing mich auch nachher noch bei sich zu Hause, obwohl das nicht ohne Gefahr für ihn war.

Die Festnahmen und Deportationen in den Niederlanden nahmen im Frühling und Sommer 1942 zu. In Apeldoorn waren schon mehrere Familien davon betroffen. Am 2. Oktober 1942, nicht später als fünf Uhr nachmittags, zu einer Stunde, in der man glaubt: Heute kommen sie nicht mehr. ...

Bis zur nächsten Deportation wurden Dutzende von jüdischen Familien, darunter auch die unsere, in die Zellen des Polizeipräsidiums von Apeldoorn eingeschlossen. Das Gefühl von Überrumpelung und Niedergeschlagenheit, das den Menschen unter diesen Umständen überfällt, läßt sich nicht beschreiben. Obwohl wir dort mit vielen Leuten zusammen waren, verhielten wir uns still. Ich hörte eine Tür öffnen und wieder schließen. Schritte kamen auf uns zu. Stiefel, aber auch andere, knarrende Schuhe. Dr. Logemann stand vor unserer Zellentür. Älter, milder geworden, mit Mühe die Tränen zurückhaltend. In seiner Hand ein Mathematikbuch: »Nimm das mit, vielleicht kannst du dort etwas damit anfangen. Ich wollte dir nur eine gute Reise wünschen.«

1 Mof = Schimpfname für die Deutschen.

Volker Mall

Siegfried Fiskus alias Serge Foder – Als Jude erkannt und deportiert

Siegfried Fiskus wurde am 6.2.1926 in Stuttgart als Sohn von Leib (*22.4.1896 in Dynow/Polen) und Feige Fiskus (*26.10.1897 in Lisko/Polen) geboren. Er hatte einen Bruder Moritz (*7.7.1930 in Stuttgart) und eine Schwester Hella (*12.7.1923 in Stuttgart). Die Familie wohnte in Stuttgart in der Weimarstraße 15. Leib Fiskus meldete 1926 Konkurs an. Die Familie wanderte 1933 nach Frankreich aus (Belfort) und zog nach der Besetzung nach Aurillac (Cantal) in der zone libre. Die Eltern nahmen den Namen Skura an. Hella Fiskus versteckte sich außerhalb des Ortes.

> »Als im Sommer 1942 schon die ausländischen Juden registriert und die Kisten für die kommenden Verhaftungen vorbereitet wurden, hat der Direktor des Lycée de Aurillac meinen beiden Söhnen angeraten, sich der drohenden Gefahr zu entziehen und auch dafür gesorgt, dass sie beide falsche Papiere bekommen. Er wirkte selbst bei der Ausstellung dieser Papiere mit. Meine beiden Söhne lebten unter dem Namen Foder und verließen Aurillac schon im September 1942, als die ersten Verhaftungen und Deportationen begannen. Sie flüchteten sich in die Gegend von Vichy, später Grenoble und dann auch Montélimar, wo leider unser ältester Sohn Siegfried als Jude erkannt, von den deutschen Truppen verhaftet und deportiert wurde … Mein Sohn Moritz konnte sich der Verhaftung entziehen.«
>
> (Leib Fiskus, 8.9.1959)

In Montélimar war Siegfried Fiskus ab 1943 Repetitor (répétiteur) an der l'école préparatoire militaire d'Epinal und an Aktionen der Résistance beteiligt. Er wurde Ende Juli 1944 in Montélimar nach einer Hausdurchsuchung durch die Feldgendarmerie verhaftet. Er kam am 25.6.1944 in das Gestapo-Gefängnis in Lyon und von dort nach Fort Montluc in die sog. Judenbaracke. Am 1.7.1944 kam er nach Drancy und von dort am 31.7.1944 mit dem Konvoi 77 nach Auschwitz.

Am 28.10.1944 kam er nach Stutthof und von dort im November 1944 nach Hailfingen, wo er am 22.1.1945 starb und ins Massengrab kam.

Hella Fiskus heiratete 1946 Jacques Genzel. Das Paar hat zwei Söhne: Marc Serge und David Maurice Genzel. Die Eltern wohnten noch 1958 in Aurillac und wanderten wohl 1968 nach Israel aus. Am 16.1.1956 stellte Leib Fiskus einen Antrag auf Wiedergutmachung für seinen Sohn Siegfried. Feige Fiskus starb am 9.3.1977 in Israel. Moritz/Maurice konnte in die Schweiz fliehen.

Marc Genzel (Grenoble) recherchierte über die Résistance-Tätigkeit seines Onkels.

Am 4. März 2022 wurde in Stuttgart ein Stolperstein für Siegfried Fiskus alias Serge Foder verlegt.

Michael Brenner

»Ich staune, daß Sie in dieser Luft atmen können« – Die schwierige Rückkehr jüdischer Wissenschaftler, Schriftsteller und Künstler

Die ins Exil gegangenen etablierten Vertreter der Wissenschaft des Judentums konnten sich eine Wiederbelebung jüdischer Kultur in Deutschland nicht vorstellen. Der bekannteste von ihnen, der an der Hebräischen Universität Jerusalem lehrende gebürtige Berliner Gershom Scholem, drückt dies in einem Brief vom 6. November 1949 an den kurz nach dem Krieg aus seinem schwedischen Exil zurückgekehrten Religionshistoriker Hans-Joachim Schoeps unmissverständlich aus: »Meine Eindrücke aus Deutschland sind derart, daß ich mich veranlaßt sah, mehrere erneute Angebote von dort, eine deutsche Ausgabe meines englischen Buches in D. erscheinen zu lassen, abzulehnen. Ich staune, daß Sie in dieser Luft atmen können.«

Scholem war nicht der einzige deutsche Jude, der Schoeps' Rückkehr mit Unverständnis gegenüberstand. Max Brod, einstiger Weggefährte von Schoeps bei der Herausgabe von Schriften Franz Kafkas, schrieb diesem in einem Brief vom 4. Juni 1946: »Ich verstehe [...] nicht, wie Sie Lust haben können, inmitten dieses verruchten Volkes leben und lehren zu wollen.« Schoeps blieb freilich seinen Überzeugungen treu und antwortete Max Brod am 18. Juni 1946 voller Überzeugung, dass der altpreußische Raum zwischen Weichsel und Elbe seine Heimat sei, »das Land, das ich nicht aufgeben kann, in dem ich leben und in dem ich begraben liegen will. Auch die Untaten seiner Bewohner können daran nichts ändern [...].«

Hans-Joachim Schoeps, der sich 1946 an der Universität Marburg habilitierte und seit 1950 ordentlicher Professor für Religions- und Geistesgeschichte an der Universität Erlangen war, blieb, was er bereits vor 1933 war: ein Konservativer, Anhänger der Monarchie und bekennender Preuße. Er hatte 1929 als Student die bündische Jugendbewegung »Freideutsche Kameradschaft« ins Leben gerufen. Auf die Ernennung Hitlers zum Reichskanzler an Schoeps' 24. Geburtstag reagierte er umgehend mit der Gründung des konservativen Vereins »Der deutsche Vortrupp. Gefolgschaft deutscher Juden.« Ein Jahr später wiederholte er in der vielbeachteten Schrift *Wir deutschen Juden* die bereits vorher ausgesprochene Devise: »Auch wenn unser Vaterland uns verstößt, bleiben wir: Bereit für Deutschland.« Bald freilich musste Schoeps erkennen, dass der Nationalsozialismus seine eigene Familie ebenso wie den Juden in den Untergang führte. Zu Weihnachten 1938 flüchtete er auf abenteuerliche Weise nach Schweden. Sein Vater wurde in Theresienstadt, seine Mutter in Auschwitz umgebracht, nahezu seine gesamte Familie wurde ausgelöscht. Dennoch kehrte er unmittelbar nach Kriegsende nach Deutschland zurück.

Schoeps war in mehrfacher Hinsicht exotisch: als Jude auf einem Lehrstuhl für Geschichte an einer Universität, an der es praktisch keine Juden mehr gab; als überzeugter Preuße in einem Land, in dem Preußen von der Karte vertilgt wurde; schließlich auch noch als Konservativer in einer akademischen Landschaft des revolutionären Umbruchs. Er wurde Gründer und Herausgeber der *Zeitschrift für Religions- und Geistesgeschichte* und war einer der wenigen Remigranten, die sich – neben anderen Themen – der jüdischen Geistesgeschichte widmeten. Richtig populär dagegen wurde Schoeps als »Preußen-Autor«. In das Bewusstsein einer breiteren Öffentlichkeit trat er mit einem damals provokanten Vortrag im Auditorium Maximum der Universität Erlangen am 18. Januar 1951. Es war die damals bundesweit einzige öffentliche Veranstaltung zum Gedenken an die Staatsgründung Preußens 250 Jahre zuvor. Noch im selben Jahr erschien die Rede in einer Druckfassung, deren 10.000 Exemplare nach wenigen Wochen vergriffen waren. Sein 1966 erschienenes Buch *Preußen – Geschichte eines Staates* erlebte während eines Jahrzehnts neun Auflagen mit etwa 50.000 Exemplaren. Weitere Veröffentlichungen zu Preußen und der deutschen Zeitgeschichte folgten.

Es ist wohl schwer einzuschätzen, ob Schoeps sich nach seiner Rückkehr nur deswegen relativ selten jüdischen Themen zuwandte, weil es an dafür interessierten Lesern mangelte. »Die wenigen Großstadtgemeinden, die sich wieder konstituiert hatten«, so schrieb er, »waren völlig überaltert, ihre Menschen müde und stumpf geworden, auch religiös regte sich nichts.« Schoeps nahm an manchen interkonfessionellen Debatten als Vertreter des Judentums teil, fühlte sich jedoch nie als Repräsentant der offiziellen jüdischen Gemeinden und schätzte die Chancen auf ein zukünftiges geistig-jüdisches Leben in Deutschland gering ein: der Nachwuchs fehle fast völlig. »Daß wir wieder eine gut gemachte jüdische Zeitung haben und von einigen rührigen Männern jüdischer ›Betrieb‹ gemacht wird, darf uns nicht über die Sachverhalte, wie sie wirklich sind, hinwegtäuschen.« Er selbst beurteile die Frage nach einer deutsch-jüdischen Zukunft sehr skeptisch.

Während der Studentenunruhen Ende der sechziger Jahre war Schoeps eine der beliebtesten Zielscheiben; kein Wunder, propagierte er doch bereits in den fünfziger Jahren die »Konservative Erneuerung« gegen die von ihm gescholtene »moralische Verpöbelung Deutschlands«. In einer von ihm mitbegründeten Bewegung votierte er für die Einführung des Mehrstimmenwahlrechts (zusätzliche Stimmen gemäß Alter, Beruf und öffentlichem Engagement), für ein Oberhaus aus den »Eliten der Gesellschaft« und für die Wiedereinführung der Monarchie. Im Dezember 1967 forderte er den wirksameren Einsatz staatlicher Machtmittel zum Schutz der Demokratie vor studentischen Extremisten. Er erntete dafür wüste Beschimpfungen in studentischen Flugblättern, u.a. als »Nazi-Jude« und »jüdischer Obersturmbannführer«. Als ihm seine Fakultät eine Solidaritätserklärung verweigerte, war er zunehmend isoliert. Der völlige Bruch mit seiner Fakultät vollzog sich nach seiner Emeritierung, als sein Lehrstuhl abgeschafft und durch einen Konkordatslehrstuhl ersetzt wurde.

Unter Schoeps' Doktoranden befand sich der als Übersetzer bei den Nürnberger Prozessen zurückgekehrte Münchner Hans Lamm, der 1951 seine Dissertation »Über die innere und äußere Entwicklung des deutschen Judentums im Dritten Reich« einreichte. Es war bezeichnend für das damals fehlende öffentliche Interesse, dass sich seinerzeit kein Verleger fand, der die Arbeit publizieren wollte. Gleiches galt im Übrigen für die wenige Jahre später entstandene Dissertation von Lamms Mitarbeiter Harry Maor zum Wiederaufbau der jüdischen Gemeinden in Deutschland, die bis heute die aussagekräftigste Darstellung für diese Anfangsphase ist.

Lamm erkannte wohl auch – angesichts des mangelnden Interesses an seiner eigenen Forschung – die Notwendigkeit, als Vermittler von zeitgeschichtlicher Literatur in Erscheinung zu treten. Nach einer kurzen Rückkehr in die USA und einer Tätigkeit als Kulturreferent des Zentralrats der Juden gründete Lamm Ende der fünfziger Jahre den Ner-Tamid-Verlag, der sich die Verbreitung von Literatur zum Judentum zum Ziel setzte. In der in diesem Verlag 1960 vom Verband deutscher Studentenschaften herausgegebenen Schrift *Erziehungswesen und Judentum* wird die Darstellung des Judentums in der Lehrerbildung und im Schulunterricht untersucht. Hier finden sich Zusammenfassungen über das Lehrmaterial bzw. besser gesagt über die Auslassungen zum Thema Judentum im Geschichts-, Deutsch- und Religionsunterricht der fünfziger Jahre. Neben vielen anderen Informationen erfährt der Leser auch von den an deutschen Universitäten damals angebotenen Kursen zur jüdischen Geschichte und Kultur – eine Liste, die damals auf eine Seite passte.

Auch die ersten Dozenten für Judaistik waren häufig aus dem Exil zurückgekehrte oder als Displaced Persons nach Deutschland gekommene Juden. Während der fünfziger und frühen sechziger Jahre gab es für sie aber noch keine vergüteten Stellen an deutschen Universitäten. So erhielt der aus Polen stammende Baruch Graubard, der vor dem Krieg stellvertretender Direktor des Jüdischen Gymnasiums in Lemberg gewesen war und nach dem Krieg Direktor des von Displaced Persons errichteten Hebräischen Gymnasiums in München wurde, von 1952 bis 1959 einen unbezahlten Lehrauftrag an der Universität Marburg. Er verstand sich dort als Vertreter der jüdischen Gemeinschaft, wie er gegenüber einer jüdischen Zeitung sagte. Seine Aufgabe habe er »doch im Namen der Menschen erfüllt, zu denen ich nach Herkunft, Erziehung, Geistesverfassung und Bildung gehöre«. Er fand es wichtig, sich »mit jungen Menschen, die nichts über Judentum wissen, zu unterhalten und ihnen einen Juden zu zeigen«, da der Begriff Jude ihnen nichts gesagt habe. Graubard gehörte zu den wenigen ostjüdischen Gelehrten, die sich nach dem Krieg dauerhaft in Deutschland niederließen. Er veröffentlichte zahlreiche Aufsätze und Bücher, darunter eine Sammlung seiner Freitagabend-Vorträge zu den Wochenabschnitten der Tora, die er regelmäßig im Bayerischen Rundfunk las. Wie sein Schwager Stefan Schwarz war auch Graubard während der fünfziger und sechziger Jahre im institutionellen jüdischen Leben tätig: als Vizepräsident der Israelitischen Kultusgemeinde München, Präsidiumsmitglied des Landesverbands der Israelitischen Kultusgemeinden Bayerns und als Mitglied des Direktoriums des Zentralrats.

In Graubards Wohnort München sollte es noch einige Jahre dauern, bis eine Professur für Judaistik eingerichtet wurde. Leo Prijs, der 1920 in Breslau geboren und in München aufgewachsen war, wurde nach seiner Habilitation 1962 zunächst Privatdozent an der Ludwig-Maximilians-Universität. Erst später erhielt er eine Stelle als Akademischer Rat, und wenige Jahre vor seiner Pensionierung wurde er 1980 zum Professor für Judaistik ernannt. Prijs folgte einer Familientradition. Sein Vater hatte an der gleichen Universität vor 1933 als Lehrbeauftragter im Bereich der Wissenschaft des Judentums gewirkt.

An der Freien Universität Berlin hielt Adolf Leschnitzer ab 1952 zum ersten Mal Lehrveranstaltungen zur deutsch-jüdischen Geschichte ab. Nach dreimaliger Gastprofessur berief ihn die Freie Universität am 3. August 1955 zum Honorarprofessor für »Geschichte des deutschen Judentums«. Damit wurde der promovierte Germanist Leschnitzer, der bis 1933 als Gymnasiallehrer in Berlin gelehrt hatte und später am City College in New York eine feste Anstellung finden sollte, der erste Universitätsdozent für jüdische Geschichte im Nahkriegsdeutschland. Wie manch andere Wissenschaftler war er Teilremigrant und behielt sein Standbein und sein Haupteinkommen in den USA, auch wenn er die folgenden zwei Jahrzehnte regelmäßig seine Lehrveranstaltungen an der FU Berlin abhielt.

Es war auch an der Freien Universität, wo der Entschluss gefasst wurde, das erste Judaistik-Institut in der Bundesrepublik einzurichten. Nachdem außer Leschnitzer seit Mitte der fünfziger Jahre Ernst Ludwig Ehrlich, Hermann Levin Goldschmidt und Johann Maier als Gastdozenten tätig waren, erhielt der vorher an der Columbia University in New York lehrende Jacob Taubes 1963 den Ruf als erster Lehrstuhlinhaber für Judaistik in Deutschland.

Taubes war der Nachkomme berühmter Rabbiner, sein Vater war Rabbiner in Wien und Zürich gewesen, er selbst wurde an der *Jeschiwa* von Montreux während des Krieges zum Rabbiner ordiniert. Sein judaistisches Fachwissen stand außer Frage, er hatte es nach dem Krieg an der Hebräischen Universität vertieft, wo er engen Kontakt zu Gershom Scholem (mit dem er sich bald heftig überwarf), Martin Buber und Ernst Simon pflegte. In den fünfziger Jahren lehrte er Religionswissenschaft an der Columbia University in New York, wo er ebenfalls mit deutsch-jüdischen Emigranten wie Hannah Arendt, Leo Strauss und Hans Jonas zusammenkam. Unter seinen Schülern aus der New Yorker Zeit befanden sich einige der Gründer der amerikanisch-jüdischen Zeitschrift *Commentary*.

Als Taubes 1961 nach Deutschland kam, brachte er also einen völlig anderen intellektuellen Hintergrund als Schoeps oder Leschnitzer mit. Er war bereits in Israel und Nordamerika akademisch etabliert, wies Kontakte zu den führenden Intellektuellen seiner Zeit auf und galt als brillanter Kopf. Dass er selbst nach seiner Dissertation über die abendländische Eschatologie kein Buch mehr veröffentlichen sollte, dass er als Judaistikprofessor in Berlin nur wenige Schüler ausbildete, all dies war eher nebensächlich. Er gehörte zu den schillernsten Intellektuellen der sechziger und siebziger Jahre, beriet Siegfried Unseld in verlegerischen Angelegenheiten der Suhrkamp-Reihen und Rudi Dutschke in Sachen Studentenprotest. War Schoeps für die aufrührerischen Studenten einer der meistgehassten Professoren, so war Taubes eines ihrer Idole. Gemeinsam mit seinem Freund Herbert Marcuse, den er als Honorarprofessor an die FU brachte, engagierte er sich für ihre Belange. Auf Nachfrage des damals linksradikalen, später rechtsradikalen Anwalts Horst Mahler verfasste Taubes ein Gutachten für die Kommune 1 und war selbst bei der Gründung des Fachbereichs 11 für Philosophie und Sozialwissenschaften aktiv.

Taubes zog sich immer mehr vom Judaistik-Institut zurück und widmete sich seinem zweiten Lehrstuhl, nämlich dem der Hermeneutik, verbrachte viel Zeit in Jerusalem und Paris und galt in den Jahren bis zu seinem Tod 1987 als ein exzentrischer Gelehrter, der sich vor allem den Lehren des Apostels Paulus anzunähern suchte, zwischen orthodoxem Judentum und christlicher Lehre schwankte und vom institutionellen akademischen Leben Abstand nahm. Einen größeren Gegensatz als zwischen Schoeps und Taubes, den beiden ersten Professoren, die sich im Nachkriegsdeutschland der jüdischen Geistesgeschichte annahmen, hätte es kaum geben können.

Die Rückholung der Emigranten war in den ersten Nachkriegsjahren unter den deutschen Hochschullehrern selbst nicht sehr beliebt, fürchtete man doch um die eigene Stellung wie auch die Vorwürfe der Rückkehrer. Hinzu kam die Flut deutscher Hochschullehrer von den Universitäten im Osten wie Königsberg, Danzig und Breslau, die während der NS-Zeit ihre Karriere fortgesetzt hatten und Teil eines ungebrochenen akademischen Netzwerks waren.

Die Berufungspraxis war sehr unterschiedlich. Von emigrierten Mathematikern kehrten nur acht zurück; denn diese fanden – wie viele Naturwissenschaftler – hervorragende Arbeitsbedingungen im Exil vor und waren zudem nicht auf die deutsche Sprache angewiesen. So kamen auch nur drei Biologen zurück (alle aus der Türkei) und nur wenige Mediziner. Von 134 Historikeremigranten kehrten immerhin 21 zurück, und in der Erziehungswissenschaft etwa« die Hälfte derjenigen, die ins Exil gegangen waren. Unter den Rückkehrern waren allerdings nur relativ wenige, die sich der jüdischen Gemeinde zurechneten. Auch von Universität zu Universität waren die Voraussetzungen unterschiedlich. An die Hamburger Universität kehrten nur drei von 56 vertriebenen Wissenschaftlern auf reguläre Stellen zurück, davon kein einziger Geisteswissenschaftler. In Göttingen waren es vier, ebenso in Heidelberg, von wo insgesamt 34 Professoren emigriert waren.

Die große Ausnahme bildeten die von den Amerikanern neugegründete FU Berlin sowie die eine Generation vorher von jüdischen Mäzenaten mit ins Leben gerufene Universität Frankfurt. Die FU Berlin hatte nicht nur das erste Judaistik-Institut eingerichtet, sondern mit Franz Neumann, Ernst Fraenkel und Ossip Flechtheim eine ganze Reihe deutsch-jüdischer Emigranten, zunächst oft als Gastprofessoren, zurückholen können. Mit dem Philosophen Michael Landmann und dem Politikwissenschaftler Richard Löwenthal folgten weitere Rufe an ausgewanderte jüdische Wissenschaftler. In Frankfurt wurden in den fünfziger Jahren sogar drei Remigranten (der Soziologe Max Horkheimer, der Finanzwissenschaftler Fritz Neumark und der Mediziner Oscar Gans) Rektoren der Universität. Es waren vor allem Sozial- und Wirtschaftswissenschaftler, die hier die Rückkehrbewegung prägten. Man darf jedoch nicht vergessen, dass gemessen an den historischen Voraussetzungen der Weimarer Republik, insgesamt nur eine ganz kleine Zahl von jüdischen Wissenschaftlern und Kulturschaffenden in den beiden deutschen Nachkriegsstaaten wirkte.

Daran konnte auch die Rückkehr des Instituts für Sozialforschung und der »Frankfurter Schule« vom Hudson an den Main nichts ändern. Theodor W. Adorno und Max Horkheimer gehörten zu den wohl bekanntesten akademischen Remigranten. Horkheimers Zögern und Zweifeln mag auch für viele andere Rückkehrer gegolten haben. Im Mai 1948 berichtete er seiner Frau von seinem ersten Deutschlandbesuch: »Mich haben der Rektor, die beiden Dekane und andere süß, aalglatt und verlogen, ehrenvoll begrüßt. Sie wissen noch nicht genau, sollen sie in mir einen relativ einflussreichen Amerikareisenden oder ›den Bruder ihrer Opfer‹ sehen, dessen Gedanke die Erinnerung ist.« Drei Jahre später war Horkheimer selbst Rektor der Frankfurter Universität.

Theodor W. Adorno äußerte sich gegenüber Thomas Mann 1949 ähnlich: »Ich habe, außer ein paar rührend marionettenhaften Schurken von altem Schrot und Korn, noch keinen Nazi gesehen, und das keineswegs in dem ironischen Sinne, dass keiner es gewesen sein will, sondern in dem weit unheimlicheren, dass sie glauben, es nicht gewesen zu sein; dass sie ganz und gar verdrängen.« Als beide jedoch beginnen, mit Studenten zu arbeiten, verändert sich ihr Eindruck dramatisch. Horkheimer nennt seine Erfahrungen mit den Studenten »äußerst positiv«, und Adorno schreibt sogar: »Was ich da an leidenschaftlicher Teilnahme finde, entzieht sich der Schilderung [...]. Der Vergleich mit einer Talmudschule drängt sich auf; manchmal ist mir zumute, als wären die Geister der ermordeten Juden in die deutschen Intellektuellen gefahren.«

[...]

Auf der Bühne der Öffentlichkeit

Wenige Jahre nach Kriegsende folgte der nach Kalifornien emigrierte Professor Mauthner einem Ruf und kehrte an seine alte deutsche Universität zurück. Seine Emigrantenkollegen hatten ihm vehement davon abgeraten, und kaum zurückgekehrt, war er mit einem ungebrochenen Antisemitismus konfrontiert, an dem er schließlich zugrunde ging. Mauthner war der Name des Protagonisten in dem 1948/49 gedrehten Film *Der Ruf*. Gespielt wurde er von dem wirklichen Remigranten Fritz Kortner. Kortner, einer der prominentesten deutschen Schauspieler war selbst 1947 nach Deutschland zurückgekommen und hatte auch das Drehbuch zum Film geschrieben. Die Zweifel, die Kortner bereits 1948 im Hinblick auf seine Rückkehr nach Deutschland ausdrückte, verließen ihn und seine Frau, die Schauspielerin Johanna Hofer, nie ganz. 1952 schrieb Johanna Hofer an ihren Mann: »Fritz, wenn Du nicht neben mir bist, es ist einfach nicht mehr zu ertragen in Deutschland. Es ist fremd und teuflisch.« Und ein Jahr später klagte sie: »Bewußt oder unbewußt, immer liegt mir unsere amerikanische Bürgerschaft im Sinn. So sehr mißfällt mir alles hier, daß ich mir wirklich überlege, ob man nicht hinübergehen und eventuell da Jahre dortbleiben sollte. Hier und dort – beides ist böse.« Kortner selbst hatte auch ein Jahrzehnt später noch keine Illusionen, was das Verschwinden des Antisemitismus anging: »Ansonsten macht der klerikale Faschismus und Antisemitismus vor der Prominenz halt. Doch sorgt er insgeheim dafür, dass kein jüdischer Baum in den Himmel wächst.« Diese Zeilen schrieb er 1962, als er gefragt wurde, ob es Anzeichen von Antisemitismus seitens amerikanischer (!) Filmagenturen gegenüber jungen jüdischen Schauspielern gäbe. Seine Antwort fiel lakonisch aus: »Meines Wissens nach gibt es hierzulande keine jungen jüdischen

Schauspieler. Gäbe es sie, wäre ihre Existenz mir sicherlich bekannt. Ja, es gibt hier kaum junge Juden.«

Kortner, dessen wichtigste Wirkungsstätte als Regisseur die Münchner Kammerspiele waren, war freilich nicht der einzige berühmte Schauspieler, den die deutschsprachige Bühnenlandschaft wieder anzog. In München allein fand er eine Reihe jüdischer Akteure um sich herum. Die Rückkehrer Therese Giehse, Harry Buckwitz und Kurt Hurwitz arbeiteten in München als Schauspieler, der aus Ungarn stammende Ivan Nagel war zwischen 1960 und 1969 Chefdramaturg. Die Hamburger Kammerspiele wurden unter der jahrzehntelangen Leitung (1945–1989) der aus dem Konzentrationslager Fuhlsbüttel zurückgekehrten Schauspielerin Ida Ehre zu einer der führenden deutschsprachigen Bühnen.

Kortner mag mit seiner Behauptung, es gäbe keine jungen jüdischen Schauspieler in Deutschland, durchaus recht gehabt haben.

Junge Juden allerdings gab es, und zumindest einer von ihnen machte sich in den Jahren nach dem Krieg einen Namen als Schriftsteller. Wolfgang Hildesheimer war mit seinen Eltern als Jugendlicher nach Palästina emigriert und kehrte ein Jahr nach Kriegsende mit 27 Jahren als Übersetzer bei den Nürnberger Prozessen nach Deutschland zurück. Nach Ende dieser Tätigkeit lebte er zunächst als Maler, dann als Schriftsteller am Starnberger See sowie in München. Aus den Briefen an seine Eltern geht hervor, dass er nach anfänglichen Zweifeln im bayerischen Voralpenland eine Heimat fand. Es entbehrt nicht einer gewissen Ironie, dass er seinen Eltern in Haifa das schöne und einfache Leben inmitten seiner Freunde in Ambach anpreist, während am gegenüberliegenden Ufer des Starnberger Sees noch Tausende jüdischer Displaced Persons in Lagern auf ihre Ausreise nach Palästina warteten. Kurz bevor das DP-Lager Feldafing, das sich fast in Sichtweite befand, Ende 1951 aufgelöst wurde, schreibt er: »Ich bin hier jedenfalls glücklicher als jemals zuvor.« Und zwei Jahre später, nachdem seine Beiträge in zahlreichen deutschen Zeitungen und literarischen Zeitschriften abgedruckt worden waren und er zu den Treffen der »Gruppe 47« hinzugezogen wurde, heißt es: »Ich werde langsam berühmt.« Die nationalsozialistische Vergangenheit seiner unmittelbaren Umgebung blendete er dabei zunächst erfolgreich aus: »Waren meine Freunde [...] Nazis?«, fragte er sich selbst und korrigierte diese Frage sofort: »Sie muß lauten: Waren Nazis meine Freunde? Die Antwort ist kategorisch und eindeutig: nein.« Und kategorisch erklärte er auch nicht ohne Selbstironie: »Wer Nazi ist, bestimme ich.«

Langsam allerdings wuchs in Hildesheimer das Bewusstsein, dass sich auch in seinem Freundeskreis, selbst in der »Gruppe 47« die Schatten der Vergangenheit nicht lösen ließen. Zunehmend enttäuscht von der Provinzialität und Scheinheiligkeit der bundesdeutschen Kulturszene sowie des konservativen politischen Klimas entschied er sich 1957 zur Emigration in die Schweiz. Fünf Jahre später resümierte er in einem später zurückgezogenen Beitrag für die von Hermann Kesten herausgegebene Sammlung mit dem Titel *Ich lebe nicht in der Bundesrepublik* die Gründe seiner Emigration: »Ich fühlte mich in Deutschland wohl, denn ich huldigte dem Glauben, dass die Schuldigen in der Minderheit wären. Heute weiß ich, dass sie in der Mehrheit waren.« Zwei Drittel aller Deutschen, so fährt er fort, hegten weiterhin antisemitische Vorurteile. Eine gewisse Rolle in seinem radikalen Meinungswandel mag der Begegnung und der intensiven Korrespondenz mit dem in Paris lebenden deutsch-jüdischen Dichter Paul Celan zuzuschreiben sein. Celan war sich der Distanz zwischen ihm und den nichtjüdischen Schriftstellern der »Gruppe 47« von Anfang an bewusst. So teilte er Hildesheimer sein Gefühl mit, in den Kreisen der »Gruppe 47« den Ruf eines »Überempfindlichen«, »an Verfolgungswahn leidenden, usw.« zu genießen. Zu Jahresbeginn 1960 schließt er Hildesheimer in die Gruppe der Unglücklichen mit ein: »[...] sehen Sie, lieber Wolfgang Hildesheimer, wir sind ja nun einmal die [...] unhappy few, und vielleicht haben wir all den neuen und alten Verfinsterungen nichts entgegenzusetzen als unsere Freundschaft und Solidarität.« Es war ein langer Weg, den Hildesheimer beschritten hatte vom Beginn des Jahrzehnts, da er sich seinen Eltern gegenüber als »glücklicher als jemals zuvor« bezeichnet hatte, bis zum Ende des Jahrzehnts, als er von Celan als einer der »unhappy few« im deutschen Literaturbetrieb bezeichnet wurde.

Zu jenen »unhappy few« mag man auch den Literaturwissenschaftler Peter Szondi rechnen, der – 1929 in Budapest geboren – als Fünfzehnjähriger mit seiner Familie 1944 im Konzentrationslager Bergen-Belsen interniert war und der im Rahmen des sogenannten Kasztner-Abkommens in die Schweiz freigekauft worden war. Szondi war ab 1965 Direktor des neugegründeten Seminars für Allgemeine und Vergleichende Literaturwissenschaft der Freien Universität Berlin, dem ersten komparatistischen Institut der Bundesrepublik, das heute nach ihm benannt ist. Als Gastprofessor in Princeton und Jerusalem und Gastgeber zahlreicher Wissenschaftler aus dem Ausland, unter ihnen manche Emigranten, trug er wohl mehr als irgendjemand anderer zur Internationalisierung der Literaturwissenschaft bei.

Wie viele Rückkehrer blieb Szondi letztlich ein Heimatloser: An Gershom Scholem schrieb er nach einem für ihn bewegenden Israel-Besuch 1968: »Sie haben einmal in Jerusalem mit einem in seiner Hellsichtigkeit zwar nicht überraschenden, aber unvergesslichen Satz gesagt, warum ich in Deutschland lebe und wohl hier bleiben werde: weil ich es verlernt habe, zu Hause zu sein (ich war es in meiner Budapester Kindheit so wenig wie in Zürich und streng genommen auch in anderem Sinn bei meinen Eltern nie). Das ist eine Krankheit, die man vielleicht mit der Rosskur einer, aus welchem Grund auch immer, notwendig werdenden Emigration heilen könnte; aus freiem Willen bringe ich die Kraft zu diesem Schritt umso weniger auf, als ich in Jerusalem vor zwei Jahren ja nicht nur empfand, dass ich dort zu Hause bin, sondern auch, dass ich das nicht ertrage. Dass sich das ändern könnte und sollte, weiss ich, aber dieses Wissen ist nicht stark genug, um den Widerstand in mir jetzt – und das heisst: so lange ich es in Deutschland aushalte – zu brechen.« Szondi blieb in Deutschland, doch er fand nicht nach Hause. 1971 nahm er sich im Alter von 42 Jahren das Leben.

Während in den ersten Nachkriegsjahrzehnten im literarischen Betrieb der Bundesrepublik die wenigen jüdischen Akteure – zum Beispiel die aus der Dominikanischen Republik 1954 zurückgekehrte Lyrikerin Hilde Domin (eigentlich Palm) oder der 1960 aus Uruguay zurückgekommene Lektor im Verlag S. Fischer, Hellmuth Freund – Außenseiter blieben, nahmen einige von ihnen im Kulturbetrieb der DDR zentrale Rollen wahr. Die aus Mexiko remigrierte Anna Seghers war zwischen 1952 und 1978 Präsidentin des Schriftstellerverbandes der DDR. Arnold Zweig, der aus Palästina zurückgekehrt war, war fast zwanzig Jahre lang Abgeordneter der Volkskammer und von 1950 bis 1953 Präsident der Deutschen Akademie der Künste der DDR. Der zeitweise ebenfalls in Palästina lebende Stephan Hermlin war während der fünfziger Jahre Sekretär der Klasse Dichtkunst und Sprachpflege der Akademie. Die Haltungen jüdischer Schriftsteller gegenüber Partei und Staat waren dabei sehr unterschiedlich. Seghers erwies sich zeitlebens als linientreu und schwieg als Präsidentin des Schriftstellerverbands zu zahlreichen Maßnahmen, die gegen Mitglieder des Verbands ergriffen wurden. Auch Zweig ließ sich durchaus als Aushängeschild der DDR-Kultur präsentieren, verweigerte allerdings im Zusammenhang mit dem Sechs-Tage-Krieg 1967 seine Unterschrift unter eine antiisraelische Erklärung. Hermlin, der in den fünfziger Jahren mit Erich Honecker befreundet war, wurde nach einer Lesung junger Lyriker im Dezember 1962 von seiner Funktion in der Akademie entbunden und distanzierte sich privat, etwa nach der Niederschlagung des Prager Frühlings, von der offiziellen Parteilinie. 1976 gehörte er, ebenso wie der seit 1965 mit einem Veröffentlichungsverbot belegte Stefan Heym, zu den Unterzeichnern eines Protestbriefes gegen die Ausweisung des Liedermachers und Lyrikers Wolf Biermann. Biermann, dessen jüdischer Vater, ein Werftarbeiter aus Hamburg, in Auschwitz ermordet worden war, war als Siebzehnjähriger 1953 in die DDR gegangen und hatte sich dort als Lyriker und Liedermacher einen Namen gemacht. Er eckte jedoch bereits zu Beginn der sechziger Jahre mit seinem Stück *Berliner Brautgang*, in dem er den Mauerbau thematisierte, an und wurde mit einem befristeten Auftrittsverbot bestraft. Auch Jurek Becker, der als kleines Kind mehrere Konzentrationslager überlebt hatte, gehörte zu den Unterzeichnern des Protestbriefes gegen Biermanns Ausweisung, Becker war einer der wenigen Autoren, der in seinen Werken immer wieder jüdische Themen darstellte. Sein Drehbuch *Jakob der Lügner* (1968), das in einem fiktiven Ghetto während der Kriegsjahre spielt, wurde von der DEFA, bei der er als Drehbuchautor arbeitete, zunächst abgelehnt. Erst nach dem Erfolg des später veröffentlichten gleichnamigen Romans kam es 1974 zur Verfilmung.

Die DDR zog auch eine Reihe prominenter jüdischer Wissenschaftler aus dem Exil an. Die meisten von ihnen teilten wohl nicht Albert Einsteins Überzeugung, der auf eine Geburtstagsgratulation von Johannes Becher im Namen des »Kulturbundes zur demokratischen Erneuerung Deutschlands« antwortete: »Bei ›Erneuerung Deutschlands‹ fällt mir das treffende Wort des witzigen Franzosen ein: ›Plus ça change, plus ça reste la même chose‹.« Allerdings kehrten einige der remigrierten Repräsentanten des Kultur- und Geisteslebens der DDR nach einigen Jahren wieder den Rücken zu. Hans Mayer, der bereits 1945 zunächst in die amerikanische Zone zurückgekehrt war, wo er kurzzeitig Chefredakteur bei Radio Frankfurt war, ging mit seinem Freund Stephan Hermlin 1948 zunächst in die sowjetische Besatzungszone, wo er eine Professur für Literaturwissenschaft an der Universität Leipzig bekleidete. Mayer blieb in engem Kontakt zur westdeutschen Literatur und nahm an einigen Treffen der »Gruppe 47« teil. Er gehörte zu den Entdeckern Uwe Johnsons und war einer der wichtigsten Thomas-Mann-Forscher. Von einem West-Aufenthalt im Jahre 1963 kehrte er – frustriert durch die offizielle politische Linie der DDR — nicht mehr zurück und nahm einen Ruf an die Universität Hannover an. Mayers langjähriger Kollege in Leipzig war der Philosoph Ernst Bloch, der in den ersten Jahren der DDR mit Preisen bedacht wurde und zum intellektuellen Beiwerk des Staatssozialismus gehörte. Wie für Mayer bildete auch für den Autor des *Geistes der Utopie* und des *Prinzips Hoffnung* die Niederschlagung des Ungarn-Aufstands 1956 einen kritischen Wendepunkt in seiner Identifikation mit der DDR. Nach dem Bau der Mauer 1961 ging Bloch in die Bundesrepublik und ließ sich in Tübingen nieder, wo er eine Gastprofessur wahrnahm.

Eine ähnliche Biographie wies der Schriftsteller und Germanist Alfred Kantorowicz auf, der 1949 drei Jahre nach seiner Rückkehr aus dem Exil einen Ruf auf den Lehrstuhl für Neuere Deutsche Literatur an der Humboldt-Universität zu Berlin annahm. Kantorowicz zeichnete sich vor allem als Herausgeber der Werke Heinrich Manns aus. Auch er distanzierte sich nach den Ereignissen vom 17. Juni 1953 in der DDR sowie dem Ungarn-Aufstand drei Jahre später zunehmend von seiner politischen Wahlheimat und flüchtete 1957 in die Bundesrepublik, wo er allerdings keine feste Position im akademischen Betrieb erhielt.

Andere jüdische Gelehrte behielten ihre akademischen Stellungen in der DDR. Der aus London zurückgekehrte Jürgen Kuczynski war nicht nur der prominenteste Wirtschaftswissenschaftler, sondern auch Mitglied der Volkskammer und des ZK der SED. In der Volkskammer saß zudem der Romanist Victor Klemperer, dessen Buch *LTI* eine scharfe Analyse der Sprache des »Dritten Reichs« darstellte und der posthum durch die Veröffentlichung seiner umfangreichen Tagebücher während der Verfolgungszeit einem größeren Publikum bekannt wurde. Leo Stern, der den Krieg in der Sowjetunion überlebt hatte, wurde einer der einflussreichsten Historiker der DDR, Mitbegründer der *Zeitschrift für Geschichtswissenschaft*, Professor für Neuere Geschichte an der Universität Halle und ab 1953 auch deren Rektor. Der Schönberg-Schüler und Freund Bertolt Brechts Hanns Eisler, der aus den USA zurückgekommen war, gründete und leitete die Meisterklasse Komposition an der Deutschen Akademie der Künste und war Professor am staatlichen Konservatorium für Musik, das später seinen Namen tragen sollte. Eisler komponierte die Nationalhymne der DDR, blieb jedoch zeitlebens österreichischer Staatsbürger.

Sein Bruder Gerhart Eisler war Vorsitzender des Staatlichen Komitees für Rundfunk der DDR und seit 1967 Mitglied des ZK der SED.

Die meisten der im kulturellen und politischen Leben der DDR aktiven Personen hatten als Kommunisten den Weg in den Ostteil Deutschlands gefunden und hätten sich wohl mit der von Isaac Deutscher geprägten Formulierung als »nichtjüdische Juden« identifizieren können. Sie waren kein Mitglied einer jüdischen Gemeinde, nahmen keinen Anteil am religiösen Leben und brachten zumeist auch dem Staat Israel keine Sympathien entgegen. Als Juden geboren, wurden sie oftmals als solche von der Umwelt wahrgenommen. Dessen waren sie sich bewusst und zeigten eine besondere Sensibilität gegenüber jeder antisemitischen Erscheinung. Für den Weiterbestand einer jüdischen Gemeinde in Deutschland spielten sie jedoch keine Rolle.

Sylvia Asmus

»Mut ist im Leben viel wichtiger als Schokolade«[1] – Stefanie Zweig

Das Erstlingswerk der späteren Bestsellerautorin Stefanie Zweig ist ein schmales, querformatiges Heftchen, mit Wollfaden grob gebunden. Eine Schiffszeichnung unterstreicht die Ortsveränderung, die der Titel anzeigt: »From Mombasa to Leobschütz«. In Leobschütz, Oberschlesien (heute: Głubczyce, Polen), wurde Stefanie Zweig 1932 geboren. Nicht für sie, wohl aber für ihren Vater war diese Stadt zeitlebens ein Sehnsuchtsort. Deutlich ist das schmale Bändchen als Erinnerungswerk gekennzeichnet: »Weißt du noch?«, fragt die Verfasserin auf dem Umschlag. Der 54. Geburtstag ihres Vaters im September 1958 war für Stefanie Zweig Anlass, zum ersten Mal Erinnerungen an das kenianische Exil der Familie Zweig niederzuschreiben.

Es sollten mehr als zwanzig Buchveröffentlichungen folgen, darunter etliche Bestseller, in viele Sprachen übersetzt. Die Verfilmung ihres autobiografischen Romans »Nirgendwo in Afrika« durch Caroline Link wurde 2003 mit einem Oskar als bester ausländischer Film ausgezeichnet.

1958 war all das noch nicht abzusehen.

Im Juni 1938 war die 5-jährige Stefanie Zweig mit ihrer Mutter Lotte nach Kenia emigriert. Auf dem Schiff Adolph Woermann der Deutschen Afrika-Linien hatten sie die Überfahrt zurückgelegt.

Ihr Vater, der Notar und Rechtsanwalt Walter Zweig, arbeitete dort seit Anfang 1938 als Verwalter einer Farm. Im nationalsozialistischen Deutschland war er im September 1937 seinen Ämtern enthoben worden. »Die Farm, auf der wir alle drei leben werden, wird Dir bestimmt gefallen. Es sind nämlich sehr viele Kinder hier. Du mußt nur ihre Sprache lernen, ehe du mit ihnen spielen kannst. [...] Aber eins mußt du wissen: Es werden nur Kinder nach Afrika hereingelassen, die keine Angst vor Hunden haben. Üb also, tapfer zu sein. Mut ist im Leben viel wichtiger als Schokolade«, zitiert die Autorin ihren Vater in »Nirgendwo in Afrika«[2].

In Kenia Aufnahme zu finden, war durchaus schwierig, denn unter der britischen Kolonialverwaltung verfolgte das Land eine restriktive Einwanderungspolitik. Ungefähr 650 Flüchtlinge fanden dort Zuflucht. Das Leben in Kenia bedeutete für die Flüchtlinge einen starken Bruch zu ihrem Alltag in Deutschland. Neben den ungewohnten Lebensbedingungen wurden sie von ihrer Rolle innerhalb der kolonialen Gesellschaft herausgefordert: In der von einem rassistischen Weltbild geprägten Kolonie gehörten die Geflüchteten zwar zu den »privilegierten Weißen«, waren jedoch zugleich ausgestoßene Flüchtlinge und den europäischen Siedlern unerwünscht.

Stefanie Zweig lebte im ersten Jahr ihres kenianischen Exils mit den Eltern auf der Farm, etwa 200 km nördlich von Nairobi. Was den Erwachsenen nicht gelang, fiel ihr leicht. Sie war fasziniert vom Leben in Kenia, fasste es als Abenteuer auf und erlernte rasch Suaheli: »Als wir nach Kenia kamen, musste ich Suaheli lernen, sonst hätte ich ja mit keinem auf der Farm sprechen können. Das ging aber sehr schnell«, erinnerte sie sich in einem Interview.[3]

Nach der Einführung der Schulpflicht verbrachte sie die überwiegende Zeit in einem Internat, Englisch musste nun zu ihrer Alltagssprache werden.

Der Beginn des Zweiten Weltkriegs brachte erneut Veränderungen, die Familie wurde getrennt. Walter Zweig wurde zunächst interniert, 1942 trat er der East African Army bei. Nach Kriegsende erreichten die Nachrichten über die nationalsozialistischen Verbrechen, auch die Familie Zweig: Sie erfuhren von der Ermordung ihrer Familienangehörigen.

Dennoch kehrte die inzwischen vierköpfige Familie Zweig, 1946 war Stefanies Bruder in Kenia geboren worden, bereits 1947 nach Deutschland zurück. »Nicht nur aus romantischen Gründen«, wie Stefanie Zweig berichtete, »dafür hat uns Deutschland zu viele Wunden geschlagen. [...] Hier [...] konnte [mein Vater] in seinem ursprünglichen Beruf arbeiten«.[4] Walter Zweig trat am 1. Juli 1947 seinen Dienst als Hilfsrichter am Oberlandesgericht Frankfurt am Main an. Für die 15-jährige Stefanie

Zweig bedeutete die Rückkehr nach Deutschland einen erneuten Sprachwechsel und das Zurechtfinden in einem ihr gänzlich fremden kulturellen Umfeld. »Ich verliere mein Land, meine Freunde, meine Kraft und mein Herz. Ich verliere aber nicht die Bilder, die in meinem Kopf sind«, schreibt sie in ihrem Erinnerungsbuch »Nirgendwo war Heimat«.[5] Dass ihr der Sprachwechsel erfolgreich gelang, belegt nicht zuletzt ihre Berufswahl. Sie wurde Journalistin, zunächst bei der Jüdischen Allgemeinen in Düsseldorf, später bei der Frankfurter Abendpost und der Abendpost-Nachtausgabe, wo sie als Feuilletonleiterin tätig war. Erst nachdem die Abendpost-Nachtausgabe das Erscheinen eingestellt hatte, begann sie ihre Laufbahn als Schriftstellerin. Mit ihrem autobiografischen Roman »Nirgendwo in Afrika« gelang ihr 1995 der Durchbruch. Eine besondere Form der Erzählung wählte sie für ihr 2012 erschienenes Erinnerungsbuch »Nirgendwo war Heimat«. Stefanie Zweig erzählt darin ihre und die Geschichte ihrer Familie in Briefen. Eine ungewöhnliche Wahl, zumal die Autorin aus ihrem Gedächtnis zitieren musste, denn materiell überliefert sind die meisten dieser Briefe nicht. »Es sind [...] Briefe [...], die ich sehr genau im Gedächtnis habe. Die Briefe spielten in meinem Leben eine sehr, sehr große Rolle. Im Leben meiner ganzen Generation wurden natürlich sehr viel mehr Briefe geschrieben, aber wir, die wir auf einer Farm lebten – [für uns] waren Briefe die einzige Verbindung zum Leben. Und später, ich musste ja mit sieben Jahren in ein Internat, die Schule war viel zu weit weg von der Farm, auf der wir lebten, und da waren die Briefe meiner Mutter und meines Vaters – das war wirklich ein Stück Heimat. [...] Natürlich waren die Briefe dann auch [die Verbindung zu] den Verwandten, die in Deutschland geblieben waren, bis zu dem Moment, wo sie deportiert wurden. Und auch zu den Bekannten, die in andere Länder emigriert waren, waren [...] die Briefe die Verbindung. Es kamen ja damals Briefe aus aller Welt zu uns nach Kenia, und die hat man so oft gelesen, [...] sie waren sehr wichtig.«[6]

Wenige Schreiben sind in dem Splitternachlass, der dem Deutschen Exilarchiv 1933–1945 der Deutschen Nationalbibliothek von der Familie Zweig als Geschenk überlassen wurde, im Original überliefert. So beispielsweise die schreckliche Nachricht vom gewaltsamen Tode Max und Liesl Zweigs, die am 24. April 1945 von Tarnopol (heute Ternopil) aus nach Nairobi geschickt wurde. Auch die Schreiben, die Anlass für Beginn und Ende des Exils markieren, sind im Original überliefert: das Schreiben des Reichsministers für Justiz vom 20. August 1937, mit dem Walter Zweig die Zulassung als Rechtsanwalt und Notar entzogen wird, und der Brief des Hessischen Staatsministeriums, in dem ihm am 30. Juni 1947 seine Ernennung zum Amtsgerichtsrat mitgeteilt wird. Wie stark der durch die Remigration hervorgerufene Bruch für Stefanie Zweig war, dokumentieren zwei erhalten gebliebene Zeugnisse. Während ihr die Kenya High School, Nairobi, 1947 bescheinigt, intelligent, fleißig und für ein späteres Studium geeignet zu sein, weist das Zeugnis der Frankfurter Herderschule von 1951 sie als mittelmäßige Schülerin aus, deren Sprachbegabung allerdings schon sichtbar wird: Das einzige »Sehr gut« hat sie in Englisch erhalten, die einzigen »Gut« in Deutsch und Französisch. Erhalten geblieben sind auch andere Dokumente, darunter die polizeiliche Abmeldung Walter Zweigs aus dem Jahr 1937, Mitgliedsausweise der Jüdischen Gemeinde Frankfurt am Main, 1947, sowie die »Sonderausweise, für Personen, die während des NS-Regimes aus politischen, rassischen oder religiösen Gründen in Haft waren« für das Ehepaar Zweig. An der Stelle, an der die Dauer der Inhaftierung im Dokument einzutragen ist, weist der Sonderausweis von Stefanie Zweig handschriftliche Änderungen auf. Statt der Dauer der Inhaftierung ist dort die Dauer des Exils angegeben: »9 Jahre Emigration in Afrika«. Für die erzwungene Emigration gab es offenbar im frühen Nachkriegsdeutschland keine Vordrucke.

Mützenband »Adolph Woermann« der Reederei Deutsche Afrika-Linien, [1938]

Mützenbänder waren beliebte Andenken an Schiffsreisen, auch für die Zweigs. Stefanie Zweig bewahrte in ihrer Wohnung zwei Mützenbänder auf. Auf zwei Schiffen der Deutschen Afrika-Linien emigrierten die Zweigs 1938 nach Kenia: Vater Walter Anfang 1938 auf der Ussukuma, Mutter Lotte und Tochter Stefanie im Juni auf der Adolph Woermann.

Stefanie Zweig: »Weisst du noch? From Mombasa to Leobschütz«, Frankfurt, 1958

In diesem Geburtstagbüchlein, gewidmet »Meinem lieben Papa«, erzählte Stefanie Zweig zum ersten Mal Geschichten aus ihrer Kindheit im kenianischen Exil. Im Nachwort schrieb sie: »So könnte ich lange weitererzählen.« Sie hat es als erfolgreiche Schriftstellerin später getan.

Aus dem Fotoalbum der Familie Zweig, Rongai/Kenia 1938

Auf einer Farm etwa 200 Kilometer nördlich von Nairobi erwartete Stefanie Zweig und ihre Familie ein völlig neues Leben. Da keine Schulpflicht bestand, verbrachte Stefanie das erste Jahr zu Hause.

Alle Abbildungen S. 202–204: Splitternachlass Stefanie Zweig, EB 2016/004, Deutsches Exilarchiv 1933–1945 der Deutschen Nationalbibliothek.

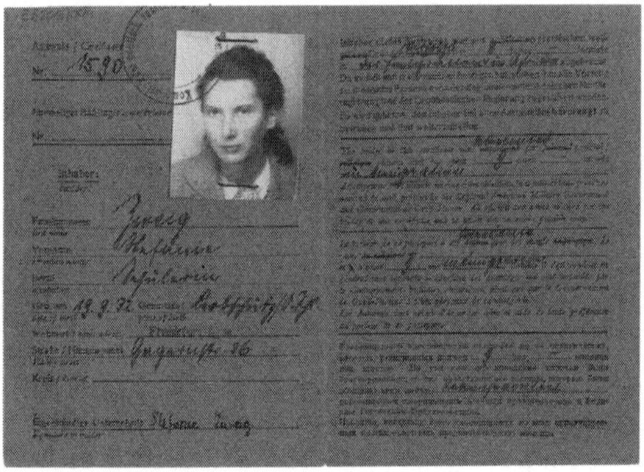

Sonderausweis für Personen, die während des Nazi-Regimes aus politischen, rassistischen oder religiösen Gründen in Haft waren. Für Stefanie Zweig, Frankfurt, 25. Juli 1947

Die Zweigs wurden nach ihrer Rückkehr aus dem Exil als »aus rassischen Gründen« Verfolgte anerkannt. Dazu musste der Ausweis, der ihnen eine besondere Betreuung ermöglichte, handschriftlich abgeändert werden. Statt eines Haftortes wurden Dauer und Ort des Exils eingetragen.

1 Stefanie Zweig, Nirgendwo in Afrika. Autobiografischer Roman, München 1995, S. 20. Der vorliegende Beitrag wurde veröffentlicht in der Zeitschrift Dialog mit Bibliotheken, Bd. 29, 2017, S. 37-39.

2 Stefanie Zweig, Nirgendwo in Afrika, a. a. O., S. 20.

3 Stefanie Zweig im Gespräch mit Birgit Spielmann, hr2, Das aktuelle Kulturgespräch, 19. September 2012.

4 Ebd.

5 Stefanie Zweig, Nirgendwo war Heimat. Mein Leben auf zwei Kontinenten, München, 2012, S. 296.

6 Stefanie Zweig im Gespräch mit Birgit Spielmann, a. a. O.

Sylvia Asmus

»Ein Kampfmittel gegen das sich von neuem erfrechende Nazitum«[1] – Das Deutsche Exilarchiv 1933–1945 der Deutschen Nationalbibliothek

Das Deutsche Exilarchiv 1933–1945 versteht sich als ein Ort der Auseinandersetzung mit den Themen Exil und Emigration während der Zeit des Nationalsozialismus. Ein Ort, der Geschichte aus der Gegenwart heraus befragt, der historische Dokumente auf Dauer sichert und sie für die Forschung und Öffentlichkeit zugänglich macht.

Schon die Gründer*innen hatten Ähnliches im Sinn.[2] Gemeinsam mit dem damaligen Direktor der Deutschen Bibliothek initiierten ehemals Exilierte 1948 die Gründung einer »Emigrantenbibliothek« in Frankfurt am Main. Nach ihrem Willen sollte die Institution »mit in erster Linie eine Kundgebung für die in Deutschland 1933–1945 verbannte, verbrannte und unterdrückte Literatur und deren geistige Nachfolge [sein], ein Kampfmittel gegen das sich von neuem erfrechende Nazitum [...].«[3] Bis heute wirkt dieser Gründungsauftrag nach. Auch deshalb hat neben der Sammlung die kulturelle Vermittlungsarbeit im Exilarchiv einen anhaltend hohen Stellenwert: Durch Ausstellungen, ein vielfältiges Veranstaltungsprogramm und Publikationen wird die Vielschichtigkeit des Exils zwischen 1933 und 1945 verdeutlicht und das Thema in die Gesellschaft getragen.

Die Sammlung

Die Sammlung des Deutschen Exilarchivs 1933–1945 ist in ihrem besonderen Zuschnitt singulär. Sowohl die Sammlung von Publikationen als auch die Sammlung von archivalischen Quellen zum deutschsprachigen Exil sind berufs- und disziplinübergreifend angelegt. Nicht die Prominenz der Personen oder Qualität und Gehalt der Publikationen sind die Kriterien, sondern der thematische Bezug und die Entstehungszeit.

Annähernd 33.000 Exilmonografien und 35.000 Zeitschriftenbände und -hefte zählen zum Bestand.[4] Der Sammelauftrag des Deutschen Exilarchivs ist breit gefasst und zielt auf die gesamte im Exil entstandene Buch- und Periodikaproduktion. Alle zwischen 1933 und 1950 im Exil entstandenen Publikationen, an denen deutschsprachige Exilierte beispielsweise in der Funktion als Autor*in, Herausgeber*in, Übersetzer*in, Beiträger*in, Illustrator*in, Typograf*in, Gestalter*in mitgewirkt haben, werden in die Sammlung aufgenommen. Neben Werken der Belletristik und der politischen Publizistik zählen auch Übersetzungen sowie natur- und geisteswissenschaftliche Werke dazu. Lässt die Rechtslage es zu, werden die Publikationenbestände weltweit digital zugänglich gemacht. 25.337 Publikationen und 101.746 Zeitschriftenseiten sind bereits digital verfügbar.[5] Hinzu kommen kleine Druckschriften, Beiträge in Sammelwerken und Zeitschriften sowie Flugblätter, Prospekte und Tarnschriften.

Ein weiterer Sammlungsschwerpunkt liegt auf archivalischen Quellen des deutschsprachigen Exils. Die Nachlässe in der Sammlung des Deutschen Exilarchivs lassen sich unterschiedlichen Berufen und Disziplinen zuordnen. Ein Sammlungsschwerpunkt liegt auf Beständen aus den Bereichen Publizistik, beispielsweise die Nachlässe von Margarete Buber-Neumann, Walter Fabian, Rudolf Olden und Karl Retzlaw, sowie Literatur-, Geistes- und Sozialwissenschaften, zum Beispiel die Nachlässe des Politologen Ossip K. Flechtheim, der Soziologen Joseph und Alice Maier, des Sozial- und Politikwissenschaftlers Sigmund Neumann, des Altphilologen Ernst Moritz Manasse und des Finanzwissenschaftlers Fritz Neumark. Ein besonderer Fokus liegt auch auf Nachlässen von Schriftsteller*innen, exemplarisch sind hier die Nachlässe bzw. Teilnachlässe von Leo Perutz, Soma Morgenstern, Ulrich Becher und Wilhelm Speyer zu nennen.

Aber auch aus den Bereichen Naturwissenschaft, Verlagswesen und Buchhandel, künstlerische Berufe, Rechtswissenschaft, Medizin und anderen Fachrichtungen und Berufsgruppen besitzt das Deutsche Exilarchiv 1933–1945 Bestände.

Aufgenommen werden auch Nachlässe ohne wissenschaftlichen oder künstlerischen Hintergrund, beispielsweise von emigrierten Geschäftsleuten oder Familienpapiere, die oft besondere Einblicke in die Alltagsgeschichte erlauben. Ein Augenmerk liegt auch auf Sammlungen, in denen die Exil-Erfahrungen von Kindern und Jugendlichen, wie Ernest Glaser, Thomas Haefner, Lili Fürst, Ernst Loewy, Kurt Salomon Maier und Stefanie Zweig, Ausdruck findet.

Zunehmend wird zudem ein Schwerpunkt auf die Archive von Exilforscher*innen gelegt, die wichtige Quellen für die Beschäftigung mit dem Exil und mit der Exilforschung darstellen. Zu nennen sind hier beispielsweise die Archive der Erziehungswissenschaftlerin Hildegard Feidel-Mertz, des Historikers Claus-Dieter Krohn, des Germanisten und Exilforschers John M. Spalek und des Filmwissenschaftlers und Exilforschers Günter Peter Straschek.

Neben persönlichen Nachlässen umfasst die Sammlung des Exilarchivs herausragende Exilbestände institutioneller Provenienz. Dazu zählen das Archiv der 1935 von Hubertus Prinz zu Löwenstein initiierten Hilfsorganisation »Deutsche Akademie im Exil / American Guild for German Cultural Freedom«, das fast vollständig überliefert ist und mit 968 Personenakten und einem umfangreichen Bestand zur Geschäftsführung der Organisation reiche bio-bibliografische Informationen enthält und Einblicke in Netzwerke des Exils erlaubt. Auch die Akten der Hilfsorganisation »Emergency Rescue Committee« mit 177 Personenakten und das Archiv des »Deutschen PEN-Clubs im Exil« stellen wichtige Quellen dar.

Sukzessive werden die Bestände digitalisiert und, wenn es rechtlich möglich ist, weltweit freigeschaltet.

Kulturelle Vermittlung und Bildungsarbeit

Dem Impuls der Gründer*innen folgend, bildet die museale Vermittlung einen Arbeitsschwerpunkt des Exilarchivs. Die Themen seiner Wechselausstellungen reichen dabei von spezifischen Exilländern (z.B. Niederlande oder Brasilien) über Exilorganisation (Exil-PEN und American Guild for German Cultural Freedom) bis hin zu monografischen Ausstellungen (z.B. Richard A. Bermann, Rudolf Olden, Joseph Roth und Soma Morgenstern) oder besonderen Themen wie Kinderemigration, Buchgestaltung oder Goethe-Rezeption im Exil.

Das historische Exil in seiner ganzen Bandbreite, so wie es auch in der Vielfalt der Bestände des Exilarchivs repräsentiert ist, nimmt die Dauerausstellung »Exil. Erfahrung und Zeugnis« in den Blick.[6] Etwa eine halbe Million Menschen wurden ab 1933 aus dem Machtbereich der nationalsozialistischen Diktatur ins Exil gezwungen. Ihnen gemeinsam war, dass sie ausgegrenzt und verfolgt wurden. Die konkreten Anlässe und Zeitpunkte ihrer Flucht hingegen unterschieden sich, so wie auch ihre Wege, Ziele und Erfahrungen im Exil. Dies anhand historischer Quellen und musealer Objekte erfahrbar zu machen, ist Ziel der Dauerausstellung. Anhand von 250 Exponaten und 300 Publikationen bietet sie einen weitreichenden Überblick über das Phänomen des deutschsprachigen Exils 1933–1945 und versteht sich zugleich als ein Plädoyer für den Blick auf Details und für Multiperspektivität im Umgang mit Geschichte.

Dabei bieten sich zahlreiche Verbindungslinien in die Gegenwart. Rassismus und Antisemitismus erstarken wieder, über Begriffe wie »Zugehörigkeit«, »Einwanderungsland« und »Integration« wird teils heftig gestritten. Diese Debatten haben einen historischen Resonanzraum, zu dem der Nationalsozialismus und das Exil zwischen 1933–1945 gehören. Am historischen Gegenstand können aktuelle Fragen oft ruhiger diskutiert werden als das in hitzigen Gegenwartsdebatten möglich ist. Natürlich lassen sich die Fragen des historischen Exils und Gegenwartphänomene nicht einfach gleichsetzen. Zu unterschiedlich sind die weltpolitischen Konstellationen. Aber: Wir können gesellschaftspolitische Muster erkennen, die bis heute wirksam sind. Auch die Perspektive auf das historische Exil ändert sich ständig. Aus unserer Gegenwart heraus stellen wir andere Fragen an diese Zeit als die Generation vor uns. Die Erinnerung an das historische Exil verknüpft sich zudem heute mit den Erfahrungen von Menschen, die nach Gewalterfahrungen und Flucht in Deutschland Zuflucht suchen oder aus anderen Gründen hier im Exil leben.

Wir deuten vor diesem Hintergrund die Überlieferungen des historischen Exils neu und verbinden sie mit anderen Kontexten und Phänomenen. Daraus können neue Erkenntnisse entstehen. Der politische Impetus der Gründungsgeneration des Exilarchivs lebt damit weiter.

Die Sammlung des Deutschen Exilarchivs wird auch in Zukunft wachsen. Die Geschichte des Exils (und auch die Geschichte des Exilarchivs) wird so in der Gegenwart fortgeschrieben. Eine anwachsende Sammlung bedeutet auch, dass sich der Blick auf das Exil stetig erweitert: um neue Persönlichkeiten, neue Lebensgeschichten, neue Themen.

1 Protokoll der Hauptvorstandssitzung des Schutzverbands Deutscher Schriftsteller in der Schweiz, 21. Februar 1950, Deutsches Exilarchiv 1933-1945 der Deutschen Nationalbibliothek.

2 Zur Geschichte des Deutschen Exilarchivs siehe: Sylvia Asmus, Von der Emigrantenbibliothek zum Deutschen Exilarchiv, in: Claus-Dieter Krohn, Lutz Winckler (Hg.), Bibliotheken und Sammlungen im Exil, (= Exilforschung. Ein internationales Jahrbuch, Nr. 29/2011), München 2011, S. 166–178; Sylvia Asmus, Brita Eckert, Vermittelte Erinnerung. Zur Geschichte des Deutschen Exilarchivs und seiner Ausstellungen, in: Claus-Dieter Krohn, Lutz Winckler (Hg.), Gedächtnis des Exils – Formen der Erinnerung, (= Exilforschung. Ein internationales Jahrbuch, Nr. 28/2010), München 2010, S. 35-46; Brita Eckert, Mechthild Hahner, Marie-Luise Passera [u. a.], 35 Jahre Exilliteratur 1933-1945 in der Deutschen Bibliothek, Frankfurt am Main, Frankfurt am Main 1984

3 Protokoll der Hauptvorstandssitzung des Schutzverbands Deutscher Schriftsteller in der Schweiz, 21.2.1950, Deutsches Exilarchiv 1933-1945 der Deutschen Nationalbibliothek.

4 2016 wurde die Sammlung Exil-Literatur 1933-1945, die bis dahin eigenständig am Leipziger Standort der Deutschen Nationalbibliothek angesiedelt war, in das Deutsche Exilarchiv 1933-1945 eingegliedert.

5 Recherchierbar im Portal der DNB: <www.dnb.de>.

6 Zur Dauerausstellung siehe: Exil. Erfahrung und Zeugnis. Katalog zur Dauerausstellung des Deutschen Exilarchivs 1933-1945 der Deutschen Nationalbibliothek, hrsg. von Sylvia Asmus im Auftrag der Deutschen Nationalbibliothek, Göttingen 2019.

Wolfgang Benz

Ankommen und dazu gehören

Ganz typisch sind sie nicht, die beiden Mädchen Delovan und Zaina, deren stylish fotografierte Porträts im Juni 2021 in einer Berliner Zeitung abgebildet sind. Sie sind nicht nur sehr hübsch, sie haben soeben das Abitur mit 1,0 bestanden, die eine engagiert sich außerdem beim Roten Kreuz, spielt Tennis und hatte in einem Film eine kleine Rolle, die andere ist politisch interessiert und bei »Fridays for Future« aktiv. Höhere Töchter aus behüteten deutschen Bürgerfamilien? Nein, Flüchtlinge aus Syrien, die 2014/15 in Deutschland ankamen. Beide sprachen noch kein Wort Deutsch, jetzt werden sie als Jahrgangsbeste an Berliner Gymnasien gefeiert. Der Artikel über ihren persönlichen Erfolg singt das Hohe Lied gelungener Integration.[1]

Für die meisten Flüchtlinge und Vertriebene, die in der Bundesrepublik ankommen, sich um Asyl bewerben oder wenigstens um geduldeten Aufenthalt, ist es dagegen schwer, Fuß zu fassen. Die drei jungen Frauen Ghason Tara, Shirin Kilo und Nadia Murad stammen aus dem Dorf Kodscho im Nordirak. Sie gehören der dort lebenden religiösen Gruppe der Jesiden an, die im Sommer 2014 ins Visier der Terrororganisation »Islamischer Staat« geriet und Opfer eines Genozids wurde. Die jesidischen Männer wurden ermordet, die Frauen vergewaltigt und versklavt. Wenigen gelang die Flucht. Unter ihnen den Mädchen Ghason, Nadia und Shirin. Sie landeten im Frühjahr 2015 in Stuttgart, nachdem das Land Baden-Württemberg in einer humanitären Geste 1.100 jesidischen Frauen und Kindern Einreise und Aufenthalt sowie medizinische und psychologische Betreuung zugesagt hatte. 95 Millionen Euro gab das Land dafür aus. Die Schicksale der jungen Frauen entwickelten sich unterschiedlich. Ghason lebt in Freiburg, Shirin auf der Schwäbischen

Alb. Nadia wohnte in Heilbronn, bis sie Karriere machte als Aktivistin, als Sonderbotschafterin der UNO, die für ihr Engagement den Friedensnobelpreis erhielt. Ghason und Shirin gerieten dagegen in die Mühlen der Bürokratie, kämpfen um den Aufenthaltsstatus, fürchten die Abschiebung in den Irak.[2]

Die Erinnerung, dass auch Deutsche auf der Flucht waren, im 19. Jahrhundert vor wirtschaftlichem Elend, im 20. vor politischer Verfolgung, ist nützlich, um die Situation der jetzt bei uns Ankommenden verstehen zu können. Die Erfahrung von Flucht und Vertreibung aus Hitlerdeutschland bewirkte, dass ins Grundgesetz der Bundesrepublik das Versprechen »politische Flüchtlinge genießen Asyl« hineingeschrieben wurde. Unter der Abweisungsformel, Deutschland sei kein Einwanderungsland, unterschieden Politiker später nicht nur zwischen Asylbewerbern und »Wirtschaftsflüchtlingen«, sie erschwerten mit spitzfindig konstruierten Barrieren und Hindernissen gegen politische Flüchtlinge die Aufnahme von Migranten. Auch die Parole, Deutschland sei kein Einwanderungsland, war von Anfang an falsch. Und die Ausgrenzung von »Wirtschaftsflüchtlingen« war nicht nur egoistisch und inhuman, sondern vor allem auch ohne jedes Geschichtsverständnis dekretiert.

Die Deutschen, die im 19. Jahrhundert aus Armut als »Wirtschaftsflüchtlinge« nach Amerika oder Australien gewandert waren, wurden, wenn sie dort ihr Glück gemacht hatten, gefeiert. Aber der Grund ihrer Migration war verdrängt und vergessen. Zwischen 1830 und 1870 gab es in Paris ein Proletariat aus Armutszuwanderern in der geschätzten Größenordnung von 50.000 bis 100.000 Menschen, die als Straßenkehrer und Müllwerker arbeiteten. Sie lebten, nach heutigem Begriff, in einer »Parallelgesellschaft«. Die Erwachsenen waren der französischen Sprache nicht mächtig, ihre Kinder lernten sie schneller als die Muttersprache und hatten deshalb bald Verständigungsprobleme mit den Eltern. Das Elend war erbarmungswürdig. In einem zeitgenössischen Bericht sind die Leute beschrieben: »Im Winter tragen die Männer einen Pelz von Hundefell, die Frauen und Kinder – denn auch solche sind in die Brigade einrangiert – tragen alte Kaliko-Lumpen und ein rotes oder grünes wollenes Tuch über den Kopf gebunden ... Es wird schwerlich in Paris irgendeine Arbeiterklasse geben, die es im Entbehren so weit gebracht hat ... in einem Beruf, der dem arbeitsfähigen Mann als Maximum täglich 2 ½ Francs einbringt ... Frauen und Kinder verdienen 25 bis 30 Sous. Ihr Tagewerk beginnt in jeder Jahreszeit um 3 Uhr morgens, und mit den Füßen in der Nässe arbeiten sie bis gegen 11 Uhr.«[3]

Die armen Zuwanderer kamen aus Deutschland. Die Müllwerker stammten aus Hessen. Im Steinbruch arbeiteten Pfälzer, andere Deutsche betätigten sich als Erdarbeiter oder Lumpensammler. Das deutsche Subproletariat in der französischen Hauptstadt wurde, da Sozialleistungen noch unbekannt waren, von der Armenseelsorge betreut.

Die deutschen Müllarbeiter in Paris waren die Ärmsten der Armen. Sie konnten das Geld für die Passage nach Amerika nicht aufbringen, dem Ziel der Massenmigration des 19. Jahrhunderts. Zwischen 1820 und 1930 wanderten etwa 5,9 Millionen Deutsche in die USA, zumeist Klein- und Armbauern, Handwerker, Heimarbeiter, Tagelöhner und Knechte. Bevölkerungsdruck, Missernten, Hunger und Teuerung sowie Arbeitslosigkeit im Zuge der Frühindustrialisierung waren Gründe auszuwandern und, meist im Familienverband, eine neue Existenz im lockenden Paradies USA zu errichten. Die Migranten waren Wirtschaftsflüchtlinge, das Gastland USA war jedoch bereit, sie zu integrieren.

Eine andere historische Erfahrung war die Flucht aus Hitlerdeutschland. Nach dem Machterhalt der Nationalsozialisten 1933 mussten Politiker, Intellektuelle, Journalisten, die gegen die Ideologie der Hitleranhänger gekämpft hatten, ihre Heimat verlassen. In einer ersten Emigrationswelle entzogen sich ab Frühjahr und Sommer 1933 Gegner des Nationalsozialismus, die durch parteipolitische, publizistische oder sonstige Aktivitäten exponiert waren, durch Massenflucht der Verfolgung. Es waren vor allem Funktionäre der Arbeiterbewegung, Kommunisten, Sozialdemokraten, Angehörige sozialistischer Parteien links der SPD, Journalisten und Literaten, Künstler und Intellektuelle, die den zur Macht gekommenen Nationalsozialismus fürchten mussten. Ende 1935 waren nach Angaben des Flüchtlingskommissars des Völkerbunds 6–8.000 Kommunisten, 5–6.000 Sozialdemokraten und etwa 5000 andere aus politischen Gründen emigriert. Insgesamt waren es etwa 30.000 Personen, die zwischen 1933 und 1939 das Deutsche Reich (einschließlich des 1938 annektierten Österreich und der annektierten Sudetengebiete) verlassen hatten.[4]

Die politische Emigration verlief in mehreren Wellen. Die erste setzte mit dem Terror der »Machtergreifungs«-Zeit ein, und zu ihr gehörten auch die Errichtung von Stützpunkten und Auslandsvertretungen bzw. des Exilvorstandes der Sozialdemokratie in Prag (Mai 1933), die Verlegung der KPD-Zentrale nach Paris und dann nach Moskau. Eine zweite politische Emigrationswelle erfolgte 1934, als einige tausend Protagonisten der österreichischen Arbeiterbewegung nach dem Schutzbundaufstand gegen die Dollfuß-Regierung vor allem in die Tschechoslowakei flohen. Die dritte Welle brachte die Saar-Abstimmung 1935, als wiederum in erster Linie Angehörige der Arbeiterbewegung aus dem Saargebiet u. a. nach Frankreich fliehen mussten, weil das Territorium ihres Exils nach dem Plebiszit an das Deutsche Reich fiel. Unter diesen ca. 4.000 politischen Flüchtlingen befanden sich viele, die bereits in der ersten Emigrationswelle das Deutsche Reich verlassen hatten. Nach dem Anschluss Österreichs im Frühjahr 1938 flohen nicht nur die Reste der Sozialdemokraten und Kommunisten, sondern auch christlich-soziale Anhänger des Ständestaats und bürgerliche Konservative vor Hitler vor allem in die Tschechoslowakei. Die letzte Emigrantenwelle folgte der Annexion der Sudetengebiete, 4.000–5.000 Sozialdemokraten und etwa 1.500 Kommunisten flohen ins Exil, Aufnahmeländer dieser Gruppen waren namentlich Großbritannien und Schweden.[5]

Als klar wurde, wie ernst die Nazis ihre Rassenlehre nahmen, wie unerbittlich sie den Antisemitismus praktizierten, erkannten auch deutsche Juden die Gefahr. Flucht und Vertreibung der Juden aus Deutschland spiegeln in ihrer Intensität die nationalsozialistische Politik wider. 1933 verließen als Reflex auf die terroristischen Begleiterscheinungen der »Machtergreifung« 37.000–38.000 Juden Deutschland. Ihnen folgten 1934, in dem Jahr, in dem die Konsolidierung der NS-Herrschaft abgeschlossen war, 22.000–23.000 jüdische Deutsche. 1935 emigrierten 20.000 bis 21.000 Juden. Das einschneidende Ereignis dieses Jahres, die Nürnberger Gesetzgebung, die Juden zu Staatsangehörigen minderen Rechts herabstufte, wirkte sich erst in der Statistik des Jahres 1936 mit 24.000–25.000 jüdischen Emigranten aus. Die scheinbare Beruhigung der Situation im Olympiajahr 1936, als nach dem Eindruck vieler Juden der antisemitische Aktionismus des Regimes sich gemäßigt zu haben schien, zeigte sich in nur 23.000 Emigranten im folgenden Jahr 1937. Die Verschärfung der judenfeindlichen Politik, ihr Umschlagen von Diskriminierung und Verfolgung durch legislatorische Akte in brachiale Gewalt, demonstriert durch die Austreibung der polnischen Juden im Oktober 1938 und durch die Pogrome der »Reichskristallnacht« im November 1938, führte zur größten Auswanderungswelle mit 33.000 bis 40.000 Menschen bis Ende 1938 und 75.000 bis 80.000 im Jahre 1939.

Es war die Zeit des stärksten Auswanderungsdrucks, der durch die Inhaftierung der jüdischen Männer in Konzentrationslagern unmittelbar nach dem 9. November 1938 und durch die »Arisierung« noch vorhandener jüdischer Unternehmen, durch die Forcierung der seit 1933 verhängten Berufsverbote und durch die fortschreitende Entrechtung im öffentlichen und privaten Leben herrschte.[6]

Manche hatten sogar doppelten Grund zur Flucht aus Deutschland. Der 17-jährige Maschinenschlosserlehrling Ernst Kroch wurde 1934 in Breslau verhaftet, weil er als Kommunist Widerstand gegen das NS-Regime leitete. Außerdem war er Jude. 1937 aus dem KZ entlassen, machte er sich auf den Weg nach Paraguay. Auf der Zwischenstation Montevideo stellt sich heraus, dass das Visum für Paraguay ungültig ist. Ernesto, wie er sich bald nennt, darf aber in Uruguay bleiben. Er ist rasch integriert, arbeitet jahrzehntelang in einer Kesselfabrik, engagiert sich als Gewerkschafter. 1982 ist er zum zweiten Mal Emigrant: Als politischer Flüchtling vor der Militärdiktatur findet er Aufnahme in Deutschland. Nach dem Ende des Militärregimes in Uruguay lebte er wieder in Montevideo, aber auch weiter in Frankfurt am Main.[7]

In Berlin bricht 1938 ein anderer junger Mann auf, um eine neue Heimat zu finden. Seine Geschichte ist gleichermaßen einzigartig wie typisch für die jüdische Emigration. Auch er ist, wie Ernst Kroch, 17 Jahre alt und trägt noch seinen deutschen Namen Walter Kleinmann, als er 1938 in Lissabon das Schiff besteigt, das ihn nach Südamerika bringen wird. In Rio de Janeiro verliert er die Mitreisenden aus dem Auge und verpasst das Schiff. Als Küchenhilfe an Bord eines Frachters gelangt er schließlich nach Buenos Aires. Er hat keinen Beruf, kennt die Sprache nicht, sucht

Arbeit. Das ist nicht leicht. Damit ist Walter aber auch nicht allein. In einer Annonce in der jüdischen deutschen Zeitung bietet zum Beispiel ein Emigrant seine Dienste an: »Zuverlässiger Herr, 58 Jahre, Kenner aller jüdischen religiösen Gebräuche, wäscht auch Wäsche, pflegt Kranke, nimmt am Minian teil. Kommt zum Kaddischgebet ins Haus.«

Der junge Jude Walter Kleinmann aus Deutschland sucht eine Stelle. Eine Exportfirma braucht einen deutschsprachigen Boten, aber der freundliche Personalchef wird eisig, als er den Namen des Bewerbers hört: »Wir stellen keine Juden ein«. Nach Versuchen bei einer Bestattungsfirma, einer Agentur, die Statisten bei Hochzeiten und Beerdigungen vermittelt, als Putzhilfe in einer Kneipe findet er einen schlecht bezahlten Job in einer Elektrofirma. Er wird zu Reparaturen und auf Montage und zur Betreuung von Umzügen geschickt. Er trifft dabei immer die gleichen Kollegen, die als Tischler, Klempner, Schlosser, Tapezierer werken. Sie haben so wenig Ahnung von dem Handwerk, das sie ausüben, wie der »Elektriker« Walter Kleinmann, denn sie sind Immigranten, die in Deutschland Buchhalter oder Kaufleute, Rechtsanwälte und Ärzte gewesen waren.

Anfang 1940 kommen die Eltern und Geschwister nach Buenos Aires. Der Vater, Dr. Hans Kleinmann, war in Berlin ein angesehener Jurist gewesen, in Argentinien schleppt er Bleirohre in einer Gießerei. Trotz des kläglichen Starts wird sein Sohn Walter, der sich bald Juan Jacoby nennt, ein erfolgreicher Geschäftsmann in der Elektrobranche, hat Angestellte und reist, lange nach dem Zweiten Weltkrieg, jährlich zur Fachmesse nach Deutschland. Die Wirtschaftskrise in Argentinien vernichtet jedoch um das Jahr 2000 seine Existenz. Schweren Herzens kehrt Juan Jacoby nach Deutschland zurück und muss dort für den Rest seiner Tage von einer Rente der Bundesrepublik leben.[8]

Einige wenige, die aus Hitlerdeutschland vertrieben wurden, machten in der Emigration Karriere und kehrten doch nach Deutschland zurück. Seine Heimatstadt Berlin hatte Hellmut Stern nach der »Reichskristallnacht« 1938 mit knapp elf Jahren verlassen. Die Flucht führte ihn mit seinen Eltern nach Harbin in China, das unter japanischer, später russischer Hoheit stand. Außer den drei Sprachen Chinesisch, Russisch, Japanisch lernte er dort Violine und Klavier zu spielen, gab mit 14 Jahren sein erstes Konzert und war bald Ernährer seiner Eltern, die sich mit Musikunterricht kaum über Wasser hielten. Hellmut spielte in Kaschemmen und Nachtlokalen, bei Hochzeiten und im Bordell. Die Ausreise aus China nach dem Zweiten Weltkrieg war mühsam. Nach langem Warten erreichte die Familie Stern Silvester 1949 Haifa. Dort setzte Hellmut Stern (zunächst ohne Englisch- oder Hebräischkenntnisse) seine musikalische Tätigkeit fort, wurde mit 21 Jahren Mitglied des israelischen Symphonieorchesters und kam 1955 bei einem Gastspiel zum ersten Mal wieder nach Berlin. Nach weiteren Stationen in den USA fand er 1961 die ersehnte musikalische Heimat bei den Berliner Philharmonikern. 34 Jahre, bis 1995, saß er am Pult der Ersten Geigen. Temperament und soziales Engagement führten ihn in den Orchestervorstand. 2020 ist er, von vielen betrauert, gestorben.[9]

Die Rückkehr aus dem Exil war aber nicht die Regel. Aus den Emigranten der Nazijahre waren in der Nachkriegszeit »Fremde« geworden. Manchen waren sie als »Vaterlandsverräter« suspekt, andere sahen die wenigen Rückkehrer als Strafende oder als Bußprediger, unterstellten ihnen Rachegelüste. Oder es waren einfach die Ressentiments der Antisemiten und Fremdenfeinde, an denen der Judenmord nichts geändert hatte. Einen Appell zur Rückkehr der aus NS-Deutschland Vertriebenen und Geflohenen hat es nie gegeben. Nur wer berühmt war wie Thomas Mann oder Bertolt Brecht, wer durch künstlerische, intellektuelle oder ähnliche Leistungen Renommee genoss, war willkommen in der alten »Heimat«.

Eine Lehre aus der Migrationsgeschichte lautet: Der Dialog zwischen Integrierten und zu Integrierenden, zwischen Mehrheit und Minderheit, zwischen Autochthonen und Migranten steht am Anfang aller Integration. Die entscheidende Frage lautet, wie sich »Integration« individuell und familiär vollzieht. Aus der Erfahrung der Migranten ist viel zu lernen; vor allem dies: Integration braucht Zeit, sie vollzieht sich kaum in der ersten Generation. Zuwendung in Form herablassenden Mitleids mit Zuwanderern ob ihrer unbefriedigenden Rolle in der Gesellschaft des Aufnahmestaats ist keine Problemlösung, denn sie zwingt Migranten in eine Opferrolle und macht sie nicht zu Bürgern.

Auf der anderen Seite möglicher Positionen wurde vor etwa einem Jahrzehnt die Metapher der »Leitkultur« entwickelt. Der Begriff »Leitkultur« war ursprünglich als konsensbildend für Deutsche und Migranten vorgeschlagen worden, wurde dann aber, im Wahlkampfjahr 2000, politisch instrumentalisiert und förderte im Sinne einer Dominanzkultur nicht Integration, sondern Exklusion. Vor diesem Hintergrund ist das Postulat nach Assimilation kritisch zu hinterfragen. Festzuhalten ist: »Integration« muss als Appell zum Zusammenleben unter Achtung gemeinsamer Regeln im Respekt vor den anderen, die nicht mehr »Fremde« sein sollen, verstanden werden.

Zusammenfassen lassen sich die Probleme des Ankommens und Dazugehörens in Thesen:

1. Voraussetzung für jede Integration ist es, Kenntnis voneinander zu nehmen, d. h. die Mehrheitsgesellschaft braucht Informationen über die Zuwanderer. Und die Migranten müssen ihrerseits über die Aufnahmegesellschaft – deren Werte und Normen – Bescheid wissen und diese akzeptieren.
2. Solidarität bedeutet nicht Mitleid, sondern Interesse an Neubürgern. Der Wille zur Aufnahme in die Gesellschaft und die Begegnung sind wichtig.
3. Respekt vor der Kultur und Eigenart des Migranten sind unabdingbar. Das bedeutet nicht bedingungslose Zustimmung, gebietet aber, essenzielle Werte der Aufnahmegesellschaft – wie die Geltung der Menschenrechte, die Gleichberechtigung von Frauen und Männern – auf Augenhöhe zu diskutieren und zu akzeptieren.
4. Als gleichwertige Partner einer Integration müssen Zuwanderer und Autochthone miteinander in den Dialog eintreten, um Probleme des Miteinanderlebens zu lösen.
5. Dazu sind Bildung und Sprachkompetenz erforderlich, die erworben werden müssen. Daraus ergeben sich Forderungen an Schule und außerschulische Bildungssysteme, die dazu die notwendige Ausstattung brauchen, Voraussetzung ist aber auch die Bereitschaft der Ankommenden, die Bildungseinrichtungen zu nutzen.
6. Das Erkennen und Überwinden von Vorurteilen, die Auflösung von Ressentiments sind mit den durch Bildung geschaffenen Voraussetzungen möglich und dringend geboten.

7. Öffentliche Sanktion jeder Diskriminierung ist notwendig, sie existiert in der Bundesrepublik Deutschland auch in Gestalt des Allgemeinen Gleichstellungsgesetzes und wird garantiert durch eine staatliche Agentur, die »Antidiskriminierungsstelle des Bundes« in Berlin. Die entscheidende Frage bleibt freilich offen: Wie erfahren Diskriminierte in den Minderheiten von ihren Möglichkeiten der Beschwerde und Mediation und wer gibt ihnen den Mut, von ihren Rechten Gebrauch zu machen?
8. Die soziale und politische Sozialisation von Migranten ist ohne Partizipation nicht möglich. Das gilt, über das Wahlrecht hinaus, ganz wesentlich für die Besetzung von Stellen im öffentlichen Dienst, damit Migranten als Bürger in Erscheinung treten, dass aus Ankommenden Dazugehörige werden.

1 Perfekt angekommen, in: Der Tagesspiegel 26.6.2021.

2 Höhere Macht, in: Süddeutsche Zeitung 16.11.2018.

3 Wilfried Pabst, Subproletariat auf Zeit: deutsche »Gastarbeiter« im Paris des 19. Jahrhunderts, in: Klaus J. Bade (Hrsg.), Deutsche im Ausland. Fremde in Deutschland. Migration in Geschichte und Gegenwart, München 1992, S.263-268.

4 Wolfgang Benz, Flucht aus Deutschland. Zum Exil im 20. Jahrhundert, München 2001.

5 Claus-Dieter Krohn u.a. (Hrsg.), Handbuch der deutschsprachigen Emigration 1933–1945, Darmstadt 1998.

6 Wolfgang Benz, Jüdische Flüchtlinge aus dem nationalsozialistischen Deutschland und dem von Deutschland besetzten Europa seit 1933, in: Klaus J. Bade u.a. (Hrsg.), Enzyklopädie Migration in Europa. Vom 17. Jahrhundert bis zur Gegenwart, Paderborn und München 2007, S. 715-722.

7 Ernesto Kroch, Heimat im Exil. Exil in der Heimat, Berlin 2004.

8 Juan Jacoby, Expulsados, ungedr. Manuskript, Zentrum für Antisemitismusforschung TU Berlin.

9 Hellmut Stern, Saitensprünge. Die ungewöhnlichen Erinnerungen eines Musikers, der 1938 von Berlin nach China fliehen mußte, 1949 nach Israel einwanderte, ab 1956 in den USA lebte und schließlich 1961 zurückkehrte als Erster Geiger der Berliner Philharmoniker, Berlin 1997 (zuerst 1990).

ANGST UND SCHRECKEN SIND TEIL MEINER EXISTENZ

Sajjad Jahan Fard

Sajjad Jahan Fard

Ein Leichnam für das Leben

»Halt!«

Mit dem Schrei des Soldaten rollten der wuchtige Körper des Pferdes und Teuar, der es am Zügel geführt hatte, ineinander verkeilt den steilen Hang hinunter, bis zum Fuße des Berges. Dler, der sich ein paar Schritte dahinter über den Weg vorangekämpft hatte, hielt erschrocken inne und starrte dem Bündel mit weit aufgerissenen Augen hinterher. Voller Angst hörte er das Brechen der Äste und Büsche und das Rauschen der Blätter, das die beiden Körper beim Hinunterrollen erzeugten. Er ließ den Fernseher von seinem Rücken zu Boden gleiten und tastete seinen Körper ab, um zu sehen, ob er von einer Kugel getroffen worden war. Aber er war unversehrt. Und so eilte er den Hang hinunter, fiel über Steine und Büsche, stolperte über hervorstehende Wurzeln und rutschte über den Schnee. Haltlos kollerte er mit dem losgetretenen Schnee hinunter. Als er völlig außer Atem endlich über den beiden stand, hatte sich das Blut von Teuar bereits mit dem des Pferdes vermischt. Er stellte bei Teuar zwei Schusswunden fest, während das Pferd durch mehrere Kugeln am Hals getroffen worden war. Mit jedem klagenden Wiehern spritzte dickflüssiges Blut aus seinem durchlöcherten Hals. Teuars Gesicht steckte in glitschig schlammigem Schnee, von ihm war nur ein ersticktes Klagen zu hören. Vergebens versuchte er, seine Beine, die unter dem Pferd eingequetscht waren, zu befreien. Dler löste mit zittrigen Händen die Seile, mit denen sie die Schmuggelware am Rücken des Pferdes befestigt hatten, um dem Tier die Last abzunehmen. Eisenstäbe rutschten weiter hinunter und prallten an einen großen Felsen, ein paar Meter unterhalb von ihnen, wo sie hängen blieben. Mühsam gelang es ihm, seinen Vater unter der Last des Pferdes herausziehen. Sein Körper bebte vor Kälte, er spuckte Blut. Wut, aber zugleich auch Panik schnürten Dlers Kehle derart zu, dass er weder zu weinen noch zu schreien vermochte. Er drehte sich um die eigene Achse und war wie gelähmt. Als er sich zu seinem Vater legte, ihn umarmte, seine Hände festhielt, die trockenen Lippen mit dem Blut seines Vaters befeuchtete, befreite sich ein Schluchzen aus seiner Kehle und ein Schrei brach mit aller Kraft hervor.

Zwei Körper lagen hilflos im Sterben nebeneinander und verloren Blut. Das Pferd, das schwerer getroffen war, warf sich hin und her und wieherte schmerzerfüllt. Es biss mit dem Maul, aus dem Blut rann, in den Schnee. Dem Vater, in dessen Kehle sich jahrelang das Blut des Kummers aufgestaut hatte, spritzte es nun heraus und ließ den Schnee um ihn herum schmelzen. Der Kühlschrank, den er auf seinem Rücken getragen hatte, war einige Meter weiter geschleudert worden.

Hoch über ihnen, auf dem Gipfel eines Berges, unterhielt sich ein Offizier rauchend mit einem Soldaten, als wäre es ein ganz gewöhnlicher Tag. Die Pfade in der wilden Region waren derart steil und schwer zu begehen, dass man sich hinsetzen musste, um sich rutschend hinunter zu tasten. Manchmal waren sie so schmal, dass zwei Menschen, auch ohne etwas auf dem Rücken zu tragen, nicht nebeneinander zu gehen wagten. Sie mussten einander mit einem Seil sichern, damit niemand in die Schlucht stürzte. Je größer die Erschöpfung in den Füßen und schwer beladenen Körpern war, umso enger und gefährlicher wurden die Wege und Pfade Jahr für Jahr. Auch die Pferde und Maultiere hatten die schwer bezwingbare Route satt, die sie immer und immer wieder nachts abtrotten mussten. Die Menschen taten es freiwillig, die Tiere wurden dazu gezwungen.

Kein Mensch hatte sich bisher den gesamten Weg merken können, darum waren sie auf den Instinkt der Tiere angewiesen, mussten die Augen schließen, um nicht von den tiefen Abgründen geschluckt zu werden. Vorsichtig, durch halbgeöffnete Lider, suchten sie die Abdrücke der Hufe auf dem schmalen Pfad, um den Weg für die unerfahrenen Jungen hinter ihnen auszutreten. Seit vielen Jahren fordern die Wegesränder zu allen vier Jahreszeiten ihren Blutsold. Die Bäche führen Blut und treiben es vorbei an Büschen und Bäumen, die am Ufer wachsen, hinunter in die Flüsse bis hin zur Mündung. Eine ganze Hochebene ist in Rot getunkt. Früher war es das frische Wasser, das die Natur rot erblühen ließ. Aber seit Jahren ist es die Natur, die Eiter und Blut ausspuckt. Wenn sie es nicht tut, dann sind es die Flussdeltas, die durstig ihre Mäuler aufsperren und zubeißen. Und jedes Mal schlucken sie einen Teil der Natur und haben auch schon Teile der Berge verschlungen. An manchen Stellen wachsen weder Gras noch Bäume. Die Menschen der Karawanen finden Zuflucht in den Wäldern, und die Frauen sind es gewohnt, die Kinder bei der Hand zu nehmen und ein paar Schritte vor den Männern den Berg über den Pfad zu erklimmen. Der unbarmherzige Weg ist an manchen Stellen so schmal, dass die Mütter die Hände der Kinder loslassen müssen und dazu gezwungen sind, im Gänsemarsch hintereinander zu gehen. Beim Bergabgehen, wenn sie den schmalen, steilen Weg erblicken, werfen sie ihre Last ab, und wollen nicht mehr der Karawane folgen.

Dler riss den Ärmel seiner Jacke ab und schlang ihn um den Hals seines Vaters. Er konnte das Blut aber nicht stoppen. Je mehr er zuzog, umso stärker drang das Blut durch den Stoff. »Du bist der Mann der mühseligen Zeiten. Nimm dich zusammen und steh auf, Vater!«, versuchte er seinen Vater zu ermutigen. Tränen liefen ihm über die Wangen, er bewegte die Lippen, um etwas zu sagen, aber er brachte keinen Ton hervor. Dler war am Ende seiner Kräfte, wusste nicht, was er in dieser Kälte und an dem verlassenen Ort nun tun sollte. Er konnte den Tod seines Vaters nicht hinnehmen und die Leiche einfach an diesem unwirtlichen Flecken Erde zurücklassen. Mit seinen klammen Händen schob er den Schnee zur Seite, zog den Körper des Vaters in die Grube und verbarg ihn unter dem Schnee. Auch das Pferd zuckte im Sterben. Das geronnene Blut und der Schatten seines Körpers zierten das umliegende Weiß im Licht des Mondes.

Je mehr Zeit verging, umso kälter wurde es. Auch Dlers Körper war vor Kälte taub geworden. Er konnte seine Finger nicht mehr spüren und die Zunge nicht bewegen. Auf der Suche nach ein wenig Wärme kroch er unter den Bauch des blutüberströmten Pferdes. Mit letzter Kraft erinnerte er sich an die Unterhaltung mit seinem Vater:

»Ich bin erschöpft. Meine Kräfte lassen mich im Stich.«

»Mein Sohn, ich kann meinen Rücken auch nicht mehr strecken. Halte durch, sonst wird uns die Karawane zurücklassen! In ein paar Minuten werden wir eine Rast einlegen.«

»Meine kraftlosen Beine gehorchen mir nicht mehr. Weißt du, wie lange ich nicht mehr die Augen zum Schlafen geschlossen habe? Ich bin seit vielen Tagen nicht mehr in die Schule gegangen. Meine Aufgaben haben sich zu einem Haufen angesammelt. Ich glaube nicht, dass meine Lehrer und der Direktor mich nach so langer Abwesenheit wieder aufnehmen werden.«

»Ist das alles, was dich bekümmert? Ich werde dir eine Geschichte erzählen: Es wird geschildert, dass der kurdischer Jäger Siya in einem harten Winter jagen geht. Unterwegs lehnt er sich zum Ausruhen an einen Felsen. Als er nach einer Weile aufstehen will, merkt er, dass der Felsen wegen der Kälte an seinem Rücken angefroren ist. Sein Stolz erlaubte es ihm nicht, aufzugeben. So durchwanderte er drei Tage lang die steilen und schwierigen Pfade mit dem Felsbrocken auf dem Rücken. Einen halben Berg am Rücken stapft er über Berge, durch Ebenen und Täler. Der Fels wärmt ihn. Drei Tage später wirft er den Felsen ab und der Frühling bricht an.«

Im Halbschlaf halluzinierte er schluchzend. Plötzlich fuhr er hoch, ging zu seinem Vater, schaufelte mit den Händen den Schnee von ihm, legte seine Wange an die kalten Lippen. Die Kälte war bis in die Knochen eingedrungen. Der blutgetränkte Stoff lag wie ein steifer Kragen um seinen Hals. Dler packte die Hände des Vaters, zog ihn hoch und schüttelte ihn verzweifelt. Als er losließ, fiel der wie ein Brett zurück. Für eine Weile betrachteter er den Mann und begrub ihn erneut weinend unter dem Schnee. Er kehrte zurück zum Pferd. Das lange Maul des Tieres, das im Schnee steckte, ließ ihn für einen Moment die Tränen vergessen. Er drehte eine Runde um das Pferd, blieb wieder vor dem Bauch stehen und starrte in den Dampf, der von dessen Körper aufstieg und sich einen Weg durch die Schneeflocken bahnte. Wieder schmiegte er sich an das Pferd. Einmal mit dem Rücken und dann mit dem Bauch. Wie ein Säugling griff er zur Fessel, um dort Wärme und Geborgenheit zu finden. Das Tier hatte schon lange aufgehört, sich zu wälzen. Mit seinen letzten Atemzügen hatte es seine Seele ausgehaucht, die nun mit dem Schnee verschmolzen war. Die Kälte war so schneidend, dass er die Umarmung des Pferdes nicht verlassen wollte, aber zugleich konnte er es nicht übers Herz bringen, in den Armen eines verstorbenen Wesens, das allmählich Teil des Schnees wurde, zu verweilen.

Teuar stolperte, fing sich mit den Händen ab, um nicht zu fallen und den Kühlschrank zu schützen. Und doch prallte er mit dem Mund auf einen Stein, schlug sich die Lippen auf, und der Mund füllte sich mit Blut. Alle Kraft zusammensammelnd, streckte er die Schultern und setzte klagend seinen Weg fort. Seine Beine wankten und konnten ihn kaum tragen. Es war schwer, unter der großen Last ein Tuch aus der Tasche zu ziehen, um den blutigen Mund abzuwischen. Mühsam wandte er sich zu seinem Sohn:

»Mein Sohn, siehst du, wir haben das Schlimmste schon hinter uns, nur noch ein Anstieg. Nimm dich zusammen, es dauert nicht mehr lange bis zur Passhöhe, dann sehen wir den Horizont.«

Der erschöpfte Junge wollte am liebsten seine Last abwerfen und eine Rast einlegen, aber er blickte der Karawane vor ihnen hinterher und meinte zu seinem Vater:

»Vater, siehst du, alle haben den Pass schon erreicht.«

»Mein Sohn, dafür haben sie gekämpft, um diesen Weg zu bezwingen. Du musst Geduld haben, auch wir werden es schaffen!«

»Das heißt, wenn wir den Pass überwunden haben, dann haben wir es geschafft?«

»Jawohl, mein Sohn.«

»Es wäre gut, wenn wir bis Tagesanbruch zu Hause sind, denn morgen muss ich in die Schule gehen, auch wenn ich die ganze Nacht über nicht geschlafen habe.«

»Mein liebes Kind, du weißt ja, der Schlaf hat sich schon vor Jahren von unseren Augen abgewandt. Sobald wir zu Hause sind, gehst du in die Schule, und ich mache mich direkt auf den Weg ins Krankenhaus. Ich hoffe, dass der Käufer unserer Ware mir gleich das Geld überlässt, denn ich bin mir sicher, dass sich dieses Mal kein Arzt ohne Bezahlung um uns kümmert.«

»Vater, wieso arbeiten diese Ärzte nicht und stunden uns das Geld? Wir werden doch nicht davonlaufen. Am Ende bekommen sie von uns sowieso den Lohn, der ihnen zusteht.«

»Ach, Söhnchen, das geht nicht! Ärzte arbeiten nicht auf Kredit. Sie sind angesehene Menschen und haben sowohl einen hohen als auch heiligen Posten. Kein Mensch würde es wagen, mit ihnen über Geschäfte zu sprechen.«

»Und warum müssen wir Schulden erlauben? Warum dürfen sie uns immer später zahlen?«

Teuar murmelte etwas Unverständliches und schwieg dann.

»Vater, dieser Aufstieg ist sehr gefährlich. Wenn jemand abstürzt, wird aus ihm kein Mensch mehr! Ich beneide Gulyar, die im vergangenen Monat nicht mehr abstieg und diesen Weg nie wieder gehen wird.«

»Beneide nie jemanden um so etwas, mein Kind. Wie kann ein Mensch in solch wilden Bergen überleben? Wie kann ein Mensch ohne Arbeit sein Brot verdienen? Und dieses Mädchen, das du gerade genannt hast: Wenn sie gehorsam wäre, hätte sie in diesem Monat mindestens zwölf Ladungen mit uns und der Karawane geliefert.«

»Aber...«

»Nichts aber! Dieses Mädchen hätte über sein Leben nachdenken und ein bisschen Geld beiseitelegen müssen, damit sie im Alter nicht vor Hunger stirbt.«

»Hast du nicht gesehen, wie sehr sie litt? Ihr Vater hat ihr das Leben zur Hölle gemacht.«

»Siehst du, und jetzt ist der Vater tot und sein Leichentuch ist noch immer feucht. Wäre dem Mädchen die Familie wichtig gewesen, hätte sie zumindest an der Trauerfeier teilgenommen.«

»Glaubst du, sie ließen sie in Ruhe, sollte sie zurückkehren? Wenn sie das tut, dann tauchen gleich hundert Väter auf. Sobald sie wieder im Dorf ist, spielt jeder den Vater für sie. Ich sehe es noch immer vor Augen, als wäre es gestern gewesen. Hast du vergessen, was sie ihr angetan haben?«

Teuar hatte den Blick auf den Pfad gesenkt und sprach nicht mehr. Dler folgte ihm in ein paar Schritten Entfernung. Obwohl der Fernseher nicht so schwer war wie der Kühlschrank auf dem Rücken des Vaters, ließen ihn Erschöpfung, Schlaflosigkeit und Hunger schnell ermatten. In diesem Moment scheute sogar das Pferd den Weg. Teuar hielt weiterhin den Kopf nach unten und vergaß die Last auf seinem Rücken. Er wollte nurmehr den Pass erreichen, um sich auszuruhen. Er versuchte, das Pferd zu überholen.

»Halt!«

Als dieses Wort in seinem Kopf hallte, schrak er aus der Umarmung des Pferdes auf. Sein Blick suchte den Kühlschrank, der weiter unten lag. Die Hände waren so gefroren, dass er das Seil um den Kühlschrank nicht lösen konnte. Er behalf sich mit den Zähnen, um den Knoten zu lösen. Er öffnete die Türe, warf die Ablagen hinaus und kroch in das leblose, tote Innere. Als hätte man das Gerät in einem anderen Land für einen Frischling wie ihn angefertigt. Aus Erschöpfung und Angst war er nicht mehr fähig, über sein Schicksal nachzudenken. Für eine Weile schloss er die Augen, aber bald raubten ihm Tränen und Kälte den Schlaf. Plötzlich hörte er die Stimme seines Vaters:

»Mein, Sohn, hol mich hier heraus. Die Kälte bringt mich um, ich erfriere.« Er sprang aus seiner Ruhestätte und beseitigte abermals mit bloßen Händen den Schnee. Blut begann wieder zu rinnen und ließ den umliegenden Schnee schmelzen.

»Lass mich nicht sterben, mein Sohn!«

Aus dem regungslosen Körper stieg der Dampf des warmen Blutes empor. Der Junge zog seinen Vater zum Kühlschrank, der auf dem Rücken lag. Es war schwierig, den Vater über die Wände hinein zu hieven. Der Vater stützte sich ab, so gut es ging, während der Sohn schob und zog. Inzwischen hatte es wieder zu schneien begonnen. Dler legte sich auf den Körper des Vaters, aber sie fanden nicht beide Platz. Er kroch hinaus, versuchte, die Tür zu schließen, was aber die langen Beine des Vaters verhinderten. Die Tür blieb einen Spalt breit offen. Erneut lief er zum Pferd und versuchte, es auf die Seite zu schieben, um sich an seiner statt auf den gewärmten Platz zu legen und aufzuwärmen. Aber all seine Versuche blieben ergebnislos. Inzwischen zitterten seine Hände noch stärker. Er wickelte sich in die Satteldecke.

Für eine Weile legten sich die Flügel einer furchteinflößenden Stille über das Tal. Als hätte die Welt aufgehört, sich zu bewegen. Abgesehen von den Schneeflocken, die schweigend fielen, war alles andere wie leblos. Dler beobachte unaufhörlich seinen Vater durch die weißen unschuldigen Flocken, die wie Konfetti bei Partys und Hochzeiten aussahen. Nun spürte er keine Kälte mehr. Mit seiner linken Hand nahm er aus seiner Tasche ein Armband, das er als Geschenk von seiner Klassenkameradin bekommen hatte. Er roch daran und drückte es fest. Zuweilen wischte er sich mit der rechten Hand die Schneeflocken von den Wangen, die sich dort gesammelt hatten.

Sein Vater streckte die Hand aus dem Kühlschrank. Dler stand auf und zog ihn heraus. Der Vater meinte unter Schmerzen, sie müssen den Spuren folgen und den Berg wieder hinaufsteigen. Mit einer Geste wies Teuar seinen Sohn an, er solle etwas mitnehmen. Dler begriff sofort. Wortlos nickte er und folgte dem Geheiß seines Vaters. Kühn bemühte sich dieser darum, die Tür des Kühlschranks zu schließen und ihn sich auf den Rücken zu schnallen, aber vergebens. Er rief nach seinem Sohn, aber seine schwache Stimme erreichte Dler nicht. Mühsam schob er seine Schulter unter das Gerät und es gelang ihm, es auf den Rücken zu heben. Dler legte wieder den Sattel auf den Rücken des Pferdes, schüttelte einige Male die Zügel in der Hoffnung, das Pferd wieder zum Leben zu erwecken. Aber dessen Seele war längst gegangen. Bis zu den Rutschspuren tastete er sich rückwärts voran, seine Augen waren auf das Pferd gerichtet, das mit dem Schnee vereint dalag.

Der Vater hatte den Kühlschrank bereits auf dem Rücken und wartete auf seinen Sohn, um gemeinsam ihre Aufgabe zu Ende zu bringen. Er rief und schrie, aber seine Stimme konnte nirgendwohin vordringen. Der Kühlschrank verdeckte ihn, mit ausgestreckter Hand gab er seinem Sohn ein Zeichen, weiterzugehen.

Dler öffnete langsam seine Hand, schaute auf das Armband und betrachtete eindringlich die Leiche seines Vaters. Teuars Körper war in der Kälte erstarrt und Teil des Kühlschranks geworden. Er hatte sich angestrengt, seine Hände nach Dler auszustrecken, aber sie waren gefroren. Er sammelte all seine Kräfte, schaukelte und bewegte sich, bis er über die Wand des Kühlschranks kippte. Der Kühlschrank fiel um und vergrub ihn unter sich. Er stand wieder auf, seine Beine bebten, das Gewicht des Kühlschranks ließ sie schnell ermatten. Aber er sammelte seine Kräfte und bemühte sich, nicht hinzufallen. Als er sich aufrichtete, war der Kühlschrank zu einem Mantel geworden, der ihm bis zu den Waden reichte. Als würde Dler eine merkwürdige Szene eines Filmes sehen:

ein quadratisches Wesen auf zwei Beinen. Dieses Wesen stieg hinauf, bis es ohne Pause den schmalen Hauptpfad weit oben erreichte. Es schien, dass dieses Wesen nicht vorhatte, Dler mit sich zu nehmen. Er näherte sich dem Pass. Ein Haufen Schnee, den eine Lawine gestern Nacht mit sich genommen hatte, hatte sich vor ihm zu einem Hindernis aufgetürmt. Er kehrte zurück und stand nun wieder am Rande des Abgrunds. Die Müdigkeit hatte ihm all seine Kräfte geraubt. Er stemmte seine Füße fest auf den Boden, um sicher zu stehen und den Kühlschrank hinuntergleiten lassen zu können. Plötzlich aber erinnerte er sich daran, dass der Käufer ihm kein Geld geben würde, ließe er den Kühlschrank zurück, und ihm dafür sogar eine Strafe drohte. Deshalb überlegte er es sich anderes und setzte seinen Gang mit der schweren Last auf den Schultern fort. Völlig entkräftet wollte er den Kühlschrank kurz abstellen, aber es schien, als wäre der Kühlschrank seit vielen Jahren an seinen Rücken geschweißt, und er konnte die Last nicht loswerden. Am liebsten hätte er den Kühlschrank hinunter in die tiefe Schlucht geworfen, aber er wollte ihn nicht loslassen, obwohl Dler sich immer wieder beutelte, um ihn abzuschütteln.

»Halt!«

Mit dem Schrei des Soldaten, rollte er den steilen Hang hinunter bis in die Tiefe des Tales. Die Stimme des Soldaten, das Krachen des Kühlschranks und Teuars Schreie durchbrachen die Stille und gelangten an Dlers Ohren. Dler erschrak, Gulyars Armband riss und die Perlen sprangen in allen Himmelsrichtungen davon.

Übersetzung aus dem Kurdischen von Rawezh Salim und Ute Cantera-Lang

Sajjad Jahan Fard

Die Stimme, die mich nicht loslässt

Der Gurt hat mich fest im Griff, drückt mich in den Sitz und raubt mir alle Freiheit.

Nach der Schule machten wir uns zu zwölft, Mädchen und Buben auf den Weg nach Hause. Der zehnminütige Fußweg zu meinem Elternhaus im Dorf führte durch kühle Haine, über steile Pfade und Hügel. Als wir das Ufer des wilden Flusses erreichten, sprangen die Wellen wütender als sonst. Wir wagten es nicht, ihn zu überqueren. Bei schönem Wetter und wenn der Fluss gut gelaunt war, hüpften wir über die großen Trittsteine, die aufgereiht und fest verankert quer über den Fluss führten, wie eine natürliche Brücke.

Nun hatten aber alle Bäche und das Schmelzwasser den Weg zum Fluss gefunden, ließen ihn anschwellen und den Spiegel stetig steigen.

Von der anderen Seite riefen sie uns zu: »Geht nicht näher heran, der Fluss ist heute sehr gefährlich. Geht weiter und versucht es bei der Brücke flussabwärts!«

Während wir entlang des Flusses Richtung Süden marschierten, vernahmen wir plötzlich einen lauten Knall. Panisch kroch jeder von uns in ein Loch, unter einen Felsen, hinter wuchtige Baumstämme oder in irgendein Versteck in der Nähe. Wir hielten alle den Atem an, mein Herz raste wie das eines erschrockenen Spatzes. Fest drückte ich meine Augen zu und wartete schweigend, ohne zu wissen, was nun folgen würde. Ein Schrei drang an mein Ohr, ich traute mich nicht, die Augen zu öffnen, um zu sehen, wer von uns getroffen worden war. In diesem Moment dachte ich nicht, fragte mich auch nicht, warum keine Schüsse der Bodenabwehr zu hören waren. Nach einer kurzen Weile verebbte das Dröhnen des Kampfflugzeuges. Verunsichert kamen wir aus unseren Verstecken. Auch ich kroch aus meinem Loch, meine Augen suchten zuallererst nach Waran, denn erst eine Weile danach wurde mir bewusst, dass es seine Stimme war, die in meiner Erinnerung hallte. »Diesen Schrei kenne ich«, hatte ich bei mir gedacht.

Noch nie zuvor hatten mich Angst und Sorge gleichzeitig auf eine solche Weise überwältigt.

»Oh mein Gott, Waran!«, murmelte ich voll Kummer.

Der Schreck steckte allen in den Gliedern, sie waren noch verängstigter als ich und mussten Warans Schrei wohl auch erkannt haben.

Da rief einer meiner Schulkameraden: »Hey Leute, Hassan ist auch verschwunden!«

Mit besorgten Blicken suchten wir die Gegend ab. Ein gutes Stück flussabwärts erspähten wir Hassan, der orientierungslos, beinahe hysterisch hin und her lief und zuweilen unvermittelt stoppte. Rufend und schreiend rannten wir auf ihn zu: »Hassan, Hassan, bleib stehen, bleib stehen!« Lange mussten wir ihm hinterherlaufen, bis wir ihn einholten. Still liefen Tränen über seine Wagen.

»Hassan, was ist los, geht es dir gut? Warum läufst du wie verrückt herum. Weißt du nicht, dass du dich verstecken musst, wenn die Flieger kommen?«, drang ich auf ihn ein.

»Hast du Waran gesehen?«, fragte ein anderer.

»Hassan, bist du getroffen, bist du verletzt?«, kam es aus einem weiteren Mund.

Die Angst hatte ihn noch so fest im Griff, dass er nicht sprechen konnte. Mit dem Finger deutete er auf den Fluss, doch niemand verstand, was er uns damit sagen wollte.

Er rannte auf das Wasser zu, wir folgten ihm besorgt, um ihn zurückhalten zu können. An einem Ast am Ufer hing Warans Schultasche. Meinen Körper verließen die Kräfte, plötzlich füllten sich meine Augen mit Tränen. Die Mädchen fingen an, zu schreien und zu klagen.

Ich schreckte auf. Neben mir schenkte mir jemand einen mürrischen Blick, beschämt wandte ich mich ab. In diesem Moment kam eine Stewardess vorbei: »Dürfte ich noch ein Glas Wasser haben?«, bat ich sie.

Angst und Schrecken sind Teil meiner Existenz. Ich frage mich oft, wie mein Leben wohl verliefe, würde man mir die Angst nehmen. Manchmal wünsche ich mir, ich wäre anders. Ist es für jemanden möglich, ohne

Angst zu leben, der begleitet von Angst und Schrecken der Mutter als Säugling ihren Leib verlassen hat?

Zuweilen habe ich den Eindruck, der Himmel bricht über mich herein. In solchen Momenten ist mir nach Schreien, aber meine Kehle ist wie zugeschnürt. Ich kann weder um Hilfe rufen noch mich aus Verzweiflung hin und her werfen.

Es hatte etwas Befreiendes an sich, als ich lernte, meine Gefühle in Worte zu fassen. Dies war das größte Geschenk, das uns, mir und meinen Altersgenossen, als Kindern für eine Weile gegeben wurde. Eine Sprache, die meinen inneren Schreien eine Stimme verlieh, so lange, bis sie mir durch ein Verbot genommen wurde.

Ich kann mich noch an eine Begebenheit erinnern, als wäre sie in einem Traum geschehen: Es war in einer Nacht, in der es schien, als wolle der schwarze Himmel auf mich herabstürzen. Meine Hände und Beine waren noch schwach, es fehlte ihnen an Kraft, als ich Hilfe bei meiner Zunge suchte. Meine Zunge drehte sich, versuchte sich in meinem Mund Platz zu machen, aber mutlos rollte sie sich wieder ein. Der Himmel kam näher und näher, war nur mehr sieben Schritte von mir entfernt, als ich mich wieder in den Leib meiner Mutter zurück flüchtete. Dies war der sicherste Ort und meine einzige Rettung. Als meine Mutter mich zur Welt bringen wollte, kreisten die Kampfflugzeuge bereits über unserem Dorf und ließen ihre Bomben auf uns herabregnen. Die Menschen flohen. Jeder, der Beine hatte zum Laufen, ob jung oder alt, lief um sein Leben in Richtung der Berge und Wälder. Meine Mutter lag in den Wehen, niemand stand ihr bei dem Vorhaben bei, mich in eine Welt zu setzen, deren Himmel rauchte und dröhnte. Ich weiß nicht, was es war, aber ich bin mir sicher, dass ich an jenem Tag die Geborgenheit im Leib meiner Mutter nicht verlassen, mich dort weiterhin verstecken wollte, aber mein Widerstand war vergebens.

Ich nahm zahllose Schüsse wahr. Mit jedem Erschrecken meiner Mutter drehte und wälzte ich mich mit ihr. Ihr Leiden, Schluchzen und Ringen nach Luft bereiteten mir noch mehr Schmerzen. Ich konnte zwar nichts sehen, aber mit jedem Knall drückte ich meine Augen noch fester zu, spürte den dunklen Nebel, der die Welt umhüllte. Nicht einmal Vögel kreisten im Himmel über unserem Dorf. Keine Sprache der Welt kann den Schmerz einer Mutter in einem solchen Moment zum Ausdruck zu bringen. Ihr Winden im Schmerz könnte der Grund dafür sein, dass meine Zunge nun keine Worte findet.

Die Nacht brach herein und die Flieger verließen nach erfolgreicher Verwüstung die Gegend. Die geflohenen Männer kehrten wieder zurück ins Dorf, um ihre Kinder und Frauen mit Nahrung zu versorgen. In dieser Feuerpause ließen die Männer Geldscheine auf mich regnen, denn sie waren glücklich, dass ich das gleiche Geschlecht hatte wie sie, und eines Tages mit ihnen in die Schlachten eines nicht enden wollenden Krieges ziehen würde. Aber sie wussten nicht, dass sich der Krieg bereits in meinem Kopf drehte und einen Schritt voraus war.

Durch das Fenster sehe ich mir die Natur an, die unter meinen Füßen liegt. Es sieht so aus, als hätte ein friedlicher Gott ein grünes Seidenleintuch über das Land gebreitet. Ich tauche in weiße Wolken ein und verliere mich in dieser weißen Welt. Ich trinke das Wasser, der Plastikbecher rutscht mir aus der Hand. Die Geräusche in meinem Kopf haben mir meinen Frieden geraubt. Ich befinde mich noch in den Wolken, will in dieser weißen Welt bleiben. Die Erde ist kein guter Ort für mich. Ich will weder den Himmel noch die Erde sehen. Denn weder die Erde gibt mir ein sorgloses Plätzchen noch schenkt mir der Himmel Friede. Auch wenn ich eiserne Flügel hätte und versuchte, in eine andere Welt zu fliegen, würden Himmel und Erde sich vereinen, um mir meine Flügel zu brechen. Eine höhere Macht würde mich auf den einzigen freundlichen Ort für Menschen, die Erde, fallen lassen. Oft habe ich den Eindruck, sowohl Erde als auch der Himmel dieses Landes, meiner Heimat, seien für immer verflucht. Vielleich gibt es andere Orte, deren Himmel den Menschen die Welt nicht zu Hölle machen und in denen die Bewohner nicht auf andere losgehen.

Während ich noch in Gedanken vertieft bin, verabschieden sich die Wolken und ich kann die Dörfer weit unter uns erblicken. Auch Menschen, die sich wie Ameisen auf einer langen Straße bewegen. Immer näher kommen wir, unbewusst schreie ich, flehe den Piloten an: »Bitte bringt ihn nicht um, töte den unschuldigen Waran nicht. Lass Waran weiterleben!«

»Sehr geehrte Damen und Herren, willkommen am Flughafen München. Die Ortszeit ist 15.45 Uhr. Ladies and Gentlemen, welcome to Munich Airport. Local time is 3:45 p.m.«

Der Gurt lässt mich nicht los. Der Leib meiner Mutter ist mein einziger Zufluchtsort, meine Geborgenheit. Zwei Menschen versuchen, mich mit Gewalt von meiner Mutter zu trennen, wollen mich in die Welt zerren.

Übersetzung aus dem Kurdischen von Rawezh Salim und Ute Cantera-Lang

Farhad Alsilo

3.8.2014 – Der Tag, an dem meine Kindheit zu Ende war

In der Gewalt des IS

Panik brach aus. Wir wurden lauter und lauter und die IS-Milizen auch, sie befahlen: »Bleibt stehen, nicht bewegen«, und sie schrien »La Ilaha Ila Allah«. Um die Kontrolle über uns zu gewinnen, steckten sie uns alle in ein Zimmer, die Frauen und Kinder wurden von den Männern getrennt. Es war sehr heiß, ich weiß noch, wie sie in einem gebrochenen Kurdisch »hinsetzen und leise sein« schrien. Sie brachten uns Wasser in einer Plastikwanne ohne Gläser, aber außer einer Frau, die mit der Hand kurz ihre Zunge nass machte, hat sich niemand getraut, das Wasser zu trinken. Später stellte es sich heraus, dass sich Gift in dem Wasser befand. Mutter ahnte schon, dass die Männer nicht ohne Grund hinter das Haus gebracht worden waren, sie bat einen IS-Jungen: »Macht alles, was ihr wollt, aber tötet nur unsere Männer nicht«, er schwor, es nicht zu tun. Sie holten uns alle aus den Zimmern, und wir mussten uns hintereinander auf den Boden setzen. Ich sah, wie meine Tante geschlagen und auf die Erde geschmissen wurde, weil sie nicht so schnell war. Angsterfüllt saßen wir alle auf dem Boden, vor uns zwei Männer mit Vollbart und fast zwei Meter langen Waffen. Sie sahen in unsere Gesichter und nahmen alle Jungen mit, die über 15 Jahre alt waren und ein bisschen Bartwuchs hatten und brachten sie zu den anderen Männern. Meine Cousins, mein Bruder und ich wurden auch mitgenommen und ins hintere Zimmer gebracht, wo sie uns auf den Boden warfen und wo wir unsere Hände hinter den Kopf legen mussten.

Die Männer werden getötet

Die lange Waffe war auf meinen Kopf gerichtet, wir sollten in dem Moment getötet werden. Dann kam zu unserem Glück einer um die Ecke, der meinte, dass wir noch keinen Bart hätten und dass wir deshalb nicht getötet werden sollten. Wir durften zurück zu unseren Müttern. Ich war froh und dachte an nichts mehr. Später geschah dasselbe mit den Frauen, allerdings wurden sie in unsere und ihre Autos gesteckt. Uns Kinder und unsere Mütter sperrten sie in die enge Küche. Wir waren um die zwanzig Leute, nicht einmal richtig atmen konnten wir. Sie schlossen die Tür, stellten einen davor, damit keiner raus konnte und warnten uns, zu klopfen oder die Tür zu öffnen. Auf einmal hörten wir nur noch Schüsse. Und ich schrie: »Die Männer werden getötet«, was ich durch ein kleines Loch in der Küchenwand beobachten konnte. Währenddessen hörten wir zwei IS-Leute vor der Tür sagen, dass sie uns töten wollten, weil sie keinen Platz hätten, um uns mitzuschleppen. Wir hatten aber das Glück, dass sie genau in dem Moment einen Anruf von einem der Chefs erhielten, der ihnen sagte, dass sie uns erst einmal verschonen sollen.

Plötzlich war es totenstill

Auf einmal hörten wir nichts mehr, keine Schüsse, keine Geräusche und keinerlei Geschrei. Meine Urgroßmutter, die schon zwei Warnungen von dem IS-Kämpfer bekommen hatte und beim dritten Mal getötet worden wäre, stand auf und drückte gegen die Tür, sie ging auf. Die Frauen, Autos und Kämpfer waren wie vom Erdboden verschluckt. Wir sahen nichts, nur die Leichen unserer Männer, die über die ganze Fläche verstreut und in den Zimmern lagen. Wir waren sprachlos vor Entsetzen. Es kam kein einziges Wort aus unserem Mund. Schnell rannte jede Familie zu dem Toten, der zu ihr gehörte. Meine Mutter suchte Vater, und wir hatten schon die Hoffnung, dass er geflohen war oder sich versteckt hatte. Dann hörte ich meine Mutter nach mir und meinen zwei kleinen Geschwistern rufen und entsetzt schreien: »Hier ist Khaleel, hier ist Vater.« Schnell rannte ich zu Mutter und sah Vater auf dem Boden sitzen, mit dem Rücken an der Wand und seinen Blick auf den Boden gerichtet,

Mutter und die zwei Kleinen weinend und schreiend neben ihm. Er war noch am Leben, öffnete seine Augen und schaute uns vier an. Wir konnten es kaum fassen, was sollten wir jetzt tun?

Wir sahen Vater das letzte Mal

Meine Mutter bat meinen Bruder, eine Decke zu besorgen, schnell holte er eine vom Wohnzimmer, und wir legten Vater darauf, und da sprach Vater ein Wort, das wir zuerst nicht verstanden, doch das zweite Mal sagte er hörbar: »Wasser«. Ich holte schnell eine große Flasche, die ich vorher gesehen hatte, und brachte sie Mutter. Wir wussten, dass jemand, der schwer verletzt ist und einen trockenen Mund hat, auf keinen Fall Wasser trinken darf. So benetzte Mutter vorsichtig mit einigen Tropfen die Lippen meines Vaters. Wir bedeckten seine Schusswunden und versuchten verzweifelt, dass er am Leben bleibt, allerdings vergeblich. Es war das letzte Mal, dass wir ihn lebend sahen. Mein älterer Bruder schrie auf, als er sah, dass Vater seine Augen schloss und wollte ihn unbedingt mit einem Auto, das hinter dem Haus stand, nach Shingal ins Krankenhaus bringen, was Mutter verhinderte, denn sie wusste: Dort ist der IS. Außerdem warnte mein Cousin Salman, der einen Schuss in den Oberschenkel bekommen hatte, dass an dem Auto Kabel hingen, die beim Öffnen der Autotür eine Explosion auslösen könnten.

Zum Glück hörte mein Bruder auf ihn, denn sonst wären wir auch gestorben. Plötzlich bemerkten wir, dass einige Familien – ohne uns Bescheid zu geben – durch die Wüste abgehauen waren. Nur noch meine Tante Gazal war da, und sie sagte, ihr Mann Ato und mein Cousin, der erst 16 Jahre alt war, lägen tot im nächsten Zimmer. Überall war unglaublich viel Blut, und Leichen lagen im ganzen Zimmer verstreut. Von einer war der Kopf abgeschnitten, einer anderen das Kinn, und einer bewegte noch seinen Fuß.

Wie der IS Vater umbrachte

Wir gingen zu meinem getöteten Vater, meine Mutter schloss seine Augen, und wir Kinder standen weinend und schreiend daneben. Mein

Bruder nahm Vaters irakischen Ausweis an sich, dann verließen wir das Zimmer und gingen zu Salman – er hatte sich retten können, weil er sich totgestellt hatte. Trotz unseres Entsetzens wollten wir von ihm wissen, warum die Männer ermordet wurden. Er sagte, dass sie sich geweigert hatten, zum Islam überzutreten, auch Vater hatte »nein« gesagt. Salman erzählte, dass sich alle mit dem Rücken zu den IS-Kämpfern hinknien mussten, Vater machte noch schnell ein Zeichen, dass sie sich in Sicherheit bringen sollten, was aber nur den wenigsten gelang. Die noch Lebenden schrien weinend nach Kindern und Frauen, nach den Getöteten und Verschleppten. Währenddessen sahen wir einen jungen Mann aus einem Loch kriechen, in dem er sich versteckt hatte, er schnappte seine Frau und sein Kind und rannte dann eilig mit ihnen weg. Mutter bekam Durst, ich nahm schnell eine auf dem Boden liegende leere Colaflasche und lief damit zwischen all den Leichen durch zu einem draußen stehenden Waschbecken, füllte die Flasche und rannte erschrocken zurück, denn ein IS-Auto fuhr vorbei. Die Kämpfer machten ein Siegeszeichen und gaben uns zu verstehen, dass sie unser Volk zerstört hätten.

Zaytuns Geschichte*

*Zaytun ist Farhads Schwester.

Als der IS unser Dorf überfiel, wurden wir von unserer Familie getrennt, und die IS-Männer quetschten uns alle in ihre Autos. Sie brachten uns in einem Nachbardorf in eine Halle, vor der unglaublich viele Leichen lagen. Drinnen waren viele weitere gefangene Frauen und Kinder, die wir nicht kannten. Den ganzen Tag über transportierten sie uns immer wieder woanders hin, weil die Orte gleich bombardiert würden.

Abends mussten wir in Busse steigen, und sie brachten uns nach Mosul in eine Hochzeitshalle, die bei 45 Grad voll mit Gefangenen war. Es gab dort nichts, worauf wir uns hätten legen können, auch nichts zu essen oder zu trinken, nur Frauen und Kinder, die weinten und schrien. Zwölf Tage lang befanden wir uns alle mit den Hunderten von Fremden in dieser Halle. Wir saßen und lagen auf dem Boden, wurden gezwungen, stundenlang laute Lieder aus der Religion der Entführer zu hören.

Einmal am Tag bekamen wir höchstens eine kleine Mahlzeit und ein kleines Getränk, in dem irgendetwas drin war, das uns alle zum Schlafen brachte. Dann wurden wir wieder an einen anderen Ort verschleppt, weil immer wieder die Orte, wo wir uns befanden, bombardiert wurden, bis wir irgendwann in eine Halle kamen, in der wir von all den Tausenden getrennt wurden.

Frauen mit Kindern wurden irgendwohin gebracht. Junge Frauen wurden an Männer aus anderen Städten verkauft. Bis zu dem Zeitpunkt, an dem ich noch mit Hunderten Frauen und Kindern zusammen in der Halle in Mosul untergebracht war, waren meine anderen Schwestern und Cousinen bei mir, doch dann wurde ich, wie Khalida und Waheeda, von ihnen getrennt. Ich wurde in die Stadt Baaj gebracht, wo ich wieder mit vielen anderen Gefangenen eine Woche verbringen musste, meist ohne Essen und mit sehr wenig zum Trinken. Dort wurde ich von einem zum anderen Mann für Dinars verkauft oder für Gegenstände eingetauscht. Von dort bin ich zusammen mit 28 Frauen nach Tul Qasab gebracht worden, wo ich ebenso viel Schlimmeres erleben musste, wie in der vorigen Stadt. Zum Beispiel wurden meine Füße und Hände gebunden, und sie schmissen mich aus dem zweiten Stock der Wohnung runter.

Jeden Abend wurde ich geschlagen, vor allem, wenn ich ihre Gebete nicht sprechen oder befolgen wollte oder wenn ich mich um die kleinen Mädchen zwischen sechs und 14 Jahren kümmerte, sie beschützte und nicht zuließ, dass die Männer mit ihnen schlafen und Geschlechtsverkehr mit ihnen haben wollten. Ich musste immer wieder zusehen, wie andere getötet oder aufgehängt wurden, und sie versuchten auch, mich umzubringen. Eine weitere Woche verbrachte ich in einer anderen Stadt mit fünf kleinen Mädchen. Da fand ich zum Glück ein Handy der vorherigen Besitzer und hatte so die Möglichkeit, meinen Bruder anzurufen. Ich erzählte ihm, wo ich war und mit wem zusammen. Schnell teilte mein Cousin einem seiner Freunde in dieser Stadt meine Lage mit, er sollte mich auch für einen großen Betrag retten. Am nächsten Tag schon war es soweit: Glücklicherweise mussten unsere Bewacher in den Krieg und hatten niemanden zum Aufpassen. Der Retter nahm mich für einige Tage bei sich zu Hause auf, und als sich die kleinste Möglichkeit ergab, brachte er mich ins Sindschar-Gebirge. Ich versteckte mich dort am Rand des Gebirges, bis es Nacht wurde, und lief dann zwei Tage lang ohne Essen und Trinken durch die Berge, bis ich jesidische Streitkräfte erreichte. Jetzt konnte ich Familienmitglieder anrufen und ihnen sagen, dass ich in Sicherheit sei.

Leen Alcheikh

DAS BIN ICH

Das bin ich und mein Buch

Ende 2016 bin ich zusammen mit meiner Familie aus Syrien nach Deutschland geflüchtet. In den letzten Jahren habe ich begonnen, meine Geschichte aufzuschreiben. Ich möchte, dass viele Menschen meine Geschichte lesen und verstehen können, ich möchte sie in meine Gefühlswelt und all meine Gedanken blicken lassen.

Ich erzähle von der Flucht meiner Familie aus dem syrischen Krieg nach Deutschland. Einer Familie, die sich nur eine Frage stellt: Wo finden wir unsere Freiheit? Es ist meine ganz persönliche Geschichte – vom Leben im syrischen Bürgerkrieg, meiner langen Flucht nach Deutschland, dem Verlust der eigenen Heimat und meinem großen Wunsch nach der Freiheit. Es ist ein Blick auf die ungeschönte Wahrheit.

Vor 9 Jahren

Mein Bruder und ich wurden in Damaskus, der Hauptstadt Syriens, geboren. Als der Krieg anfing, waren mein Bruder und ich sechs Jahre alt und in der ersten Klasse.

Seitdem habe ich viele schlimme Sachen erlebt, die immer noch in meinen Gedanken sind und die ich nie in meinem Leben vergessen werde, wie zum Beispiel, als ich die Schule verlassen musste, weil das Gebäude komplett zerstört worden war, als wir mit Chemiewaffen angegriffen wurden, als eine Rakete abgeschossen wurde und wir fünf Tage im Keller bleiben mussten oder manchmal tagelang die Wohnung nicht verlassen durften, weil der IS das Haus besetzt hatte. Wenn wir rausgegangen wären, wären wir sofort erschossen worden.

Aber das Schlimmste war, als unsere Wohnung zerstört wurde. An dem Tag hatte ich ein Gefühl, als ob ich ein obdachloser Mensch geworden wäre, ich habe das Leiden in den Augen meiner Eltern gesehen, ich konnte nur schreien und fragte mich, warum wir so viel leiden müssen, warum wir nichts mehr haben, warum wir keine Rechte haben.

Wir hatten keine andere Wahl, meine Eltern beschlossen, bei meinen Großeltern zu wohnen. Aber auch dort war Krieg. Nach 7 Monaten haben meine Eltern entschieden, in den Libanon zu fliehen. Meine anderen Großeltern waren schon lange da. Ein halbes Jahr lang blieben wir in einem großen Lager, bis wir endlich eine Wohnung gefunden hatten.

Wir sind zwei Jahre dort geblieben, aber leider durften wir im Libanon nicht zur Schule gehen, was ich wirklich ganz traurig finde. Irgendwann haben meine Eltern gesehen, dass es so nicht weitergehen konnte. Meine Eltern beschlossen, den Libanon zu verlassen und nach Deutschland zu flüchten.

Meine Flucht nach Deutschland

Für mich war das eine große Überraschung, und ich dachte, dass das nur ein Witz sei, bis meine Eltern die Tickets buchten. Erst dann habe ich das ernstgenommen. Ich bin sofort zu meiner Mutter gegangen und fragte sie nach diesem Land, das ich nicht kannte. Sie antwortete, dass Deutschland kein rassistisches Land sei und gut, um ein Ziel zu erreichen, und dass Deutschland ein starkes Land sei, weil sie nach dem Kriegsende 1945 gemeinsam alles wiederaufgebaut haben.

Ich war glücklich, aber gleichzeitig traurig, weil ich alle meine Freunde und meine Familie verlassen würde. Außerdem war es auch für meine Oma unglaublich schwer, ihren Sohn nicht mehr zu sehen.

In den nächsten Tagen flogen wir vom Libanon in die Türkei. Dort blieben wir eine Woche. Ich finde, dass die Türkei ein schönes Land mit viel Natur ist. Aber ebenfalls ein teures Land.

Wir hatten in der Türkei viele Leute kennengelernt und warteten schließlich darauf, wann die Wetteraussichten gut klängen, damit wir mit dem Schlauchboot von der Türkei nach Griechenland fahren könnten. Das Wetter in der Türkei ist immer sehr wechselhaft. Der Chef (der

Mann, der alles organisierte) sagte uns nach einer Woche, dass das Wetter jetzt ausgezeichnet wäre, sodass wir losfahren könnten. Wir sollten zu einer Stelle gehen, von wo alle Flüchtlinge nach Deutschland flüchten wollten. Am Treffpunkt sollten Schlauchboote warten.

Als wir an dieser Stelle ankamen, war es mitten in der Nacht. Für uns war es unangenehm, in der Nacht loszufahren. Außerdem waren unsere Schutzjacken erst einmal nicht da, und ebenso fehlten die Schwimmreifen und etwas zum Rudern. Wir haben deshalb auf den nächsten Morgen gewartet, und es kam wirklich ein Schlauchboot, das uns aufnahm.

Das war unsere Chance. Wir fuhren los. Auf einmal blies der Wind das Schlauchboot um, ziemlich in der Mitte des Meerweges zwischen der Türkei und Griechenland. Wir sind zwei Stunden im Meer geblieben, bis die türkische Erste Hilfe uns aus dem Wasser holte.

DAS WERDE ICH NIE IN MEINEM LEBEN VERGESSEN.

Wir wurden wieder in die Türkei gebracht und waren dort zwei Tage im Gefängnis. Nachdem wir wieder freigelassen worden waren, fuhren wir wieder mit einem Schlauchboot los. Dieses Mal kamen wir gut über das Meer.

Von Griechenland aus bin ich mit meiner Familie durch so viele verschiedene europäische Länder gereist, entweder mit der Bahn, mit dem Bus oder zu Fuß. Wir haben in Zelten oder am Straßenrand geschlafen.

Als wir endlich in Deutschland ankamen, waren wir zuerst in Lüdenscheid, dann in Bochum und Herne und schließlich in Köln. In Köln haben wir ein Jahr lang mit mehreren Leuten in einer Turnhalle gelebt. Schließlich fanden wir eine Wohnung. Wir fühlten uns irgendwie ganz alleine, denn wir kannten niemanden, der uns helfen konnte. Sechs Monate konnte ich nicht zur Schule gehen. In dieser Zeit habe ich angefangen, meine Geschichte zu schreiben. Ich fing auch an, zu Hause Deutsch und Englisch zu lernen, denn ich musste meinen Eltern beim Ausfüllen der Unterlagen helfen. Aber dann habe ich mir von meinem Nachbar Hilfe geholt und mich in einer Schule angemeldet. Endlich konnte ich zur Schule gehen. Wir waren in einer sogenannten Willkommensklasse mit Flüchtlingen aus anderen Ländern. Dort habe ich hauptsächlich mein Deutsch verbessert. Ich habe mich auch zum Privatunterricht angemeldet, denn ich hatte nur die erste Klasse in der Schule in Syrien besucht, deswegen fehlten mir so viele Grundlagen.

Alles kann sein!

Ich träume davon, Anwältin zu werden.

Ich habe zwei Geschichten geschrieben und ich möchte sie bald als Bücher veröffentlichen. Ich möchte, dass viele Menschen meine beiden Bücher lesen, damit sie verstehen, dass nicht alle Flüchtlinge gleich sind. Manche behaupten, dass die Flüchtlinge nur wegen des Geldes nach Deutschland kommen. Aber ich bin gekommen, weil meine Familie in Syrien nicht mehr leben konnte. Ich habe in meinem Land meine Verwandten, doch ich vermisse mein Geburtsland nicht.

Im November 2020 wurde ich für den ersten Teil meines Buches »Alles Sein - der schwierige Weg in die Freiheit« mit dem KiKa-Award in der Kategorie »Make a Change« ausgezeichnet, eine von fünf Preiskategorien, die in einer Live-TV-Show von prominenten Paten an die Gewinner vergeben wurden. Im Jahr 2021 habe ich die Kinderjury des KiKa-Award verstärkt.

Alles kann sein!

Brief an den Krieg

Lieber Herr Krieg,
Ich habe schon lange nichts mehr von Ihnen gehört, seit meine Oma und mein Opa angegriffen wurden und wir nichts mehr von ihnen gehört haben. Vorher haben meine Oma und mein Opa immer über Sie geredet und wie Sie sich in unserem Land verhalten.

Aber keine Sorge, ich höre trotzdem stets von Ihnen in den Nachrichten, und ich möchte sagen, dass sie mich traurig machen, weil Sie in meinem Land Krieg führen. Die ganze Welt spricht von der Geschichte des Krieges in meinem Land. Aber keine Sorge, ich weiß, dass es nicht nur Ihre Schuld ist, sondern auch die Bosheit und der Hass der Menschen gegeneinander.

Herr Krieg, ich möchte Sie fragen, wer Sie erschaffen hat und wer Sie eigentlich sind? Ich weiß, dass dies eine schwierige Frage ist. Jede Frage ist immer dieselbe Frage. Ich denke, Ihr Ziel ist es, zu gewinnen und durch Kampf zu Tod und Verletzten zu führen. Herr Krieg, seien Sie nicht traurig, weil ich diesen Brief schreibe, aber ich möchte mitteilen, dass meine Großeltern sagen, dass Sie viele Länder zerstört haben, so wie Sie Syrien zerstört haben.

Ich möchte fragen, ob bald nun endlich der Tag der Auferstehung ist. Der Tag, an dem dies alles endet. Ich sehe Sie in so vielen Ländern. In Syrien, im Irak, in Palästina und jetzt in der Ukraine, und ich möchte wissen, ob das nun bald ein Ende hat. Es gibt zu viel Hass in der Welt, und das liegt auch an Ihnen. Lieber Herr Krieg, ich möchte Ihnen noch sagen, dass ich Sie für böse halte. Krieg ist für mich böse. Doch Gott erschafft nichts Böses, Gott erschafft nur die Freiheit. Das Böse erschaffen die Menschen selbst. Im Krieg gibt es keine Freiheit mehr, sich für den Frieden zu entscheiden.

Im Krieg kann man oft nicht erkennen, dass Krieg ist. Man braucht eine Zeit, um das zu begreifen. Man erkennt, Gott ist Liebe. In dieser Liebe gibt es das Grundgesetz, in dieser Liebe gibt es Leben. Alles andere hat der Hass geschaffen. Krieg ist von Hass geschaffen. Doch Liebe – das sagt sich so leicht. Wie kann Gott uns lieben, wenn er so etwas zulässt? Wie liebt uns Gott, so hasserfüllt, wie wir sind?

Der Hass hat sich in allen Ländern weiter und weiter entwickelt. Und Sie, Herr Krieg, wegen Ihnen werden Menschen wie ich nun Flüchtlinge genannt. Nicht nur ich, sondern alle Menschen, die flüchten mussten. Wissen Sie, was ich eigentlich hasse? Das Wort »Flüchtlinge«. Ich mag es nicht, ein Flüchtling zu sein, aber leider zwangen Sie mich dazu. Wegen Ihnen gibt es alles in meinem Land. Außer Leben und Frieden.

Liebe Grüße
Leen Alcheikh

Dina Nayeri

Majid und Farzaneh

»Es war nur eine ganz normale Unterhaltung. Die Leute reden eben«, sagte Farzaneh aufgebracht, nachdem die Sepab ihr einen Besuch abgestattet hatte. Das war 2017. Die Mädchen – drei und neun Jahre alt – sahen zu, wie ihre Eltern besorgt auf und ab gingen.

»Was hatten sie an?«, fragte Majid.

»Straßenkleidung«, antwortete Farzaneh. »Es war die *Sepah*, es kann niemand anderes gewesen sein. Mohammad muss sie zu mir geschickt haben.« Sie zitterte. Farzanehs Bruder war ein hohes Tier bei der Revolutionsgarde – »er hat einen breiten Hals«, sagt man auf Farsi – und er war zu der Überzeugung gekommen, sie sei eine Abtrünnige und eine schamlose, ungläubige Frau, der man Gehorsam beibringen müsse. Sie betete nicht. Sie hatte ein loses Mundwerk und hielt sich nicht an die Kleidervorschriften. Und sie stellte immer wieder Fragen: Soll der Glaube ein Gefängnis sein? Warum soll ich dreißig Tage fasten? Warum darf ich mir meine Kleider nicht selbst aussuchen? Ihr Bruder nannte sie gottlos, eine Christin, eine Jüdin.

»Wenn sie in Zivil kommen«, sagte Majid, »ist es ernst. Wenn sie dich mitnehmen, kommst du nicht zurück. Dann werden sie mich holen, und die Kinder werden zu Waisen.« Farzaneh kaute an ihrem Daumennagel. »Wir müssen von hier verschwinden.«

Ihr Haus lag in einer Sackgasse. Das hintere Fenster ging auf einen Parkplatz, von dem aus man die nächste Straße erreichte. Die Familie schlich auf die Terrasse hinaus. Auf dem Weg nach draußen griff Farzaneh nach ihrer Tasche und einer Flasche Wasser. Sonst nahmen sie nichts mit. Keine Kleidung, kein Waschzeug, keine Wertgegenstände. Die Mädchen ließen ihre Rucksäcke, ihre Spielzeuge zurück. Sarah, die Ältere, sah staunend zu, wie ihre Mutter die dreijährige Shirin auf den

Arm nahm und über die Feuerrampe hinunter auf den Parkplatz rutschte. Majid nahm Sarah, setzte sich hinter sie und beide rutschten gemeinsam hinunter. Sobald ihre Füße den Asphalt berührten, rannten sie los.

Sie fuhren nach Urmia, eine Stadt an der türkischen Grenze. Sie mieteten ein Zimmer und versuchten zu schlafen. Farzaneh kaufte Zahnbürsten und eine neue Halsstütze, sie litt seit Jahren an chronischen Nackenschmerzen. Während die Mädchen sich zum Schlafengehen fertig machten, ihre Socken und Unterwäsche im Waschbecken wuschen und sie zum Trocknen aufhängten, ging Majid hinaus, um einen Anruf zu machen.

»Dein Bruder ist zu meinen Eltern gekommen«, sagte er, als es dunkel im Zimmer war und nur das leise Atmen der schlafenden Mädchen zu hören war. »Er sagte, er würde uns finden und umbringen. Er sagte, selbst wenn die Regierung dich in Ruhe ließe, würde er dich weiterverfolgen. Farzaneh, Liebes, er ist ein Fanatiker. Im Iran haben wir keine Zukunft mehr. Wir sollten nicht zögern. Lass uns gemeinsam fortgehen.«

Sie flohen nicht vor der Islamischen Republik, die ihre grausame Macht nur innerhalb des Irans ausüben konnte, sondern vor einem Bruder, dessen rasende Wut vor keiner Grenze haltmachen würde. Am Morgen wechselten sie ihre SIM-Karte aus. Majid fand einen Schleuser und betete darum, dass sie keine Spuren für seinen Schwager hinterlassen würden.

Um Mitternacht kamen sie an die Grenze. Sie warteten im Dunklen und flüsterten den Mädchen zu, dass sie den Atem anhalten mussten, während ihr Führer vorausging, um den Wachwechsel der Posten abzupassen. Der Schleuser war verschwunden, sobald er sein Geld bekommen hatte; er würde sie nicht weiter begleiten. Als der Führer ihnen ein Signal gab, schlichen sie mit gesenkten Köpfen auf ihn zu. Der Führer hob die Mädchen auf ein Pferd, ergriff die Zügel, gab Farzaneh und Majid ein Zeichen, ihm zu folgen, und sie stiegen in die Zagros-Berge hinauf, über die sie ein sicheres Grenzdorf in der Türkei erreichen würden. Sie wanderten fünf Stunden in absoluter Dunkelheit, obwohl ein gesunder Mann die Route in der Hälfte der Zeit bewältigen kann. Wenn sie anhielten, trat das Pferd geduldig auf der Stelle, als wüsste es Bescheid. Mit zwei Kindern konnten sie es nicht riskieren, dass in der Nacht auf sie geschossen wurde. Der Führer verließ sie auf halber Strecke, er wollte die Grenze nicht überqueren. Kurz hinter der Grenze erwartete sie ein türkischer Führer, um sie den Rest des Wegs zu begleiten. Die Mädchen sprachen kein Wort. Nach wenigen Stunden auf dem steinigen Bergweg waren die ungeeigneten Straßenschuhe von Farzaneh und Majid durchgescheuert. Nur die geübten Augen des Führers konnten die kohlrabenschwarze Nacht durchdringen. Majid und Farzaneh warfen einen Blick zurück in den Iran; sie hatten sechsunddreißig Jahre in einem grausamen Regime überlebt, und jetzt mussten sie zusehen, wie ihre Heimat hinter einer Bergspitze im Dunkel versank.

Sie erreichten das Dorf, als die Sonne gerade aufging. In einem kleinen Zimmer warteten sie, bis die anderen aus der Gruppe des Schleusers eingetroffen waren. Die Mädchen schliefen.

In Istanbul fand Majid einen anderen Schleuser.

Den Iran zu verlassen war gefährlich, doch nichts im Vergleich dazu, die Ägäis in einem Boot zu überqueren und illegal nach Europa einzureisen. Mit der Summe, die der letzte Schleuser verlangte, wäre ihr gesamtes Bargeld aufgezehrt gewesen. Majid beschloss, einen weniger erprobten Schleuser zu nehmen, damit sie noch Geld für einen zweiten Versuch übrig hätten. In dieser Nacht saßen sie mit fünfundvierzig anderen in einem Schlauchboot, das für fünfzehn Personen gemacht war, hielten ihre Töchter fest und sahen zu, wie der Schleuser den Motor anwarf. »Du da drüben«, sagte er und deutete auf einen jungen Mann im Bug des Boots. »Du bist der Kapitän. Halt das hier mal fest. Der Motor funktioniert wie bei einem Auto. Da drüben bei den Lichtern ist Griechenland. Dahin musst du steuern. Dreh dich nicht um und halt nicht an, bis du die Lichter erreicht hast.«

Dann stieg der Schleuser aus und sie waren auf offenem Wasser, fünfundvierzig Unglückliche auf der Flucht, die sich mit dem Meer nicht auskannten und keine andere Wahl hatten, kein Land, in das sie zurückkehren konnten. Innerhalb einer Stunde wurden sie aufgegriffen. Der Motor begann zu stottern und setzte schließlich ganz aus, als sie sich noch mitten im türkischen Hoheitsgebiet befanden. Ein Schiff der Küstenwache entdeckte sie, richtete einen Scheinwerfer auf ihr Boot, blendete die Kinder und beendete ihre Überfahrt für diese Nacht. Einen

Moment lang hofften sie, es sei ein griechisches oder englisches Schiff, doch sie waren noch nicht weit genug gekommen. Ein Mann, der ihnen auf Türkisch etwas zuschrie, machte diese Hoffnungen zunichte. Die Männer von der Küstenwache nahmen sie an Bord und fuhren sie anschließend mit einem Wagen zurück nach Izmir.

Im Auto freundete sich Majid, der Kurdisch sprach, mit einem jungen arabischen Kurden an. Er erzählte seine Geschichte und der andere glaubte ihm. »Hören Sie, wenn Sie denen erzählen, dass Sie aus dem Iran sind, werden Sie drei Monate lang in ein türkisches Gefängnis gesperrt«, sagte der Mann. »Unsere Gefängnisse sind überfüllt mit Afghanen und Iranern. Syrer lässt man wieder laufen, Gott weiß warum. Sie müssen sagen, dass Sie ein kurdischer Syrer sind. Nur keine Sorge, ich werde Ihre Personalien aufnehmen.« Er nannte Majid einige arabische Namen, die er benutzen sollte. Dann sagte er laut zu den anderen: »Kein Wort darüber, dass diese Familie aus dem Iran kommt. Sie sind Araber, wie wir. Alle hier sind aus Syrien. Verstanden?« Einige nickten. Majid schüttelte dem Mann die Hand. Der Mann beugte sich zu ihm und flüsterte: »Sie haben Glück, niemand sonst spricht hier Farsi. Wenn die Mädchen ruhig bleiben, wird man Ihnen glauben.«

In Izmir nahm man ihre Fingerabdrücke. Der Mann registrierte sie als syrische Kurden. Sie starrten auf den Fußboden, bis er fertig war. Sie wurden in ein kleines, fensterloses Zimmer gebracht. Sie zählten, wie viel Geld sie für den nächsten Schleuser übrig hatten. Tage später saßen sie in einem Motorschlauchboot und blickten hinüber auf die Lichter von Mytiline auf Lesbos, während der Schlepper wieder einen Kapitän ernannte und erklärte, der Motor würde genauso wie bei einem Auto funktionieren.

Die Mädchen hielten sich an den Händen, als der Strand hinter ihnen zurückblieb. Bald waren sie auf dem offenen Meer und steuerten auf die Lichter von Griechenland zu. Doch die Nacht war windig, der Wellengang wurde stärker und brachte das Boot ins Schwanken. Die Mädchen bekamen Angst, und Shirin klammerte sich an ihre Mutter. Wasser schwappte ins Boot. Bald waren sie vollkommen durchnässt, in ihren Schuhen stand das Wasser. Einige drängten zur Umkehr, sie schrien, sie wollten nicht ihr Leben riskieren und es lieber noch einmal versuchen, aber die anderen sagten, es sei kein Meerwasser, sondern nur Regenwasser im Boot. Die Männer benutzten ihre Jacken, um das Wasser aus dem Boot zu schöpfen. Shirin weinte. Jemand übergab sich ins Meer und Farzaneh fragte sich, ob hier, mitten auf dem türkischen Meer, alles zu Ende gehen würde.

Als eine neue Welle heranbrandete, durchschnitt der Strahl einer Taschenlampe die Dunkelheit und ließ ihre Gesichter aufleuchten. Shirin klammerte sich so fest an Farzaneh, dass sie sie kaum mehr festhalten musste. Die türkische Küstenwache schrie ihnen etwas zu. Diesmal hatte anscheinend jemand vergessen, sein Mobiltelefon auszuschalten.

Ein Offizier sprang ins Boot und befahl den Geflüchteten, über die Strickleiter an Bord des Schiffes zu klettern, einer nach dem anderen. »Die Kinder müssen allein gehen«, sagte er. Shirin klammerte sich noch fester an Farzaneh, krallte sich in ihrem Haar fest und schlang ihre Beine um die Hüften ihrer Mutter, wie ein kleiner Koala. Alle Muskeln in ihren Armen und Beinen hatten sich verkrampft und sie weinte an Farzanehs Schulter.

»Ich werde sie tragen«, sagte Farzaneh und rieb Shirins Rücken.

»Das geht nicht«, sagte der Offizier. Er umfasste Shirins Taille und versuchte sie loszureißen. Shirin brüllte. Majid ging dazwischen, flüsterte seiner Tochter zu, sie müsse jetzt loslassen, mit dem Offizier die Leiter hinaufsteigen, Maman würde sofort nachkommen. Sie heulte. Farzaneh versuchte sich diese fünf Minuten im Leben ihrer Tochter vorzustellen, wie sie auf einem anderen Boot auf ihre Mutter wartete und befürchtete, dass die Boote sich voneinander trennen würden. Diese fünf Minuten würden sie für ihr Leben zeichnen.

»Ich nehme sie schon«, sagte Farzaneh. Sie setzte Shirin auf ihren Rücken und begann die Strickleiter hinaufzuklettern. »Halt dich gut fest, *azizam*«, sagte sie. So tragen Affen ihre Kinder, sagte sie zu sich selbst. Shirin wird instinktiv wissen, wie sie sich festhalten muss.

Farzaneh kletterte mit einer Hand, die andere hatte sie unter Shirins Po gelegt. Der Offizier schrie wieder: »Das können Sie nicht machen! Sie können das Kind nicht mitnehmen! Wir werden es schon sicher an Bord bringen!« Doch Shirin klebte auf Farzanehs Rücken, ihr Atem heiß vor Angst, und Farzaneh musste ihre andere Hand wegnehmen, um die

Leiter hinaufzusteigen, und darauf vertrauen, dass Shirin sich festhalten würde. Sie würde schon nicht plötzlich loslassen, Farzaneh würde es vorher bemerken.

An Bord des Schiffes hörte Shirin nicht auf zu weinen – sie konnte kaum atmen und bekam Schluckauf, dann schrie sie wieder, tränenüberströmt. Ein anderer Offizier beugte sich über sie. »Beruhigen Sie sie«, sagte er. »Sofort.«

»Ich kann nicht«, sagte Farzaneh. »Sie ist außer sich vor Angst.«

»Was für eine Mutter sind Sie?«, entgegnete er. »Bringen Sie sie zum Schweigen.«

Das war genug. Wochen der Wanderschaft in ungewaschenen Kleidern, zwei verstörte Töchter, zwei gescheiterte Überfahrten, ständig in Todesgefahr, und dieser Mann schrie ein weinendes Kind an. Farzaneh kreischte: »Sie sind kein Mensch, Sie sind ein Tier! Sie ist erst drei Jahre alt. Was weiß sie denn schon?«

Jetzt eilte der Kapitän herbei. Majid wollte dazwischengehen, aber der Kapitän schoss an ihm vorbei. Er riss den Offizier herum und gab ihm eine Ohrfeige. »Diese Leute haben alles verloren«, sagte er. »Was ist denn los mit Ihnen?«

Shirin sagte nur ein Wort, bevor sie einschlief. »Maman«, murmelte sie immer wieder. Dann döste sie an Farzanehs Schulter ein. Die nächsten drei Monate sprach sie kaum ein Wort.

In Izmir nahm man wieder ihre Fingerabdrücke und ließ sie frei.

Beim dritten Versuch stand Majid auf und sagte allen, sie müssten ihre Handys ausschalten. »Nicht auf lautlos oder Flugzeugmodus«, sagte er. »Das GPS sendet ein Signal. Ganz ausstellen!« Es war neun Uhr abends und die Lichter Griechenlands waren wieder zu sehen.

Der heutige Kapitän ließ den Motor an und steuerte direkt auf die Lichter zu. Niemand sprach ein Wort. Shirin hatte nach dem Vorfall mit der Strickleiter tagelang nichts mehr gesagt. Jetzt äußerte sie sich nur in einzelnen Silben, wenn sie hungrig war oder auf die Toilette musste. Nach einer Weile begannen sich alle zu fragen, ob sie schon das türkische Hoheitsgebiet verlassen hätten. Doch das Land lag noch in weiter Ferne. Sie fuhren weiter. Die Küste kam näher. Die Geflüchteten hielten den Atem an und unterhielten sich flüsternd über die bevorstehende

Weiterreise zu Fuß. Wohin sollten sie sich wenden, um sich registrieren zu lassen? Einen halben Kilometer vor Mytiline tauchten die nur allzu bekannten grellen Lichter auf und Farzaneh ließ alle Hoffnung fahren. Ich kann das nicht noch einmal machen, dachte sie. Verzweifelt sah sie sich um, flüsterte Shirin einige beruhigende Worte zu. »O Gott, bitte nicht«, sagte Majid. Das nahende Schiff war nicht türkisch. Kam es aus einem der EU-Länder? »Ich glaube, diesmal ist es die englische Küstenpatrouille«, flüsterte Majid. »Wir sind im europäischen Hoheitsgewässer.« An Bord lauschte Farzaneh den Worten der Besatzung und versuchte, an ihren Uniformen, ihren Haaren und ihrer Hautfarbe etwas abzulesen. Sie sprachen melodisch, mit kurzen Konsonanten und lang gezogenen Vokalen, elegant wie die Leute in englischen Filmen.

Die Besatzung brauchte Stunden, um die Geflüchteten auf Rettungsboote zu verfrachten, jeweils drei oder vier auf einmal. Sie tauschten ihre dünnen Jacken gegen Rettungswesten ein und wurden an Bord des Schiffes gebracht.

In einem Bus warteten sie auf den Morgen, ohne etwas zu essen, Wasser oder Decken. Die Mädchen zitterten in ihren nassen Kleidern. Ihre Lippen liefen blau an. Ein Fahrer traf ein, und der Bus fuhr ab. Um acht Uhr früh wurden sie im Flüchtlingscamp von Mytiline abgeladen, das die Bewohner »Die Hölle von Moria« nennen. »Sie werden höchstens eine Woche hierbleiben«, sagte jemand, als sie in die Quarantänestation geführt wurden. In einiger Entfernung standen abgerissene Reisende aus Afrika und dem Mittleren Osten an der Essensausgabe an. Die Toiletten waren verstopft und liefen über, daneben wuschen sich die Menschen mit Wasser aus Eimern. Araber und Perser kämpften mit zerbrochenen Flaschen. Um die Toilette zu benutzen, musste man zwei Stunden Schlange stehen, drei Stunden für ein halbgares Essen.

»Also, ich weiß nicht«, murmelte Majid. »Mir geht es wie Rostam. Für alles brauche ich drei Anläufe.« Nur seine Frau kicherte über die Anspielung auf den legendären persischen Helden des Dichters Ferdowsi. Man wies ihnen eine Matratze in einem überfüllten Gruppenzelt zu. Keine Decken, die mussten sie sich selbst besorgen, sie gegen etwas anderes eintauschen oder um sie kämpfen. Wie die Tiere, dachte Majid. Er sah auf und bemerkte, dass sie sich direkt unter der Wi-Fi-Box befanden.

Von nun an wurden sie nachts ständig von Männern geweckt, die sich über sie beugten, um ein Signal zu erhaschen, das sie mit der Heimat verbinden würde.

Moria würde für neunzig Tage ihr Zuhause sein.

Rasha Habbal

Ich erlaube dir nicht, mich zurückzulassen

Am frühen Morgen jenes Tages wusste ich noch nicht, dass mein Leben die Tür hinter sich geschlossen und den Schlüssel unwiederbringlich verschluckt hatte. Von jenem Moment an würde ich keinen einzigen Schritt mehr zurücktun können und für immer den Boden unter den Füßen verlieren. Um fünf Uhr morgens des letzten Freitags im alten Leben kam Ward mit seinen acht Jahren an mein Bett, drückte mir seine weichen Finger ins Gesicht und flüsterte, als ich meine Augen öffnete, zitternd: »Mama, ich erlaube dir nicht, mich zurückzulassen.«

Er war entschlossen wie eine Pistolenkugel, die in Richtung meines Herzens abgefeuert worden war. Seine geröteten Augen zeugten von einer durchwachten Nacht. Mein Gott, für schlaflose Nächte war er doch noch viel zu klein! Ich zog ihn an die Brust und fragte: »Seit wann lässt Rasha dich zurück?!«

Er schwieg, sagte kein einziges Wort, sondern drehte nur meine Haare um seinen Zeigefinger und nickte ein.

Niemand weiß, wann der entscheidende Satz fällt, der einem das Herz zerspringen lässt. Erst später wirst du dir sagen: »Verdammt, ich habe versäumt, ihn festzuhalten und zu schreien«, einfach nur, um auf diesen Schlag zu reagieren, mehr nicht. Der Film meines Lebens lief rasend schnell vor meinem geistigen Auge ab, jener Film, den man unmittelbar vor seinem Tod sieht, wie es heißt. Gut, in Ordnung, dann einigen wir uns zunächst einmal darauf, dass der Tod sich nicht nur einmal einstellt.

Damals befand ich mich nicht außerhalb der Szene, wie jemand der nur indirekt von den Ereignissen betroffen ist; ich stand auf ihrer rechten Seite, während die anderen Seiten vom Nebel der Angst geraubt wurden. Ein fürchterliches Geräusch, Ausdruck von Entsetzen! Der Schlüssel in meiner Hand wog schwerer als eine Kanone, als ich quer durch die

Szene zu jenem Geräusch lief. Wie kann ein ganzes Leben in wenigen Sekunden zusammengepresst werden ... Bruchteile von Sekunden nur, ich bin die Mutter, komme vom Ende der Straße gelaufen, schreiend, in den Händen nur einen Schlüssel, alle Details der Szene sind gelöscht, nur meine Stimme ist geblieben. Obwohl ich wie eine Löwin rannte, erschienen die wenigen Meter, die uns trennten, wie die Distanz zwischen dem Anfang und dem Ende der Welt.

Ward ... Ward ... mein Leben. In einer Sekunde sehe ich ihn über die Straße laufen, in dem Augenblick, als ich den Schlüssel suchte, raste plötzlich ein Auto durch die Szene, es dauert nicht länger als einen Wimpernschlag, und mein ganzes Leben fliegt hoch in die Luft, um auf der Kühlerhaube aufzuschlagen. Das Auto versucht auszuweichen und fährt noch ein paar Meter weiter. Dann erst bemerkt der Fahrer, dass er etwas mitgeschleift hat, etwas, das schwerer wiegt als die Schuld.

Damit endet die Szene.

Mein Schrei und Wards Gesicht. Ich lief als zerträte ich mein eigenes Herz, zu seinem Körper, der zwischen dem Autoreifen und dem Gehsteig eingequetscht wurde. Der Reifen schleifte ihn ein Stück mit, Wards kleiner Kopf war auf den Asphalt geschlagen. Als das Auto endlich zum Stehen kam, stahl sich eine verwaiste Träne aus meinem Auge, denn es war keine Zeit zu weinen. Ich hob Ward auf und legte ihn in das Auto des Fremden, den Ward später »der mit dem blauen Pullover« nennen würde. Im Auto stammelte ich mit klangloser Stimme: »Ich habe dir nicht erlaubt, mich zurückzulassen.«

Als er die Augen in seinem blutüberströmten Gesicht öffnete, sagte er: »Mama, mein Kopf braucht ein Pflaster.«

Jetzt schläft Ward ruhig vor mir, obwohl jener noch gar nicht so weit entfernte Tag all diese Narben und Quetschungen in meinem Herzen zurückgelassen hat. Auch jener Tag hat mein Leben verändert. Ich konnte ihm nicht ins Gesicht schreien: »Verdammt noch mal!«, denn ich war mit dem Tod beschäftigt, der sich schon im Weiß von Wards Augen eingenistet hatte. Meine Gedanken sind wirr, meine Schreie verhallen, mein Herz ist voller Flecken von abgewischtem Erbrochenem.

Der Soldat am Checkpoint fragte: »Ist das dein Vater?«

Ward, der weder die Form noch die Farbe des Hasses kennt, nickte nur mit dem Kopf.

»Welche Tiere kennst du?«

»Die Katze, das Schaf, das Pferd, den Fisch, den Hund«, antwortet er, stolz wie ein Kind.

»Kannst du jaulen wie ein Hund?«

Schweigen umhüllte uns langsam im Auto. Würde die Welt doch kurz aufhören, sich zu drehen! Es war ein triumphaler Moment im Leben der Grausamkeit. Da war ein Kind, das den Hass kennenlernte, aber die Situation nicht begriff.

»Kannst du jaulen wie ein Hund? Wenn nicht, holen wir deinen Vater aus dem Auto, damit er jault und es dir beibringt.« Ward verstand nicht, doch die Augen seines Vaters gaben ihm zu verstehen, dass dies kein Spaß war.

»Warum sollen Papa und ich jaulen, Onkel?«

Diese Frage ging Ward nie mehr aus dem Kopf.

»Mama, warum wollte der Onkel, dass wir jaulen? Und was hat Papa zu ihm gesagt, als er ausgestiegen ist? Und warum hat er ihm Geld gegeben? Und warum hat Papa dann angefangen zu weinen, als wir weitergefahren sind?«

Ich wandte ihm weiterhin den Rücken zu und spülte die Teller mit äußerster Umsicht. Das Wasser reichte kaum zum Spülen und um mir das Salz aus den Augen zu wischen.

Der Sportverein lag zwischen unserer Wohnung und der Schule meiner Kinder; nur eine Straße trennte die beiden Orte. Es war ratsam, sich nicht allzu weit von der Wohnung zu entfernen, denn vielleicht konnte man nicht mehr oder erst nach Tagen zurück. Du begleitest den Krieg und er begleitet dich, du kannst dich verlieren, das ist normal im Krieg, doch der Krieg verliert sich nie, versuche also nicht, ihn auszutricksen.

Im Verein verausgabte ich mich, um die Elektronen des Krieges abzustoßen, die sich mit meinem Blut vermischten, als eine Detonation zu hören war, die uns alle zu Boden riss. Ich hatte nur einen Gedanken:

Ward! Er war in der Schule – diese Explosion hatte ganz in ihrer Nähe stattgefunden.

In meiner Stadt ist die Schamhaftigkeit tief verwurzelt, ich hatte sie schon verinnerlicht, bevor ich den Namen der Stadt kannte. Erst viel später, als ich wieder zu Hause war, fiel mir auf, dass ich die Tür geöffnet hatte und halb nackt über die Straße durch den Qualm gelaufen war. Ich suchte nach dem Ursprung des Qualms und betete zu allen Göttern, dass sich die Detonation nicht in der Schule ereignet hatte. Wir waren ja schon daran gewöhnt, dass die Katastrophen ihren Irrsinn vor allem jenen zumuten, die nichts damit zu tun haben. Als ich in Wards Klasse kam, sah ich die Kinder mitten im Zimmer hocken. Wards Hose war nass und warm wie seine Angst und wie die Körperteile des Mannes, der zwar nicht gestorben war, jedoch das Wunder hatte mitansehen müssen, dass seine Füße am Anfang und Ende der Straße lagen, während er unbeweglich an einer Stelle kauerte und seinen Lebensfilm ablaufen sah.

All mein Leben ... Er schläft vor mir, und er hat mir nicht erlaubt, ihn dieses Mal zurückzulassen.

Am letzten Freitagmorgen also teilte ich meinem Mann mit, dass ich Ward auf meine Reise mitnehmen wolle, von der ich nicht wusste, wohin sie uns führen würde, und dass wir unsere Familie in zwei Gruppen aufteilen sollten. Eine Gruppe würde das Risiko auf sich nehmen und fliehen. Sie würde versuchen, eine kurze Strecke in der großen weiten Welt zurückzulegen, um einen neuen Anfang zu finden. Die andere Gruppe, mein Mann und unser zweiter Sohn, würde rasch hinter uns die Erinnerungen aufsammeln, sie in Koffer packen und uns anspornen, bis wir irgendwo angekommen wären, wo wir von vorn beginnen könnten, ohne uns jeden Tag, wenn wir das Haus verließen, voneinander zu verabschieden, als wäre es das letzte Mal.

»Rasha, wir haben nur eintausenddreihundert Dollar, das reicht noch nicht einmal, um zu zweit aus der Türkei rauszukommen!«

»Keine Sorge, zur Not verschlucke ich ihn.«

Völlig unbeirrbar packte ich einen kleinen Rucksack für Ward und sagte zu ihm: »Du hast mir nicht erlaubt, dich zurückzulassen und ich werde dir dieses lange Abenteuer nicht vorenthalten.«

Etwas zu planen ist eine Sache, es zu verwirklichen eine andere.

Wenn du beschließt zu fliehen, ist alles ganz einfach – allerdings nur in deinem Kopf. Tatsächlich aber graben sich die Details unter deine Augen ein, in dein Bewusstsein, dein Antlitz, und alle Stationen, die du durchläufst, werden Spuren auf deinem Gesicht hinterlassen, als würdest du die Tage zählen wie jene armen Menschen, die im Gefängnis vergessen wurden. Es sind nur Markierungen, die du hinter dir lässt, aber sie werden dich einholen und zu einer Tätowierung in deinem Gesicht werden. Du wirst schneller altern, aber ein Zurück gibt es nicht.

An dem Tag, an dem du glaubtest, der Krieg habe dir erlaubt, nach Europa zu fliehen, von dem du nicht einmal geträumt hattest, und das sogar ohne einen Preis zu zahlen, lagst du falsch. Es gibt keinen Grund für all diese Fragen, die in gewisser Weise auf meine Schuld verweisen. Fragen wie: Warum ist der Krieg bei mir angekommen? Du bist kein Zuschauer mehr, der Krieg ist nicht mehr nur eine Geschichte in einem Film. Die Regel, dass alles immer nur den anderen passiert, ist gebrochen. Es ist ganz einfach: Der Krieg lässt die Erde in Flammen aufgehen, und alle laufen mit versengten Füßen darüber.

Ich habe meinen deutschen Nachbarn einmal sagen hören, das Wetter habe sich in den letzten Jahren verändert. Ich scheute mich, ihm zu entgegnen, dass es wegen unserer brennenden Füße nicht aufhören werde zu regnen.

Als wir die syrisch-libanesische Grenze erreichten, sagte ich zu Ward: »Schau mal, wie groß Syrien ist! Wir werden es wohl vermissen.«

»Mama, ich habe Hunger.«

Ich wollte für immer ein bestimmtes Bild in seinen kleinen Kopf einpflanzen, doch Wards Hunger war stärker als das Unglück der Geographie und des Landes, das wir als Flüchtende verließen. Im Hafen der türkischen Stadt Mersin schlug ich meine geöffnete Hand gegen Wards kleine Finger und fragte: »Wer ist jetzt der Held, der bereit ist für das Abenteuer?«

»Der kleine Löwe.«

Als ich meiner Mutter erzählt hatte, dass ich Ward mitnehmen wolle, hatte sie gefragt: »Hast du keine Angst, dass ihr ertrinkt?«

»Ich werde ihm beibringen, sich an meinen Hals zu klammern, und wenn ich ertrinke, ertrinkt er mit mir. Zumindest schließen wir gemeinsam die Augen, und er wird keine schlaflosen Nächte mehr haben.«

Wir saßen auf dem Bürgersteig, um ein Sandwich zu essen, und ich zählte unser Geld; nun war es kein Spiel mehr. Wir waren allein in einem Land, das jeden verschlang, der nur für ein paar Sekunden die Augen schloss.

Dann machten wir uns auf den Weg nach Bodrum an der griechischen Grenze. Ich hatte mich bereits vorab mit dem Schleuser Ahmad verabredet, der eintausend Dollar von jedem verlangte, der das Meer in einem Gummiboot überqueren wollte. Ahmad, ein Syrer, war eigentlich Agraringenieur und rein zufällig Schlepper geworden.

»Du bist die erste Schriftstellerin, die ich kennenlerne«, sagte er, als wir am Ufer Kaffee tranken.

»Eigentlich wollte ich wie ihr alle fliehen, aber ich besaß keinen einzigen Dollar, der mich auf die andere Seite des Lebens hätte bringen können.«

Ahmad war eine weitere Überraschung in meinem Leben, das vollkommen auf den Kopf gestellt worden war. Ich hatte immer geglaubt, Schlepper seien anders als wir. Ahmad aber kannte den Geschmack des Verlustes und würde mir keinen zweiten zu kosten geben. So wurde der Bösewicht zum Rettungsring und Vertrauensmann und ich innerhalb weniger Tage zur Komplizin eines Schleusers. Ich half ihm bei der Organisation der Überfahrten, die mal wegen schlechten Wetters, mal wegen der türkischen Küstenwache verschoben werden mussten.

Mein Mann, der mich neunundzwanzig Tage lang täglich fragte: »Wann wirst du das Meer überqueren?«, hatte keine Ahnung, wie verlockend die Entdeckung neuer Welten für mich war, die ich nur ein einziges Mal aus nächster Nähe erleben konnte, von Menschen, die ich nie wieder treffen würde, Persönlichkeiten, deren Abgründe mich anzogen. Ich begann zu lügen und meine Überfahrt von einem zum anderen Tag hinauszuschieben, in der Hoffnung, lediglich als eine Person gezählt zu werden und nicht als anderthalb, wie der Schleuser anfangs verlangt hatte. Am fünfundzwanzigsten Tag, kurz bevor ich einschlief, klopfte Ahmad an die Tür meines billigen Hotelzimmers und fragte, ob ich ihn begleiten könne. Er habe eine wichtige Angelegenheit zu erledigen und niemand außer mir könne ihm helfen.

Ich sollte zwecks Geldübergabe mit ihm zu dem türkischen Schleuser gehen, der von jedem Boot, das am Ufer von Bodrum ablegte, seinen Anteil verlangte.

Dann kam der Augenblick, in dem ich alles so gerne aus nächster Nähe erlebt hätte. Ich kannte die Form von Ahmads Augen, aber ich wollte unbedingt diesen Mann sehen, der berüchtigt dafür war, Boote mitten auf dem Meer zu versenken, wenn ein Schleuser seinen Tribut nicht bezahlt hatte. Ich wollte die Augen desjenigen sehen, für den es normal war, das Ende der Träume anderer Menschen zu beobachten. Ich dachte nicht zweimal nach und willigte ein, verschloss die Tür hinter dem schlafenden Ward und folgte Ahmad.

Noch bevor wir das Hotel verließen, übergab mir Ahmad ein kleines Bündel Hundert-Dollar-Noten. Ich lachte und fragte: »Und wenn ich nun mit diesem Reichtum abhaue?« Gelassen entgegnete er: »Was du säst, wirst du ernten.« Das war eine Drohung, die jedoch nichts an meinem Entschluss änderte, sofort mit ihm aufzubrechen. Als ich Ahmad fragte, warum er ausgerechnet mich für diese Aufgabe ausgewählt habe, warum er mir, einer Fremden, eher vertraue als seinen Helfern, sagte er: »Du bist eine Frau, und die türkische Polizei wird es sich zweimal überlegen, bevor sie Frauen durchsucht.«

Er hatte also gar kein Vertrauen zu mir, doch das war mir egal, auf mich wartete ein Abenteuer. Dann setzte er hinzu: »Wir gehen in ein feines Restaurant, wo du den türkischen Kaffee trinken kannst, über den du seit dem ersten Tag deiner Ankunft hier meckerst. Aber wehe, du machst den Mund auf, egal in welcher Sprache und egal was passiert!«

War es nun doch Angst, was da unter meine Haut kroch? Wir betraten das Restaurant und setzten uns an einen freien Tisch neben dem Fenster. Ich bestellte eine Tasse Kaffee, wie Ahmad es vorgeschlagen hatte und schaute in die Gesichter.

Ich suchte nach toten Augen, fand den Gesuchten aber nicht. Ich fragte Ahmad nach dem Chef der Schleuser. Er lachte und sagte, dass der auf niemanden warte, sondern wir auf ihn. Nach einer Viertelstunde sah ich, wie Ahmad verlegen aufstand und zu einem Tisch ging, an dem zwei

Männer saßen. Sie waren so weit weg, dass ich ihre Augen nicht erkennen konnte. Ich wollte gleichfalls aufstehen, doch Ahmad machte mir durch ein Zischen klar, dass ich besser auf meinem Platz bleiben sollte. Er ließ mich allein, ich befühlte meine Tasche, in der ich das Bündel Dollarnoten versteckt hatte und musterte die Gesichter der Menschen, die ihr Leben genossen, ohne irgendjemanden zu fürchten. Ich holte einen kleinen Spiegel aus der Handtasche und betrachtete mein Gesicht. Ich ähnelte niemandem von ihnen, ich war die Exilantin, die versuchte, die Tore zu furchterregenden Welten zu öffnen. Ahmad kam zurück und befahl mir, sofort aufzustehen. Ohne uns umzublicken, gingen wir zur Tür. Dort angekommen, hängte er sich bei mir ein, als wären wir ein Paar, und sagte, dass wir beobachtet würden. Er ließ mir keine Gelegenheit, mich zu fürchten oder abzuhauen. Wie Verliebte verließen wir das Restaurant. Das Geld hatte ich immer noch bei mir.

Plötzlich schoss mir eine Frage durch den Kopf: Was wäre passiert, wenn man mich verhaftet hätte? Was wäre mit Ward geschehen?

Ahmad und ich trauten uns nicht, uns umzudrehen, und ich wagte nicht zu sagen, woran ich dachte. Ich konnte jetzt auch nicht weinend zusammenbrechen, ich wollte nur in das verfluchte Hotel zurück, als wäre es mein Zuhause. Ich wollte nur noch Wards Gesicht sehen. Alles, was ich damals noch zu Ahmad sagte, war, dass das Leben kein amerikanischer Film sei, in dem Witze gerissen werden, während man vor der Polizei flieht.

Der Rückweg war so lang wie Ahmads Geduld für mein Schweigen. Ich wollte ihm nicht erklären, dass ich begriffen hatte, dass Abenteuer für eine Mutter so beängstigend sind wie eine verschlossene Tür für ein einsames Kind. An der Hoteltür entschuldigte sich Ahmad für den Schrecken, den er mir eingejagt hatte. Ich entgegnete, er solle uns als Entschädigung in den nächsten Tagen eine Überfahrt organisieren und nur den Preis für eine Person berechnen.

Und so geschah es. Vier Tage später forderte Ahmad mich auf, mich bereitzuhalten. Wir würden in der Nacht zu dem abgelegenen Ort aufbrechen, von wo aus das Boot Richtung unbekannt in See stechen würde. Dort am Strand, fernab der Lichter der Stadt, kniete ich mich nieder, um Ward in die Augen zu blicken. Dann sagte ich, dass unser Abenteuer nun beginne und die wichtigsten Regeln des Spiels seien, dass er ganz leise sei, sich genau an meine Anweisungen halte und sich an mir festklammere, egal was passiere.

»Wenn das Abenteuerboot mit uns umkippt, halte ich mich gut an dir fest, und du schwimmst mit mir zum Ufer. Dann wirst du mein Leben noch einmal retten.«

»Ich werde dich immer retten, deshalb bin ich doch deine Mama ...«

Noch ehe ich meinen Satz beendet hatte, erfasste uns das Scheinwerferlicht eines Autos. Wir waren sechzig Menschen, die dort hockten, sechzig Arme bedeckten sechzig Gesichter als Schutz vor dem grellen Licht, sechzig Herzen weinten. Plötzlich verbreitete sich ein Wort so schnell wie Feuer im Stroh: »Polizei.« Bleich drehte sich Ward zu mir um und fragte, als habe er den Betrug, den ich die ganze Zeit hatte verbergen wollen, aufgedeckt: »Müssen wir jetzt wieder wie Hunde heulen?«

Es gibt Augenblicke, in denen man nicht mehr in der Lage ist zu atmen. Was macht man, wenn einem eine so erschütternde Frage gestellt wird?! Wahrscheinlich fallen einem bloß vollkommen hilflose Sätze ein. Vielleicht steht einem die grenzenlose Ohnmacht ins Gesicht geschrieben, wenn man das dünne Rinnsal sieht, das an den Oberschenkeln des eigenen Kindes herabfließt. Wir haben viel über illegale Auswanderer gehört, haben Filme über ihre Flucht gesehen, aber stets handelten sie von anderen. Jetzt waren wir plötzlich selbst die Helden des Films.

Stockdunkle Finsternis, dann das Scheinwerferlicht des Polizeiautos, alle verdecken ihre Gesichter, nicht aus Verlegenheit, weil wir etwas Schlimmes getan haben, sondern wegen unseres Unglücks, unserer elenden Lage. Von nun an wird Ward nicht mehr glauben, dass Abenteuer Spaß machen. Schau auf uns, dir wird sich ein schrecklich elender Anblick bieten, du wirst nicht glauben, dass wir es sind.

Doch wie wir es von zu Hause gewohnt sind, löst auch hier der Chef der Schleuser das Problem durch Bestechung. Es wundert uns nicht, dass die Grenzpolizei über das Schicksal von sechzig potenziellen Toten verhandelt. Das Auto entfernt sich, wir ziehen die Rettungswesten über. Ich vergewissere mich, dass ich unsere Papiere und Reisepässe unter meiner Kleidung um den Hals trage und dass die 150 Dollar im Büstenhalter stecken. Alles liegt fest an meinem Körper an. Ich bin bereit, nehme Ward an die Hand, wir steigen ein. Ich setze mich auf den Boden des Bootes neben den Motor und Ward hockt sich zwischen meine Füße. Ward ist aufgeregt, aber er fühlt sich sicher, weil wir von Gesichtern umgeben sind, die wir während des Monats in der Türkei lieben gelernt haben und die uns vertraut sind. Man gewöhnt sich so sehr an Abschiede, dass sie nicht mehr schmerzen, man wird das Meer in einem Netz von Beziehungen überqueren, genau wie die anderen auch.

Der Motor läuft, das Meer ist spiegelglatt wie eine Kachel, Ward nickt vor Anspannung und Übermüdung ein. Es ist warm, gedämpfte Stimmen sind zu hören, sie klingen wie ein langes Zirpen, eine mondhelle Nacht, sage ich mir, als ich in das Gesicht eines jungen Mannes blicke, den ich dabei ertappe, wie er meine Gedankengänge beobachtet.

Das Meer ist spiegelglatt wie eine Kachel, GPS, der Motor läuft, griechische Hoheitsgewässer.

Das Meer ist spiegelglatt wie eine Kachel, die griechische Küstenwache, Lautsprecher, Winken, Schaukeln des Bootes, das überwältigende Gefühl, dass man es fast geschafft hat und jetzt entspannen kann. Doch der Ton ist unfreundlich, anders als erwartet.

Das Meer ist spiegelglatt wie eine Kachel, die Küstenwache befiehlt uns barsch, den Motor ins Wasser zu werfen. Abu Hassan, der Bootsführer, neben dessen Fuß bei der Benzinpumpe ich sitze, verweigert den Befehl. Ward zwischen meinen Füßen erwacht vom Lärm, fährt erschrocken auf und weiß jetzt sicher, dass Abenteuer nicht schön sind und keinen Spaß machen.

Dann ist nur noch zu hören: »We are from Syria.«

»Children, children.«

»Stop. Stop. Motor. Children. Syria. Stop. Please.«

Ein leichter Schlag der Küstenwache gegen unser Boot erzeugt eine Welle, die unseren Motor ausgehen lassen soll. Es gelingt. Abu Hassan ist es nicht gewohnt, der Regierung zu glauben, er vertraut ihr nicht. Wir werden nicht zurückkehren, selbst wenn er uns schwimmend an Land ziehen müsste. Nachdem der Motor aus ist, lässt uns das Boot der griechischen Küstenwache in Ruhe, die Wellen werden die Aufgabe übernehmen, uns in die türkischen Hoheitsgewässer zurückzubringen. Das Meer ist spiegelglatt wie eine Kachel, der Motor ist aus. Sechzig

Enttäuschte. Ward fürchtet sich. Es ist noch immer stockfinstere Nacht. Abu Hassan befiehlt uns, mit unseren Schuhen zu rudern, damit wir an Ort und Stelle bleiben, damit uns die Wellen nicht zurücktragen, bis er eine Lösung für den Motor gefunden hat.

Das Meer ist spiegelglatt wie eine Kachel, eine Frau im neunten Monat weint und klagt dem Himmel ihr Leid. Niemand wird Zeuge sein, wenn wir alle auf einen Schlag sterben, deshalb blicken wir uns nicht in die Gesichter.

Die Zeit vergeht quälend langsam, endlich findet Abu Hassan eine Lösung, wir können den Motor wieder hören. Der Motor läuft, das Boot kehrt um, sodass wir ein weiteres Mal in griechische Hoheitsgewässer fahren. Mit der einsetzenden Morgendämmerung wird die Küste sichtbar. Mir gegenüber ruft jemand: »Delfine!« Sie ziehen hinter mir vorbei. Instinktiv will ich aufstehen und mich umdrehen, doch Ward zieht meinen Fuß zu sich, sogar er steht nicht auf. Der Arme, er hat von Abenteuern genug, sollen die Delfine und die Kindheitsträume doch zum Teufel gehen.

Das Morgenlicht breitet sich aus, die Küste kommt näher, wieder ist da die Küstenwache, dieses Boot und dieser Lautsprecher, aber diesmal noch derbere Worte, eine noch hässlichere Stimme. Drei Männer von der Küstenwache machen sich daran, unser Boot festzubinden. Dieses Mal bleiben wir nicht stehen, das große Boot verfolgt unsere Nussschale, bis es uns stoppt und Seile auf unsere Köpfe niedergehen. Plötzlich ist das Meer nicht mehr spiegelglatt. Abu Hassan schreit, alle schreien, Ward weint. Ein junger Mann, der vor mir steht, gibt mir ein Zeichen, dass wir den Männern von der Küstenwache etwas vorspielen sollen, wir schreien jetzt, wir alle schreien. Einer packt das Seil und zieht unser Boot zu dem großen Boot, der junge Mann fordert mich auf, aufzustehen und mich in seine Arme fallen zu lassen, sein Freund werde die Szene filmen, damit die Küstenwache es mit der Angst zu tun bekäme.

Ein Mann am Bug des Bootes steht auf und nutzt die Gelegenheit, dass sich unser Boot ganz nah neben dem der Küstenwache befindet und wirft sein kleines Kind hinüber. Was für eine tiefe Verzweiflung treibt uns zu all dem?

Alle schreien, flehen, die Männer der Küstenwache sind wütend. Ich stehe und brauche gar nicht so zu tun, als schwindelte mir, denn das Boot ist eine Schaukel. Ich brauche nicht zu schreien, Ward ist vor Angst das Herz in die Hose gerutscht. Er schreit. Das ganze Boot dreht sich nach ihm um, die Küstenwache, das Meer, die Morgendämmerung, alle drehen sich zu Ward um. Genau solch einen Schrei hörte ich am Tag des Autounfalls aus meinem Mund. Seine Stimme ist jetzt genauso voller Panik wie meine an jenem Tag. Es wird hell, die Gesichter sind jetzt erkennbar, beißende Kälte auf dem Boot, das Deck ist weiß, die Männer von der Küstenwache schreien noch immer. Vor Kälte drängen wir uns dicht aneinander.

Diesmal scheint die Küste näher zu kommen.

Übersetzung aus dem Arabischen von Larissa Bender

Verena Mayer

Stille Heldinnen

Zwei Schwestern. Ihr Vater ist Schwimmtrainer, beide beginnen früh mit dem Schwimmen. Sie trainieren, nehmen an Wettkämpfen teil, ihr Leben verläuft wie das vieler Kinder aus gutbürgerlichen Verhältnissen. Und doch ist nichts an den Schwestern alltäglich. Denn sie kommen aus Syrien und müssen vor dem Krieg fliehen, vom Libanon gelangen sie in die Türkei, wo sie über das Mittelmeer nach Griechenland übersetzen wollen. Als in dem voll besetzen Schlauchboot der Motor ausfällt, springen die beiden mit anderen ins Meer und halten das Boot mehrere Stunden lang über Wasser. Sie schaffen es an die Küste und dann über Mazedonien und Ungarn nach Deutschland, wo die Medien auf sie aufmerksam werden. Zwei syrische Schwimmerinnen, die auf der Flucht andere vor dem Ertrinken retten – die Geschichte katapultiert die beiden ins Rampenlicht der Weltöffentlichkeit.

Die Irrfahrt der Mädchen endete 2015 in Berlin, und ab hier muss man die Geschichte der Schwestern getrennt erzählen. Da ist einmal Yusra Mardini. In Deutschland machte sie dort weiter, wo sie in Syrien aufgehört hatte: Sie trainierte. Sie kam beim Berliner Verein Wasserfreunde Spandau 04 unter, Sportfunktionäre wurden auf sie aufmerksam und schlugen Mardini für das neu geschaffene Flüchtlingsteam vor, das bei den Olympischen Spielen in Rio de Janeiro an den Start gehen sollte. Mardini qualifizierte sich, und als sie 2016 nach ihrem Bewerben aus dem Becken stieg, war sie ein Weltstar, so etwas wie das globale Gesicht der Flüchtlingskrise. Sie traf Barack Obama und den Papst, das *Time*-Magazin erklärte sie zu einem der einflussreichsten Teenager der Welt.

Inzwischen ist sie auch als Sonderbotschafterin für das UN-Flüchtlingshilfswerk unterwegs. Sie reist um die Welt und tritt bei Veranstaltungen auf. 2021 trat sie noch einmal bei den Olympischen Spielen in

Tokio an. Sie tat das nicht nur aus sportlichem Ehrgeiz, sondern vor allem, um anderen Flüchtlingen Hoffnung geben. Immer wieder erzählt sie ihre Geschichte, zuletzt in ihrem Buch, das so heißt wie ihr liebster Schwimmstil: »Butterfly«. Man erfährt darin, wie der Ort in Syrien, in dem die Mardinis lebten, zwischen die Fronten geriet, ihr Haus wurde zerstört, im Schwimmbad schlug eine Bombe ein. Nachdem die Familie wegen der Bomben in zwei Jahren sechs Mal umziehen musste, war den Schwestern klar, dass sie lieber ihr Leben auf der Flucht riskieren wollten als in Syrien im Krieg. Die Mutter schickte die Töchter mit einem Verwandten auf den Weg nach Europa. Yusra Mardini kann sich noch gut erinnern, wie sie mit ihrer Schwester im Flugzeug von Beirut nach Istanbul saß. Es war voller Syrer, und das Kabinenpersonal drohte, jeden festhalten lassen, der versuche, eine Schwimmweste mitzunehmen. Nach ihrer Flucht hat sie das Meer gemieden. Weiter schwimmen wollte sie trotzdem.

Oft wird sie gefragt, ob sie sich wie in einem Traum fühle, mit ihrer Geschichte, die sie von einem Flüchtlingsboot erst nach Olympia brachte und dann zum amerikanischen Präsidenten und zum Papst. Diesen Leuten sagt sie dann, dass sie wohl nicht mit ihr tauschen würden. Sie und ihre Schwester hätten so viel verloren, »wir wollen einfach nur Frieden«.

Zwei Schwestern. Hier könnte nun ein Happy End stehen. Die Geschichte der Mardinis als Symbol dafür, wie man es selbst dann schaffen kann, wenn man durch Krieg und Flucht alles hinter sich lassen musste. Doch da ist noch die drei Jahre ältere Sarah Mardini. Sie verletzte sich auf der Flucht an der Schulter und musste das Schwimmen aufgeben. Sie ging nach Lesbos, dorthin, wo sie 2015 mit dem Schlauchboot gestrandet war und wo man ihr kein Wasser verkaufen wollte, obwohl sie Geld hatte. Solche Erfahrungen wollte Sarah Mardini anderen Flüchtlingen ersparen. Sie war als Rettungsschwimmerin im Einsatz oder nahm die Bootsflüchtlinge in Empfang, wenn sie an der Küste strandeten. Sie half im Flüchtlingslager von Lesbos aus, in dem noch immer Tausende Flüchtlinge unter schlimmsten hygienischen Bedingungen in einer viel zu kleinen Zeltstadt hausen. Sarah Mardini dolmetschte, kümmerte sich um die Kinder und kaufte mit gespendetem Geld Waschmaschinen, damit die Flüchtlinge zumindest ihre Kleidung waschen können.

Doch in den Augen der griechischen Behörden ist das ein Verbrechen. Im August 2018 wurde Sarah Mardini zusammen mit drei Dutzend Helfern verhaftet, die Vorwürfe lauteten Menschenschmuggel, Mitgliedschaft in einer kriminellen Vereinigung, Geldwäsche und Spionage. Mardini soll mit Schleusern zusammengearbeitet und sich mit ihnen auf verschlüsselten Kanälen ausgetauscht haben, um Menschen illegal nach Lesbos zu bringen.

Mardini weist diese Vorwürfe zurück. Sie habe selbst erlebt, mit welchen Methoden auf der Flucht Menschen ausgebeutet werden, niemals würde sie daher mit Schleppern gemeinsame Sache machen. Die griechische Justiz ließ sie nach 107 Tagen gegen eine Kaution von 5.000 Euro frei, Sarah Mardini durfte nach Deutschland ausreisen. 2021 begann der Prozess gegen sie und die anderen ehrenamtlichen Helfer. Für Menschenrechtsorganisationen ist er ein Beispiel dafür, wie die Arbeit von Flüchtlingshelfern in der EU zunehmend kriminalisiert wird. Wie das Strafrecht herangezogen wird, um Helfer vor Gericht zu bringen und andere von humanitären Einsätzen abzuschrecken. Der Fall Mardini hat inzwischen Kreise bis in die höchste Politik gezogen. Eine Studie des Europaparlaments bezeichnete das Verfahren auf Lesbos als »größten Fall der Kriminalisierung von Solidarität in Europa«. 32 Abgeordnete des Europaparlaments haben sich in einem Brief an den griechischen Justizminister dafür ausgesprochen, dass Sarah Mardini freigelassen und die Arbeit der Flüchtlingshelfer auf Lesbos weiterhin ermöglicht wird.

Sarah Mardini ist nicht zuletzt ein Beispiel dafür, wie sehr Flucht und Vertreibung Biografien zerstören können. Die vergangenen Jahre haben sie sehr mitgenommen. Sie wollte eigentlich in Berlin studieren, doch sie bekam eine Depression und musste ihren Studienplatz wieder aufgeben. »Ich schaue in den Spiegel und will mein glückliches Selbst finden, aber es ist nicht mehr da«, sagt sie. Aber auch sie macht weiter, wie ihre Schwester. Gibt Interviews, erzählt ihre Geschichte. Das habe sie immerhin in den vergangenen Jahren gelernt, sagt sie: kämpfen. Im Gefängnis in Griechenland habe sie irgendwann begonnen, Bücher zu lesen, unzählige, um sich abzulenken. »Ich habe mich immer an eine Situation angepasst, denn man muss sich anpassen, sonst überlebt man nicht«, sagt sie. »Und ich verdiene es zu leben.«

Zwei Schwestern. Sie sehen sich nicht oft, jede hat ihr eigenes Leben. Yusra Mardini lebt in Hamburg und ist viel unterwegs, Sarah Mardini ist mit den Eltern, die Syrien ebenfalls verlassen konnten, in Berlin. Eine größere Öffentlichkeit hat die beiden jungen Frauen zuletzt 2016 zusammen gesehen, als sie den Medienpreis »Bambi« bekamen. Die Kategorie, in der sie ausgezeichnet wurden, heißt »Stille Helden«.

Dina Nayeri

Darius

Darius nahm einen letzten Zug von seiner Zigarette und trat sie auf dem Pflaster vor dem Teeladen aus. »Hat sie heute schon gesimst?«, fragte sein Freund.

»Nein«, sagte Darius. Sie standen unter der berühmten 33-Bogen-Brücke in Isfahan, nachdem sie einen Abendkaffee getrunken und eine Wasserpfeife geraucht hatten. »Hoffen wir mal, das heißt ...«

»Ja«, sagte sein Freund. »Trotzdem ist es eine Schande. So eine tolle Braut.«

Darius kicherte und verabschiedete sich. Auf dem Heimweg vibrierte es in seiner Tasche. In diesen Tagen lief ihm bei jeder Textmitteilung ein eiskalter Schauer über den Rücken. Er blickte auf sein Telefon. Sie war es. »Dariuuuus. Was ist los?«

Er blieb mitten auf der Straße stehen, um zu antworten – er musste sie schnell abwimmeln. Keine Spielchen. »Bitte hören Sie auf, mir Nachrichten zu schicken. Ich habe deswegen schon so viel Ärger gehabt.«

Sie schrieb: »Schon gut. Ich wollte nur Hallo sagen.«

Er antwortete: »Bitte löschen Sie meine Nummer. Ich werde noch umgebracht.«

Er schaltete sein Handy aus und ging schneller. Es war bereits nach zehn Uhr abends. Bis zu seinem Haus waren es noch drei Straßen und er überquerte gerade eine schmale Gasse, als sie kamen. »He, Schneiderlein!«, rief eine Stimme, Darius war Schneider, und zwar ein guter. Es war ihm egal, dass sie seinen Beruf lächerlich fanden. Er war groß und gut aussehend, und er wusste, wie man Kleider machte, die saßen. Eines Tages würde er eine Ladenkette besitzen. Eines Tages würde er wunderschöne westliche Anzüge machen. Bevor er sich umdrehen konnte, versetzte ihm jemand einen Schlag in den Nacken. Dann traf ihn ein

Schlagstock am Bein, und er lag auf dem Boden und hielt sich die Seite, um ihre Tritte abzuwehren.

In dem Durcheinander löste sich jede Einzelheit von der Realität. Die Welt verengte sich zu einer Abfolge von Empfindungen und sein schmerzender Kopf konnte nur Bruchstücke aufnehmen: Dass es *Basidsch* waren, die erbarmungslosen Mitglieder der Freiwilligenmiliz. Dass es vier oder fünf junge Männer waren. Dass er so nah an seinem Zuhause war, dass seine Eltern ihn vermutlich schreien hören konnten. Dass einer von ihnen sagte: »Verlass den Iran oder du bist tot.«

Nachdem sie gegangen waren, schlief er eine Stunde in der Gasse. Das Letzte, was er hörte, war ein entferntes Echo am Ende der Straße: »Lauf uns bloß nicht noch einmal über den Weg!«

Dann ging er nach Hause. Am nächsten Tag nähte der Arzt die Wunden in seinem Gesicht, an seinen Armen und Händen. Seine Mutter weinte in ihrem Zimmer. »Was ist das nur für eine Welt, in die diese jungen Leute hineingeboren wurden«, klagte sie seinem Vater. »Zweiundzwanzig Jahre, und unser Junge hat nie ein anderes Leben gekannt. Erinnerst du dich an die Zeiten vor der Revolution? An 1978?« Darius wurde 1992 geboren. Das Paradies des alten Iran löste bei ihm keine Euphorie aus, nur Neugierde und so etwas wie Stolz. Dennoch wünschte er sich eine Chance. Um ein Geschäft zu eröffnen, Geld zu verdienen, eine Familie zu gründen. Er wollte diesem Mädchen sagen, dass er gern mit ihr zusammen war, obwohl er sie zwei- oder dreimal die Woche abwies. Er wollte sie auf einen Kaffee einladen, sehen, wie der Wind in ihrem Haar spielte und wie sie im Kino lachte. Vielleicht würden sie sich verlieben. Vielleicht auch nicht. Sie würden es nie herausfinden, denn ihre Eltern waren beide *Sepah*, militante Revolutionsanhänger mit Stellen im Ministerium. Sie wussten Bescheid und hatten beschlossen, ihn umzubringen.

Sie hatten nicht daran gedacht, ihre Tochter zu befragen, ihr zu erzählen, was sie mit ihm vorhatten, oder zu berücksichtigen, dass alles von ihr ausgegangen war.

Ein Jahr später kamen sie wieder. Darius' Wunden waren verheilt, doch er hatte Narben an den Armen und im Gesicht davongetragen. Er hatte nicht mehr mit dem Mädchen gesprochen, obwohl sie es versucht hatte. Gerade saß er mit seinen Eltern beim Abendessen, auf dem Boden war der *sofreh* seiner Mutter ausgebreitet. Sie klopften barsch an die Tür und sein Vater öffnete. Sie stürmten in das Haus, warfen eine Vase um und trampelten mit ihren Schuhen auf dem *sofreh* herum.

»Hast du der jungen Dame wieder gesimst?«, bellte einer von ihnen.

»Nur einmal, um ihr zu sagen, dass sie nicht mehr schreiben soll, ich schwöre es. Sie können selbst nachsehen.« Darius wollte ihnen erklären, dass sie es nicht verstand, dass sie sich sicher fühlte wegen ihrer Eltern und deshalb dachte, er wäre auch sicher.

»Jetzt ist also die junge Dame schuld?«, sagte der älteste der *Sepah*. Sie stellten ihn auf die Füße und zerrten ihn in ihr Hauptquartier. Er wartete stundenlang. Der *Sepah* öffnete die Tür. Er stellte keine Fragen, brachte nur Beschuldigungen vor und wartete auf eine Reaktion. Darius starrte auf die Tischplatte.

»Du hast die Tochter von Mr Mahmoodi entehrt.«

»Nein, mein Herr, das habe ich nicht«, sagte er zu dem Tisch.

»Du bist ein kommunistischer Agent.«

»Nein, mein Herr, ich bin Schneider. Ich nähe Hemden.«

»Du hast getrunken.«

»Nein, mein Herr.« Er war so müde. Es war gleichgültig, was er sagte. Ein Wachmann kam herein und flüsterte dem *Sepah* etwas über Drogenhandel zu. Sie hatten es darauf angelegt, dass Darius es hörte. Er wollte weinen – sie würden ihn niemals gehen lassen. Er würde am Galgen enden oder vor dem Erschießungskommando, noch bevor er dreißig war.

»Du hast getrunken und *Basidsch*-Offiziere auf der Straße angegriffen«, sagte der Wachmann. Als er den Kopf schüttelte, schlug der *Sepah* ihm mit einem Gewehrkolben gegen die Schläfe. Darius fiel von seinem Stuhl. Er umklammerte das Tischbein und zog die Knie bis vor den Bauch, wie ein Neugeborenes. Bevor er das Bewusstsein verlor, spürte er noch zwei weitere Schläge gegen seinen Kopf, dann einen in den Rücken, direkt hinter dem Herz. Sie wollten ihn totschlagen.

Er erwachte im Krankenhaus, seine Eltern standen an seinem Bett. Sein Körper fühlte sich leicht an, sein Mund war trocken. Er hatte drei Monate im Koma gelegen.

»Du kannst nicht im Iran bleiben«, sagte sein Vater. »Sie werden dich umbringen.«

Seine Mutter hatte berichtet, dass sie beinahe jede Woche zu ihnen gekommen waren. »Ihr Sohn ist ein Regimegegner. Ein religiöser Abweichler. Ein Untergrundagent. Sein Blut ist für uns *halal*.«

Anscheinend war es das, was sie wollten – sicherzustellen, dass es *halal* war, Darius' Blut zu vergießen. Als seine Eltern sich wegen der Schikanen beschweren wollten, sagte jeder Polizist, Darius hätte die *Basidsch* auf offener Straße angegriffen. »Wenn sie dich wieder auf der Straße erwischen«, sagte sein Vater, »dann bist du tot. Bitte, ich habe etwas Geld. Nimm es, verschwinde und such dir einen anderen Ort zum Leben. Du kannst überall glücklich werden, wenn du es nur versuchst.«

Darius verbrachte zwei Wochen damit, sich von seinen Verwandten füttern zu lassen, bis er seinen Gewichtsverlust von fünfzehn Kilo wieder etwas ausgeglichen hatte. Er nahm seine Medizin. In seiner Erinnerung klafften schwarze Lücken. Sein Körper war inzwischen von Narben übersät – an Armen, Gesicht, Hals, Beinen. Jeden Morgen baten ihn die Eltern, fortzugehen.

Wenn man ihn bittet, seine Reise zu beschreiben, vergisst Darius viele Dinge. Er erinnert sich an ungeordnete Details. In seinem Kopf hämmert es. Einmal, in einem Rehabilitationszentrum, bekam er einen Muskelkrampf, der seinen Körper stundenlang lähmte. Er ist alleinstehend, gut in Form und noch nicht so abgestumpft, dass er nicht ab und zu noch lachen könnte. Doch das Dunkel holt ihn immer wieder ein, er erinnert sich nicht mehr an Einzelheiten, wie ein Lügner. Kaum jemand glaubt ihm. Man bezeichnet ihn als »Wirtschaftsflüchtling« und sieht nur seine Jugend und sein Potenzial. In Zeitungen und auf seinem iPhone debattieren die Europäer ständig darüber, wie viele Geflüchtete ihren Beitrag leisten werden; sie behaupten, sie wollten diejenigen aufnehmen, die zur Wirtschaftsleistung beitragen können, die »guten« Immigranten. Und dennoch heißen sie nur diejenigen willkommen, die bereits mit einem Fuß im Grab stehen. Zeigst du Initiative, Cleverness und Unternehmergeist, bevor du deine Heimat verlässt, bist du erledigt. Die Leute vermuten dann, du würdest tricksen, nur um mit einer Geschäftsidee (oder einer Praxis oder einem Atelier) reich zu werden. Sie sehen die Praxis oder das Atelier, die noch nicht einmal existieren, als Besitztum an, das ihnen gestohlen wurde. Doch wenn du ankommst, selbst wenn du mit einem Fuß im Grab standest, dann gnade dir Gott, wenn du eine Zeit lang auf Sozialleistungen angewiesen bist.

Darius fuhr nach Urmia, eine Stadt im Iran, die nahe der türkischen Grenze liegt. Von dort überquerte er mithilfe eines Schleppers die Berge zu Fuß. Er trug Turnschuhe und brauchte dafür nur fünfundvierzig Minuten. Alle paar Schritte meinte er eine Gewehrkugel in seinem Bein oder Rücken zu spüren. Wenn er hinfiel, das wusste er, würde der Schlepper ihn liegen lassen. »Jetzt bist du in der Türkei«, sagte der Schlepper. »Ich gehe zurück. Viel Glück.«

In dem türkischen Dorf ließ er sich zu einer Lehmhütte fahren und musste doppelt so viel bezahlen wie ausgemacht. »Ruf deine Familie an, damit sie dir mehr Geld schicken«, sagten die Leute. »Die Reise war schwieriger als erwartet.« Er konnte sich an keinerlei Schwierigkeiten erinnern, die nicht vorher schon besprochen worden waren, doch alleinstehende junge Männer aus dem Iran können selten Mitleid erwarten. Wirtschaftsflüchtlinge, Schmarotzer, Opportunisten. Er bezahlte. Er saß vier Tage lang in der Hütte und wartete auf den nächsten Schritt, während seine bisherige Reise bereits im Dunklen zu verschwinden begann, in den angeschlagenen, beschädigten Teilen seines Geistes.

Das erste Schlauchboot war überfüllt. Sechzig Personen, darunter viele erschöpfte Kinder, die Darius aus scheuen Augen anblickten. Nach wenigen Metern kippte das Boot um und entließ seine Insassen in die Ägäis. Das gesamte Gepäck trieb davon. Die Kräftigeren schwammen zum Ufer zurück und wagten es nicht, daran zu denken, was aus den anderen wurde, den Kindern, die keine Kraft mehr hatten. Darius rannte in den Wald, wo er von der türkischen Polizei aufgegriffen und ins Gefängnis gebracht wurde.

Zwei Monate lang vegetierte er in einer Zelle in einem türkischen Gefängnis dahin. Er hatte keine Papiere, gab einen falschen Namen an und lag die meiste Zeit im Delirium. Wegen der Fieberträume kann er sich an kaum etwas erinnern – das macht es so leicht, an seiner Geschichte zu zweifeln. Er verbrachte diese Zeit mit geschlossenen Augen. Als seine Medikamente ausgingen, entließ man ihn. Zu viel Mühe. »Verlassen Sie die Türkei«, sagte man ihm, und er versuchte zu gehorchen.

Bei seinem nächsten Versuch schaffte Darius' Boot es bis Lesbos. Als die Männer glücklich heraussprangen, um das Boot an den Strand zu ziehen, hörte er jemanden flüstern: »Freut euch nicht zu früh. Hier fangen die Schwierigkeiten erst an.« »Wir sind in Europa«, sagte Darius ins Dunkel hinein. »Wir sind auf freiem Boden.«

»Aber wir kommen nicht nach Europa. Wir kommen nach Moria.«

Dina Nayeri

Teddybären

Im Camp leben 219 Menschen, die meisten aus Syrien, und dennoch sieht man nichts außer Hunden und Kindern; über allem liegt eine düstere Stimmung. Kaum jemand scheint aufgestanden zu sein, und ich denke daran, wie wenig man in einem Flüchtlingscamp tun kann. Man darf nicht arbeiten. In den örtlichen Schulen ist man nicht willkommen; die einheimischen Eltern haben ständig Angst vor unbekannten Krankheiten. Wir kommen in den Kindergarten. Die Erzieherin erzählt uns, wie labil und verunsichert die Kinder sind. Ein Mädchen weigert sich, ihren Rucksack abzunehmen.

Ich weiß, dass dieses Mädchen noch einen endlosen Weg vor sich hat. Ich habe mich dreißig Jahre lang geweigert, meinen Rucksack abzunehmen. Die Erzieherin sagt, sie würde ihn nicht einmal abnehmen, um zu singen, zu tanzen oder zu spielen. Die Erwachsenen haben es mit den verschiedensten Taktiken versucht, sie haben ihr vorgeschlagen, den Rucksack zu behalten, aber den Inhalt auszupacken, damit er leichter wird. Ich muss lachen. Der Rucksack ist ein Symbol, er steht für den Versuch, die eigene Identität und die Reste eines eigenen Lebens zu bewahren. Die glänzende rosa Hülle spielt dabei keine Rolle.

Ich verspüre ein Kratzen in meinem Rachen, seit meiner Schulzeit ein deutliches Warnzeichen meines Körpers, zuerst fühlt es sich nur rau an, dann wird es unerträglich. Ich will nicht hier sein. Ich habe jetzt ein Zuhause, warum bin ich in diese elende Vorhölle zurückgekommen? Warum lebe ich nicht mein eigenes Leben und bin dankbar für jede Minute, die ich in der freien Welt verbringe, wo ich kommen und gehen kann, wie ich will? Was, wenn ich am Flughafen aufgehalten werde? Wenn mein Pass gestohlen wird? Wenn ich festgenommen werde? Wo ist meine Elena? Ich hole tief Luft und unterdrücke das Kratzen in meinem Rachen.

Doch ich weiß genau, warum ich hier bin — weil die Welt uns Geflüchteten den Rücken zukehrt, weil Amerika nicht mehr Amerika ist und Europa denselben Weg eingeschlagen hat: Diese einst christlichen Länder haben ihre Pflichten vernachlässigt, zugunsten ihrer eigenen Anspruchshaltung und ihrer nationalen Identität. Ich bin hier, weil ich eine Fähigkeit besitze, die ich mir in meiner Zeit als Geflüchtete angeeignet habe. Ich habe die Leute beobachtet, die zur Untätigkeit gezwungen waren, und ich weiß, auf welche Weise das Leben sich wieder behauptet, wie die erste Blase in einem Kessel, bevor das Wasser zu kochen beginnt. Ich bin hier, um zumindest einige Geschichten aus dem köchelnden Wasser zu retten und sie in den Westen zu bringen, der uns Exilanten und Ausgestoßene einst mütterlich aufnahm und uns jetzt braucht, damit wir verhindern, dass sein Herz verhärtet.

Und es gibt noch einen anderen Grund. Weil ich nun eine Tochter habe, wird es Zeit, mit meiner eigenen Geschichte und Identität ins Reine zu kommen, damit auch sie sich über ihre Identität sicher sein kann.

Man hat mir gesagt, die Arbeit mit Geflüchteten sei für ehemalige Asylbewerber oft schwierig. Es ist leichter, in einem Obdachlosenheim oder in einem Krankenhaus als Freiwilliger zu helfen; sich in die eigene Lage als Geflüchteter zurückzuversetzen widerstrebt einem instinktiv. Meine Großmutter ist nicht die erste Iranerin, die nichts mit ihren Landsleuten zu tun haben will. Und viele Migranten schließen die Tür, sobald ihre eigene Familie eingetroffen ist, aus reinem Selbsterhaltungstrieb (denn es könnte ja ein Bösewicht anklopfen). Die Vertriebenen spüren nie wieder festen Boden unter ihren Füßen. Man erzählt dir, dass die Anständigen und Ehrlichen es schon irgendwie schaffen werden, dass du zur Salzsäule erstarren wirst, wenn du zurückschaust, dass du deine Energien nun darauf konzentrieren musst, dazuzugehören, etwas aufzubauen und dich dankbar zu zeigen. Es nützt niemandem etwas, wenn du in ein Camp zurückkehrst und mit deiner Anwesenheit vergebliche Hoffnungen schürst.

Ich sehne mich danach, Barba wiederzufinden. Nicht seine Überreste, sondern seine Bewohner, die Mitarbeiter aus dem Ort. Wäre es nicht ein Wunder, wenn es ihnen allen gut ginge – wenn ich nur ein paar Namen ausfindig machen könnte, einige ermutigende Geschichten, als Beweis dafür, dass wir es wert waren, gerettet zu werden?

Wir grüßen einige Vorübergehende und finden schließlich einen Mitarbeiter, der Arabisch und Englisch spricht. Unter seiner Lippe klafft eine offene Wunde, und er behauptet, er habe nur die Erlaubnis, für die Griechen zu dolmetschen. Dennoch erklärt er sich bereit, uns zu helfen. Er schlägt vor, dass wir eine Familie besuchen, deren Unterkunft mich bestimmt überraschen wird.

Amina aus Aleppo öffnet die Tür. Sie hat die Figur meiner Mutter, rundlich und klein, mit rot gefärbtem Haar und einer adretten Bluse. Ihre vertrauten Gesten erinnern mich an meine iranischen Tanten, die einen immer so herzlich begrüßten. Sie fasst mich an der Schulter und zieht mich hinein; ohne den Blick abzuwenden, setzt sie Teewasser auf. »Kommen Sie nur herein. Setzen Sie sich und trinken Sie einen Tee«, sagt sie auf Arabisch. Als ihre Tochter hereingelaufen kommt, in einem Faltenrock und Strumpfhosen, mit einem flauschigen Stern auf ihrem T-Shirt, kommt es mir so vor, als säße ich meiner jungen Mutter und mir selbst als Kind gegenüber.

Wir ziehen die Schuhe auf dem Vorleger aus. Innen weist nichts mehr darauf hin, dass wir uns in einem Camp befinden. Ich traue meinen Augen kaum. Der Dolmetscher erklärt, das Ehepaar sei sehr stolz auf seine Unterkunft. Der Mann ist Möbelschreiner. Als Erstes bat er um eine Malerrolle. Er klebte die abblätternde Tapete wieder ran, strich die Wände und nagelte die schadhaften Bodendielen fest. Sie putzte tagelang und dekorierte die Zimmer mit allem, was sie auftreiben konnte. »Und sehen Sie mal, wie schön es geworden ist.«

In der mit dunkelblauem Laminat ausgelegten Küche flattert ein gelb geblümter Vorhang, der mich an das Gelb von eingelegten Ingwerwurzeln erinnert. Große gelbe Servierlöffel hängen an der Wand neben einer Suppenkelle in Form einer Sonnenblume. Das Geschirr ist abgewaschen. Jeder dieser blank geschrubbten Gegenstände spricht von der heroischen Anstrengung, die diese Frau unternommen hat, um auch in dieser Einöde die Würde ihrer Familie zu erhalten. Welche Willenskraft muss dieses Ehepaar aufgebracht haben, um diese Räume zu einem Zuhause zu machen? Im Camp macht selbst die Luft müde und antriebslos und verleitet einen dazu, im Bett liegen zu bleiben. Ihre Weigerung, einfach dazusitzen und zu warten, ist ein täglicher Widerstand, ein Geschenk, das sie ihren Töchtern machen. Für sie werden ihre Kindertage im LM Village nicht von Mangel und Warten geprägt sein, es wird nur ein Kapitel in ihrem Leben sein. Vielleicht werden sie ihren nächsten Geburtstag hier feiern. Vielleicht werden sie hier lesen lernen.

Dann fällt mein Blick auf das merkwürdigste Detail in dieser Unterkunft: Teddybären in allen Größen hängen an den Wänden, sitzen in der Küche, über dem Türrahmen zum Schlafzimmer, auf dem Treppengeländer. Ein besonders großer Bär hängt direkt über mir. Die Teddys sind lustig und auch ein bisschen gruselig. In den kommenden Tagen werde ich noch viele Zimmer besichtigen, in denen Teddys an den Wänden hängen, sowohl in den Häusern aus Ziegelsteinen und Mörtel im LM Village als auch in den Metallcontainern in Katsikas. Sie verstopfen die Spendenboxen. Anscheinend schicken die wohlmeinenden Amerikaner und Briten ständig Teddys.

Was kann ich hier erreichen, wenn diese guten Leute so wenig voneinander wissen? Wenn eine freundliche Gabe sich in ein gruseliges Symbol für all das verwandelt, was einem fehlt? Wenn du trotzdem dazu gezwungen bist, es irgendwie zu verwenden? Warum hat niemand den Teddyspendern gesagt, sie sollten besser Taschenrechner oder Tablets oder englische Übungshefte, Lexika und Bücher von Roald Dahl, Beatrix Potter und Julia Donaldson schicken? Niemand braucht hier einen Teddy. Im Iran werden Bären (und Schafe) bei der Zollkontrolle am Flughafen geköpft. Hier werden sie an die Wand gehängt.

Während Amina den Tee aufgießt und eine Schachtel Kekse öffnet, recke ich den Hals, um einen Blick in die Schlafzimmer zu werfen. Überall entdecke ich gelbe und blaue Accessoires.

Im Gegensatz zu uns haben die Geflüchteten heute Smartphones. Diese Frau weiß, dass Blau und Gelb gerade in Mode sind. Warum sollte man sich damit quälen, nach Einrichtungstrends zu googeln und sich mit den Bildern von schicken Möbelgeschäften zu konfrontieren, nur um erkennen zu müssen, dass der dekadente Rest der Welt im Luxus schwelgt und sich gleichzeitig darüber beklagt, dass du existierst und ihm vielleicht zu nahekommen könntest. Der Rest der Welt verlangt lautstark nach Grenzen. Du könntest ihnen etwas wegnehmen wollen. Du könntest vergessen, wohin du gehörst, anspruchsvoll und unverschämt werden, dich an sattes Gelb und Blau gewöhnen. Und dazu kommt die Todesgefahr, in der du schwebst – das alles führt zu einem unauflösbaren Widerspruch.

Mustafa kommt in einem ordentlich zugeknöpften Hemd und einer Kappe mit Hahnentrittmuster herein. Die jüngere Tochter umarmt ihn. Ich mag diese Familie, die sich weigert, den Mut sinken zu lassen, nachdem sie beinahe in einem Schlepperboot ertrunken ist, und ihre aufgeweckten Töchter wie britische Schülerinnen anzieht.

Mustafa verliert sein Sehvermögen. Die Hornhaut seiner Augen ist beschädigt und er braucht Injektionen, die über tausend Euro kosten. »Ich sage ihnen, gebt mir doch eine Brille. Sie sagen, sie können mir keine Brille machen.« Die Syrer, die in die Camps kommen, klagen alle über gesundheitliche Probleme. Sie haben Zahnprobleme, Ohren- und Rückenschmerzen. Man glaubt ihnen nicht. »Ich will nur, dass meine Augen wieder gesund werden«, murmelt Mustafa, der ein Attest von seinem Arzt in Syrien dabeihat. Ich frage mich, wie irgendjemand annehmen kann, dass man sich grundlos eine Spritze ins Auge geben lassen würde.

Später begleite ich Shiva, eine Sprachtherapeutin, in ihren Bungalow. Sie hat eine große Familie, drei oder vier Erwachsene in ihren Zwanzigern und eine ältliche Mutter. Hier kümmert sich niemand darum, es gemütlicher zu machen oder so etwas wie ein normales Leben aufrechtzuerhalten. Niemand will stolz auf diese Durchgangsstation sein. Niemand hat kleine Erinnerungsstücke, die er bewahren, oder Kinder, um die er sich kümmern muss. Die Unterkunft wurde länger nicht geputzt. Nun kann ich sehen, wie die Bungalows aussahen, bevor Mustafa seine Malerrolle und seinen Hammer bekam. Auf einer alten Kochplatte voller Soßenspritzer brodelt ein Topf. Weitere Töpfe, an denen noch die Essensreste vom Vortag kleben, stehen neben der Spüle. Die Arbeitsplatte ist zerkratzt und an einigen Stellen gebrochen. In allen Ecken hat sich Schimmel gebildet. Die Küchenschränke und die Wände sind angeschlagen; ein Stück der Wand ist herausgebrochen, als hätte sich dort jemand mit einer Eiskugelzange zu schaffen gemacht. Der Schimmelgeruch dringt mir in die Nase.

Shivas Mutter sitzt auf einer Bank zwischen der Küche und der Treppe, an dem kleinen Tisch, an dem die Familie isst. Eine ausladende Frau, in einen Tschador gewickelt, die gerade Stangenbohnen putzt. Sie könnte Madame Masi sein. Sie starrt mich kurz an, dann lächelt sie breit und begrüßt mich. Sie bekommen hier nicht oft Besuch.

Ich erfahre, dass sie einst elf Kinder hatte. Eines ist gestorben, vielleicht erst kürzlich, und die zehn übrigen Kinder, im Alter von einundzwanzig bis vierundvierzig, sind über ganz Europa und den Mittleren Osten verstreut. Ihre jüngste Tochter hat einen gutaussehenden Verlobten mitgebracht, der mich nicht begrüßt. Ich kann ihn in der oberen Etage hören, seine Wasserpfeife blubbert, dazu erklingt leise syrische Musik.

Kefah Ali Deeb

Die syrische Küste vor der Nase

Die Flucht aus Syrien bleibt im Kopf. Wälder, Felder, Flüsse und Seen können mein Gedächtnis wenigstens manchmal ein bisschen besänftigen.

Wir waren auf der Flucht, mein Freund, über den ich bereits in früheren Kolumnen schrieb, und ich, in der Hoffnung, nicht von den Sicherheitskräften aufgegriffen zu werden. Er lenkte den Wagen und fuhr eher langsam, während ich schweigend im Beifahrersitz versunken war. Durch das offene Fenster streichelte eine nach Meer und Zedern duftende Brise mein Gesicht.

Auf einer bezaubernd schönen Strecke fuhren wir an einem Ort an der syrischen Küste vorbei, auf der einen Straßenseite das Meer, auf der anderen Zedernwälder. Mein Herz schlug für das Land, das ich nicht aus freien Stücken verlassen wollte; die Sorge um das Leben schwebte über mir.

Plötzlich durchbrach mein Freund die Stille mit der Frage: »Weißt du, dass ich, so lange ich lebe, dieses Land nie verlassen werde?« Ohne meine Reaktion abzuwarten ließ er das Lied *Halwa ya baladi* laufen, »Schön bist du, mein Land«. Ich weinte vor Kummer und Liebe zugleich, während mein Freund aus Verlegenheit laut mitträllerte: »Schön bist du, mein Land.«

Nur wenige Tage später wurden wir beide in ›unserem schönen Land‹ gefasst und kamen ins Gefängnis. Ich kam später frei, er blieb drin. Das einzige, was ich in den sechs Jahren seitdem erfuhr, war, dass er vor zwei Jahren starb. Diese Nachricht wurde von keiner offiziellen Stelle je bestätigt oder dementiert. Sicher ist, dass er sein Versprechen gehalten hat: Er hat das Land nicht verlassen.

Der Duft der Wälder

Ich sitze gerade im ICE und fahre durch Brandenburg an Wäldern vorbei; Erinnerungen rütteln mich wach. Schade, dass sich die Fenster nicht öffnen lassen; gern würde ich den Duft der Wälder einatmen und mein Gedächtnis damit vielleicht etwas besänftigen.

Ich höre zurzeit keine Lieder mehr über mein verlorenes Land, ich will keine Sehnsucht mehr haben. Ich höre auch keine Nachrichten mehr und kann keine Reportagen mehr über den elenden Zustand syrischer Flüchtlinge, über die Toten und die brennenden Weizenfelder sehen. Ich lebe nur noch mit der Hoffnung, dass dieses Elend bald ein Ende finden möge.

Der Zug fährt immer noch schnell, die Brandenburger Wälder rauschen in die umgekehrte Richtung an mir vorbei und ich bin zwischen Zug und Wäldern hin und her gerissen. Der Verlust scheint immer zu siegen.

Wälder, Felder, Täler, Flüsse, Bäche, Seen, Sonne, Mond und Regen üben stets eine große Anziehungskraft auf mich aus. Sie erwecken mein Gedächtnis und vergegenwärtigen meine Erinnerungen. Was ich vergessen will, wird präsent, die Vergangenheit holt mich zurück und mein Land zerrt an mir. Ich versuche die Flucht nach vorne zu ergreifen, arbeite viel und reise öfters bis zur Erschöpfung. Und ich frage mich: »Nimmt man das Vaterland an den Schuhsohlen mit?«

Fisseha Mebrahtu

Ich bin aus Eritrea

In der Gesellschaft, in der ich aufwuchs, gilt ein Mensch, der gerne alleine ist oder die Stille vorzieht, als jemand mit einem Problem. Es ist nicht üblich, dass eine Person das Alleinsein freiwillig wählt. Aber aus einem mir unbegreiflichen Grund genieße ich die Einsamkeit. Das Für-mich-Sein ist für mich etwas Besonderes. Ich mag es, mich zurückzuziehen, zu schweigen, nachzudenken, zu grübeln, mich mit mir selbst zu unterhalten.

Manchmal erschrecke ich, wenn ich in Gedanken versinke und mich dabei plötzlich in Deutschland entdecke. »Unglaublich! Ist das wahr?«, frage ich mich. Ich dachte nie, dass ich mal außerhalb von Eritrea leben würde. Niemals suchte ich eine Stadt im Ausland für mich aus. Zu keiner Zeit träumte ich von einem anderen Land. Ich dachte, ich habe ein Land, und wenn ich dessen Probleme und Mängel ertrage, dann kann ich dort leben.

Dann wurde mir bewusst, dass ich eine Regierung hatte, die mein Leben in Gefahr brachte; die mir meine Jugend stahl; die meine Träume tötete; die mich in Armut und Flucht stürzte, die fest entschlossen war, meine Heimatliebe aus meinem Herz zu reißen. Ich ließ mein Privatleben beiseite, verschob meine Ausbildung und arbeitete viele Jahre ohne Entgelt. Doch das alles war für die Regierung nicht genug. Dass ich all das ertrug, stimmte sie nicht glücklich. Ich begriff, dass sie nicht satt zu bekommen war, auch wenn sie mich mit Haut und Haaren fressen würde. Dennoch wollte ich weiterhin in meinem Heimatland leben. Wenn ich heute daran denke, frage ich mich traurig: »War meine Liebe damals so einfältig?«

Mit Erfolg wurde daran gearbeitet, dass wir uns fühlen wie ein Frosch, der sich nicht vorstellen kann, dass es ein Leben außerhalb eines Brunnens gibt. Stellen Sie sich vor, in meinem Land wird jemand »wegen Hörens eines ausländischen Senders« oder dafür, was er denkt und spricht, verhaftet. In meinem Land herrscht ein System, das wegen solcher Nichtigkeiten Menschen verhaftet und entführt. Deshalb fliehen die Menschen von dort, und bei der Ankunft in einem modernen Land verwandeln sie sich in Kinder, die alles neu erlernen müssen. Es ist schwer, plötzlich eine Null zu sein ist, es ist schlimm.

Hier ein Beispiel, um diesen Schmerz genau zu beschreiben: Eine Frau, die viele Jahre schriftstellerisch tätig war, die sehr lange in der Medienbranche arbeitete, wird von der Regierung als eine Gefahr eingestuft, verhaftet und mundtot gemacht. Ihre Stimme soll verstummen. Genau diese Frau kommt hier her und weiß nicht mal, wie man ein Zugticket kauft. Dass sie das tägliche Leben von Neuem erlernen muss, ist nicht so einfach zu akzeptieren. In solchen Momenten ist es unvermeidlich für mich, in Gedanken eine Reise in das verschlossene Heimatland zu unternehmen.

Zuerst erscheinen vor mir die namentlich bekannten Gefangenen, die in Gruben, Zellen und Containern eingesperrt sind. Dann folgen die Familien, deren Mitglieder auf der ganzen Welt verstreut sind und so ihren Halt und ihre Stütze verloren haben. Dann taucht das Volk auf, dessen Rechte und Pflichten durcheinandergebracht wurden. Ich sehe ein Bild von Eritrea, wie eine Pfanne auf einem Feuer erhitzt wird und darin seine Kinder gebraten und verbrannt werden. Ich bekomme Schreikrämpfe, wenn ich nur von einigen der Probleme in meinem Land erzähle und nur wenige Ausländer ihnen Glauben schenken. Es reicht aber völlig aus, um eine Vorstellung davon zu haben, wie groß der Unterschied zwischen meinem Heimatland und den anderen Ländern ist.

Manchmal erzähle ich nicht alle Einzelheiten aus Rücksicht auf meine Zuhörer. Denn einige meiner Berichte schockieren sie so sehr, dass sie glauben, Eritrea müsse sich auf einem anderen Planeten befinden. Wie viel Kampf und Anstrengung wird wohl nötig sein, bis die Bürger meines Landes Geschichten erzählen können, die glaubwürdig klingen?

November 2019 in Wien: Ich saß mit einer österreichischen Journalistin zusammen, die mit mir ein Interview über mein Leben in Haft führte. Wir unterhielten uns, aber dann fing sie an, meine Antworten nicht zu verstehen. Ich denke, sie hörte zum ersten Mal eine Geschichte, in der nicht nur der »Mensch« und der »Respekt« weit auseinanderliegen, sondern die beiden sich nicht mal kennen. Vielleicht war es auch so, dass für sie die Geschichte Eritreas und der Eritreer ganz neu war. Als ich ihr das, was mir in meinem Leben widerfahren war, grob erzählte, wollte sie verwundert den Grund für die eklatanten Menschenrechtsverletzungen wissen. Dieselbe Frage stelle ich mir auch.

»Wie, warum war es so? Und die Gesetze, fragt denn keiner danach...« Das sind für Sie ganz normale Fragen. Die Antworten finden sich allerdings beim Teufel. »Die Geschichte, die ich Ihnen erzähle, ereignet sich täglich in einem Land auf dieser Erde. Und ich komme von dort, aus Eritrea.«

Leider hat es sich so entwickelt, wie ich es nicht gewollt habe. Ein Gegensatz zu meinem Jugendtraum. Alles, was ich hatte, wurde mir weggenommen. Wie üblich tauche ich in die Einsamkeit ein und unterhalte mich mit mir selbst. Zwischendurch schreibe ich, denke ich nach. Sehnsucht habe ich nach...! Ich erinnere mich wieder an die Frage, deren Antwort ich nicht kenne. »Werde ich jemals mein Heimatland wiedersehen?« Puhhhhhh! Meine Tränen, die nur einen kleinen Anlass suchen, fließen.

Übersetzung von Kokob Semere

Widad Nabi

Zerbrochene Sprache

Ich bin in eine zerbrochene Sprache geboren.
Sie schmeckt bitter
und brennt in der Kehle wie Hasch.

Sag mir,
was soll eine heile Sprache nutzen
in einem Land, das schon uns Kindern das Plappern auf Kurdisch verbot?
Eine Sprache saugen wir mit der Muttermilch auf.
Doch das wissen die Diktatoren nicht.
Eine Sprache braucht dir nicht mit dem Stock
die Knochen deiner kleinen Hände zu brechen,
damit du sie richtig artikulierst.
Aber die Lehrer dort
verstanden das nie.

Sag mir noch,
wie hätten wir uns in eine Sprache verlieben sollen,
wo sich doch Hunderte von uns am ersten Schultag nassmachten,
weil wir einen klaren und simplen Satz wie
»Ich muss zur Toilette« noch nicht auf Arabisch beherrschten.
Wir machten uns in die Hosen aus Furcht vor einer Sprache, mit der wir noch keine
Freundschaft geschlossen hatten,
zerbrachen an einer Sprache, die nicht die unsere war,
in der wir als Erstes Spott und Verachtung hörten,

zerbrachen zugleich an unsrer Muttersprache, weil sie uns nicht vor der Schande bewahrte.
Tatsächlich
lernt der Mensch in einer Fremdsprache noch rascher zu zerbrechen
als in seiner eignen.

Das wurde uns klar.
Denn die neue Sprache
machte uns zu kleinen nassen Käfern,
die bang und voll Scham in der Schulbank hockten
und die Aussprache von th und s nicht unterscheiden konnten.
Weißt du,
wie viele Ohrfeigen ich einstecken musste,
weil ich das th nicht richtig artikulierte?
Ach, heute ist das nicht mehr wichtig.
Heute bin ich vierunddreißig
und lese Gedichte noch immer auf meine gebrochene Art.
Was ändert es denn, ob man th oder s spricht?
Durchzucken doch beide die Sprache als Schmerz,
durchzucken als Schmerz dein Gedächtnis,
als Schmerz vom Geschrei deines Lehrers,
während du Rotz und Tränen hinunterschlucktest
und eine fremde Sprache übtest, die dir deine kleinen Knochen zermalmte.
Viele Jahre später verfügte ich
über zwei zerbrochene Sprachen:
Meine Muttersprache, die ich nicht lernen durfte,
und die andere, die man uns mit Furcht und Zwang in der Schule beibrachte.
Was soll man von einem Baum mit gebrochenem Ast
denn anderes erwarten,
als dass er einen gebrochenen Schatten wirft?

Als wir erwachsen waren,
wurden wir aus unseren Städten vertrieben

wie als Kinder aus unsrer Sprache,
und das ist das Gleiche, glaub mir.

In unseren schönen Exilen lernten wir neue Sprachen.
Mein Part war das Deutsche.
Eine Mischung aus Lauten, die das Leben traktiert hat,
bis sie äußerst verzwickte Formen annahmen.
Manchmal sage ich das Wort »Mühe«
und sehe Unverständnis
im Gesicht meines Gegenübers,
denn ich spreche das ü wie ein u.
Wer mich hört, weiß nicht,
wie sehr ich mich von morgens bis abends plage,
um den Unterschied deutlich zu machen.
Die Albträume meiner Kindheit kehren wieder,
in böser und brenzliger Lage
weine ich, rufe um Hilfe,
aber kein Wort dringt aus meinem Mund.
Im Traum verliere ich sämtliche Sprachen,
die ich beherrschte.
Statt Lauten kommt nur heiße Luft.
Erschrocken wache ich auf, und jedes Mal
sind die Laken schweißnass.
Die zerbrochenen Sprachen stecken in meiner Kehle fest,
die Buchstaben, die ich nicht aussprechen kann, schneiden sich mit ihren Kanten ein,
wollen nicht heraus,
weigern sich zu vergeben ...

In der Bahn sagte eine Frau zu mir:
Sie sprechen wie eine Ausländerin!
Versuchen Sie, es besser zu machen!
Ich stammelte nur: Ja. Sie haben recht.
Doch was ich ihr hätte sagen wollen,
war dies:

Mein Deutsch wird gebrochen bleiben
wie ich.
Es bleibt die Sprache einer Ausländerin
wie ich.
Doch ich werde auf Deutsch Rilkes Gedichte lesen,
als wären sie mein Zuhause.
Die Sprachen, die ich seit meiner Kindheit lernte,
waren ein Gemenge,
dem das erfahrene Leid beigemischt war –
Strenge
Armut
Hunger
und Furcht.

Du musst mir glauben,
keine meiner Sprachen wird je so klare Konturen haben, dass ich mit
ihnen prahlen könnte
wie eine glückliche Bürgerin dieser Welt.

Es ist schade,
dass wir nie eine Sprache glanzvoll beherrschen werden,
nie fähig sein werden, in einer intakten Sprache zu träumen,
nie auf dem Bahnhof plaudern werden, ohne dass jemand auf unsere
seltsame Art zu reden
verweist.
Denn so wie wir selbst sind all unsere Sprachen zerbrochen.
Als wären sämtliche Züge der Welt darüber hinweggefahren
und wir hätten sie dann hervorgezerrt,
um uns damit zu artikulieren.
Als mache ein Bruch die Sprache erst schön.

Kefah Ali Deeb

»In welche Gesellschaft soll ich mich denn integrieren?«

Nach ein paar Jahren verlieren viele Menschen einen Teil der emotionalen Verbindung zu ihrem Heimatland. Sie beginnen, mehr an die Gegenwart und die Zukunft hier zu denken als an die Vergangenheit. Aber sie sind nicht glücklich. Da ist der Schmerz, den man fühlt, wenn man die Beziehung zu seiner Vergangenheit abbricht. [...]

Integration bedeutet zunächst, das Gesetz und die Gesellschaft, in der man lebt, zu verstehen, zu akzeptieren und zu respektieren. Integration sollte keine Einbahnstraße sein: Die Neuankömmlinge müssen sich in die Aufnahmegesellschaft integrieren, aber die Aufnahmegesellschaft muss sie auch integrieren. Wenn die Aufnahmegesellschaft die Neuankömmlinge nicht akzeptiert, haben sie keine Chance auf Integration. Deutsche Menschen sind untereinander nicht sehr gut integriert! Wie kann man von jemandem erwarten, dass er sich in die deutsche Gesellschaft integriert, wenn es nicht die eine deutsche Gesellschaft gibt? In welche Gesellschaft soll ich mich denn integrieren? Die Integrationsprojekte sollten verändert werden. Es sollten Flüchtlinge selbst dort arbeiten, sonst gibt es immer nur die deutsche Perspektive. Manchmal denken die Deutschen, dass sie besser wissen, was gut für uns ist, als wir selbst.

[...]

Einige Medien arbeiten mit Flüchtlingen, um eine andere Seite zu hören. Es war eine interessante Erfahrung für mich, zu sehen, wie deutsche Leser meine Kolumne in den Kommentarbereichen diskutieren. Medieninhalte können Neugierde auf eine Person, ein Land oder zumindest darauf, wo es auf der Landkarte steht, erzeugen. Die Neugierde kann Brücken bauen. [...] Meine Erfahrungen am Anfang waren so schlimm, dass es eine psychologische Sperre gab, Deutsch zu lernen. Die Leute waren sehr schroff, wenn man die Sprache nicht gleich beherrschte und versuchte, sich auf Englisch zu verständigen.

[...]

Die Situation in deutschen Flüchtlingslagern war unmenschlich, nicht nur die sanitären Bedingungen, sondern auch, wie Fremde mit sehr unterschiedlichem Hintergrund in einem Raum zusammengesteckt werden. Man gibt 12 Euro pro Woche aus, was für die Bewohner wichtig ist, aber die Art und Weise, wie sie es tun, ist erniedrigend. Das Leben in einem deutschen Flüchtlingslager hat mich in eine tiefe Depression getrieben. Ich wollte lieber zurück nach Syrien, als in dem Lager zu bleiben. In Syrien war ich in einem Gefängnis, aber wenigstens war ich dort für eine Sache. Das Leben im Lager fühlte sich schlimmer an als das Gefängnis und ich war ohne Grund dort.

[...]

Integrationsprojekte sollten nicht nur mit den Neuankömmlingen arbeiten, sondern auch mit der Aufnahmegesellschaft. Eines der Hauptprobleme ist, dass die Aufnahmegesellschaft nicht genug über die Neuankömmlinge weiß, es gibt eine Informationslücke. Den anderen nicht zu kennen, erzeugt Angst, denn Menschen haben Angst vor dem, was sie nicht kennen. Mit mehr Informationen wäre der Integrationsprozess einfacher und die beiden Seiten würden leichter zueinander finden.

Ankommen heißt, an die Zukunft zu denken und weniger an die Vergangenheit. Wenn wir in unserer Vergangenheit feststecken, haben wir nicht das Gefühl, wirklich angekommen zu sein. Am Punkt der Ankunft kann man den Weg in die Zukunft finden.

Kefah Ali Deeb

Erklärt mir bitte, was Integration ist!

Wenige Wochen nach meiner Ankunft in Deutschland benötigte ich eine Bescheinigung von einer deutschen Behörde, weshalb ich mich an eine Sachbearbeiterin der besagten Behörde wandte. Ich ging in ihr Büro, begrüßte sie, entschuldigte mich dafür, dass ich noch nicht Deutsch sprach, und schilderte ihr mein Anliegen höflich auf Englisch. Ich gab ihr einen Zettel, auf dem in deutscher Sprache stand, was ich brauchte, und zeigte ihr meinen vorläufigen Flüchtlingsausweis.

Sie musterte mich prüfend von oben bis unten und sagte dann schnippisch, während sie mir die Bescheinigung hinschob: »Wir sprechen in Deutschland Deutsch. Und wenn du Englisch sprechen willst, geh dorthin, wo man Englisch spricht.«

Ich war schockiert, nahm das Dokument, ging hinaus und weinte. Ich dachte nicht im Entferntesten daran, mich über sie zu beschweren, und behielt das Vorgefallene für mich. Denn im Grunde schämte ich mich meines Flüchtlingseins. Mir wurde bewusst, dass der Alltag nicht ganz einfach sein würde.

Natürlich wusste ich schon vor meiner Ankunft in Deutschland, dass ich Deutsch lernen sollte. Es liegt ja auf der Hand: Wer in einem fremden Land leben will, soll dessen Sprache sprechen. Das sollte selbstverständlich sein. Also suchte ich eine Sprachschule, um einen Sprachkurs zu absolvieren. Doch kurz darauf sah ich mich mit dem »Integrationsdilemma« konfrontiert. Am Deutschlernen scheiterte ich später. Gleichwohl lernte ich viel über die deutsche Kultur und Geschichte und wurde in den Arbeitsmarkt integriert. Dadurch fehlte ich erst recht sehr häufig in der Sprachschule, da ich viel arbeitete.

Trotzdem werde ich immer noch öfter mit der Frage konfrontiert: Du bist schon so lange in Deutschland und hast immer noch nicht Deutsch gelernt? Du lebst seit vier Jahren in Deutschland und besuchst immer noch die Stufe B1? Um diese Frage nicht mehr hören zu müssen, begann ich vor einigen Monaten schließlich wieder, den Sprachkurs zu besuchen.

In meinem Kurs bin ich die einzige Araberin. Die meisten Teilnehmerinnen und Teilnehmer kommen aus europäischen oder amerikanischen Ländern, leben schon länger in Deutschland als ich. Wir haben alle mehr oder weniger das gleiche Sprachniveau. Als ich von meinen Erfahrungen erzählte, waren die anderen Teilnehmerinnen und Teilnehmer erstaunt, da sie nie mit solchen Fragen konfrontiert wurden. Hat es damit zu tun, dass ich eine Geflüchtete bin? Aus einer bestimmten Region komme? Oder gibt es andere Gründe?

Ich möchte zum Schluss gerne wissen: Sind wirklich alle Deutschen integriert? Was bedeutet Integration eigentlich? Kann mir das jemand bitte so erklären, dass ich auch mitmachen kann?

Nazeeha Saeed

»Warum sind die Leute so daran interessiert, woher man kommt?«

Ankommen bedeutet eigentlich, dass man anfängt, in der Vergangenheit zu leben. Weil man die Chance bekommt, über das nachzudenken, was man verlassen hat. Nur an einem sicheren Ort kommen alle Erinnerungen zurück, man beginnt zu verstehen. Vielleicht erkennt man erst, warum man wirklich gegangen ist. Das Trauma kommt zum Vorschein. Bevor man einen Plan für die Zukunft erstellt, muss man reflektieren und sich selbst finden. Das neue Zuhause gibt dir neue Chancen, neue Möglichkeiten, Menschen kennenzulernen, einen neuen Job, alles ist neu.

[…]

Freunde im neuen Land normalisieren das Leben im Exil. Freunde aus der ganzen Welt zu haben, ist bereichernd, man lernt neue Gerichte, neue Bräuche und Geschichten kennen. Das hilft einem, aus der eigenen Blase herauszukommen. Man schafft sich in der neuen Heimat neue Freunde und eine neue Familie, man bleibt in Kontakt mit jenen zu Hause, aber man muss mit seinem Leben weitermachen, um dem neuen Ort Sinn zu geben, auch um sich zu Hause zu fühlen, und Stabilität zu haben.

[…]

Das Exil lehrt dich Dinge, die du nicht erwartet oder gewusst hast, es bringt dich in Situationen, über die du vorher nie nachgedacht hast. Nach der Erfahrung des Exils, den einsamen Nächten, den hoffnungslosen Tränen und der harten Kälte Europas wirst du jemand anderes, manchmal stärker, ein anderes Mal zerbrechlicher, du lernst zu kämpfen und Verantwortung für dich selbst zu übernehmen.

[…]

Die Medien sollten über die Länder, aus denen Menschen fliehen, informieren. Sie zeigen oft nur eine Seite (z.B. als Kriegsgebiet) und reproduzieren Stereotypen. Stattdessen sollten sie die Kultur des Landes, die Musik, die Zivilisationen usw. zeigen. Es ist aber auch unsere Aufgabe, zu zeigen, woher wir kommen, wer wir sind und welche Kultur wir mitgebracht haben. Ich erlebte, dass ich mich für meine Identität schämen sollte. Man verurteilte mich dafür, dass ich mit meinen Kindern in meiner Sprache redete. Aber es ist doch ihre Muttersprache!

[...]

Haben wir überhaupt die Möglichkeit, zurückzukehren? Können wir zurückgehen? Ist es sicher, zurückzugehen? Wir sind gegangen, ohne eine Wahl zu haben, und wir haben jetzt nicht die Wahl zurückzugehen. Nach Jahren im Exil, wenn sich die Dinge ändern, möchte die/der Exilierte vielleicht zurückkehren, aber es wird nicht einfach sein. Manchmal finden sich Flüchtlinge in einem Lager wieder, zusammen mit genau den Menschen, vor denen sie ursprünglich geflohen sind. Sie erleben genau die gleichen Bedrohungen, vor denen sie geflohen sind. Flüchtlinge werden in einen Topf geworfen, anstatt ihre individuellen Fluchtgründe zu betrachten.

[...]

Ich erlebte Rassismus im Integrationskurs, also war es in gewisser Weise wirklich ein Einblick in die deutsche Gesellschaft und was mich erwartet. Es gab viele Stereotypen von Seiten der Lehrer*innen.

[...]

Nach »Wie heißt du?« ist die zweite Frage immer: »Woher kommst du?«. Das ist irritierend: Warum sind die Leute so daran interessiert, woher man kommt? Die Frage kann einen Dialog eröffnen, aber sehr oft zielt sie darauf ab, jemanden in eine Schublade zu stecken. Es ist bequemer, andere zu kategorisieren, anstatt sie als individuelle Menschen zu sehen. Was ich tue, könnte viel mehr damit zu tun haben, wer ich bin, als woher ich komme — denn das kann man sich nicht aussuchen. Die Leute erwarten von ihnen [Geflüchteten], dass sie sofort einen Plan haben. Aber sie sind gerade an einem neuen Ort angekommen, Sie sind in Sicherheit und haben keinen Plan (für die Zukunft). Manchmal ist das Ziel einfach, sicher zu sein. Ankommen kann auch bedeuten, keinen Plan zu haben.

Widad Nabi

»Warum kennen die meisten Deutschen über andere Gesellschaften nur alte Stereotype?«

Ankommen ist in erster Linie die psychologische Bereitschaft anzukommen und den Faden zur Vergangenheit durchzuschneiden. Ich glaube, dass Ankommen für jede Person etwas anderes bedeutet. Einige sind angekommen, sobald sie das neue Land betreten haben, andere leben viele Jahre im neuen Land ohne anzukommen. Es gibt viele, die die deutsche Sprache fließend sprechen und ein soziales Netzwerk aufgebaut haben, aber tief im Innern stecken sie noch immer an der Grenze fest. Es ist ein psychologisches Gefühl, das mit einer Vielzahl von Faktoren und Umständen verbunden ist.

[...]

Wenn das Sprachproblem gelöst ist, schwindet die Distanz in den Beziehungen zwischen den Neuankömmlingen und der Aufnahmegesellschaft. Ich habe sehr starke Freundschaften mit Deutschen, und ich hatte nie das Gefühl, dass zwischen uns eine Distanz besteht. Vielleicht, weil es uns um Literatur, Kultur und Freiheiten geht.

[...]

Wenn wir das menschliche Gehirn kennenlernen wollten, würde ich sagen, es besteht aus Erinnerungen. Die Erinnerungen bleiben, am Anfang stark, aber allmählich verblassen sie, das neue Leben und seine Anforderungen überlagern sie. Aber Erinnerungen sind die Wurzeln, und niemand kann seine Wurzeln abschneiden, ohne zu sterben. Heimat sind Erinnerungen, sowohl glückliche als auch traurige. Man kann mehrere

Heimaten aufbauen, wenn man Erinnerungen dort sammelt. Wenn ich ein paar Tage verreise, vermisse ich Berlin, vermisse ich mein Zuhause und die Stadt, als wären sie wirklich meine Heimat. Zugehörigkeit ist nicht nur mit Religion, Hautfarbe oder Nationalität verbunden.

[...]

Als Schriftstellerin kann ich deutschen Leser*innen einen Teil meiner Kultur durch Artikel vermitteln, die ich in der deutschen Presse veröffentliche. Aber dazu braucht es einen Wunsch in der Aufnahmegemeinschaft, etwas über die Kultur der Neuankömmlinge zu lernen. Es gibt viele vorgefertigte Muster und Stereotypen. Überall, wo ich hingehe, wird mir gesagt, dass ich nicht wie eine syrische Geflüchtete aussehe. Ich glaube, in den Köpfen der deutschen Gesellschaft ist eingepflanzt, dass eine Geflüchtete schmutzige, abgenutzte Kleidung trägt und als Frau auf jeden Fall ein Kopftuch trägt. Warum kannte ich Deutschland vor meinem Asyl in Deutschland? Warum kannte ich die Geschichte der Mauer und Ingeborg Bachmann, Nietzsche, Habermas, Rilke, Günter Grass, Hannah Arendt, die Gruppe 47, Thomas Mann, Brecht und andere? Warum kennen die meisten Deutschen über andere Gesellschaften nur alte Stereotype?

Dies ist auch eine Form des Fanatismus, auch wenn es kein religiöser Fanatismus ist.

[...]

Bildung ist natürlich wichtig, aber viele Einwanderer haben bereits ein höheres Bildungsniveau. Im neuen Land müssen unsere Abschlüsse anerkannt und nach dem Erlernen der Sprache Beschäftigungsmöglichkeiten eröffnet werden. Ansonsten müssen wir bei Null anfangen und fühlen uns wertlos. Das Problem für uns als Geflüchtete oder Einwanderer ist, wenn unsere Zertifikate, die wir in unseren Heimatländern erhalten haben, so behandelt werden, als wären sie nichts wert. Als ob wir nichts gelernt hätten. Als ob wir vor unserer Ankunft nicht existiert hätten.

[...]

»Die Sprache ist das Haus des Seins«, bemerkte Martin Heidegger. Jeden Tag, wenn ich ein neues deutsches Wort lerne, habe ich das Gefühl, dass ich mehr zu diesem Ort gehöre. Als ich die Namen einiger Bäume und Blumen auf Deutsch lernte, hatte ich das Gefühl, einen Teil meiner Kindheitserinnerungen an meine Großmutter wiedererlangt zu haben.

[...]

Ich kann meine Träume und Albträume nicht verstehen: Obwohl ich seit fast fünf Jahren in Deutschland lebe und mit meinem Mann einen Haushalt gegründet habe, obwohl ich mit meinem neuen Leben zufrieden bin, träume ich bis heute nur von dem Haus, mit dem ich mit meiner Familie in Aleppo lebte. Auch meine Albträume handeln von der Vergangenheit, als ob die Gegenwart in meinen Träumen oder Unterbewusstsein noch keinen Platz gefunden hat.

Jugendliche ohne Grenzen / Mohammed Jouni /
Teresa Wilmes (terre des hommes Deutschland e. V.)

»Einfach zuhören, was wir wollen«

Über Unterstützung für junge Geflüchtete und die Bedeutung von Jugendselbstorganisationen

Kinder und Jugendliche, die nach einer Flucht in Deutschland ankommen, begegnen vielfältigen Hürden. Die teilweise traumatisierenden Erlebnisse in ihren Herkunftsländern oder auf den Fluchtrouten belasten ebenso wie bestehende Sorgen um Familienangehörige im In- und Ausland. Junge Geflüchtete begegnen Schwierigkeiten mit dem Erlernen der deutschen Sprache und dem zunächst fehlenden Anschluss in Schulen und Freizeiteinrichtungen sowie rassistische Diskriminierung im Alltag und auf struktureller Ebene beim Zugang zu gesellschaftlichen Ressourcen wie Bildung, Wohnen und vielem mehr. Hinzu kommen, verursacht durch die deutschen Institutionen und Gesetzgebung im Aufenthaltsrecht, Unsicherheiten bezüglich des eigenen Aufenthaltsstatus und bürokratische Anforderungen sowie belastende Wohnsituationen in Erstaufnahmeeinrichtungen und Gemeinschaftsunterkünften. Für unbegleitete Minderjährige und junge Volljährige in Deutschland ist diese Situation häufig besonders schwierig, da sie sich allein auf den Weg gemacht haben und auf die Unterstützung (zunächst fremder) Erwachsener angewiesen sind. Gleichzeitig bewältigen viele Jugendliche all diese Herausforderungen erfolgreich und fordern, im Alltag wie strukturell, Teilhabe an der deutschen Gesellschaft ein.

Als Kinderrechtsorganisation unterstützt terre des hommes seit vielen Jahren geflüchtete Kinder und Jugendliche. Dabei stellt sich immer wieder die Frage danach, wie und welche Unterstützung wirkt und welche Rolle Unterstützer*innen einnehmen sollten. Diese Fragen können am besten von minderjährigen Geflüchteten und jungen Volljährigen selbst beantwortet werden, weshalb dieser Beitrag sich maßgeblich an ihren Aussagen orientiert. Auf der Grundlage ihrer eigenen Erfahrungen formulieren junge Geflüchtete ihre Erwartungshaltung an Fachkräfte und zeigen auf, welche Formen von Unterstützung sich (nicht) bewährt haben. Dabei wird keinerlei Anspruch auf Vollständigkeit erhoben. Auch sind geflüchtete Jugendliche selbstverständlich keine homogene Gruppe. Vielmehr ist der Beitrag eine Collage aus Aussagen einzelner junger Menschen, die im Rahmen von Interviews und Workshops entstanden und die in der Publikation »Zwischen Barrieren, Träumen und Selbstorganisation – Erfahrungen junger Geflüchteter«[1] beziehungsweise im pädagogischen Begleitheft »Wir gehören dazu«[2] erstveröffentlicht wurden.

Die Jugendlichen sprechen darüber, wie wichtig eine **Anerkennung ihrer Erfahrungen** ist (und wie häufig diese leider in Alltag und Institutionen fehlt). Sie wünschen sich von Fachkräften wie Sozialarbeiter*innen und Lehrkräften **individuelle Orientierung** ohne Bevormundung oder Pauschalisierung. Insbesondere stellen sie die **Bedeutung von Selbstorganisationen** wie Jugendliche ohne Grenzen heraus: sowohl die Vernetzung mit Jugendlichen in ähnlichen Situationen als auch die gemeinsame politische Arbeit sind ein wichtiger Beitrag zum Empowerment junger Geflüchteter und zur Veränderung gesellschaftlicher Rahmenbedingungen.

Anerkennung der Erfahrungen geflüchteter Jugendlicher

Grundlage für die Arbeit mit geflüchteten Kindern und Jugendlichen muss die Anerkennung ihrer Erfahrungen im Ankunftsland sein. Viele Jugendliche bemühen sich sehr darum, Anschluss an andere Jugendliche, ans Bildungssystem und an die Gesellschaft zu finden. Im Sportverein, in der Schule, bei Behördengängen, und auf der Straße erleben sie jedoch häufig Diskriminierung:

> *Ich war in einem Verein, bei Hertha, wo Deutsche waren, das hat halt gar keinen Spaß gemacht. Ich war da drei Wochen, weil es kompliziert*

> *ist. Die sprechen die ganze Zeit auf Deutsch, und du wirst ausgegrenzt. Du kannst da mitmachen mit Kopftuch, aber du wirst ausgegrenzt* [...].

Auch und vor allem die Schule ist ein Ort, an dem geflüchtete Jugendliche Rassismus durch Lehrkräfte, Mitschüler*innen oder Sozialarbeitende erfahren. Einerseits wünschen sich die jungen Menschen gerade hier Anschluss und die Möglichkeit, durch Bildung den eigenen Lebensweg zu gestalten; andererseits erleben sie im normierten System und im Alltag mit Schüler*innen der Dominanzgesellschaft, dass sie nicht Teil sind, dass sie abgelehnt und diskriminiert werden:

> *Es war schlimm. Die deutschen Mädchen und Jungen, die haben so viele schlechte Wörter gesagt über die Flüchtlinge, und ich war alleine aus einem anderen Land, und ich habe das verstanden, aber ich konnte nicht antworten.*

Um diese eigenen Erfahrungen einordnen zu können, wünschen sich die Jugendlichen von Fachkräften und anderen Unterstützer*innen von Beginn an eine ehrliche und offene Thematisierung von Rassismus in der deutschen Gesellschaft:

> *Ich finde es wichtig, dass über Rassismus geredet wird. Sozialarbeiter*innen sollten sensibel für Rassismus sein. Wenn ich am Anfang neu hier bin, dann habe ich als erstes Kontakt zu den Sozialarbeiter*innen. Die sollen mir sagen, dass es Rassismus gibt und darüber reden.*

Auch Fachkräfte, die eigene Rassismus- und/ oder Fluchterfahrungen haben, können eine wichtige Rolle spielen, da sie diesen Erfahrungshorizont der Jugendlichen teilen:

> *Das macht einen großen Unterschied. Wirklich einen sehr großen.* [...] *Also die Sozialarbeiter*[**innen*]*, die Migrationshintergrund haben, haben mehr Verständnis, sie haben Mitgefühl. Die meisten Deutschen, sie gehen mit uns einfach um, wie mit Maschinen, als hätten wir keine Gefühle.*

Wie stark geflüchtete Jugendliche durch ihre Lebenssituation Belastungen und auch strukturellem Rassismus ausgesetzt sind, wird in Schulen, Unterkünften und Vereinen oft nicht ausreichend berücksichtigt. All das erschwert nicht nur das Lernen, sondern führt häufig auch zu einem Gefühl der Überforderung:

Wenn du viele Sachen im Kopf hast, wenn zum Beispiel Briefe mit so komischen Sachen drinnen ankommen, dann hat man überhaupt keine Ahnung, was man machen soll. Dann bist du hier alleine ohne Familie, ohne gar nichts. Dann weißt du nicht, um was für politische Sachen es geht, und du wirst so viele Sachen in diesem Brief gefragt. Man weiß einfach nicht, was man dann machen muss.

Es ist auch schwer. Manchmal denkt man: »Warum bist du alleine gereist, so ohne gar nichts, ohne Familie, gar nichts, alleine in Deutschland?« Bei mir war das so, ich bin nie in die Schule gegangen, und bei uns kommen zum Beispiel keine Briefe nach Hause, wir kennen diese Sachen nicht. Wir wissen nicht, was man dann machen muss.

Diese Faktoren führen bei einigen Jugendlichen zur Frustration über die Hürden, die ihnen begegnen:

Ich glaube, jeder von uns hat seine Motivation in Deutschland verloren. Ich habe die Schule gewechselt, bin jetzt irgendwo an einer Schule, das ist schön jetzt. Aber ich habe jetzt auch keinen Bock mehr weiterzumachen. Auch wenn ich weiß, ich muss das machen, weil ich bin ja deswegen hier. Aber wenn du so viel erlebt und gesehen hast wie ich, ich weiß nicht.

In der Arbeit mit jungen Geflüchteten müssen diese Alltagserfahrungen gesehen und Hürden, denen die Jugendlichen begegnen, ernstgenommen werden. Ebenso sollte allerdings die Widerstandsfähigkeit gesehen werden, die viele Jugendliche angesichts all dieser Widrigkeiten zeigen:

Jede Stunde musste ich weinen und rausgehen, und das war zu viel für mich. Und dann dachte ich: »Ich muss jetzt weiterkämpfen, egal, was sie sagen, die wollen mich nicht hier haben, aber wenn ich hier bin, dann bleib ich doch hier!«

Individuelle Orientierung ohne Bevormundung

Ich finde es auch komisch, weil es sind manchmal zu viele Möglichkeiten, aber wenn du die Möglichkeiten nicht nutzt, dann bist du schuld, dass du gescheitert bist.

Nach der Ankunft in Deutschland ist für junge Geflüchtete der Druck auf allen Ebenen sehr hoch: Sie wollen sich schnell einfinden und ankommen, während die sie betreffenden Bereiche des Aufenthaltsrechts oder die Perspektiven im Schulsystem sehr schwierig zu überblicken sind. Von Fachkräften erwarten die Jugendlichen hierbei eine fachliche Expertise und Orientierung, die ihre eigenen Alltagserfahrungen ergänzt und ihnen die Navigation im Asylsystem, in der Schule und in anderen Lebensbereichen ermöglicht:

*Also ich fände [es] sehr gut, wenn die Sozialarbeiter*innen nicht nur zuhören und trösten. Wir brauchen auch jemand, der uns sagt: »Das sind die nächsten Schritte. Ihr schafft das.« Wir brauchen wen, der uns vorbereitet. Und wir brauchen gerade in der ersten Zeit in der Unterkunft Unterstützung. Wir waren nach dem Fluchtweg wirklich kaputt. Und hatten noch keine Ahnung, was in der Zukunft kommt. Und ich wünsche mir, dass die Sozialarbeiter*innen gut informiert sind.*

Neben dem entsprechenden Fachwissen ist es dabei besonders wichtig, dass die Lösungen, die den Jugendlichen ermöglicht werden, an den Wünschen der jeweiligen Einzelperson ausgerichtet werden und nicht pauschal oder bevormundend erfolgen. Die Jugendlichen betonen immer wieder, wie schmerzhaft es für sie ist, in bestimmten Situationen nicht als Individuum gesehen zu werden, und wie wichtig das Interesse an der Einzelperson für ein gegenseitiges Vertrauensverhältnis ist:

Manchmal komme ich und werde im Heim (von den Sozialarbeitenden) gefragt »Sag mal, wo wohnst du? Wie heißt du?« Ich wohne hier ungefähr drei Jahre. Und sie kennen mich und meinen Namen nicht. Und das ist schlimm.

Bei manchen Lehrern ist es so: Du erzählst ihnen, weil du denkst, das ist die richtige Person. Aber am Ende sagt der: »Ja, was machst du überhaupt hier?« Und du denkst dann: »Was willst du jetzt von mir?« Dann habe ich auch die Schule gewechselt.

(Auf die Frage, was es von Sozialarbeitenden braucht):
*Ich würde auch Vertrauen sagen, dass die uns das Gefühl geben, dass wir denen vertrauen können. Die Sozialarbeiter*innen fangen [dann] ein Gespräch nicht an mit: »Was willst du von mir?«, sondern [mit:] »Wie geht es dir? Wie war es heute? Was machst du generell?« Also die geben dir dieses warme Gefühl.*

Damit Beratung nicht zur Bevormundung wird, sind Fachkräfte gefordert, mit den Jugendlichen über ihre Wünsche und Pläne zu sprechen und gemeinsam mit ihnen individuelle Wege auszuarbeiten, statt pauschale Lösungsansätze vorzubringen:

*Ich wünsche mir von Fachkräften Orientierung. Sie haben uns meistens empfohlen, dass wir eine Ausbildung zur Altenpfleger*in oder Krankenpfleger*in beginnen. Aber nicht, was wir gerne wollen. Ich bin neu hier in Deutschland. Ich bin [erst] seit eineinhalb Jahren hier. Ich wusste gar nicht, was möglich ist, mit meinen Abschlüssen und habe nachgefragt. Und dann hat sie mir einfach so ein dickes Buch gegeben und gesagt. »Ja, hier kannst du alles über Ausbildungen lesen und dich dann entscheiden.« Das finde ich schwierig, denn ich brauche den Rat.*

Bei den Sozialpädagogen an unserer Schule habe ich gesehen, dass sie alle Ausländer zwingen, eine Ausbildung zu machen. [...]

Bei mir, das war so: Ich war auch auf der Schule, ich war auch in einer Willkommensklasse, aber nur kurze Zeit. Danach war ich auf der Hauptschule, weil meine Lehrerin mich auf die Hauptschule geschickt hat, weil sie dachte, ich bin dumm. Sie hat gedacht, ich kann kein Deutsch, ich kann gar nichts. Dann war ich in der Hauptschule und es gab einen Lehrer, ich will jetzt hier seinen Namen nennen: Herr Gombert. Der war so, wie du eben gesprochen hast, wie vom Himmel. Der hat mir richtig viel geholfen, mich richtig viel unterstützt. Dann war ich später auf der Realschule und dann auf dem Gymnasium, Abitur und so. Das ist auch so ein bisschen Glück, aber weil es Lehrer gab, die haben mir geholfen.

Die Bedeutung von Selbstorganisation

Für mich gibt es nichts Besseres als die Gruppe »Jugendliche ohne Grenzen«. Egal wo du hingehst, egal was du machst, du gehörst zu denen, und egal wie schlecht es dir geht, wenn du mit denen bist, vergisst du alles. Wenn Leute, die JoG nicht kennen und fragen: »Aha, was ist das, JoG?«, dann sage ich: »JoG ist wie ein Haus, wie Freunde, wie eine Familie.« Ich kann ihnen zum Beispiel erzählen, was wir machen, ich empfehle unsere Gruppe dann, weil sie gut ist, was wir machen, ist gut. Es würde für die Zukunft auch für andere Leute Hilfe bedeuten, wenn sie zu uns kommen.

Die Selbstorganisation Jugendliche ohne Grenzen zeigt besonders deutlich, wie wichtig für junge Geflüchtete einerseits Empowerment in einer Gruppe und andererseits das gemeinsame gesellschaftspolitische Handeln ist. Bei der bundesweiten Selbstorganisation, die 2005 gegründet wurde und Partnerorganisation von terre des hommes ist, treffen die jungen Menschen andere Jugendliche, die ähnliche Erfahrungen machen. Gerade das Teilen von Erfahrungen und die gegenseitige Bestärkung sind eine wichtige Grundlage, damit junge Menschen ihre Anliegen selbst in die Hand nehmen können:

Am Anfang konnte ich kein Deutsch und war allein. Als ich dann die anderen bei JoG getroffen habe, das war schön. Ich wusste, ich bin nicht allein hier. Am Anfang war ich auch noch ziemlich schüchtern und hatte Angst. Aber jetzt weiß ich, es gibt so viele, denen es ähnlich geht.

Ich bin einfach glücklich mit euch zusammen. Die Menschen aus der Gruppe geben mir so viele einfache Möglichkeiten.

Ja und noch eine Sache, die ich wichtig finde bei JoG. Zum Beispiel finde ich [da] Leute, die ähnliche Probleme mit ihrem Asyl hatten. Natürlich zieht das auch runter, zu hören, was andere erleben. Aber wir stärken uns. Gib nicht auf! Wir unterstützen uns in der Situation. Und ich finde, das ist auch sehr wichtig. Man fühlt sich nicht alleine und merkt, andere haben dieselben Probleme.

Ich wollte noch sagen, dass du nicht alleine bist. JoG ist bei euch. Also du hast jetzt deinen Bruder, mich, und dann so viele Geschwister. Wir sind alle eine Familie, die das Gefühl, dass du niemanden hier hast, von dir wegschafft, weil du uns hast.

Nicht nur das Hören der Geschichten anderer wird so zum wichtigen Moment. Die Jugendlichen erfahren auch, dass ihre eigenen Erfahrungen einen Wert haben, dass sie wiederum anderen in ähnlichen Situationen als wertvolle Ressource dienen können:

Ja, und auch dass diese Erfahrung, die ich gehabt habe, nicht nur so eine Geschichte ist, die ich irgendwann meinen Enkelkindern erzählen wollte, sondern ich kann damit anderen helfen. Ich kann Ratgeber sein. Ich kann sagen, so und so ist es mit mir passiert, macht das nicht, oder mache es so, wie ich [es] gemacht habe. Ich kann meine Erfahrungen aus meinem Leben nutzen und andere unterstützen.

Von erwachsenen Unterstützer*innen erwarten die Jugendlichen vor allem organisatorische und strukturelle Unterstützung, um miteinander in den Austausch und ins Handeln zu kommen:

*Ich finde, das ist richtig cool, weil zum Beispiel im Wohnheim gibt es so richtig, richtig viele Jugendliche, mit vielen Problemen, aber die trauen sich nicht, mit einem zu reden. Aber wenn Sozialarbeiter*innen alle* *zusammenbringen, wäre das toll. Sie können uns aufzeigen, wo wir Unterstützung bekommen. Sie können uns ermutigen und uns Power geben, damit wir merken: »Okay, vielleicht können wir mit unserer Stimme irgendetwas ändern!« Aber sehr, sehr viele, die haben einfach keinen Mut, so was alleine zu machen. Wir brauchen Unterstützung von Sozialarbeiter*innen.*

Für die Selbstorganisation Jugendliche ohne Grenzen kam und kommt hierbei dem BBZ, einem Beratungs- und Betreuungszentrum für junge Geflüchtete und Migrant*innen und ihre Familien, eine besondere Bedeutung zu: Solche Orte, Strukturen und einzelne Mitarbeitende mit ihrer Bereitschaft, an der eigenen Haltung als Sozialarbeitende und als Unterstützer*in zu arbeiten, machten und machen es erst möglich, dass Selbstorganisationen entstehen und Jugendliche mit ihren Anliegen gehört werden können.

Über eine Solidargemeinschaft hinaus ist die Selbstorganisation Jugendliche ohne Grenzen vor allem auch politische Akteurin: Geflüchtete Jugendliche reflektieren und lernen gemeinsam über die juristischen und politischen Rahmenbedingungen, die ihre Lebensrealitäten bedingen. Anschließend entwickeln sie gemeinsam Protestformate und positionieren sich öffentlich zu den Debatten, die sie betreffen. Sie lösen sich somit von einer stellvertretenden Betroffenen-Politik und sprechen selbst für sich. Als politisch handelnde Subjekte nehmen sie ihre eigene Situation in die Hand: So veranstalten die Jugendlichen seit 2005 regelmäßig Parallelkonferenzen zu den Innenministerkonferenzen und küren in diesem Rahmen den oder die Abschiebeminister*in des Jahres. Dieses gemeinsame Einwirken auf strukturelle Bedingungen stärkt die Jugendlichen in ihrer Selbstwirksamkeit und trägt zu gesellschaftlicher Veränderung bei:

Also bei mir ist es jedes Treffen, ich habe das Gefühl gehabt, dass ich wirklich mitentscheiden kann. Dass ich [...] meine Meinung laut sagen kann. Und das hat mich wirklich selbstbewusst gemacht.

Wir können uns über die Situation austauschen. Wir gucken zusammen: Vielleicht gibt es eine Lücke? Wenn wir zusammen [überlegen], finden wir vielleicht, wo diese Lücke im System ist und können diese nutzen. Manchmal versuchen wir auch vieles und können leider trotzdem nichts machen. Wenn ich alleine bin, hört meine Stimme niemand. Aber wenn wir eine Gruppe sind, können wir demonstrieren. Und die anderen hören uns als Gruppe! Zusammenkönnen wir Aktionen machen und gegen Probleme [an]kämpfen.

Unser Ziel ist es, diese Gesetze zu ändern. Und dafür müssen wir kämpfen. Nicht einfach aufgeben und sagen: Ja, wir können nicht entscheiden, dann bleiben wir leise, dann ist es so.

Was bleibt also zu tun für Unterstützer*innen?

Ich würde sagen, einfach zuhören, was wir wollen.

Für zivilgesellschaftliche Organisationen wie terre des hommes ergeben sich aus den in diesem Beitrag beschriebenen Stimmen auch einige Schlussfolgerungen für die eigene Rolle.

Zunächst ist es die Grundlage allen Handelns, die Erfahrungen von geflüchteten Kindern und Jugendlichen zu hören und anzuerkennen. Das mag banal erscheinen, ist aber eine beständige Herausforderung an bestehende Organisationen, sich selbst zu hinterfragen; sich nicht allein auf die eigenen, vermeintlich bewährten Lösungsansätze zu verlassen und für Jugendliche zu entscheiden, sondern im Austausch mit ihnen Anpassungen vorzunehmen und Neues zu denken.

Da, wo es von den Jugendlichen angefragt und gewollt ist, sollte politisches, pädagogisches oder juristisches Fachwissen bereitgestellt werden, das Orientierung bieten und die Initiativen stützen kann. Wichtig ist hierbei, dass dieses Wissen mit den Jugendlichen geteilt und diskutiert wird und Entscheidungen zum gemeinsamen Handeln letztlich gemeinsam getroffen werden.

Auch und vor allem sollten zivilgesellschaftliche Organisationen Räume schaffen oder unterstützen, die Vernetzung und Empowerment ermöglichen. Dabei gestalten die Jugendlichen die Inhalte maßgeblich selbst. Rolle der Förderorganisationen ist es, entsprechende Plattformen und Strukturen bereitzustellen.

Nicht zuletzt ergibt sich für terre des hommes auch die Aufgabe, die jungen Menschen in ihrer politischen Arbeit zu stützen und gemeinsam mit ihnen auf die Veränderung politischer Rahmenbedingungen hinzuwirken. Missstände müssen thematisiert und Forderungen an die Verantwortlichen klar benannt werden, wobei zivilgesellschaftliche Organisationen wie terre des hommes mit ihren Strukturen und ihrer Reputation dazu beitragen können, dass die Stimmen von Jugendlichen und Jugendselbstorganisationen lauter gehört werden. Aus unterschiedlichen Positionen, aber aus einer gemeinsamen Logik kann so ein Beitrag zur Verbesserung der Lebenssituationen von jungen Geflüchteten in Deutschland geleistet werden.

1 Autor*innenkollektiv »Jugendliche ohne Grenzen«: Zwischen Barrieren, Träumen und Selbstorganisation - Erfahrungen junger Geflüchteter, Göttingen 2018.

2 Mohammed Jouni/Jugendliche ohne Grenzen: »Und wenn ich alleine bin, hört meine Stimme niemand. Aber wenn wir eine Gruppe sind ...«, in: Sozialpädagogisches Fortbildungsinstitut Berlin-Brandenburg & Fachstelle Kinderwelten/Institut für den Situationsansatz (Hg.), 2022, Wir gehören dazu! Pädagogisches Begleitmaterial zum Kinderbuch, S. 152 ff.

Azim Fakhri

Wenn ich höre »Flüchtlinge«: Ich mag das nicht. Ich bin ein Mensch. Ich heiße Azim

Ein Film über das Ankommen in Deutschland

Als 2015 mehr als 800.000 Geflüchtete nach Deutschland kamen, waren sie die Angstgegner aller Integrationsskeptiker:innen: Junge Männer, die allein aus Syrien oder Afghanistan, aus Somalia, Eritrea oder dem Irak nach Deutschland kamen. Sie wurden zur Projektionsfläche, genauso für ernsthafte Sorgen wie für plumpen Rassismus.

Zugleich wurde viel häufiger über sie gesprochen als mit ihnen – und da setzt dieser Film an. Sieben junge Männer erzählen in die Kamera vom Ankommen in Deutschland – von lustigen und beglückenden Momenten und von Momenten tiefster Verzweiflung, von ihren Ängsten und wie sie mit ihnen umgegangen sind, von Rassismus und von der Liebe. Ihre Geschichten lassen die Zuschauer:innen teilhaben an den emotionalen Turbulenzen, die eine Flucht fast immer nach sich zieht, und sie erzählen viel darüber, was es auch in den nächsten Jahren noch braucht, damit Integration gelingt.

Der Film entstand aus einer privaten Erfahrung des Filmteams, Ronja von Wurmb-Seibel und Niklas Schenck. Beide hatten 2013 und 2014 in Kabul gelebt und danach an dem Kino-Dokumentarfilm TRUE WARRIORS gearbeitet. Im Sommer 2015 halfen sie einem afghanischen Bekannten, Hasib Azizi, damals 16 Jahre alt, aus Ungarn über die Grenze nach Deutschland und nahmen ihn einige Monate später als Pflegesohn bei sich auf – gegen einigen Widerstand von Behörden. Die drei wuchsen als Familie eng zusammen – und an seiner Seite erlebten die beiden Journalist:innen mit, welche Hürden Hasib in seinen ersten fünf Jahren in Deutschland zu überwinden hatte und mit wie viel Resilienz und Persistenz er dies anpackte. Als er 2020 auszog, in seine erste eigene Wohnung, quasi als letzten Schritt des Ankommens in Deutschland, blickten die drei gemeinsam zurück. Sie stellten fest, dass es eine enorme Lücke gibt zwischen der eigenen Erfahrung und dem öffentlichen Narrativ über junge Männer, die allein nach Europa geflohen waren – also baten sie neben Hasib noch sechs weitere junge Männer, unmittelbar in die Kamera sprechend von ihren eigenen Erfahrungen zu erzählen. Der Film wurde 2021 in mehr als 400 Einzelvorführungen gezeigt, fast immer eingebettet in ein Filmgespräch mit dem Regieteam und/oder den Protagonisten des Films – mehr als 25.000 Zuschauer:innen wurden erreicht.

***Azim Fakhri** kannten die Filmemacher bereits seit 2013 – er war ihnen in Kabul immer wieder zur Hand gegangen, hatte ihnen Aktivist:innen und Künstler:innen vorgestellt, sie bei Interviews unterstützt, als sie noch kein Farsi sprachen, und half ihnen, Zusammenhänge zu verstehen, wenn sie sich in neue Recherchen stürzten. Fakhri musste als Kind in den Iran fliehen. Schon als Neunjähriger musste er zum Einkommen der Familie beitragen und arbeitete deshalb als Schneider – ein Feld, auf dem er bis heute extrem talentiert und kreativ ist. Als junger Erwachsener studierte er in Kabul an einer privaten Universität Computer Sciences und arbeitete acht Jahre lang als Systemadministrator fürs US-Militär in Afghanistan. In seiner Freizeit war er als aktivistischer Künstler sehr sichtbar in Kabul – er trat regelmäßig im Fernsehen auf, machte Ausstellungen seiner politischen Graffiti-Projekte.*

Niklas Schenck

Ich heiße Azim, wohne in Henstedt-Ulzburg, seit September 2014 bin ich in Deutschland.

Am Anfang war es echt schwer. Ich erinnere mich, dass ich sagte: Ich bin hier seit FIVE Monaten, nicht seit fünf Monaten. Später kam eine Frau, sie sagte so viele Sachen auf Deutsch. Und ich sagte: »Ja, ja, danke, danke, danke.« Ich wusste nicht, was sagt sie überhaupt?

Ich habe gelernt, dass die Familie sehr wichtig ist. Liebe ist wichtig. Liebe ist das, was ich vermisst habe. Weil ich alleine war in meinem Zimmer oder auf meinem Bett und so viel nachdenken musste. Ich hatte immer meine Familie in meinem Kopf. Es kommt eine Zeit, wenn ich meine Familie wiedersehe.

Ich sagte Okay, ich wohne hier. Ich muss hier viele Leute kennenlernen. Und dann? Ich habe angefangen, hierhin und dorthin zu gehen. Zum Beispiel zum Gottesdienst. Ich habe angefangen, mich mit deutschen Leuten zu unterhalten und in Schulen auf Deutsch Vorträge für deutsche Kinder zu halten.

Ich durfte nicht am Deutschunterricht teilnehmen. Ich musste warten. Warum soll ich warten? Das mache ich nicht gerne. Ich muss etwas tun: Vorträge halten über Afghanistan, die Liebe, die Freiheit...

Ich hatte eine Betreuerin. Sie sagte: »Azim, du bist ein Künstler, hier in Henstedt haben wir einen neuen Bürgermeister. Willst du ihn kennenlernen?« Ich sagte: »Natürlich, das ist mein Ding! Wann können wir hingehen?« Sie konnte Englisch. Ich konnte nur »Hallo« sagen. Der Bürgermeister war sehr nett: »Was machst du hier?« »Ich bin Künstler.« »Was für Kunstwerke?« Ich sagte: »Graffiti.« »Graffiti? Nicht hier in meiner Stadt!« Ich sagte: »Nee, ich mache keine Graffiti auf Wände, sondern auf Leinwände oder auf Papier. Ich mache legale Sachen.« Später hatte ich eine Ausstellung in unserer Kirche.

In Dudenhof ging ich in ein großes Kaufhaus. Ich war schön gekleidet. Ein deutscher Mann lachte und sagte: »Scheiß Ausländer!« Ich lachte laut: »Ha, ha, ha, ha!« Darauf er: »Warum lachst du?« Ich lachte weiter. »Warum lachst du, du Ausländer?« Ich lachte weiter und dann sagte ich: »Hey, ich bin kein schlechter Mensch. Ich bin ein Mensch wie du. Du hast blonde Haare, ich habe schwarze Haare, aber wir haben gleiche Körper, wir haben das gleiche Herz, das gleiche Blut, wir sind Menschen.« Mit Lachen konnte er nichts machen, er ging einfach weg. Wenn ich etwas Schlechtes gesagt hätte, wäre es weitergegangen: Kommt die Polizei? Ausweis okay, ein Brief?

Wenn ich höre »Flüchtlinge« – ich mag das einfach nicht. Ich bin ein Mensch. Ich habe einen Namen: Azim.

Jeden Tag den Briefkasten öffnen: KEIN Brief. Es war so. Ich musste so viel warten, so viel, so viel auf einen Brief vom BAMF. Gibt es einen Brief? Nein, nur Werbung und Werbung. Und dann kommt dieser Postmann. Und dann steckt dieser Brief dazwischen. So musste ich Werbung gucken, nur für eine Hoffnung: Da ist eine Entscheidung vom BAMF. Der Brief kommt in einem gelben Umschlag. Wenn ich diesen gelben Umschlag sehe, geht mein Herz voll runter. Oh mein Gott, was ist das? Es ist normal, jeder hat Angst, ob es eine gute Entscheidung ist oder nicht. Ich habe so viele afghanische, persische oder syrische Familien gesehen mit einer negativen Antwort. Ich weiß, was für ein Gefühl das ist. Es ist nicht einfach, eine negative Entscheidung zu sehen. So viele warten zwei, drei Jahre und dann eine NEGATIVE nach zwei Jahren. Zwei Jahre: Mit Worten sind das vier oder fünf Buchstaben, aber so zwei Jahren zu leben, das ist viel Zeit.

Als Dolmetscher zu arbeiten und zu versuchen, anderen Leuten zu helfen, ist für mich einfach und nicht einfach. Da war eine afghanische Familie. Es war nicht einfach, ihre Probleme anzuhören und wiederzugeben. Es ist nicht einfach, weil wir Menschen sind. Ein Körper voller Gefühle. Das ist sehr schwer. Wir sind keine Steine. Wenn ich diese Sachen hörte und ich das, was die Familie gesagt hatte, übersetzen musste. Manchmal habe ich geweint.

Ich sehe Deutschland als mein zweites Land. Ich mache hier weiter, weil ich hier bin. Aber es ist sehr wichtig, wie ich lebe. Wie wichtig bin ich, wie wichtig bin ich für die Gesellschaft, für die ganze Welt? Oder meinen Nachbarn oder meine Nachbarin?

Auszüge aus dem Interview, bearbeitet von Harald Roth

Ronja von Wurmb-Seibel / Niklas von Wurmb-Seibel

Unser Guerilla-Gastfamilien-Programm

Seit der Machtübernahme der Taliban im August 2021 sind mehr als ein halbes Dutzend Mitarbeiter*innen und Protagonist*innen aus unseren Filmen »True Warriors – Gegen die Angst« (2017) und »Wir sind jetzt hier!« (2020), die sich in den Dokumentarfilmen exponiert und deutlich gegen die Taliban positioniert hatten, mit ihren Familien in Deutschland angekommen. Sie alle wurden jeweils herzlichst von einer Gastfamilie empfangen. Sogar für zwei Familien, die wir eigentlich nur während der Ausreise betreut haben, konnten wir Gastfamilien finden. Keine*r von ihnen musste auch nur einen einzigen Tag in einem Camp verbringen. Alle, die so ein Camp schon mal von innen gesehen haben, wissen, wie viel das bedeutet. Camps sind Orte, die isolieren, die Kraft zehren und Hoffnung rauben. Orte, die von Anfang an sortieren, trennen, abspalten, Kontakt verhindern; die verhindern, dass Menschen in einer Stadt auf natürlichem Weg zueinanderfinden.

Ohne es zu planen, haben wir ein (nicht mehr ganz so) kleines Guerilla-Gastfamilien-Programm gestartet. Dabei bekommen wir Unterstützung von allen Seiten: zuallererst natürlich von den tollen Familien, die nicht nur ihre Herzen, sondern auch ihre Türen geöffnet und den neu Ankommenden Platz in ihrem Zuhause geschafft haben. Zusätzlich gibt es in jeder Stadt mehrere Freiwillige, die bei Behördenterminen, beim Stadterkunden und überhaupt beim Fußfassen unterstützen, die gemeinsam kochen, ans Meer fahren oder im Wald spazieren gehen. Außerdem für jede Familie ein kleines Team, die aus der Ferne Dutzende Seiten Behördenanträge ausfüllen oder Wohnungsportale nach passenden Anzeigen durchforsten.

Manche unterstützen uns, indem sie Benzingutscheine schicken, für die Tausenden Kilometer, die wir in den letzten Monaten gefahren sind, um die Familien vom Flughafen abzuholen und sie von dort zu den jeweiligen Gastfamilien zu bringen. Manche unterstützen uns, indem sie Geld spenden. Manche schicken warme Winterkleidung, kaufen SIM-Karten, Spielzeug und Bücher oder treiben Fahrräder in ihrer Nachbarschaft auf. Manche bieten ihre beruflichen Fähigkeiten als Unterstützung an, zum Beispiel eine Therapeutin – sodass die neu Ankommenden jemanden haben, mit der sie über die letzten Monate sprechen können.

Wir sind ziemlich überwältigt von so viel Mitmenschlichkeit und Liebe – und von der Begeisterung, die irgendwie immer mitschwingt. Niemand, der oder die uns unterstützt, zwingt sich aus moralischer Verpflichtung dazu. Es macht einfach Spaß. Jedenfalls ist so das Feedback, das wir immer wieder hören. Es ist wirklich ein Geschenk, von so viel Kompliz*innenschaft umgeben zu sein.

Unser kleines Guerilla-Gastfamilien-Programm ist aber nicht nur aus zwischenmenschlicher Sicht ein toller Erfolg. Alles, wirklich alles, funktioniert so viel schneller, als wenn die Familien den normalen Weg gehen würden – und das ganz ohne Tricksereien oder Korruption durch gute Beziehungen, sondern einfach dadurch, dass wir die vorhandene Zeit möglichst gut nutzen.

Weil wir immer ein paar Wochen vorher wissen, wann die Familien in etwa ankommen, können wir das meiste schon vor ihrer Ankunft vorbereiten: Anträge schreiben, Schulen anfragen, Sprachkurse finden, sie bei der Krankenversicherung anmelden (zum Beispiel damit eine schwangere Frau bald zur Ersttrimesteruntersuchung kann und ein junger Mann mit Schrotkugeln im Bein zum Chirurgen). Was vielleicht erst mal abstrakt klingt, macht in der Realität sofort einen krassen Unterschied:

Eine Familie hatte fünf Wochen nach ihrer Ankunft ihre fertigen »Aufenthaltstitel«, also ihre Ausweise für Deutschland in der Hand. Normalerweise dauert so etwas Monate. In einer Familie startete die Tochter an ihrem fünften Tag in Deutschland mit dem Unterricht, in der regulären Klasse einer Grundschule. Am ersten Tag war die Siebenjährige noch etwas zögerlich, weil sie fast nichts verstand. Als wir eine Woche später telefonierten und ich sie fragte, ob sie schon Freund*innen gefunden habe, antwortete sie: »Na klar! Alle Mädchen aus meiner Klasse!« An ihrem ersten Tag in Deutschland, als wir gerade alle zusammen im Auto saßen, hatte sie gesagt: »Ich bin so glücklich, dass wir jetzt hier sind, ich glaub' ich muss schreien!«

Eine Familie bezog noch in der ersten Woche nach ihrer Ankunft eine eigene Wohnung. Eine andere Familie startete an Tag zwölf mit dem Sprachkurs: Ein Ehepaar, das in seinem ganzen Leben drei Jahre formale Bildung hinter sich hat, geht nun für zwei Jahre jeden Vormittag zur Schule – und lernt begeistert.

In jeder einzelnen Stadt, in jedem einzelnen Bundesland geben uns die Behörden als Feedback, wie sehr unser Gastfamilien-Programm ihre Arbeit entlastet. Jobcenter, Ausländerbehörden, BAMF: Alle Stellen profitieren von diesem Modell.

So sehr wir die Prozesse innerhalb von Deutschland beschleunigen konnten, so sehr ziehen sie sich in Afghanistan in die Länge. Eine Ausreise in Nachbarländer ist nach wie vor nur mit Pass und gültigem Visum möglich. Zuletzt war die Passbehörde wochenlang geschlossen, die Wartezeit für pakistanische Visa für die Ausreise dorthin beträgt momentan mehr als einen Monat. Extrem viel Zeit also, die verstreicht, umso mehr, weil sich unsere Mitarbeiter*innen in akuter Lebensgefahr befinden. Zur Realität gehört leider auch, dass schon jetzt nicht alle von ihnen das lange Warten überlebt haben. Die erwachsene Tochter unserer Haushälterin Leylima, die schon seit Monaten eine Aufnahmezusage für Deutschland hatte, aber weder Pass noch Visum, wurde vor drei Wochen auf dem Weg in die Passbehörde getötet. Tahera hatte sich wochenlang gefreut, in Deutschland nochmal von vorne anfangen zu können. Dass sie nun niemals hier ankommen wird, ist für uns immer noch schwer zu begreifen. Leylima konnte nach dem Tod ihrer Tochter tagelang nicht sprechen. Vor drei Jahren war ihre zweite Tochter gestorben, weil in der Küche ein Gaskocher explodierte. Vor 20 Jahren ist ihr Mann von den Taliban getötet worden. Krieg und Armut kosten immer noch viel zu vielen Menschen das Leben. Leylimas dritte Tochter ist bereits verheiratet und hat deshalb von der Bundesregierung keine Aufnahmezusage erhalten. Leylima wird sich also auch von ihr verabschieden müssen, für wer weiß wie lange. Inzwischen hat Leylima es geschafft, zum Arzt zu gehen, sie nimmt Schlaftabletten, um wenigstens etwas zur Ruhe zu kommen, und hat wieder mit dem Essen begonnen.

Wenn wir an Tahera denken, und die vielen, vielen, vielen anderen Menschen, die ihr Leben bereits verloren haben, ist es leicht zu verzweifeln, und an manchen Tagen tun wir das auch. An den meisten Tagen versuchen wir aber nach vorne zu schauen, in die Zukunft, dahin wo wir noch etwas zum Besseren verändern können, ein paar Ungerechtigkeiten ausmerzen oder ein paar Hürden aus dem Weg räumen können. Nicht nur indem wir konkreten Menschen helfen. Auch der politische Druck, den wir alle zusammen, gemeinsam mit vielen anderen Akteur*innen seit August aufgebaut haben, hat etwas bewirkt: Einige unserer Forderungen sind im Koalitionsvertrag gelandet: E-Visa, um die Ausreise aus Afghanistan zu vereinfachen, das Ortskräfte-Verfahren soll entbürokratisiert werden, ein Aufnahmeprogramm speziell für Afghanistan soll entstehen.

Dina Nayeri

Wie kann ich helfen?

Wenn die Leute fragen, wie kann ich helfen? Mich engagieren? Ihnen Raum geben?, dann will ich antworten, sei geduldig. Gib ihnen nicht nur eine Chance, sondern viele.

Neuankömmlinge sind einsam und misstrauisch. Und Geflüchtete sind meistens traumatisiert. Sie alle, selbst diejenigen, die Glück hatten, haben Wunden davongetragen. Sie werden sich nicht immer dankbar zeigen. Viele schämen sich und fühlen sich unterlegen. Sie neigen dazu, den Rassismus und das Klassenbewusstsein zu übernehmen, dem sie selbst zum Opfer gefallen sind. Sie wollen glauben, dass das System gerecht ist, dass sie sich die Gunst der einflussreichen weißen Männer verdienen können.

Was sie brauchen, ist Freundschaft, nicht Erlösung. Man muss ihnen die Würde zugestehen, an der Gesellschaft teilhaben zu können. Sie waren so oft auf die Wohltätigkeiten anderer angewiesen, dass ihre eigene Großzügigkeit und ihre Fähigkeiten besonders dann zum Vorschein kommen, wenn sie anderen helfen können. Gelegentlich werden sie versagen, ihre alten Wunden werden wieder aufbrechen, sie werden zu viel fordern. Es kann auch vorkommen, dass man selbst Fehler macht und ihnen mehr schadet als nützt. Doch das ist immer noch besser, als sie auszugrenzen. Die Menschen enttäuschen einander, geraten in Schwierigkeiten. Schmerzhafte Konflikte lassen sich nur vermeiden, indem man auf Distanz geht und sie von der Warte des Retters aus betrachtet. Doch damit verweigert man ihnen genau das, was sie am meisten brauchen: Sich nützlich machen zu können, einen Ort zu finden, an den sie gehören.

Ich bin überzeugt, dass man den Heimatlosen nur auf diese Weise helfen kann. Wir sind es uns schuldig, die Ausgegrenzten zu lieben, sie miteinzubeziehen.

Daran bin ich immer wieder gescheitert.

Kefah Ali Deeb

Eine Syrerin in den Alpen

Neulich verbrachte ich drei Tage mit Freunden in den Alpen. Heute will ich ein paar Einzelheiten dazu schreiben, um mich vor allem bei meiner Freundin Laura zu bedanken, die diese Reise komplett organisiert und mir damit den alten Wunsch erfüllt hat, in den Alpen wandern zu gehen. Ich hatte ihr nämlich erzählt, dass ich seit Jahren nicht in den Bergen gewesen war. Ein Brief.

Liebe Laura,
ich weiß, dass ich während der vier Tage sehr viel mit euch über mein Land geredet habe, vor allem über Latakia und Damaskus, die mir die liebsten Orte sind. Immer wieder stellte ich Vergleiche zwischen hier und dort an. Diese Eigenschaft begleitet mich stets, seit ich mein Land verließ und hierherkam. Gelegentlich hielt ich inne oder wechselte das Thema. Ich wollte dich nicht nötigen, dir meine Geschichten anzuhören.

Ich war gerade in den Alpen angekommen, als ich sogleich begann, mit den Lämmern zu spielen, so wie ich es früher in den Tälern von Latakia getan hatte.

Allein der Geruch der Nadelbäume reichte, um mich ans syrische Meer wegzutragen.

Der Vergleich zwischen den Alpen und den Bergen an der syrischen Küste erscheint nicht schlüssig, misst doch die höchste Erhebung am syrischen Meer gerade mal 1.550 Meter. Doch allein der Geruch der Nadelbäume reichte, um mich dorthin wegzutragen.

Eine Begebenheit beeindruckte mich besonders: Eine Schweizerin, die wir in den Alpen trafen, konnte ihre Überraschung nicht verhehlen und sagte ständig »wow«, als sie feststellte, dass eine leibhaftige Syrerin aus Fleisch und Blut vor ihr stand. In den Nachrichten höre man

nur von Krieg, Zerstörung und Tod, sagte sie. »Wow, eine Syrerin in den Alpen!«, fügte sie hinzu. Ihre Worte könnten ein Buchtitel sein. Beim Gehen über recht gefährliche Pfade berieten wir spaßeshalber darüber, wen wir zuerst um Hilfe rufen würden, falls uns etwas zustoßen sollte. Zum Glück passierte uns nichts.
Am dritten Tag erzählte ich euch, dass ich von einem Rettungshubschrauber träumte, der über uns flog und Bomben auf uns abwarf, statt uns zu retten. In meinem Traum rannte ich und versorgte euch mit feuchten Tüchern, um euch vor den giftigen Gasen zu retten.
Ich merkte, liebe Laura, wie dich mein Albtraum traurig machte. Deshalb unterbrach ich und hörte auf zu erzählen. Ich wollte uns diesen schönen Morgen in den Alpen nicht verderben. Ich schätze deine Anteilnahme, dein Mitgefühl, deine Großzügigkeit und deine Unterstützung sehr.
Wenn jeder geflüchtete Mensch eine Freundin oder einen Freund wie dich hätte, Laura, und wie viele andere deutsche Freundinnen und Freunde, wäre die Kluft zwischen den Menschen in dieser Gesellschaft nicht so tief, wie sie heute ist. Dann würde die Integration vielen Menschen wesentlich leichter fallen.

Übersetzung aus dem Arabischen von Mustafa Al-Slaiman.

Farhad Alsilo

Mein Name ist »Farhad« und nicht »Fahrrad«

Nach der ersten Woche kannte ich mich und auch der andere Junge aus unserer Unterkunft mit der Schule aus, und wir lernten unsere Mitschüler ein bisschen näher kennen. Am Anfang wurde ich ein wenig wegen meinem Namen ausgelacht, weil er in Deutschland ungefähr wie »Fahrrad« geschrieben und ausgesprochen wird. Einige Zeit hatte ich damit zu kämpfen, allerdings lernten es die Schüler dann, ihn richtig auszusprechen. Und die, die es absichtlich anders sagten, hörten auch nach einer Weile damit auf. Was aber gleich blieb, waren meine Verzweiflung und Nervosität, wenn ich eine Aufgabe bekam.

In der ersten Woche schrieben die Schüler sogar eine Klassenarbeit, wo ich nicht mehr als meinen Namen drauf geschrieben habe, denn ich konnte nichts, obwohl der Lehrer gesagt hat, dass ich mein Bestes geben und wenigstens eine Seite ausfüllen soll. Doch ich und der andere jesidische Junge hatten das Glück, weil wir erst einen Monat vor Jahresende gekommen waren.

So wurde uns gesagt, dass unser Verhalten und unsere Leistungen erst ab der siebten Klasse benotet würden, was mich nicht freute, sondern ängstlich machte.

Denn ich war stark verunsichert, weil ein Schüler einige Male gesagt hat, dass er mir nicht helfen will und ich lernen muss, alles selber zu wissen und zu machen. Hinzu kam, dass wir erst ab dem nächsten Schuljahr eine neue Sitzordnung bekommen sollten, was der Grund war, weshalb ich jeden zweiten Tag woanders sitzen musste und immer neben jemand anderem.

Ilija Trojanow

Nach der Flucht

V.

Einschulung. Er kann einige Wortbrocken, seine Mutter kann einige Wortbrocken. Gemeinsam stehen sie am ersten Schultag vor der Tür der Rektorin. Sie haben sich verspätet. *Klasse 1b*, sagt die Rektorin, *im zweiten Stock*. Sie deutet nach oben. Eine breite Treppe. Als sie in den Gang biegen, wird eine Tür zugeschlagen. Die Mutter klopft an die Tür. *Herein!* Ein Raum voller Kinder in seinem Alter. Er beginnt sich zu schämen. Die Rede seiner Mutter ein Radebrech. Er kann es nicht besser. *Nein, nein, nein*, wehrt die Lehrerin mit beiden Händen ab, *ich habe schon vier Türken in meiner Klasse*. Und scheucht Mutter und Sohn davon: Die Treppe hat beim Hinabsteigen mehr Stufen. Er weiß, was passieren wird. Sie werden wieder zur Rektorin gehen müssen. Er schämt sich noch mehr. Die Rektorin erhebt sich. Sie marschiert durch den Gang, die Treppe hinauf, den oberen Gang entlang, zur Klassenzimmertür. Sie reißt die Tür auf und spricht ein kurzes Wort. Er setzt sich in die letzte Reihe. Weil er wenig versteht, schaut er sich verstohlen um. Wer wohl die vier türkischen Kinder sind?

VI.

Als er ein Wort so ausspricht, dass es lustig klingt, ziehen die anderen Schüler Grimassen. Die Wörter sind in ihrem Mund Murmeln, denkt er. Nachträglich kommt es ihm vor, als habe er an diesem Tag beschlossen, die fremde Sprache so zu lernen, dass er sich nie wieder schämen muss. Er ahnt noch nicht, was seine Eltern von Anfang an wissen: Sprache ist Ermächtigung. Wer das Alphabet beherrscht, kann sich selbst verteidigen.

XXIII.

Gelegentlich begegnet der Flüchtling Menschen, die Angst vor ihm haben. Er würde sie gern berühren, ihren Arm ergreifen oder seine Hand auf ihre Schulter legen, und ihnen zuflüstern: Aber ich bin doch derjenige, der Angst hat. Ich bin vor einer Angst geflohen, der man nicht entkommen kann. Ich bin derjenige, der alles verloren hat. Ich bin allem schutzlos ausgeliefert. Nicht einmal euer Vermögen ist so sehr gefährdet wie mein Leben.

XXXIX.

Von Anfang an entspricht das Neuland nicht den Erträumungen. Zelte Barracken Auffanglager. Wie bitte, im gelobten Land? Behördengänge Warteschleifen Leerläufe. Überall und mittendrin im gelobten Land. Warten Warten Warten. Auf einmal wieder das Bündel schnüren. Erneut in einer Warteschlange stehen, die zunehmend weiter in die Zukunft reicht, je länger der Geflüchtete in ihr verharren muss. Er lernt, ohne Geduld zu warten. Der Glaube ans gelobte Land ist eine zerrissene Anzeige auf dem Schwarzen Brett.

LXIII.

Ein halbes Leben lang hat er den Status *staatenlos* inne. Das ist keine Nebensächlichkeit. Keine Formalität. Keine bürokratische Petitesse. Bei jeder Einreise warnt er die Mitreisenden hinter ihm, sie mögen sich in eine andere Schlange einreihen. Bei jeder Passkontrolle erlebt er, wie sehr der Staat dem Staatenlosen misstraut. Er ist eine Provokation für die feinsäuberliche Ordnung des Staates. Eigentlich darf es ihn nicht geben.

LXV.

Eines Tages wird der staatenlose Student am Brenner aus dem Nachtzug geworfen. Am Kragen gepackt, zur Tür geschubst, in der Polizeistation (einem Kabuff) verhört. Er habe kein Visum für Österreich. Er wusste nicht, dass er ein Visum für Österreich benötigte (eine Sonderregelung; andere westliche Länder lassen Staatenlose mit Flüchtlingspass einreisen, durchreisen, ausreisen). Das Visum gibt es nur in Mailand, auf dem Konsulat. Er hat kein Geld. Das interessiert die Grenzpolizei nicht. Es ist die Nacht von Freitag auf Samstag. Das sei nicht ihr Problem, erklärt die Grenzpolizei. Er will ihr Land nicht betreten, nur mit dem Zug durchreisen. Das überzeugt die Grenzpolizei nicht. Er versucht, heimlich in den nächsten Zug einzusteigen. Er wird erwischt von einem Schatten mit Hund. Beide bellen ihn an, im Kabuff wird die Grenzpolizei handgreiflich. Sie setzt ihn in den nächsten Zug Richtung Bozen. Sie hat Macht, er kein Geld. Er fährt schwarz, zurück zum Brenner. Er geht zum Lastwagenparkplatz. Er spricht einen der Fahrer an, erzählt ihm seine Geschichte. Wort um Wort wahr. Der Mann hört aufmerksam zu, dann lässt er ihn ohne Kommentar einsteigen. Keiner kontrolliert den LKW-Fahrer und seine Menschenfracht. Sie überqueren brummend die Grenze. Zuerst ist er erleichtert, später stolz. Er hat sich durch sein Tun zur Illegalität bekannt. In einem System der Unmenschlichkeit ist der Verstoß gegen die Gesetze eine humane Maxime.

LXXVI.

Der Geflüchtete ist sich bewusst, dass sein Leben ganz anders hätte verlaufen können. Neben ihm schwebt der Geist eines weniger glücklichen Ausgangs. Er gedenkt der Getöteten, der Zurückgebliebenen. Er weiß von Menschen, einen Schicksalsschlag von ihm entfernt, die in der Luft hängen, von sich selbst am meisten aufgegeben. Der Geflüchtete ist sich bewusst, dass sein Haus ganz anders aussehen könnte. Er macht eine Inventur seiner Segnungen.

Widad Nabi

Geschichten einer Frau am Spreeufer

Am Spreeufer sitze ich dem alten Berliner Dom gegenüber zwischen drei Frauenstatuen. Rechts von mir steht eine nackte Frau, ihre Hand ruht auf dem Knie, ihre Gesichtszüge sind traurig und einsam, als ob sie eine alte Wunde in sich tragen würde, die sie nicht berühren kann, um sie zu heilen.

Links von mir die zweite nackte Frau, die auf den Fluss vor ihr schaut, als ob er weit weg zu ihrem Land fließt, das sie verloren hat. Sie scheint über den Verlust nachzudenken, und es ist, als würden ihre Marmorlippen einen Vers aus Brechts Gedicht »Gedanken über die Dauer des Exils« vortragen:

»Schlage keinen Nagel in die Wand
Wirf den Rock auf den Stuhl
[…]
Du kehrst morgen zurück.«

Ich denke: Wenn ich an der Stelle dieser Frau wäre, könnte der neue Ort für mich zur Heimat werden? Ist es tatsächlich unmöglich, die Geborgenheit des alten Ortes wiederzugewinnen?

Wenn das so wäre, müssten wir jede neue Möglichkeit, aus den Ruinen aufzuerstehen, von vornherein als Niederlage ansehen. Jeder Ort hat eine Seele, die uns aufnehmen kann, um ein neues Leben zu schaffen und ein Gedächtnis voll Liebe, Angst, Wünschen, Trauer, Weinen und Lachen, als wären wir neu geboren.

1

Bei einer Lesung im Berliner Literaturhaus fragte eine Zuhörerin, was wir mit unseren Büchern gemacht hätten, als wir unser Land verließen. Die Frage öffnete eine Tür zu alten, unheilbaren Wunden. Ich habe all meine Bücher zurückgelassen. Es war keine große Bibliothek; ich hatte die meisten Bücher in der Pubertät von meinem Taschengeld gekauft, und der Rest waren Geschenke von Freunden, die nun durch den Krieg in alle Winde zerstreut sind.

Ich ließ diese Bücher ebenso hinter mir wie meine Familie, mein Haus und meine Stadt.

Das kleine Boot, das uns ans andere Meeresufer brachte, konnte nicht so viel Gewicht tragen. Niemand weiß hier, dass das Meer keine Bücher mag und auch keine privaten Dinge. Sogar das Bild meines Vaters schluckte das Meer, obwohl es so leicht war.

Als ich in Berlin ankam, wohnte ich sechs Monate lang in einem kleinen, armseligen Zimmer in einem Heim.

Das Zimmer sah aus wie ein Gefängnis, wie die Armenhäuser, aus denen überall Menschen fliehen. Also wollte ich das Zimmer mit Wärme und Geborgenheit füllen. Ich kaufte einige Bücher auf Deutsch, obwohl ich damals noch kein Wort Deutsch verstand. Schon die Titel der Bücher waren für mich rätselhaft, als ob sie ein Geheimnis enthielten. Aber schließlich waren es alles elegante und schöne Bücher. Sie verliehen meinem Zimmer etwas von der Schönheit und Geborgenheit, die mir fehlte.

In den langen einsamen Nächten blickte ich traurig auf das Bücherregal, auf die Bücher, die ich gekauft hatte, ohne ihre Sprache zu verstehen. Sie gaben mir die Ruhe, die ich brauchte, als handelte es sich um alte Freunde. Die Bücher konnten den neuen Ort vertrauter machen und verliehen der Fremde eine menschliche Dimension.

Darum schlendere ich durch Berliner Buchläden. Obwohl ich der deutschen Sprache noch nicht wirklich mächtig bin, gibt mir das Stöbern in den Büchern eine Seelenruhe, die im städtischen Getriebe fehlt.

Meist besuche ich die Uni-Bibliothek Grimm, um Deutsch zu lernen oder arabische Bücher zu lesen. Oft schreibe ich Notizen in mein Heft.

Ich sitze zwischen Tausenden von Büchern und fühle mich zu Hause wie eine Katze, die an ihrem gewohnten Platz hockt. Wie viele Male war ich traurig, weil ich meine Ringe auf dem Tisch dort vergaß. Mein Freund sagt zu mir: »Eines Tages wirst du nicht nur die Ringe, sondern auch dein Herz in der Bibliothek verlieren.«

So fand ich mich bei den drei Frauenstatuen wieder. Wir stritten über Brechts Idee, das Exil sei ein neuer Ort, in dem man von Neuem beginnen könne. Zumindest können wir versuchen, uns der Verlustangst nicht hinzugeben, kleine Welten zu erschaffen, die uns die Wärme einer anderen Heimat geben oder uns wenigstens über unsere Verluste trösten.

2

Im vergangenen September ist auf Spiegel online ein Artikel von mir erschienen unter dem Titel »Integration ist kein Kleidungsstück, das wir einfach überziehen«. Es gab unterschiedliche Leserreaktionen per E-Mail oder in den sozialen Medien.

Manche waren positiv, andere negativ. Für mich war das Gefühl wichtig, dass ich durch ein literarisches Essay, das diskutiert wurde, zu einer Bewohnerin dieses neuen Landes geworden war.

Das Schreiben kann neue Zugehörigkeiten schaffen, es treibt mich voran und verringert die Gefühle der Nostalgie. Hier oder dort, wo auch immer, kann man schreiben, und es kann ein kleines Zuhause für uns sein und auch für die Leser, vielleicht auch für jene stillen Frauen am Spreeufer. Vielleicht sind sie eine Erinnerung an die »Trümmerfrauen«, die nach dem Krieg aus den Ruinen des Krieges in Deutschland eine neue Welt geschaffen haben.

3

Bei einer Lesung der Heinrich-Böll-Stiftung in Heidelberg fragte mich eine Frau aus dem Publikum, warum in meinen Gedichten so oft die Buche auftaucht. Ich erzählte ihr, dass der türkische Dichter Nâzim Hikmet die Buche in einem Gedicht über seine Sehnsucht nach der Heimat erwähnt. Immer, wenn ich eine Buche sehe, erinnere ich mich an das

Gedicht von Nâzim Hikmet und an meine Heimat. Die Buche ist ein Andenken an all das, was ich verloren habe.

Als die Lesung zu Ende gegangen war, verließ die junge Frau den Raum, kam zurück und reichte mir ein Buchenblatt, das sie draußen gepflückt hatte. Ich nahm das Blatt und umarmte sie herzlich. Ich spürte, dass die Wärme der Heimat auch in der Liebe von anderen liegt, die wir nicht kennen. Was uns verbindet, sind nur tiefe Gefühle über die Bedeutung des Verlusts.

Ich betrachte die Statue der nackten Frauen rechts von mir und stelle fest, dass jeder neue Ort ein neuer Anfang ist, als ob er eine Heimat wäre oder ein kostbarer Ersatz für das alte Leben.

4

Ich betrachte das Gesicht der Frauenstatue auf meiner linken Seite. Ihr Gesicht ist rein und glatt, faltenlos, als ob sie keinen Schmerz gekannt hätte. Ich bin erst Anfang dreißig, aber unter meinen Augen erscheinen schon kleine Fältchen, und wenn ich lache, sieht man deutlich zwei Linien um meinen Mund. Es sind zarte Falten, die sich vom Lachen mit meinen Freunden in meinem Land gebildet haben. Sie entstanden durch Momente der Liebe und der durchlebten Nächte, durch das Lesen von Büchern, weil ich um die Helden der Romane fürchtete, denen etwas zustieße, falls ich einschlief.

Wir ähneln uns nicht. Das Gesicht dieser Frau ohne Falten hat nicht die gleiche Geschichte wie ich. Morgen oder in dreißig Jahren werde ich neben ihr sitzen, und mein Gesicht wird noch mehr Falten bekommen haben von der Liebe, vom Vergnügen, vom Lachen und Weinen und von der Sehnsucht in diesem Land. Vielleicht wird die Statue der Spree erlauben, einige Spuren auf ihrem Gesicht zu hinterlassen, wenn sie sich mit ihrer Vergangenheit versöhnt.

5

Es ist kurz vor Mitternacht, ich sitze immer noch zwischen den drei Frauen. Die Cafés hinter uns sind geschlossen, die Stühle und Tische draußen sind mit einer Eisenkette befestigt. Meine drei Frauen und ich unterhalten uns über die Liebe, die Heimat und das Exil. Ich frage mich, worüber die leeren Stühle und Tische reden. Sind Cafés nicht letztendlich Häuser der Trauer, über die ich und die drei unbekleideten Frauen lieber nicht sprechen? Diese Frauen, die seit Jahren fest am Ufer des Flusses stehen, scheinen mit diesem Ort und in der Erinnerung tief verwurzelt zu sein. Darin unterscheide ich mich von ihnen. Für mich ist es einfacher geworden, eine Stadt durch eine andere, eine Liebe durch eine andere und einen Freund durch einen anderen, ein Lieblingslied durch ein anderes, ein gemütliches Café durch ein anderes zu ersetzen – als ob du bei jedem Verlust deine Verbindung mit dem Schoß der Welt durchtrenntest und neu geboren würdest.

Der Computertechniker erzählte mir, alle persönlichen Dateien der letzten fünfzehn Jahre, die sich auf meiner Festplatte befanden, seien gelöscht: Familienfotos, Bilder von Freunden und Orte, in denen ich gelebt habe und die jetzt nach dem Krieg nicht mehr existieren. Von ihnen hatte ich nur diese Fotos. Dazu noch meine alten Texte und Tausende von Online-Büchern, Filme und Lieder. Alles durch einen Fehler des Technikers verdampft, für immer. Das war für mich, als ob jemand die Nabelschnur, die mich mit der Welt verbindet, abgeschnitten hätte. Der Techniker beobachtete mich erschrocken, vielleicht spürte er meinen inneren tiefen Absturz, als ich sah, wie mein Archiv für immer verschwand, wie die Städte, aus denen ich stamme, unter Trümmern versanken.

Ich wollte sofort sterben, um diese Trauer nicht mehr erleben zu müssen. Minuten später verließ ich schnell den Laden, hob den Kopf, und die feinen Schneeflocken bedeckten mein Gesicht und mein Haar, ich atmete tief durch und stellte mir das Leben als einen langen Gang vor. Ich brauchte jetzt genügend Sauerstoff, um einen neuen Versuch zu starten. Ich ging weiter und erreichte die Wohnung meiner Freundin. Wir tranken Rotwein, lachten und redeten über das schlechte Wetter. Ich erzählte ihr kurz und bündig, was mir im Computerladen passiert war, als ob es keine Katastrophe war. Ich lächelte und entdeckte, dass ich alle meine Wurzeln abgeschnitten hatte, die Wurzeln der Liebe, der Freunde und der Dinge, die ich mochte. Ich bin jetzt ein Zweig, der ohne

Wurzeln am Himmel hängt. Ich habe keine Wurzeln, um die Erde zu erreichen, und keine hohen Zweige, um die Himmelsdecke zu berühren. An diesem Punkt erfuhr ich, was es bedeutet, frei zu sein wie eine Schneeflocke, die auf ein zerrüttetes Gesicht fällt, das lächelt, als ob es das Gesicht einer Marmorstatue wäre.

6

Die Statue der dritten Frau, die ich Anna Karenina nannte, schien den Geschichten am Spreeufer zu lauschen. Ich fragte sie, ob sie eine weitere Geschichte hören wollte. Mit ihren angenehmen Gesten schien sie mir zuzustimmen. Ich erzählte ihr, dass ich am Morgen an einem schönen kleinen Handwerksladen in Kreuzberg vorbeigegangen war. Davor saß an einem Holztisch eine gutaussehende Frau, etwa vierzig Jahre alt, in der Hand eine Zigarette, vor sich eine Tasse Milchkaffee. Sie schien ihn noch nicht berührt zu haben. Sie hätte ein Teil des charmanten Berlins sein können, wenn nicht dieser traurige zerstreute Blick gewesen wäre, dieser Blick, den ich gut kenne, der Blick von denen, die ausgeplündert worden sind. Sie war eine ausgeplünderte, sich selbst abhandengekommene Frau, als ob die Liebe und das Leben in ihren schönen Augen oft gegeneinander gekämpft hätten. Wie die drei Frauen am Ufer und wie ich.

7

Manchmal finde ich im Bus einen freien Platz. Einmal stieg ich an der Haltestelle Prenzlauer Berg ein. Als ich mich hingesetzt hatte, bemerkte ich auf dem Sitz gegenüber das Bild eines jungen Mannes, der ein schönes, lächelndes Mädchen küsst. Der junge Mann sah asiatisch aus, während die junge Frau, die er küsste, europäisch wirkte.

Das Bild legte nahe, dass sie verliebt waren und sich nicht darum kümmerten, was es auf dieser Welt an ethnischen und religiösen Konflikten gab. Es waren einfach nur zwei Verliebte.

Das erinnerte mich an etwas, was ich online gelesen hatte. Die Rechtsradikalen hatten ein Flüchtlingsheim in Berlin angegriffen und angezündet. Ich dachte, wie kann eine Stadt diese Widersprüche in sich vereinigen? Wie kann die Liebe zwei Menschen in einem Bild zusammenbringen, das von Berliner Augen wahrgenommen wird? Später erzählte ich einer Fremden davon, um diese Geschichte am Abend den drei Frauenstatuen am Spreeufer mitteilen zu können.

8

Gegen ein Uhr nachts verabschiedete ich mich von den drei Frauen am Spreeufer, versprach, ihnen in den kommenden Nächten mehr Geschichten zu erzählen, und machte mich auf den Weg nach Hause. Ich musste mit der U-Bahn zweimal umsteigen. An der zweiten Station Lichtenberg, die fast leer war, näherte sich mir ein junger Mann, entriss mir meinen Rucksack, der auf der Bank neben mir lag, und rannte weg. Statt zu schreien und ihn zu verfolgen, blieb ich ruhig auf der Bank sitzen. Ich fand keine Erklärung für mein Verhalten, vielleicht war das der Grund, warum der Dieb sich zu mir umdrehte, als er die Treppe erreichte. Niemand bemerkte den Diebstahl, weil der Bahnhof zu dieser Stunde fast menschenleer war. Er wühlte in dem Rucksack nach Geld, und als er nichts fand, stellte er den Rucksack auf die Treppe, rief: »Warum?«, und verließ schnell den Bahnhof. Ich begriff nicht. Meinte er: Warum ist kein Geld in der Tasche?

Tatsächlich waren das Geld und das ausgeschaltete Mobiltelefon bei mir, aber warum hatte ich so reagiert? Darauf hatte ich keine Antwort. Der Rucksack enthielt nur ein Heft, Stifte, eine Parfumflasche J'adore, Salim Barakats Gedichtband, im Original betitelt mit »Die Übersetzung des Basalts«, eine kleine Taschenlampe zum Lesen, einen kleinen Spiegel, einen Kajalstift und roten Lippenstift.

Als ich zu Hause war, stellte ich mir vor, wie die drei Frauen am Spreeufer mich fragen würden: »Warum?«

Ich sagte ihnen und auch mir: »Wenn die großen Diebe, die mein Leben und das Leben von Millionen in dieser Welt geraubt haben, frei und glücklich leben, warum sollte ich einem kleinen Dieb, der nur meine kleinen Sachen stehlen wollte, Schaden zufügen?«

Aleksei Bobrovmikov

Gehen oder bleiben?

»Grauzone« (bisher unveröffentlicht) ist ein Krimi, der auf Tatsachen beruht. Der Protagonist des Romans, ein Wirtschaftsjournalist, recherchiert im von Separatisten kontrollierten Donbas an der Grenze zu Russland über Schmuggel und Drogenhandel zur Finanzierung des schmutzigen Krieges. Er wird Zeuge einer Reihe von Morden. Die Recherchen zwingen ihn schließlich, Hals über Kopf aus seinem Heimatland nach Deutschland zu flüchten.

Gehen oder bleiben?

20. Februar 2018
gegen 3 Uhr morgens
Hamburg, Deutschland

Last call

Es fiel der leichte, kalte Februarnieselregen von Hamburg. Es war tief in der Nacht, gegen halb vier, und drei Stunden bis zum Flug Hamburg-Tiflis.

Der U-Bahn-Zug sollte mich zum Umsteigepunkt Barmbek bringen, und von dort musste ich mit der S-Bahn zum Flughafen fahren, zu meinem Flug nach Tblissi.

Als ich mich der U-Bahnstation näherte, hatte ich das Gefühl, dass etwas nicht stimmte. Ich taumelte, als ich auf dem Bahnsteig stand: Ein Gefühl von Übelkeit und Schwäche, das mich schon mehrere Stunden lang verfolgte, aber scheinbar vorübergehend war, setzte mit neuer Kraft ein.

Auf einmal dachte ich, ich fliege nirgendwo hin.

Ich lehnte mich an eine der Säulen, an denen der Zugfahrplan hing, und stand einige Minuten da, um Kraft zu sammeln.

Fünf Minuten? Zehn?

Ich kann es nicht sicher sagen.

Das ganze vergangene Jahr zog vor meinem geistigen Auge vorüber: ein Jahr, in dem ich in fremden, unbekannten Gewässern gesegelt war. Ein langes, seltsames Jahr der Verluste, die einer nach dem anderen, wie Sturmstöße, die Takelage meines Schiffes im Unwetter zerstört hatten.

Ein letzter Gerichtsprozess, der in Eile und verborgen vor der unabhängigen Presse gegen unklare Personen abgehalten wurde. Ein Prozess zu mehreren Mordfällen, der von den Ermittlungsbehörden unter den Teppich gekehrt wurde, und ohne dessen transparente und vollständige Untersuchung ich nicht zurück konnte nach Hause, in meine Heimat.

Verkauftes Eigentum, der Tod von geliebten Menschen, die man ebenfalls eilig begraben hatte. Ohne mich. Schon wieder musste meine alte Dame unsere Verwandten begraben, und meine ehemaligen Freunde schleppten indes unser altes Familiennest in ihre Höhlen – Zeichnungen, Gemälde, Antiquitäten aus der Wohnung meines Großvaters: alles von Wert, was nach dem Tod des alten Mannes übrig geblieben war. Er hatte mich wie einen Sohn großgezogen und mir viel mehr gegeben als diese Erbschaft: die Freude am Leben.

Und so wurde in meiner Abwesenheit (obwohl ich versprochen hatte, da zu sein, wenn die »Stunde« schlägt) ebenso eilig, wie ich das Land verlassen hatte, die Lebensgefährtin meines alten Herrn begraben, meines besten und einzigen Freunds.

Wir verbrannten die Leiche und begruben sie schnell, innerhalb weniger Stunden, um die Überreste von Eigentum außer Landes schaffen zu können, ohne Ziel eines neuen Anschlags zu werden ...

All diese Ereignisse aus dem ersten Jahr meines Exils zogen an meinem geistigen Auge vorüber.

Und schließlich war da ihre letzte Nachricht, als Antwort auf meinen Brief. Doch eigentlich nicht. Zuerst kam ihre Nachricht, und das war ein Gefühl, als würde eine Lawine ein eilig errichtetes Nachtlager in den Bergen wegreißen.

»Verdammt, nein, nicht jetzt ...«, dachte ich müde.

Der Schwächeanfall, von dem meine Beine nachgaben, ließ mal nach, mal brach er wieder aus. An die massive Betonsäule gelehnt, schwamm ich durch eine dunkle Nebelwolke.

Ich hatte das Gefühl, ich müsste mich gleich übergeben, bemühte mich, den Brechreiz zu unterdrücken.

Ich wusste nicht, wie lange ich so dastand. Als ich auf die Uhr schaute, wurde mir klar: Es waren nur drei Minuten vergangen ...

Der Zug kam aus dem Tunnel: silberrot, glänzend wie eine frisch geprägte Münze, eine elegante Hamburger U-Bahn.

Kopfschüttelnd versuchte ich, den nebligen Vorhang vor meinen Augen wegzuschieben. Für ein paar Sekunden wurde mir leichter.

Der Wagen, in den ich stieg, war fast leer: ein oder zwei Passagiere hinten, kaum zu sehen in den Tiefen des Zugs, der sich in den Kurven schlängelte, und vor mir auf den Sitzen war keine Menschenseele.

Kaum hatte ich mich auf einen Sitz fallengelassen und meinen für die Reise vorbereiteten Rucksack neben mir abgeworfen, überkam mich eine neue Welle.

Ich hatte das Gefühl, irgendwohin zu schweben, und wusste nicht, ob ich zurückkehren könnte.

Nie habe ich eine solche Schwäche erlebt: weder vor noch nach diesem Tag.

Mir war so, als würde ich durch einen Sumpf balancieren und könnte jeden Moment einbrechen, das Bewusstsein vollständig verlieren. Nur eine Frage pochte in meinem Kopf. Es war nicht einmal eine Frage, sondern ein bestimmter Zustand, der von Plus zu Minus pendelte und zurück, wie die schlingernde Bewegung eines Schiffs, die sich mit jedem Atemzug wiederholte: auf – ab, auf – ab, und gleich steigt das Wasser über die Kante, und dann verliert das Schiff seine Stabilität ... Dann geht der Kiel hoch, die Masten geraten in den Abgrund, man sinkt an den Grund, hinterlässt Luftblasen und einen Trichter.

Mit jedem Ausatmen schien ich weiter zu Boden zu sinken, und mit jedem Einatmen hob ich meinen Kopf über die Oberfläche.

Atmen musste ich unbedingt, wenn ich bleiben wollte, aber war es notwendig zu bleiben?

Es war wie die Aufforderung eines Militärchirurgen: »Spreiz die Finger«, »bewegen«, und dann – so scharf wie eine Nadel oder die Spitze eines Messers, die sich ins Fleisch bohrt, aber nicht spürbar, wenn das Gehirn den Kontakt zu den Nervenenden verloren hat – die Frage: »Was fühlst du?« »Und jetzt?«

Die innere Stimme stellte immer dieselbe Frage, die ich mir nicht stellen wollte ...

»Willst du gehen? Oder bleiben?«

»Bleiben oder gehen?«

Im Rhythmus dieses Schaukelns, dem Ein- und Ausatmen dieser Frage, verbrachte ich die nächsten Minuten, die sich wie Stunden anfühlten.

Ich merkte, wie meine Kräfte schwanden, an der Grenze zum Untergang.

Was würde nun passieren? ... Oder würde ich trotzdem ankommen?

»Wo ankommen?«, war die zweite Frage, schon weniger wichtig. Sie löste sich gleich wieder auf, im selben Moment, als die zähe, schwere Welle einen Moment von mir abließ, bevor sie mich wieder überdeckte.

Wenige Sekunden später würden sich auch alle anderen Fragen auflösen, irgendwo im Sumpf versinken, in dem ich in regelmäßigen Abständen ab- und wieder auftauchte, der mir bis zum Hals stand, bis zu den Nasenlöchern. Ich versuchte, im Takt meiner Gedanken zu atmen.

Damals gab es in der wichtigsten Frage kein »Ich will« oder »Ich will nicht«, es gab dort überhaupt keine Manifestation des freien Willens.

Es gab kein Bedauern, auch keinen Versuch, sich an die umgebende Realität zu klammern: nur die eine Frage. Entfremdet, als käme sie aus Gegenden, die weit von mir entfernt lagen, klang diese Frage sehr beiläufig und ruhig.

In den Gedanken, die in meinem Kopf pochten, gab es weder Verzweiflung noch Panik. Es war nicht einmal ein Dilemma, sondern einfach das Schwingen eines Pendels und eine innere Stimme, die eine klare und konkrete Frage stellte:

Gehen
oder
bleiben?

Bei aller ihrer Einfachheit war das die Frage, die ich auf ruhige, gemessene Weise, im Takt meines schweren, gepressten Atems mit speichelvollem Mund, kurz vor Erbrechen und Ohnmacht, Angst hatte, mir zu stellen.

Ich atmete sehr langsam und fürchtete, an Speichel und Erbrochenem zu ersticken, aus dieser Minute der Meditation (egal wie unangenehm sie auch sein mochte) in körperliche Krämpfe auszubrechen.

Intuitiv fühlte ich vermittels der inneren Stimme, mit der das Unterbewusstsein in diesen Momenten zu mir sprach: Diese Frage, die in meinem Kopf klang, das ist es, worum es hier geht.

Will ich gehen?

Und wird die Kraft ausreichen zu bleiben, wenn ich mich dazu entscheide?

Diese Fragen waren jedoch bereits zweitrangig und Teil meines inneren Dialogs, der ohne meine aktive Anteilnahme stattfand.

In diesem Grenzzustand schien der Körper das Bewusstsein mit Fragen im einfachen Binärcode zu überschütten, die die innere Stimme in Worte fasste, wahrscheinlich nur, um mich über das Geschehen im Körper auf dem Laufenden zu halten, den ich normalerweise nicht kontrollierte.

Da war kein Platz für Tapferkeit oder Verheißungen, keine Zeit, Verträge mit sich zu machen, keine Zeit zu kämpfen.

Das alles versank ins Nichts, verschwand in jenen Minuten vom Radar, als diese einzige Frage in meinem Kopf pulsierte.

Der Zug fuhr von Station zu Station, bremste und fuhr sanft an. Die Stimme des Fahrers kündigte leise, einschmeichelnd und morgendlich frisch die nächste Station an.

In meinen Sitz gedrückt, auf den Wellen dieser seltsamen, mich verschluckenden Schwäche treibend, wollte ich nicht analysieren, welche möglichen Antworten es auf die Fragen nach Vor- oder Nachteilen geben könnte.

Ich dachte nicht nach.

Gehen

oder bleiben?

Gehen.

Bleiben.

Gehen ...

Das war kein Versuch der Analyse oder der Entscheidung für einen Weg, wie vormals in den Stunden, als ich die Züge in der Nähe des Bahnhofs Dammtor betrachtet hatte.

Diese Frage war kein Dilemma.

Es war streng genommen nicht einmal eine Frage.

Nein, diesmal war das, was mit mir vor sich ging, keine bewusste Entscheidung ...

Es war der Rhythmus des Atmens eines erschöpften Organismus, der kurz vor sehr ernsten, möglicherweise tödlichen Veränderungen stand ...

Als ich mich damals zwischen Ohnmacht und einer schwindelerregenden, unklaren Empfindung des »Ichs« befand, das das »hier und jetzt« zu einem vage flackernden, entfernten Signal einer Fernsehantenne machte, hatte ich nicht den Hauch von Angst vor dieser Schwäche: Sie schien selbstverständlich.

Es war nicht die Angst, nicht mehr aufzuwachen, in dieser Empfindung fehlte selbst der Hauch von Angst. Mir blieb nur, mich selbst zu beobachten ...

Offenbar musste mein Körper einen Befehl oder eine verständliche Erklärung vom Bewusstsein erhalten; eine Erklärung, was er als Nächstes tun sollte: kämpfen oder loslassen; sich mobilisieren und diese Schwäche überwinden oder still und ruhig, wie vom Ufer gewaschener Sand, dem Körper erlauben, zur Seite zu fallen, in seinem eigenen Erbrochenen zu ersticken und diesen Kampf zu beenden.

Die Schlange biss sich in den eigenen Schwanz und musste nun wissen, ob es sich lohne, das Mahl fortzusetzen, noch stärker zuzubeißen oder – loszulassen.

Bleiben oder ...

Scheinbar wurde in diesem seltsamen Dialog nur eins von mir gefordert: den Organismus atmen zu lassen, während Körper und Gehirn selbst an einer Lösung arbeiteten, das Potenzial der verbleibenden Kräfte analysierten, die Chancen abwägten auf einer Waage, die sich außerhalb der Schwerkraft befand und dabei das Gleichgewicht austestete: ein Gleichgewicht ohne Schwerkraft, ohne Widerstand, ohne chemische oder nukleare Reaktion, ohne Gedanken, ohne Feilschen, ohne Käufer und Verkäufer, die sonst ausnahmslos in jedem inneren Dialog vorhanden sind.

Gehen oder bleiben: Der Organismus hörte leidenschaftslos und kühl auf meinen Puls und wog die Antwort ab ...

Ich stand nicht unter dem Einfluss von Alkohol oder Drogen. Eine solche Attacke erlebte ich zum ersten Mal.

Es war ein ganz gewöhnlicher Morgen.

Ein Flugzeug wie so oft, der gewohnte Weg über den europäischen Kontinent und das Schwarze Meer zu dem Ort, an dem ich mich mit dem Transporteur meiner Habseligkeiten treffen sollte, die die Ukraine für immer verlassen hatten.

Ich hatte kein Zuhause mehr.

Wieder hing ich zwischen Städten, Ländern und Kontinenten ohne einen Heimathafen.

Der weiße Wal, den ich all die Monate und Jahre gejagt hatte, schwamm auf seiner Route – und ich auf meiner eigenen. Dieser Kurs ist niemandem vollständig bekannt, selbst mir nicht. Mir am allerwenigsten ...

Irgendwann beende ich diese Jagd.

Irgendwann sterbe ich.

Irgendwann ...

In diesen Stunden musste ich Hamburg verlassen.

Für lange?

Würde ich in diese Stadt zurückkehren?

Wann?

Ich weiß nicht, wann dieses Vagabundenleben aufhört und ob überhaupt.

Ich weiß nicht, ob ich den weißen Wal schließlich töten kann.

Ich weiß nichts über mein eigenes Leben, nicht einmal die Antwort auf die grundlegendste Frage:

»Gehen?
oder
bleiben?«

Und in diesen Minuten bat ich meinen Organismus, die Verantwortung zu übernehmen und für mich zu antworten: Wer sagt denn, dass die Antwort auf diese Frage auf einer bewussten Entscheidung beruhen muss?

Auf einmal spürte ich, wie diese Frage aus meinem Bewusstsein wich: Bei einem Einatmen beantwortete der Organismus sie selbst und forderte von mir keine Beteiligung.

Der Wagen füllte sich nach und nach mit Menschen: Nur wenige Passagiere waren wahrscheinlich wie ich auf dem Weg zum Flughafen. Dabei war ich mir noch nicht einmal sicher, ob ich überhaupt irgendwohin fliege.

Die Passagiere setzten sich etwas weiter von mir weg: Keiner saß neben mir.

›Wahrscheinlich habe ich mich schon vollgekotzt‹, kam mir der erste Gedanke.

Aus eigener Kraft den Kopf zu heben und mich zu betrachten, kostete einige Mühe. Ich suchte den Boden unter meinen Füßen ab, die angrenzenden Sitze, meine Kleidung: Nein, da gab es keine Spuren von Erbrochenem.

Ich warf einen Blick auf mein Spiegelbild im dunklen Zugfenster: Da sah mich mein immergleiches, vertrautes Gesicht an, auch wenn es etwas blasser war als gewöhnlich.

Schwäche, Schmerz und Übelkeit wichen auf einmal von mir.

Ich konnte ohne Hilfe aufstehen und aus dem Wagen steigen.

Einige Minuten später saß ich bereits in der S-Bahn, die mich zum Flughafen brachte – um für viele Jahre Hamburg zu verlassen, das in den ersten, schwierigsten Monaten nach meinem Weggang ein angenehmer und sicherer Hafen gewesen war.

An diesem Tag flog ich nach Tiflis (wie die Stadt in Deutschland immer noch in alter, verzerrter Form genannt wurde, die der russischen Transkription aus dem 19. Jahrhundert entstammt). Dort erwartete mich bereits derjenige, der mein gesamtes Archiv aus der Ukraine geholt hatte: alte Notizen und Filmaufnahmen, Kassetten, Datenträger, Notizbücher mit Telefonnummern – alles aus meinem Journalistenarchiv, über zwanzig Jahre gesammelt.

Die wichtigsten Notizen zum letzten Fall – dem Mord an Andrej Galushchenko am 2. September 2015 in der Nähe der Stadt Stschastje in der Region Luhansk – hatte ich im Dezember 2016 über die Grenze mitgenommen.

Jetzt, ein Jahr und zwei Monate später, bereitete ich mich darauf vor, die Operation »Exodus« abzuschließen, wie ich, mittlerweile im Scherz, meine Abenteuer nannte.

Am nächsten Abend traf ich Shenja in einem riesigen Bierlokal in Tiflis, das einem bayerischen Biergarten ähnelte, nur mit georgischem Essen und dem Lärm, der für diese warme, manchmal übermäßig gastfreundliche und gesprächige Stadt charakteristisch ist.

In wenigen Wochen sollte meine Riesengeschichte um die »Grauzone« offiziell und irreversibel zu Ende gehen: Zu diesem Zeitpunkt schloss ich meine Arbeit ab, und alles, was ich zum Mordfall hatte herausfinden können, war veröffentlicht – es fehlte nur noch der letzte Schliff, und einer Beendigung meiner Selbst-Evakuierung schien nichts mehr im Wege zu stehen.

Übersetzung aus dem Russischen von Franziska Zwerg

Astrid Vehstedt

Exil und Sprache

Befasst man sich mit Literatur aus der Antike, etwa der Odyssee von Homer oder der Atriden-Trilogie von Aischylos, so ist schon in diesen alten Texten der Gedanke präsent, dass ein Krieg auf die Verursacher zurückschlägt, selbst dann, wenn sie ihn in großer, räumlicher Entfernung führen. Für den von Deutschland begonnen Zweiten Weltkrieg galt dies gleichermaßen. Doch es gibt noch eine weitere Dimension, nämlich die, dass auch Kriege, an denen wir nicht direkt beteiligt sind, ihre direkten Auswirkungen auf uns haben, wenn Menschen, die zur Flucht gezwungen werden, bei uns Aufnahme und Schutz suchen. Das war in jüngster Zeit besonders im Jahr 2015 so und ist es jetzt, nach dem Überfall Russlands auf die Ukraine, leider wieder so.

Das Writers-in-Exile-Projekt des PEN Deutschland hat sich dieser Situation in seiner Gründung im Jahr 1999 dahingehend angenommen, dass es Schriftstellerinnen und Schriftstellern mit Stipendien Schutz und Aufenthalt bietet, die in ihren Herkunftsländern verfolgt werden. Es wird dabei aus Bundesmitteln finanziert und ist mittlerweile von einem Stipendienplatz auf zwölf gewachsen. So erfreulich diese Unterstützung ist, so sehr müsste man sich eigentlich das Umgekehrte wünschen, nämlich, dass ein solches Programm wieder obsolet wird, weil weltweit für Schriftstellerinnen und Schriftsteller das freie Wort garantiert ist. Den Anstoß für dieses Stipendium gab die deutsche Geschichte nach 1933, als zahlreiche Schriftstellerinnen und Schriftsteller wegen ihrer Religion, »Rasse« oder politischen Einstellung in Deutschland mit dem Tod bedroht wurden und in ein sicheres Land fliehen mussten. Nur wenige konnten ihre Tätigkeit fortsetzen und noch weniger kehrten nach dem Ende der nationalsozialistischen Diktatur wieder nach Deutschland zurück.

Emigration und Exil geht meist mit dem Verlust der eigenen Sprache einher. Die Schreibenden können sich die Sprache ihrer Herkunft im Exil zwar bewahren, doch die sprachliche Brücke in die Alltagswelt ist abgebrochen. Man muss eine neue, fremde Sprache lernen, die allerdings auch der Herkunftssprache eine neue Dimension geben kann. So beschreibt der japanische Schriftsteller Haruki Murakami, wie er in seinem ersten Roman um einen Stil rang, schließlich zu dem ihm eigentlich fremden Englisch griff und mit einem begrenzten Vokabelschatz seinen ersten Text schrieb. Diesen übersetzte er zurück ins Japanische, woraus sich eine für ihn neue Welt des Ausdrucks erschloss. Es ist jedoch ein Unterschied, ob man diesen Prozess aufgrund einer freien Entscheidung durchläuft oder durch äußere Umstände dazu gezwungen wird. Und anders als Murakami ist es im Exil nicht möglich, in seine Herkunftssprache zurückzukehren und in ihr mit seiner Umgebung zu kommunizieren.

Eine neue Heimat finden und gleichzeitig in der Sprache seines Herkunftslandes beheimatet sein: Was bedeutet das? Wenn man allein die kunstvollen Buchstaben des Tigrinya betrachtet, die Schrift, in welcher die eritreische Schriftstellerin Yirgalem Fisseha Mehbratu schreibt, mag man den Verlust ermessen, in einer Umgebung zu leben, mit der man in dieser Sprache nicht kommunizieren kann. Gleichzeitig eröffnet sich für uns eine Welt ungewohnter Klänge und Assoziationen, wenn wir diesen Schriftstellerinnen und Schriftstellern zuhören, wenn sie uns ihre Gedichte in ihrer ihnen eigenen Sprache vorlesen. Wir hören einen Rhythmus, einen unbekannten Klang von Vokalen, und auch wenn wir die Begriffe nicht verstehen, nehmen wir doch etwas mit, bis uns die Übersetzung schließlich auch den Sinn vermittelt. So sind die Texte dieser Schriftstellerinnen und Schriftsteller auch eine Bereicherung für unsere Literatur. Danken wir ihnen, dass sie zu uns gekommen sind und unserer Wahrnehmung neue Perspektiven eröffnen.

Anne von Oswald

Das We Refugees Archiv[1] zu Flucht, Neuanfang und Exil in Vergangenheit und Gegenwart. Ein Archiv mit Bildungsauftrag

1. Ein transhistorisches Archiv

We Refugees Archiv (https://we-refugees-archive.org/) ist ein wachsendes digitales Archiv zu Flucht, Ankunft und Weiterleben in Vergangenheit und Gegenwart. Im Mittelpunkt stehen individuelle Schicksale und der Mikrokosmos Stadt als Ort der Zuflucht und des Neuanfangs.

Im Januar 2019 startet das Projekt[2] mit dem übergeordneten Ziel, die Erzählung der Flucht von Jüdinnen:Juden der 1930er-Jahre aus den Holocaust Studies für die Migration Studies zu öffnen und Verbindungslinien mit den heutigen Erfahrungen von Flucht und Exil aufzubauen.[3]

Ein Vergleich historischer und gegenwärtiger Flucht- und Ankommenserfahrungen hat nicht ihre Gleichsetzung zum Ziel, sondern dient vielmehr dazu, Kontinuitäten und Brüche mithilfe von individuellen Erfahrungen von geflüchteten Menschen heute und damals aufzuzeigen. Das Phänomen *Refugeedom*[4] in der Longue Durée zu denken, ermöglicht ein neues Verständnis und Narrativ der heutigen Einwanderungsgesellschaft.

Im Archiv wird anhand von aufbereiteten, kuratierten Ego-Dokumenten ein Bogen von historischen zu aktuellen Fluchterfahrungen gespannt, die in Dialog gebracht werden und so neue Erklärungsansätze von und mit Geflüchtetenstimmen liefern.

In heutigen Fluchtdiskursen dient die (europäische) Vergangenheit als instinktive Projektionsfläche und intuitiver Referenzrahmen – assoziativ, metaphorisch, symbolbildlich. Durch die Verflechtung von Vergangenheit und Gegenwart geht *We Refugees Archiv* diesen Projektionen auf den Grund und hinterfragt gewohnte Verbindungs- und Trennungslinien, um ein neues Narrativ über Fluchtmigration und heutige Einwanderungsgesellschaft anzuregen.

So liegt der inhaltliche Fokus der historischen Dokumente auf Selbstzeugnissen von Menschen, die der nationalsozialistischen Verfolgung durch Flucht (*in* und *aus* Europa) zu entkommen suchten, darunter vorwiegend Jüdinnen:Juden. Der aktuelle Teil widmet sich dagegen einem Spektrum von verschiedensten Fluchtbewegungen der letzten Jahrzehnte.

Über die biografische Perspektive der Geflüchteten in ausgewählten Zufluchtsstätten der Gegenwart und Vergangenheit werden Ähnlichkeiten wie auch Unterschiede abgesteckt. Dafür werden zentrale biografische Themen, wie die Fluchterfahrung an sich, Neuanfang, Zukunftsvisionen, Unterstützungsnetzwerke oder auch Fragen der Identität und Ausgrenzung gewählt, um Kontinuitätslinien und Brüche aufzuzeigen.

We Refugees Archiv stellt die Heterogenität von Fluchterfahrungen dar, bricht dabei mit der dominanten Opferperspektive beziehungsweise Perspektive der Hilfsbedürftigkeit in den heutigen Diskursen und gibt damit den Geflüchteten als aktiv Gestaltende in Vergangenheit und Gegenwart eine Stimme.

2. Die Stadt als Ort der Zuflucht

Im Mittelpunkt des Archivs stehen ausgewählte Städte der Zuflucht, die in Vergangenheit und Gegenwart eine besondere Stellung als Refugien einnahmen: als Orte des Widerstands gegen nationale Ausschlusspolitiken, als Mikrokosmen, in denen Visionen und Strukturen für eine offene Stadtgemeinschaft und gemeinsame Zukunft geschaffen werden. Sie stießen und stoßen aber auch an ihre Grenzen; und entwickel(te)n sich gleichzeitig als Orte, an denen Geflüchtete sich eigenmächtig Netzwerke und ein neues Leben aufbauen. Im Januar 2019 startete das Projekt mit Vilnius als historische und Palermo als aktuelle Stadt der Zuflucht.

Vilnius wurde nach dem deutschen Angriff auf Polen am 1. September 1939 über Nacht zu einem der einzigen erreichbaren Refugien in Osteuropa, das 1939/40 circa 30.000 polnischen Geflüchteten temporären Schutz bot. Die bestehende jüdische Infrastruktur der Stadt gewährte den jüdischen Geflüchteten eine beispiellose Starthilfe für migrantisches Leben im Schatten des einsetzenden Holocaust in Polen. So riefen sie ein einzigartiges Projekt ins Leben, das Ausdruck migrantischer Selbstbehauptung und des aktiven jüdischen Widerstands gegen den nationalsozialistischen Terror ist.[5]

Palermo, die Hauptstadt der italienischen Region Sizilien, hat sich offiziell mit der sogenannten »Carta di Palermo« im Jahr 2015[6] zur »Stadt der Aufnahme« deklariert. Obwohl eine derartige Deklaration durchaus nicht mit der Erreichung dieses Ziels gleichzusetzen ist und als Vision verstanden werden muss, steht Palermo symbolisch für eine Vielzahl europäischer Städte und Kommunen, die in den heutigen Krisenzeiten der europäischen Migrations- und Asylpolitik emanzipatorische Bemühungen anstellen und neue Wege im Umgang und Zusammenleben mit Geflüchteten gehen.[7]

Es folgen im Jahr 2020 die Zufluchts- und Aufnahmestädte Paris und Berlin. Paris, das in der Zwischenkriegszeit Heimat für viele der zwei Millionen Migrant:innen und Geflüchteten wurde, die ihren Weg nach Frankreich fanden. Während die 1920er-Jahre von Arbeitsmigration und dem Zuzug armenischer, ost- und südeuropäischer und russischer Geflüchteter vor Völkermord und Bürgerkrieg bestimmt waren, kamen in den 1930er-Jahren vor allem vom europäischen Faschismus Verfolgte nach Paris. Durch die verschiedenen Gemeinschaften von Neuankommenden wurde Paris zum Mosaik migrantischer Einschreibungen, die im Dialog standen, aufeinander aufbauten und Paris für immer veränderten.[8]

Berlin hingegen, das durch Flucht *aus* Berlin in den 1930er- und 1940er-Jahren gekennzeichnet war, wandelte sich nach dem Zweiten Weltkrieg wieder in Flucht *nach* Berlin. Bereits vor der Wiedervereinigung boten West- wie auch Ost-Berlin Gefüchteten Zuflucht. Heute genießt die Stadt den Ruf einer vielfältigen, offenen, von Migration geprägten und anziehenden Metropole und Zufluchtsstadt, die Raum für politische, soziale und kulturelle Selbstorganisationvernetzung und -äußerung bietet. Inwieweit sie tatsächlich ein sicheres Exil für Menschen mit diversen

Fluchterfahrungen bieten kann, ist jedoch angesichts der prekären Situation vieler Geflüchteter fraglich.[9]

Für das dritte Jahr des Archivaufbaus wurde 2021 Istanbul als Stadt der Zuflucht für die historische wie auch die heutige Perspektive gewählt. Die Stadt New York wird im Laufe des Jahres 2022 als Zufluchts- und Exilort für Geflüchtete ebenfalls aus der transhistorischen Perspektive aufgebaut.

Istanbul, die Metropole am Bosporus, avancierte für viele Exilierte in den 1930ern zu einer wichtigen, wenn auch oft vergessenen Transit- und Zufluchtsstadt. Als Verbindungsstelle zum asiatischen Kontinent spielte Istanbul eine besondere Rolle für viele Jüdinnen:Juden auf dem Weg in das britische Mandatsgebiet Palästina. Istanbul verwandelte sich in ein Rettungszentrum – wenn auch für viele unter Vorbehalt. Heute wird dieses Kapitel der Fluchtmigration teilweise als Sternstunde humanitärer Aufnahmepolitik, teilweise als entscheidende Phase des türkisch-nationalistischen Modernisierungsprogramms, teilweise als Übergriff mit orientalistischen und kolonialen Motiven, aber vor allem gar nicht erinnert. Wenn ja, wird es vor allem mit Vertreter:innen der deutschen Elite gleichgesetzt. Doch lässt sich die Fluchtmigration auf diese Elite durchaus nicht begrenzen. Die Geflüchtetengemeinschaft war ethnisch heterogen und repräsentierte alle gesellschaftlichen Klassen.[10]

Heute, da die Türkei das Land ist, in dem weltweit die meisten Geflüchteten leben, ist Istanbul zur Zuflucht und zum neuen Zuhause vor allem für Geflüchtete aus dem Nachbarland Syrien und aus Afghanistan geworden. Viele von ihnen bleiben für längere Zeit, weil sich die Situation in ihren Herkunftsländern nicht bessert. Zudem ist angesichts der europäischen Abschottungspolitik und der Abkommen zwischen der Türkei und der EU eine Weiterreise nach Europa für die meisten unmöglich geworden. Trotz der sich in den letzten Jahren verschärfenden türkischen Asylpolitik und der Schwierigkeiten, die das Leben vieler Zwangsmigrant:innen ohne Aufenthaltsstatus und Papiere in der Türkei und in Istanbul prägen, ist ihre Anwesenheit und Teilhabe am städtischen Alltag Normalität. Soziale, familiäre und professionelle Netzwerke bieten Unterstützung beim Neuanfang und beim Aufbau eines Lebens, das für viele längst nicht mehr nur ein Provisorium ist.[11]

Die *We Refugees Archiv*-Stadtbeispiele in Vergangenheit und in der Gegenwart zeigen auf, wie migrantisches Leben im Schutzraum Stadt möglich war – im Gegensatz zur Abschottungspolitik auf nationaler Ebene. Die Stadt wird also auch als Widerstandsraum oder auch Entwicklungsraum für seine Bewohnerinnen innerhalb des Nationalstaates über die Selbstzeugnisse der Geflüchteten gesehen.

3. What's in a name?

Das *We Refugees Archiv* ist von Hannah Arendts gleichnamigen Artikel aus dem Jahr 1943 inspiriert. Dem Arendt'schen »Wir« ging schon damals eine Direktive für die Zukunft und ein Aufruf zum Weiterdenken über die Grenzen des evident schutzunfähigen Nationalstaatsmodells hinaus.

> »Wir haben unser Zuhause und damit die Vertrautheit unseres Alltags verloren. Wir haben unseren Beruf verloren und damit das Vertrauen eingebüßt, in dieser Welt irgendwie von Nutzen zu sein. Wir haben unsere Sprache verloren und mit ihr die Natürlichkeit unserer Reaktionen, die Einfachheit unserer Gebärden und den ungezwungenen Ausdruck unserer Gefühle. Wir haben unsere Verwandten in den polnischen Ghettos zurückgelassen, unsere besten Freunde sind in den Konzentrationslagern umgebracht worden, und das bedeutet den Zusammenbruch unserer privaten Welt.«[12]

Aus ihrer eigenen Erfahrung als geflüchtete Staatenlose entwickelte Hannah Arendt (1906–1975) eine Kritik über die Schutzunfähigkeit einer nationalstaatlich strukturierten Welt und eine Analyse über den Verlust von Rechten und Menschlichkeit der Menschen, die fliehen mussten. Als im Januar 1943 das Essay »We Refugees« veröffentlicht wurde, hatte Hannah Arendt mehrere Jahre der Flucht vor den Nationalsozialisten hinter sich, einschließlich einer kurzzeitigen Internierung durch die Gestapo 1933 sowie als »feindliche Ausländerin« im südfranzösischen Lager Gurs 1940. So stellt sie sich in »We Refugees« der Problematik Flucht und Staatenlosigkeit auf eine nicht nur analytische, sondern auch persönliche Weise. Sie bringt ihre Erfahrung als eine von vielen

Jüdinnen:Juden ein, denen dort, wo sie Zuflucht suchten, lange nicht Anerkennung und Rechte als Teilhabende an der Gesellschaft gewährt wurden. Die Analysen, die Arendt über Flucht und Rechtlosigkeit auch aus dieser eigenen Erfahrung der jahrelangen Staatenlosigkeit auch in anderen Schriften entwickelt hat, sind bis heute für viele Fluchtbiografien relevant und zutreffend.[13]

4. Ein kuratiertes Archiv mit Bildungsauftrag

We Refugees Archiv ist ein kuratiertes Archiv zu Flucht, Neuanfang und Exil. Der Natur der Sache nach kann kein Anspruch auf Vollständigkeit erhoben werden. Archive sind grundsätzlich selektiv und auf Zufälligkeiten aufgebaut

Das Archiv nimmt bestehende Archivalien sowie neu geschaffene Materialien auf, die auf mehreren ineinandergreifenden Ebenen kuratiert werden – von konventionellen kontextualisierten Archivdokumenten, Interviews, Selbstzeugnissen, Memoiren über zeithistorische Fotos bis zu künstlerischen Filmen, die sich Geflüchtetenerfahrungen auf innovative Weise nähern.

Die historischen Beispiele werden unter anderem über Recherchen in Archiven und veröffentlichten Ego-Dokumenten erarbeitet. In den heutigen Städten der Zuflucht werden unter anderem Workshops mit geflüchteten Menschen und Expert:inneninterviews durchgeführt und bereits bestehende Selbstzeugnisse von Menschen über ihre Flucht und ihr Ankommen aufgenommen. Die Workshops finden in Zusammenarbeit mit Migrant:innenselbstorganisationen statt. Außerdem entwickeln Filmemacher:innen biografische Kurzfilme über Geflüchtete in den ausgewählten Städten der Zuflucht. In diesen künstlerischen Herangehensweisen kommen oft die Perspektiven der porträtierten Personen mit denen der oft selbst geflohenen Filmemacher:innen zusammen.

Als *Flucht*-Archiv gibt es jenen eine Stimme, die die Flucht geschafft haben und eine Neuanfang erproben. All diejenigen, die es nicht geschafft haben, die gestorben sind, oder keine Chance haben, ihre Stimme hörbar zu machen, sind indirekt ebenso Teil von *We Refugees*. Sie müssen immer mitgedacht werden.

Über den Ansatz des Archivs als digitalen Gedächtnisort hinaus dient das Archiv der Nutzung innerhalb der europäischen und internationalen Erinnerungs- und Bildungsarbeit. Dafür wurden folgende Angebote entwickelt, die über eine Archivtour aufgezeigt und erklärt werden: Die Originalsprache wurde beibehalten und ins Deutsche und Englische übersetzt. Alle eingestellten Dokumente sind kontextualisiert. Ein Glossar bietet kurze, gut nutzbare Erklärungen für bestimmte Begriffe. Jedes ausgewählte Stadtbeispiel bietet als Türöffner Kurzfilme von circa fünf bis sieben Minuten. Angereichert und kontextualisiert wird dieser archivarische Kern durch wissenschaftliche Auseinandersetzungen, Expert:inneninterviews und wissenschaftliche Gastbeiträge zu relevanten Fragestellungen im Bereich der Fluchtmigration und/oder bezüglich der spezifischen Städtebeispiele.

Das freie Angebot an Ego-Dokumenten ermöglicht eine digitale und analoge Nutzung für die historisch-politische Erinnerungs- und Bildungsarbeit von Museen, Gedenkstätten, Schulen, Universitäten und anderen Einrichtungen. Seit Beginn des Archivs im Jahr 2019 werden unterschiedliche Kooperationen mit Museen, Universitäten und Bildungseinrichtungen aufgebaut, um die Nutzung des Archivs zu gewährleisten. Zurzeit werden Bildungsmethoden und -module entwickelt, die Angebote der Nutzung auch für Schulen wie auch Gedenkstätten beinhalten.

Der Archivbegriff vom *We Refugees Archiv* ist demnach weit gefasst und versteht den Archivaufbau als einen Prozess der Sammlung, Kontextualisierung und Kuratierung von unterschiedlichem Material als digitalem Gedächtnis- und Bildungsort, aus dem sich neue Narrative für die Einwanderungsgesellschaft ableiten lassen.

1 *We Refugees Archiv* ist ein Gemeinschaftsprojekt von einem Team, welches pro Städtebeispiel immer wieder mit neuen Mitarbeitenden aufgestellt wird, siehe: <https://we-refugees-archive.org/kontakt/>.

2 Das Projekt ist bei Minor – Projektkontor für Bildung und Forschung (<www.minor-kontor.de>) angesiedelt und wird gefördert durch die Bundeszentrale für politische Bildung, die Stiftung Erinnerung, Verantwortung und Zukunft und das Programm »Europa für Bürgerinnen und Bürger« der Europäischen Kommission (die letzten beiden Genannten förderten nur für das erste Jahr).

3 Ausgangspunkt dafür war u.a. die Studie von Tony Kushner »Journey fromthe Abyss«, in der er den Holocaust und die Zwangsmigrationen seit 1880 Jahre bis in die Gegenwart in Beziehung zu setzen: Tony Kushner, Journeys from the Abyss: The Holocaust and forced migration from the 1880s to the Present, Liverpool 2017

4 Das Konzept *refugeedom* wurde von Peter Gatrell geprägt und umschließt nicht nur die gesetzlichen Gegebenheiten, die hinter dem Konzept von Flucht stehen, sondern auch die Erfahrungen von Geflüchteten und wie diese in den Medien und in kultureller Hinsicht repräsentiert werden. Damit wird die interdependente Beziehung zwischen geflüchteten und flüchtenden Menschen, der Gesellschaft und dem Staat betont. *Refugeedom* zeigt auf, dass Kategorien um den Begriff *refugee* historisch gewachsen und veränderbar sind: Die Bedeutungsinhalte der Kategorie *refugee* werden sowohl von Staaten als auch von internationalen Hilfsorganisationen und geflüchteten Menschen selbst geprägt. Siehe dazu u.a.: Peter Gatrell, Anindita Ghoshal, Katarzyna Nowak & Alex Dowdall, Reckoning with refugeedom: refugee voices in modern history, (Social History, 46:1, 70-95, 2021).

5 Siehe: Vilnius 1939/40 – Ein Garten Eden in Zeiten des Krieges?; <https://we-refugees-archive.org/cities/vilnius/>.

6 Die Carta di Palermo wurde im Jahr 2015 vom Bürgermeister der Stadt Palermo, Leoluca Orlando, gemeinsam mit zivilgesellschaftlichen und politischen Akteur:innen verfasst. Sie versteht sich als ein menschenrechtliches Pamphlet: Jeder Mensch soll frei entscheiden können, wo er leben will. Niemand soll gezwungen werden wegzugehen. Freizügigkeit ist ein Menschenrecht. Es werden alle Migrant:innen willkommen geheißen. Wer nach Palermo kommt, ist ein:e Palermitaner:in; <https://we-refugees-archive.org/archive/charta-von-palermo/>.

7 Siehe: Palermo heute – Stadt der Aufnahme?; <https://we-refugees-archive.org/cities/palermo/>.

8 Siehe: Paris in der Zwischenkriegszeit – Capitale de Refuge; <https://we-refugees-archive.org/cities/paris/>.

9 Siehe: Berlin seit dem Zweiten Weltkrieg – Exil, Transit, Notunterkunft; <https://we-refugees-archive.org/cities/berlin/>.

10 Siehe: Istanbul ab 1933 – Rettungszentrum unter Vorbehalt; <https://we-refugees-archive.org/cities/istanbul-historisch/>.

11 Siehe: Istanbul heute – Zufluchtsmetropole zwischen Normalität und Prekarität; <https://we-refugees-archive.org/cities/istanbul-heute/>.

12 Hannah Arendt: Wir Flüchtlinge. Mit einem Essay von Thomas Meyer, 5. Auflage, Stuttgart 2016 (amerik. Original 1943).

13 Siehe dazu auch Anna-Elisabeth Hampel: Arendt weiterdenken: Über das verlorene Recht, Rechte zu haben, 2019; <https://we-refugees-archive.org/chapters/arendt-weiterdenken-ueber-das-verlorene-recht-rechte-zu-haben/>.

Heinrich Bedford-Strohm

»Denn ihr seid auch Fremdlinge gewesen …« Die Herausforderungen von Migration und Flucht

1. Einleitung

Um das Thema Migration und Flucht ist es still geworden.

So sehr sind wir damit beschäftigt, irgendwie gut durch die Pandemie zu kommen, dass der Blick darüber hinaus schwerfällt. Und es ist ja auch verständlich, dass wer selbst verwundet ist, nur noch wenig Kraft dazu hat, die Verwundungen der anderen wahrzunehmen und sich nahegehen zu lassen.

Umso wichtiger ist es, sich immer wieder daran erinnern zu lassen. Manchmal geschieht das, wenn wir Bilder in den Medien sehen von Menschen, die mitten im Winter spärlich bekleidet in den bosnischen Wäldern oder an der polnisch-belarussischen Grenze umherirren, wenn wir frierende und vielleicht auch weinende Kinder sehen, die als Geflüchtete ohne Perspektive unter menschenunwürdigen Bedingungen irgendwo gestrandet sind. Solche Bilder sind wichtig, weil sie unsere Herzen reichen und für die Realität anderswo öffnen.

Es geschieht aber auch, wenn wir uns Zeit nehmen, um innezuhalten und die Traditionen und Narrative, aus denen wir leben, im Kopf und im Herzen bewegen und uns daraus Orientierung geben lassen.

Ich will deswegen meine Überlegungen beginnen, indem ich auf die biblischen Traditionen und Narrative blicke, die uns als Christ*innen im Hinblick auf das Thema Migration und Flucht Orientierung geben können. In einem zweiten Schritt will ich anhand der Themen Seenotrettung, Umgang mit Geflüchteten an den Außengrenzen Europas und

Integration hierzulande nach den politischen Konsequenzen fragen, bevor ich dann mit einem Schlussgedanken ende.

2. Theologisch-ethische Überlegungen

2.1. »Denn ihr seid auch Fremdlinge gewesen…«

Es gehört zum Wesen des Gottes, an den wir Christen glauben, dass Gott einer ist, der sein Volk aus der Unterdrückung, aus der Sklaverei in Ägypten herausgeführt hat in die Freiheit. Im Lichte des unlösbaren Zusammenhangs zwischen Gottesbeziehung und Beziehung zum anderen wird klar, warum das Gebot zum Schutz des Fremdlings mit Moralismus nichts zu tun hat. Die Geltung dieses Gebots zum Schutz des Fremdlings wird nämlich ausdrücklich in der als heilsam erfahrenen Beziehungsgeschichte Gottes mit den Menschen verwurzelt.

Grundlage für die Offenheit gegenüber dem Fremden ist eine *Ethik der Einfühlung*. Das wird in einer Passage im 2. Buch Mose besonders deutlich:

»Die Fremdlinge sollt ihr nicht unterdrücken; denn ihr wisset um der Fremdlinge Herz, weil ihr auch Fremdlinge in Ägyptenland gewesen seid« (Ex 23,9).

Dass Fremde mit Achtung und Respekt behandelt werden sollen, gewinnt seine Plausibilität durch die Einsehbarkeit und die Einfühlbarkeit ihrer besonderen Situation der Verletzlichkeit.

2.2. Liebesgebot und Goldene Regel

Das führt uns zum Doppelgebot der Liebe im Neuen Testament, mit dem Jesus auf die Frage nach dem höchsten Gebot im Gesetz antwortet: »Du sollst den Herrn, deinen Gott, lieben von ganzem Herzen, von ganzer Seele und von ganzem Gemüt. Das ist das höchste und größte Gebot. Das andere aber ist ihm gleich: ›Du sollst deinen Nächsten lieben wie dich selbst‹. An diesen beiden Geboten hängt das ganze Gesetz und die Propheten.« (Mt 22,35-40)

Matthäus unterstreicht den besonderen Stellenwert des Doppelgebots der Liebe dadurch, dass er es als »das Gesetz und die Propheten« bezeichnet (Mt 22,40), eine Formel, die den grundlegenden Charakter dieses Gebots unterstreicht. Nur einer anderen neutestamentlichen Tradition wird die Ehre zuteil, als »das Gesetz und die Propheten« bezeichnet und damit als inhaltliche Summe der Ethik Jesu besonders herausgehoben zu werden: der Goldenen Regel: »Alles, was ihr wollt, dass euch die Leute tun sollen, das tut ihnen auch. Das ist das Gesetz und die Propheten« (Mt 7,12).

Das Liebesgebot, interpretiert durch die Goldene Regel, kann als Einfühlungsgebot interpretiert werden und weist damit die gleiche Grundstruktur auf, die wir im Hinblick auf den Schutz des Fremden herausgearbeitet haben.

Wir haben gesehen, dass der Schutz des Fremden in der Bibel in einem unlösbaren Zusammenhang mit der Gottesbeziehung gesehen wird. Seine Spitzenformulierung findet dieser unlösbare Zusammenhang im Gleichnis vom Weltgericht, in dem der Umgang mit dem Fremdling als Prüfstein für den Umgang mit Christus selbst gesehen wird: »Ich bin ein Fremder gewesen« sagt Christus »und ihr habt mich aufgenommen…« (Mt 25,35). Es kommt nicht von ungefähr, dass die Aufnahme von Fremden, die immer als gefährdet und deswegen als besonders verletzlich betrachtet wurden, prominent unter den Werken der Barmherzigkeit genannt wird.

Was aus dem Ernstnehmen dieser zentralen Glaubensinhalte kommt, ist Mitgefühl. Das Ausmaß, in dem solches Mitgefühl angesichts des Leids der Flüchtlinge überall in Deutschland sichtbar und spürbar geworden ist, das ist das eigentlich Historische an dem, was wir 2015 erlebt haben und an vielen Stellen bis heute erleben.

Als Kirchen können wir uns über diese Empathie gegenüber Flüchtlingen nur freuen. Und jeder, der der jüdisch-christlichen Tradition wirklich zentrale Prägekraft für unsere Kultur zukommen lassen will, wird für das gelebte Christentum, das in diesem Mitgefühl seinen Ausdruck findet, nur dankbar sein können.

Dass die Kirchengemeinden überall im Land sich so in der Begleitung von Geflüchteten engagiert haben und engagieren, ist deswegen ein starkes Zeugnis gelebten christlichen Glaubens. Und wir brauchen dieses Zeugnis heute auch.

3. Konsequenzen

3.1. Seenotrettung

Am 3. Juni 2019 habe ich zusammen mit dem Bürgermeister von Palermo Leoluca Orlando den Palermo-Appell veröffentlicht, der anschließend von vielen Menschen, auch vielen prominenten Persönlichkeiten, unterstützt worden ist. Darin fordern wir ein Ende der Kriminalisierung der zivilen Seenotrettung, die Wiederaufnahme der Seenotrettung als staatliche Aufgabe und einen Verteilmechanismus für gerettete Bootsflüchtlinge. Seit Herbst 2018 haben sich rund 220 Kommunen (Städte, Landkreise und Gemeinden) in Deutschland zu sicheren Häfen erklärt. Sie bieten gegenüber Land und Bund die Aufnahme von aus Seenot geretteten Menschen zusätzlich zur Verteilungsquote von Schutzsuchenden an (Königsteiner Schlüssel). Außerdem zeigen Bürgermeister*innen in ganz Europa – von Palermo über Neapel bis nach Barcelona – ihre Bereitschaft, in ihrer Stadt Geflüchtete aufzunehmen, die aus Seenot gerettet wurden. Kommunen werden so zu starken Akteur*innen einer Migrationspolitik von unten und zeigen so, dass die von zahlreichen Regierungen verbreitete Behauptung, es gäbe keine Aufnahmebereitschaft und keine Kapazitäten zur Aufnahme, nicht zutrifft.

Nach einer Initiative des Deutschen Evangelischen Kirchentages und einem unterstützenden Beschluss des Rats der EKD haben wir Anfang Dezember in Hamburg das Bündnis »United4Rescue« der Öffentlichkeit vorgestellt, dem inzwischen rund 800 Institutionen und Organisationen angehören.

Der Spendenaufruf hat ein so großes Echo gefunden, dass innerhalb von zwei Monaten das notwendige Geld zusammengekommen ist, um das ehemalige Forschungsschiffes »Poseidon« zu kaufen. Nach der Schiffstaufe unter dem Namen »Sea-Watch 4 powered by United4Rescue« und dem durch die Pandemie verzögerten Umbau konnte das Schiff im August 2020 endlich ins Mittelmeer auslaufen. Gleich beim ersten Einsatz rettete das Schiff 353 Menschen. Nach langer Blockade durch die italienischen Behörden konnte die Sea-Watch 4 endlich wieder aus dem Hafen in Palermo auslaufen und zusammen mit der ebenfalls von dem Bündnis unterstützen Sea-Eye 4 inzwischen Tausende Menschen vor dem Ertrinken retten.

Im Jahr 2021 starben bis zum 24. November 1.645 Menschen bei der Flucht über das Mittelmeer. Trotzdem lässt Europa zu, dass Schiffe, die Menschen vor dem Ertrinken retten sollen, blockiert werden, während die europäischen Staaten gleichzeitig ablehnen, selbst die Seenotrettung im Mittelmeer wieder aufzunehmen. Das ist ein moralischer Skandal. Europa verrät seine eigenen ethischen Traditionen. Aus der Sicht christlicher Grundorientierungen ist es für das Hilfshandeln nicht entscheidend, warum Menschen in Lebensgefahr geraten. Sondern nur, dass sie in Lebensgefahr sind. Und dann muss man schlicht retten. Alle politischen Diskussionen um die Steuerung von Migration und um den Umgang mit Asylsuchenden können und müssen geführt werden. Aber nicht anstatt des Rettens von Menschenleben. Die Rettung von Menschenleben hat immer Vorrang. Deswegen stehen gerade die europäischen Staaten, die sich besonders explizit auf das Christentum beziehen, in der Pflicht, die damit verbundenen ethischen Grundorientierungen endlich ernst zu nehmen und gemeinsam mit allen Staaten Europas eine Flüchtlingspolitik zu entwickeln, die nicht von Abschottung, sondern von Humanität geprägt ist.

3.2. Flüchtlingslager

Die Zahl nach Deutschland kommender Flüchtlinge ist auch 2020 weiter zurückgegangen. Nach der vom Bundesinnenministerium in Berlin veröffentlichten Asylstatistik wurden im Jahr 2020 gut 76.000 Erstanträge von Einreisenden auf Schutz in Deutschland gestellt, fast ein Drittel (31,5 Prozent) weniger als im Vorjahr. Hinzu kamen den Angaben zufolge rund 26.500 Erstanträge von Kindern, die bereits in Deutschland geboren wurden. Die Gesamtzahl der Erstanträge sank damit auf rund 102.500. Sie liegt also um mehr als die Hälfte unter der im Koalitionsvertrag verankerten Höchstzahl von 220.000. Für den Bundesinnenminister war das Teil einer großen Erfolgsbilanz, »denn die Zahlen sinken schon das vierte Jahr in Folge. Das zeigt: Unsere Maßnahmen zur Steuerung der Migration wirken. Wir sind auf dem richtigen Weg.«

Dem ist ein klares Nein! Entgegenzuhalten. Wir sind nicht auf dem richtigen Weg, wenn Menschen auf dem Boden Europas wie in den Lagern auf den griechischen Inseln unter nach wie vor unter erbärmlichen Umständen leben müssen und wenn an den Grenzen Europas im bosnischen Lager Lipa oder an der polnisch-belarussischen Grenze Menschen im Schlamm unter Plastiktüten sitzen oder ohne Schuhe durch den Schnee laufen. Es ist eine Schande, dass wir diese Zustände immer noch zulassen. Wenn Flüchtlingszahlen in Europa nicht durch die Beseitigung der Not, sondern aufgrund von Abschreckung durch menschenunwürdige Zustände gesenkt werden, dann ist das kein Erfolg, sondern eine moralische Bankrotterklärung!

3.3. Integration

Immer wieder bekomme ich Hilferufe von Menschen aus den Gemeinden, die sich seit Langem für bestimmte Geflüchtete einsetzen. Durch intensive Begleitung haben sie es geschafft, Ihren Schützlingen zu einem hohen Maß an Integration zu verhelfen. Trotzdem wird ihnen die Arbeitserlaubnis verweigert oder die Abschiebung angedroht. Sie können nicht verstehen, warum die erfolgreiche Integration keinerlei Konsequenzen für die Bleibeperspektive hat. Deswegen brauchen wir hier neue Regelungen, die gut integrierten Menschen Bleibeperspektiven eröffnen – etwa durch eine Stichtagsregelung oder flexiblere rechtliche Wege zu Arbeitsmöglichkeiten für Menschen, die hier dringend gebraucht werden. Nur so können Flüchtlinge, die voller Tatendrang auf Arbeitsmöglichkeiten und Existenzgründung hoffen und damit auch ihre Dankbarkeit für die Aufnahme bei uns durch Fleiß und Engagement bezeugen wollen, endlich zu dieser Gesellschaft beitragen. Das wäre nicht nur ein Ausdruck von Humanität, sondern läge auch in unserem eigenen Interesse. Es würde dringend benötigte Arbeitskräfte schaffen und die mit den Verfahren völlig überlasteten Verwaltungsgerichte entlasten.

Und es wäre Teil einer Erfolgsstory, die schon jetzt, gut sechs Jahre nach der Ankunft so vieler Menschen, über die Hälfte von ihnen in Arbeit und Ausbildung gebracht hat. Dafür gebührt denen, die in der Wirtschaft auf Unternehmer- und Arbeitnehmerseite Verantwortung tragen, großer Dank und Respekt.

4. Schluss

Ich schließe mit einem theologischen Gedanken. »Denn ihr seid auch Fremdlinge gewesen...« – die Erinnerung daran, dass auch wir selbst darauf angewiesen sind, in Zeiten der Not Hilfe zu erfahren, ist gerade dann wichtig, wenn wir stark mit uns selbst beschäftigt sind. Die biblische Ethik ist geprägt von der dankbaren Erinnerung an den Segen, den wir durch das Handeln Gottes erfahren haben, ganz persönlich, aber auch als Land, das am Boden lag und heute – trotz aller hohen, **zu hohen** Ungleichheit in der Verteilung – zu den am meisten mit Wohlstand gesegneten Ländern der Erde gehört. Wäre das nicht gerade ein Anlass, diesen Segen mit anderen zu teilen? Und dann die Erfahrung zu machen, dass er größer wird, wenn man ihn teilt?

Solidarität mit den am meisten Verletzlichen, ist die vielleicht wichtigste Haltung, um möglichst gut durch diese Zeit der Pandemie zu kommen. Diese Solidarität gilt natürlich den im geografischen Sinne **Nächsten**. Aber sie gilt im Lichte der biblischen Überlieferungen auch den geografisch **Fernen**, die aber eben im **biblischen** Sinne **genauso** unsere **Nächsten** sind.

Jeder Mensch ist geschaffen zum Bilde Gottes, heißt es im ersten Buch der Bibel, dem 1. Buch Mose. Da steht nicht: jeder Deutsche, jeder Europäer, oder jeder Weiße, jeder Mann, jeder Erwachsene. Da steht: **jeder** Mensch. Und deswegen endet der Horizont unserer Verantwortung nicht an den deutschen oder europäischen Grenzen. Im Lichte der biblischen Option für die Armen sagen wir: Der Wohlstand einer Gesellschaft bemisst sich am Schicksal ihrer schwächsten Glieder. Das gilt für unser eigenes Land. Es gilt für Europa. Und es gilt für die Welt insgesamt.

Das zu erkennen, es im Herzen zu tragen und danach zu handeln – das heißt gutes Leben.

Boniface Mabanza

Fluchtursachen bekämpfen: Jenseits der Leerformel

»Afrika war Aufnahmeort europäischer Migration lange vor der Kolonialzeit. Während des Zweiten Weltkrieges und danach haben sich europäische Flüchtlinge und Asylsuchende bis zum südlichsten Gipfel Afrikas etabliert, um Handel zu treiben oder um sich einfach niederzulassen. Sie waren willkommen. Damals wurde nicht von Krise europäischer Migranten in Afrika gesprochen.«[1]

Einführung

Mit der zunehmenden Zahl geflüchteter Menschen in West- und Mitteleuropa besonders im Sommer 2015 hat sich Fluchtursachenbekämpfung als Betätigungsfeld der Politik etabliert. Auffällig ist, dass dieser Begriff wie ein Mantra wiederholt und oft überstrapaziert wird. Mit dem Erstarken rechter Parteien in verschiedenen europäischen Ländern ist »Fluchtursachen bekämpfen« zum neuen Modebegriff verkommen – für alle politischen Kräfte, die den Anschluss zu den nach rechts driftenden Diskursen nicht verlieren wollen. Die als Fluchtursachenbekämpfung dargestellten Maßnahmen sind dabei oft Leerformeln, die die tatsächlichen Gründe verschleiern, die dafür sorgen, dass Menschen ihr Recht verlieren, nicht auswandern zu müssen, und die Kräfteverhältnisse entscheidend dafür sind, warum die Bewegungsfreiheit nicht für alle gilt, sondern nur für ein paar wenige Privilegierte, und dies in einer Welt, in der eine Globalisierung propagiert wird, die die Bewegungsfreiheit für Waren, Kapital und Dienstleistungen ganz groß schreibt. Für Menschen werden Mauern hochgezogen, ausgenommen sind die, die im Besitz bestimmter Pässe sind, über die in globalen Machtzentren gefragten Fachkenntnisse verfügen oder als billige Arbeitskräfte durchgelassen werden. Vor diesem Hintergrund will ich in den folgenden Zeilen den Blick auf ein paar wichtige Fluchtursachen lenken und dadurch das dekonstruieren, was eine Pervertierung des Begriffes darstellt.

In der Öffentlichkeit werden Fluchtursachen häufig auf Monokausalitäten reduziert. Aber in der Praxis zeigt sich, dass Menschen nicht aus einem einzigen Grund ihre Heimat verlassen. Vielmehr sind es Wechselwirkungen verschiedener Faktoren, die dazu führen, dass Menschen ihre Heimat verlassen müssen. Zu den überwiegend direkten Ursachen von Flucht zählt der Krieg.

Fluchtursache »Krieg«

Dass Krieg bekanntermaßen zur Zerstörung der Lebensgrundlagen, zu Massenvertreibungen und zur Flucht über Landesgrenzen hinweg führen kann, ist eine Erfahrung, die Deutschland und andere europäische Länder im Sommer 2015 gemacht haben, denn viele Menschen, die in diesem Zeitraum nach Schutz in europäischen Ländern suchten, verließen ihre Länder wegen der Folgen des Krieges. Der lange Sommer der Migration wurde als Flüchtlingskrise oder Krise des europäischen Grenzregimes kommentiert.[2] Innerhalb von wenigen Wochen kamen allein nach Deutschland mehr als 800.000 Schutzsuchende, hauptsächlich aus Afghanistan, aus dem Irak und vor allem aus Syrien. Die Faktoren, die in diesen Ländern zu gewaltsamen Konflikten führten, sind komplex und deren Ausführung würde den Rahmen dieses Beitrags sprengen. Wichtig zu erwähnen hier ist, dass neben den jeweils internen Faktoren wie Kontrolle von Ressourcen und Macht, die hauptsächlich, aber nicht exklusiv, von lokalen Akteur:innen beeinflusst werden, auch externe Faktoren wie geostrategische Interessen eine Rolle spielten. Im Blick darauf ist ein Versagen der sogenannten internationalen Gemeinschaft festzustellen, denn deren widersprüchliche geostrategische Interessen haben sich verschärfend auf die Konflikte ausgewirkt.

Wer von Krieg spricht, spricht auch von Waffenhandel, von dem auch deutsche Unternehmen profitieren. Hier gilt es festzustellen, dass trotz aller Beteuerungen der Bundesregierung ein nicht unerheblicher Teil der Ausfuhrgenehmigungen für deutsche Rüstungsexporte zwischen 2018 und 2020 auf Staaten im Nahen Osten und in Nordafrika entfielen. Dabei entfielen mit 4,7 Milliarden Euro mehr als die Hälfte dieser Exportgenehmigungen auf Ägypten, Algerien, Katar, Saudi-Arabien und die Vereinigten Arabischen Emirate. Somit trägt Deutschland dazu bei, Konflikte eskalieren zu lassen und zu verlängern, denn was diese Länder mit deutschen Waffen machen, entzieht sich deutscher Kontrolle. Deutschland hat sich dem gemeinsamen Standpunkt der EU für Rüstungsexporte verpflichtet, der strenge Kriterien formuliert hat, um den Transfer von Kriegsmaterial in Kriegsgebiete zu unterbinden, wobei dieser Standpunkt die grundsätzliche Frage umgeht, wie die Massenanfertigung von Kriegsgeräten zu rechtfertigen ist. Wer diese Fluchtursache ernst nimmt, muss diese Frage stellen und nicht versuchen, die Stabilisierung von Flüchtlingscamps und Deals mit Despoten zur Aufhaltung der Opfer von Kriegen zur Fluchtursachenbekämpfung zu verklären, wie EU-Länder es nach 2015 versuchten. Besonders bei der letzten Maßnahme handelt es sich vielmehr um eine Bekämpfung der Flüchtenden. Eine bessere Ausstattung und Versorgung der Flüchtlingscamps in den Nachbarländern der Kriegsregionen mögen die Reise nach Europa verzögern, eine Lösung stellen sie langfristig nicht dar. Was den Deal etwa mit der Türkei angeht, erinnert er an den Deal mit Muammar al-Gaddafi im Rahmen des Rabat-Prozesses, den die EU mit den Ländern Westafrikas sowie des Maghreb 2006 in Gang gesetzt hat, um einen euro-afrikanischen »Dialog zu Migration und Entwicklung« zu fördern.

Im Rahmen dieses sogenannten Dialogs erhielt al-Gaddafi jedes Jahr beträchtliche Summen von der EU, um Flüchtlinge aus Afrika südlich der Sahara an der Weiterreise nach Europa zu hindern. Dass so ein Deal keine Fluchtursachen bekämpft, sondern sich mit Symptomen beschäftigt hat, zeigt die nach wie vor angespannte Situation im Mittelmeerraum.

Fluchtursache »politische Verfolgung«

Die Geflüchteten aus Afrika, die Europa tatsächlich erreichen und die viel weniger sind als diejenigen aus Syrien oder aus dem Irak, kommen häufig aus Gambia, Eritrea, Äthiopien, aber auch aus nordafrikanischen Ländern wie Algerien und Tunesien. Sie fliehen vor dem herrschenden politischen Klima in ihren Ländern, die von Autokraten regiert werden. Sie fliehen vor Regimen, die Menschenrechte unter dem Deckmantel der Terrorbekämpfung mit Füßen treten. Auch im Hinblick auf diese Fluchtursache gilt in der EU der gleiche Abwehrreflex: Deutschland könne nicht das ganze Elend der Welt aufnehmen. Die Menschen sollten besser zu Hause bleiben und gegen ihre Diktatoren kämpfen. Die Maßnahmen der Politik sind: Abschottung, Verlagerung der Kontrollen nach West- und Ostafrika, Finanzierung von Internierungslagern in Ost- und Westafrika, Verschärfung des Asylrechts. Nordafrikanische Länder wurden über Nacht zu sicheren Herkunftsländern erklärt. Ist dies die Antwort auf die Fluchtursache der politischen Verfolgung und die damit verbundenen Gefahren fürs Leben? Sicherlich nicht.

Anstatt Deals mit denjenigen zu machen, die Flucht verursachen, und sie dadurch zu legitimieren, wäre die EU gut beraten, in solchen Ländern und Regionen mit den zivilgesellschaftlichen Kräften zu arbeiten, die sich für Veränderungen einsetzen. Diese zu identifizieren und mit ihnen so zu kooperieren, dass sie weiterarbeiten können, wie es entsprechend der jeweiligen nationalen Kontexte notwendig ist, ist sicherlich eine sensible und komplexe Aufgabe. Aber in dieser Komplexität liegen die zukunftsweisenden Antworten – und nicht im kurzfristigen Aktionismus. Ansätze, solche Akteure zu identifizieren, könnten sich etwa durch die Einbindung der Diaspora afrikanischer Länder ergeben, die in allen EU-Ländern vertreten ist.

Fluchtursache »Handel«

Es ist bekannt, dass viele der Geflüchteten aus Afrika südlich der Sahara und aus Nordafrika, sich nicht von heute auf morgen auf den Weg nach Europa gemacht haben. Sie waren längst schon unterwegs und hatten nur auf eine Gelegenheit gewartet, Europa zu erreichen. Sie kamen aus Fischerdörfern, deren Lebensgrundlagen von EU-Fangflotten leergefischt wurden, sie kamen aus Familien, die in der Landwirtschaft aktiv sind und die von lokalen Märkten durch Billigprodukte aus der

EU verdrängt wurden, weil die Liberalisierung durch die Strukturanpassungsprogramme und die WTO-Regeln zu einer Überschwemmung der nationalen Märkte geführt hat. Sie kommen aus Regionen, die von Bergbaukonzernen verwüstet werden. Viele leiden darunter, dass ihre Regierungen für den Schuldendienst Bildung, Gesundheit und Förderung der Landwirtschaft und der Basisinfrastrukturen vernachlässigen. Sie leiden unter einer Finanzarchitektur, die illegale Kapitalströme begünstigt. Solange solche Faktoren, die langfristige Angriffe auf die Strukturen vieler Länder darstellen und Perspektiven vor Ort vernichten, nicht angegangen werden, ist der Diskurs über Fluchtursachenbekämpfung nur Lyrik.

Um Entwicklungsperspektiven zu verbessern, gilt es für die afrikanischen Länder ihre eigenen Potenziale zu nutzen. Ein Weg zur Nutzung dieser Potenziale könnte schrittweise die Afrikanische Kontinentale Freihandelszone (AfCFTA) werden. Sie aufzubauen und zu vollenden ist ein ehrgeiziger Plan. Sie wäre die weltweit größte Freihandelszone bezüglich teilnehmender Staaten seit der Gründung der Welthandelsorganisation. Bis heute haben 54 der 55 Mitgliedsländer der Afrikanischen Union das Abkommen unterzeichnet, was bedeutet, dass die Schaffung eines Binnenmarktes mit 1,3 Milliarden Menschen unmittelbar bevorsteht. Die panafrikanische Freihandelszone hat ein hohes wirtschaftliches Potenzial,[3] denn der binnenafrikanische Handel ist immer noch wenig ausgeprägt. Er bewegt sich zwischen 5 und 22 Prozent je nach Region.[4] Die Gründe für den schwachen binnenafrikanischen Markt sind vielfältig: Sie rangieren von politischen Motiven, über schwache Infrastrukturen (Transportwege, überalterte und schlecht ausgerüstete Grenzposten) bis hin zur fehlenden Diversifizierung der Wirtschaftsstrukturen. Der letzte Grund ist ernst zu nehmen, denn einer der Hauptgründe, warum die Länder des Kontinents wenig Handel miteinander treiben, ist, dass sie sich gegenseitig wenig zu bieten haben. So gesehen ist Industrialisierung eine große Priorität, und diese wiederum setzt voraus, dass die Defizite in den Bereichen der Energieproduktion und -distribution, der Transportwege, der Technologien und der beruflichen Ausbildung überwunden werden, damit der afrikanische Kontinent seine reichlich vorhandenen agrarischen, mineralischen und energetischen Ressourcen vor Ort verarbeiten und Wertschöpfungsketten aufbauen kann.[5] Diese Probleme lassen sich nicht durch die Marktöffnung lösen, sie sind vielmehr die Voraussetzung dafür, dass eine Marktöffnung mit Leben gefüllt werden kann, denn eine Freihandelszone ohne eine moderne und belastbare Transportinfrastruktur (Straßen, Schienen, Flughäfen) kann nur einen kleinen Teil der beabsichtigten Wirkungen entfalten. Auch Trainings im Bereich der Zollabwicklung an den Grenzen gehören unbedingt zu den zu erfüllenden Voraussetzungen.

Wenn es etwas gibt, was andere Regionen einschließlich der EU für den Afrikanischen Kontinent tun können, dann, den Aufbau der Panafrikanischen Handelszone nicht zu stören. Eine Unterstützung dieses Regelwerkes wäre zu begrüßen, auch wenn es auf die Qualität und die Ausrichtung der Unterstützung ankommt. Eine Unterstützung in Form einer Beratung des Sekretariats der AfCFTA mit Sitz in Accra/Ghana mit dem Ziel, die Umsetzung der Freihandelszone zu beschleunigen, ist kontraproduktiv, da die oben erwähnten Voraussetzungen noch nicht erfüllt sind. Darüber hinaus hat die afrikanische Freihandelszone noch viele offene Fragen etwa bezüglich der Ursprungsregeln und der Zollzugeständnisse zwischen den Zollunionen. Die Lösung dieser Probleme braucht Zeit, vor allem unter Berücksichtigung der asymmetrischen Kräfteverhältnisse zwischen den Ländern des Kontinents und der Tatsache, dass viele afrikanische Ökonomien von ausländischen Unternehmen dominiert werden. Wenn die richtigen Kontrollmechanismen nicht definiert werden würden, könnte die Marktöffnung eine Gelegenheit bieten, die in Asien, Amerika oder in der EU hergestellten Produkte in einem der Länder der Freihandelszone umzuetikettieren und afrikanische Produkte überall zu verkaufen.[6] Ohne die richtige Balance, könnten die großen Ökonomien des Kontinents (Südafrika, Marokko, Ägypten, Algerien...) ihre Dominanz konsolidieren. Eine der Konsequenzen wäre die Verstärkung der Migrationsbewegungen zu den wohlhabenderen Ländern, eine Tendenz, die jetzt schon auf dem Kontinent zu beobachten ist.

Aus diesen Gründen sollten sich Deutschland und die EU auf eine andere Art der Unterstützung der Afrikanischen Freihandelszone konzentrieren: die Stärkung der nationalen, regionalen und panafrikanischen Institutionen, die darauf abzielen sollte, die verschiedenen Stakeholders zu mobilisieren und in die Verhandlungen rund um die AfCFTA so einzubeziehen, dass eine Panafrikanische Freihandelszone entstehen kann, die von den Bedürfnissen der Menschen ausgeht und diese widerspiegelt. Ein anderer Weg der Unterstützung Deutschlands für die Panafrikanische Freihandelszone ist eine kritische Auseinandersetzung mit der Handelspolitik der EU. Erforderlich wäre eine Zurückhaltung, die im Einklang mit dem vom Bundesministerium für wirtschaftliche Zusammenarbeit und Entwicklung (BMZ) in seinem »Marshallplan mit Afrika« eingebrachten Vorschlag wäre. Dieser verlangt für Afrika »eine Entwicklung vom ›Freihandel zum Fairhandel‹ und neue Regeln der Zusammenarbeit«. Zu diesen Regeln gehöre ein »Stopp von schädlichen Exporten nach Afrika«, ein gezielter Aufbau von Wertschöpfung vor Ort, die Einhaltung von internationalen Umwelt- und Sozialstandards, die Austrocknung internationaler Steueroasen, der Stopp von illegalen Finanzströmen aus Afrika.[7] Darüber hinaus hat der »Marschallplan« darauf hingewiesen, dass die »EU [...] mit dem Post Cotonou Prozess die einmalige Chance [hat], ihre Afrikapolitik ab 2020 institutionell und vertraglich neu auszurichten. Er bietet auch das Potential, die handelsrechtlichen Beziehungen zu Afrika ambitioniert weiterzuentwickeln«.[8]

Der Rat für Nachhaltige Entwicklung der Bundesregierung (RNE) begrüßte 2017 den BMZ-Vorschlag einer ambitionierten Weiterentwicklung der handelsrechtlichen Beziehungen zu Afrika und empfahl »eine neue Position zu den Wirtschaftspartnerschaftsabkommen (WPA) der EU mit afrikanischen Ländern«.[9] In den Ländern Afrikas, in denen die WPA am stärksten abgelehnt werden, argumentieren besonders Vertreter*innen der Industrieverbände mit den möglichen negativen Auswirkungen einer verfrühten Handelsliberalisierung, und zwar aus denselben Gründen, aus denen die Industrieländer in ihrer jeweiligen Industrialisierungsphase eine verfrühte Liberalisierung für sich selbst ablehnten. Wollen Deutschland und die EU dazu beitragen, Afrikas Industrialisierung zu unterstützen, Regionalintegration und Diversifizierung der afrikanischen Volkswirtschaften zu fördern und somit Bleibeperspektiven für junge Menschen entstehen zu lassen, sind Handelsvereinbarungen wie die Wirtschaftspartnerschaftsabkommen nicht der richtige Weg. Aus diesem Grund hatten sowohl der »Marshallplan« als auch der Rat für Nachhaltige Entwicklung empfohlen, das Auslaufen des Cotonou-Abkommens im Jahr 2020 und die 2017 angelaufenen Diskussionen um das Verhandlungsmandat der Europäischen Kommission für ein Nachfolgeabkommen als Gelegenheit zur Neujustierung der Handelsbeziehungen, aufbauend auf den Werten der Agenda 2030 zu nutzen.[10] Die bisherigen Entwurfstexte für ein neues Post-Cotonou-Abkommen der AKP-Staaten gehen nicht auf die Streitpunkte der WPA ein. Ganz im Gegenteil. Es wird aufgerufen, die abgeschlossenen Abkommen endlich zu ratifizieren und sie in Kraft treten zu lassen. Zusätzlich sollen die Vertragsparteien sofort Verhandlungen zur Vertiefung und Erweiterung der WPA aufnehmen, besonders um mit neuen Dienstleistungs-, Investitions- und Beschaffungskapiteln, EU-Anbietern auch diese lukrativen Märkte zu öffnen. Weiterhin wird vor allem den Mitteleinkommensländern in Afrika gedroht, dass sie bei Verweigerung von Abkommen ihren Marktzugang zur EU verlieren könnten. Um diese Kapitel der neuen Handelsthemen geht es auch bei den Verhandlungen der EU mit der Region Ost- und Südliches Afrika (ESA), die bis jetzt ein Interimsabkommen hatte.[11] Die von vielen Seiten betonten Chancen einer afrikanischen Freihandelszone können für die Menschen in Afrika selbst tatsächlich nur entstehen, wenn die hier erwähnten Voraussetzungen (Infrastrukturen, berufliche Ausbildung) erfüllt werden und wenn die anderen Weltregionen Afrika in Ruhe lassen, seinen Binnenhandel ohne Störfaktoren aufzubauen. Dazu gehört es, die existierenden Handelsbeziehungen mit Afrika neu zu gestalten. Auf europäischer Ebene kann Deutschland zur Ergreifung dieser Chance einen wesentlichen Beitrag leisten.

Sozio-ökonomische Faktoren und Verstärkung der Perspektivlosigkeit

Wenn es um ökonomische Faktoren geht, die auf dem afrikanischen Kontinent zur Perspektivlosigkeit besonders von jungen Menschen und der zufolge zu deren Abwanderung beiträgt, gilt es an die Kontinuitäten der Kolonisierung zu erinnern. In vielen Ländern Afrikas herrschen strukturelle Abhängigkeiten, die aus der kolonialen Ausrichtung afrikanischer Ökonomien auf ausländische Nutznießer resultieren. Diese Logik ist die gleiche geblieben, auch wenn sich die Formen mit der Zeit verwandelt haben. Die strukturellen Abhängigkeiten bleiben selbst bei den Ländern bestehen, die seit 60 Jahren[12] unabhängig sind.

Rohstoffabhängigkeit

In der Kolonialzeit wurden viele afrikanische Länder in eine Arbeitsteilung gezwungen, die sie auf die Rolle von Rohstofflieferanten für die Industrien der sogenannten Metropolen reduzierte. In dieser Rolle sind viele geblieben, mit allen Konsequenzen, die sich daraus ergeben. Mit der Rohstoffabhängigkeit sind viele Länder anfällig gegenüber den Preisschwankungen auf dem Weltmarkt. Und mit dem Export von Rohstoffen werden auch Arbeitsplätze exportiert, die dort entstehen, wo deren Verarbeitung Wertschöpfungsketten generieren. Von ein paar Ausnahmen abgesehen hat keine strukturelle Transformation der Volkswirtschaften stattgefunden. Dies gilt selbst für die Phase zwischen 2000 und 2008, und für manche Länder auch über 2008 hinaus, in der der Rohstoffboom zu hohen Wirtschaftsraten beitrug, ohne eine strukturelle Transformation zu bewirken. Stattdessen wurde diese Phase des Rohstoffbooms begleitet durch eine regelrechte Plünderung der Ressourcen des Kontinents durch ausländische Konzerne, eine Zunahme der illegalen Finanzströme, der Korruption und der Ungleichheiten innerhalb der Länder.[13] In vielen rohstoffreichen Ländern, in denen die Regierenden mehr damit beschäftigt sind, strategische Ressourcen zu kontrollieren anstatt Strategien für deren Einsatz zur Entwicklung ihrer Länder zu entwerfen, ist die Kluft zwischen Armen und Reichen in den letzten 20 Jahren größer geworden, wobei viele Reiche politische Ämter bekleiden. Ihre unheilvolle Allianz mit ausländischen Unternehmen ist der Grund, warum der Rohstoffreichtum von den meisten Menschen in ihren Ländern wie ein Fluch erlebt wird, da sie vom Reichtum nichts haben, während sie mit Nebenwirkungen wie Umweltbelastungen direkt konfrontiert sind.

Eine verfrühte Liberalisierung

Besonders ab Anfang der 1980er-Jahre[14] ließen sich viele afrikanische Länder auf Empfehlungen, wenn nicht Diktate internationaler Finanzinstitutionen ein, die den Zugang zur Weltwirtschaft durch Liberalisierung, Privatisierung und Deregulierung ebnen wollten. Die im Rahmen der Strukturanpassungsprogramme erfolgte Marktöffnung, kombiniert mit den Auflagen der Welthandelsorganisation, bildet die Basis für einige der Probleme, unter denen viele afrikanische Ökonomien heute noch leiden: Existenzgrundlagen wurden zerstört, indem lokale Produzenten von Tomaten, Milch, Hühnerfleisch et cetera durch die Überschwemmung ihrer Märkte mit ausländischen Produkten verdrängt wurden. Beispiele solcher Zerstörungen durch eine verfrühte Liberalisierung sowohl in der Landwirtschaft als auch in der Industrie sind in Ländern wie Ghana, Burkina Faso, der Elfenbeinküste et cetera zu finden. Was diese Beispiele zeigen, ist, dass Handel selbst mit den an sich lebensförderlichen Produkten wie Getreiden, Milch, Tomaten und Fleisch die Auswirkungen eines Krieges haben kann und, wie jeder Krieg, Menschen zu Flucht zwingt.[15] Trotz der bereits zu beobachtenden Effekte der Marktöffnung verhandelt die EU seit 2002 mit den Ländern oder Regionen Afrikas sogenannte Wirtschaftspartnerschaftsabkommen, die 75 bis 82 Prozent der Zolllinien der betroffenen Länder oder Regionen vorsehen.

Eine schwache ökonomische Basis

Es ist zu beobachten, dass in vielen Ländern des afrikanischen Kontinents die ökonomische Basis zu schwach und wenig diversifiziert ist. Alles dreht sich um ein paar wenige Sektoren, auf die oft lokale Eliten einen Zugriff zwecks der Sicherung ihrer Machtinteressen haben. Diese starke Verwobenheit zwischen dem ökonomischen und dem politischen Sektor bringt Konflikte mit sich, die in der Regel zugunsten des letzteren gelöst werden. Die Regulierung ökonomischer Aktivitäten wird dem Machterhalt unterworfen und einem von der Politik unabhängigen Privatsektor wird der Raum zur Entfaltung weggenommen, und viele Potenziale, gerade in den Sektoren, die Arbeitsplätze für junge Menschen generieren können, bleiben ungenutzt.

Unbegrenzte Macht ausländischer Unternehmen

Der oben beschriebene plündernde Zugriff auf die nationalen Ressourcen einiger afrikanischer Länder lässt sich auch im Blick auf ausländische Unternehmen beobachten. Die lokalen Eliten brauchen oft das ausländische Kapital und Know-how, um die nationalen Ressourcen abbauen zu können, und so entsteht oft eine unheilvolle Allianz, die die Entwicklung der betroffenen Länder verhindert. Es geht hier nicht, darum, alle ausländischen Direktinvestitionen zu verurteilen, sondern zu betonen, dass die Rahmenbedingungen, unter denen einige dieser Investitionen stattfinden, nicht förderlich für die Entwicklung der betroffenen Länder sind. Ein gutes Beispiel in dieser Hinsicht liefert das französische Logistik-Unternehmen Bolloré[16], das in den 1990er-Jahren von der Privatisierungswelle im Zuge der Strukturanpassungsprogramme profitiert hat. Mittlerweile ist Bolloré in 40 afrikanischen Ländern präsent und kontrolliert neben Häfen, Autobahnen und Eisenbahnlinien auch die Kommerzialisierung von Schlüsselressourcen wie Kakao, Kaffee und Bananen. Was bei Bolloré zu beobachten ist, ist eine große Konzentration von Macht, welche sich negativ auf Entscheidungsfindungsprozesse auswirkt. Es sind Unternehmen wie Bolloré, die die EPA-Verhandlungen[17] entlang ihrer Interessen an Marktzugang zur EU oder an Absatzmärkten in Afrika beeinflussten.

Fazit

Die Gründe, warum die Wirtschaftsstrukturen vieler afrikanischer Länder nicht so funktionieren, dass, gemessen an ihren Potenzialen, genug Perspektiven für junge Menschen entstehen können, sind vielfältig. Neben den hausgemachten Problemen gibt es viele Faktoren, die auf nicht überwundene Kolonialitäten zurückzuführen sind. Sich aus der hiesigen Perspektive damit auseinanderzusetzen, bedeutet, das Augenmerk auf folgende Aspekte zu richten:

- eine Finanzarchitektur, welche illegale Finanzströme begünstigt;

- eine Handels- und Rohstoffpolitik, die Lebensperspektiven vernichtet;
- (EU-)mächtige Unternehmen, die sich kaum regulieren lassen;
- Koloniale Kontinuitäten in den ökonomischen Beziehungen zwischen der EU und den afrikanischen Ländern.

Hinzu kommt, dass immer mehr Länder des Kontinents mit den Auswirkungen des Klimawandels kämpfen, welche langwierige Produktions- und Versorgungsprobleme verschärfen. Hier würde eine ernstgemeinte Fluchtursachenbekämpfung neben der Unterstützung der betroffenen Gemeinschaften für die Anpassung an den Folgen des Klimawandels bedeuten, ernsthaft anzufangen, darüber nachzudenken, wie der Lebensstil im Westen so umgestaltet werden kann, dass er nicht mehr dazu beiträgt, Lebensgrundlagen im globalen Süden zu zerstören.

Die Inkohärenz zwischen europäischer Handels- und Entwicklungspolitik wird hier sehr deutlich: Die Förderung und Entwicklung nachhaltiger Strukturen wird zugunsten der Sicherung zukunftsfähiger Absatzmärkte für europäische Unternehmen und des Zugangs zu Rohstoffen einfach ausgehebelt. So muss Fluchtursachenbekämpfung vor der Haustür beginnen, was eine grundlegende Auseinandersetzung mit geostrategischen, sicherheitspolitischen, handelspolitischen und klimapolitischen Interessen der EU beinhaltet.

1 Statement von H. E. Dr. Nkosazana Dlamini Zuma, Chairperson of the African Union Commission, beim Valletta Summit on Migration; <https://au.int/fr/node/25444>.

2 Sabine Hess / Bernd Kasparek / Stefanie Kron / Mathias Rodatz / Maria Schwert / Simon Sontowski (Hg.), Der lange Sommer der Migration: Grenzregime III, Berlin/Hamburg 2016.

3 <https://mg.co.za/article/2020-03-06-african-free-trade-is-vital-for-growth/>; World Bank. 2020. The African Continental Free Trade Area: Economic and Distributional Effects, Washington, DC: World Bank; <https://openknowledge.worldbank.org/handle/10986/34139>.

4 <https://www.giz.de/de/weltweit/59611.html>.

5 Africa Insights, 7th edition (September 2020), The African Continental Free Trade Area: Development accelarator or more oft he same?; <https://www.bowmanslaw.com/wp-content/uploads/2020/10/Africa_Insights_7th_edition.pdf>.

6 <https://southerntimesafrica.com/site/news/sacu-treads-with-care-on-afcfta>.

7 <https://www.bmz.de/de/mediathek/publikationen/reihen/infobroschueren_flyer/infobroschueren/Materialie310_Afrika_Marshallplan.pdf>, 13.

8 Ebd.

9 Rat für Nachhaltige Entwicklung, Für eine umfassende G20-Partnerschaft mit Afrika zur Umsetzung der Agenda 2030 für nachhaltige Entwicklung der Vereinten Nationen. Empfehlung des Rates für Nachhaltige Entwicklung an die Bundesregierung, Berlin, März 2017. <https://www.nachhaltigkeitsrat.de/wp-content/uploads/migration/documents/20170328_RNE_Empfehlung_G20_und_Partnerschaft_mit_Afrika.pdf>.

10 Ebd.

11 <https://ec.europa.eu/commission/presscorner/detail/en/IP_19_5951>.

12 Gemeint hier exemplarisch für alle anderen sind die 17 Länder, die 1960 de jure unabhängig wurden.

13 Ndongo Samba Sylla, From a marginalisied to an emerging Africa? Acritical Analysis Ndongo Samba Sylla, From a marginalisied to an emerging Africa? Acritical Analysis, In: Review of African Political Economy, Volume 41, 2014, S. 7–25.

14 <https://www.uneca.org/sites/default/files/LopesWritings/structural_adjustment_0.pdf>; <https://www.uneca.org/sites/default/files/LopesWritings/structural_adjustment_policies_and_africacarlos_lopes_response.pdf>.

15 Yash Tandon, Handel ist Krieg: Nur eine neue Wirtschaftsordnung kann die Flüchtlingsströme stoppen, Köln 2016.

16 L´empire Bolloré en Afrique: De la logistique aux médias; <http://www.rfi.fr/fr/afrique/20160413-france-empire-bollore-afrique-logistique-medias-ports-lome-conakry>.

17 Simone Claar, International Trade Policy and Class dynamics in South Africa. The Economic Partnership Agreement, Basingstoke 2018.

Gerald Knaus

Flucht und Grenzen – von Czernowitz bis zur Ägäis

Europas Grenzen

Wie Menschen über Flucht und Grenzen denken, hat immer etwas mit ihrer persönlichen Geschichte zu tun. Das ist auch bei mir so.

Meine Mutter wurde 1944 in Berlin geboren. Wie viele Kinder in dieser Zeit wurde sie gleich nach der Geburt aus der bombardierten Stadt gebracht. So kam sie ins österreichische Vorarlberg, nicht weit von der Grenze zur Schweiz, und wuchs in einem kleinen Dorf in den Alpen auf. Ihre leibliche Mutter, eine Kosakin aus Mariupol am Schwarzen Meer, blieb in Berlin und wurde kurz nach Ende des Krieges von Rotarmisten erschossen. Von ihr existiert nur eine kleine unscharfe Fotografie. So blieb meine Mutter, ein staatenloses Kind einer Sowjetbürgerin, in den Bergen Österreichs. Dort wurde sie von einem katholischen Bergbauern getauft, großgezogen und versteckt. Zweimal kamen in jenen Jahren Sowjetsoldaten ins Dorf, das in der französischen Besatzungszone lag, um meine Mutter zu suchen und sie, wie viele andere auch, in die Sowjetunion »zurückzubringen«. Beim zweiten Mal versteckte sie sich hinter einem Schrank im Haus. Die Soldaten zogen ab, sie blieb im Dorf. Danach wurde es ihren Pflegeeltern allerdings zu gefährlich, und sie schmuggelten die Siebenjährige 1952 ohne Papiere im Zug über die Grenze in die Schweiz in ein katholisches Heim im Kanton Genf. Viel später wurde meine Mutter von ihrem Vorarlberger Pflegevater adoptiert.

Wie mein Vater seinerzeit bin ich 1970 in Salzburg geboren und wuchs im friedlichen Wien des Kalten Krieges auf. Europa war geteilt, doch

Österreich, obwohl neutral, hatte das Glück, Teil des Westens zu sein. Während meiner Kindheit wuchs dieser Westen: In Griechenland, Portugal und Spanien stürzten brutale Diktaturen. Und Grenzen wurden durchlässiger. 1986 verbrachte ich drei Monate in Paris, um die Sprache zu lernen, 1988 ging es mit der Fähre über Dover nach Oxford. Dort saß ich in der Bibliothek, als ein bulgarischer Kollege angerannt kam und das Unglaubliche verkündete: Die Berliner Mauer war gefallen, die Teilung Europas überwunden. Schon im Dezember 1989 fuhr ich nach Bratislava, die Romane von Milan Kundera im Gepäck und eine romantische Idee von Mitteleuropa im Kopf, und war berauscht von dieser sanften Revolution gegen eine Diktatur. Es war eine Zeit der Hoffnungen, in der politische Wunder möglich schienen. Wer diese als junger Mensch erleben durfte, in Berlin, Prag oder Budapest, wird das Gefühl nie vergessen: Für eine kurze Zeit schien alles möglich.

Dann folgte ein jähes Erwachen. Mein Ferienjob als Reiseleiter führte mich 1990 nach Jugoslawien, das ein Jahr später zerfiel; die Altstadt von Dubrovnik wurde bombardiert, 1993 wurden die Brücke in Mostar und die Moschee in Banja Luka von Fanatikern zerstört. Auf den Fall der Berliner Mauer folgten auf dem Balkan Massenvertreibungen und Völkermord. Knapp 200 Jahre nach Immanuel Kants Text *Zum ewigen Frieden* (1795), 150 Jahre nach der Rede des Dichters Victor Hugo über Frieden in Europa (1849), etwa 80 Jahre nach dem Ersten und ein halbes Jahrhundert nach dem Zweiten Weltkrieg fand in Bosnien und Herzegowina ein Krieg statt, der 100.000 Opfer forderte. Mitten in Europa wurde am Ende des 20. Jahrhunderts wieder um Grenzen gekämpft, und mehr als zwei Millionen Menschen wurden vertrieben. Auch politische Albträume können wahr werden.

1993 zog es mich als Dozent für Volkswirtschaft an die Universität Czernowitz in der Ukraine. Czernowitz war die historische Hauptstadt der Bukowina, eines östlichen Kronlands der Habsburgermonarchie und bis 1918 Sitz einer deutschsprachigen Universität nahe der Grenze zum Zarenreich. Nach dem Ersten Weltkrieg wurde die vielsprachige Bukowina Teil Rumäniens und nach dem Zweiten Weltkrieg zwischen der Sowjetunion und Rumänien in Nord- und Südbukowina geteilt. Seit 1991 ist Czernowitz Grenzstadt der Ukraine. Als ich 1993 mit dem Nachtzug aus Kiew in Czernowitz ankam, war die Ukraine ein bitterarmes Land. Es herrschte Hyperinflation, das Monatsgehalt an der Hochschule wurde in einer *Kuponi* genannten Währung bar ausbezahlt. Alle Fabriken standen still, ehemalige Arbeiter und viele der männlichen Studenten fuhren nach China und in die Türkei, um mit billigen Textilien zu handeln. In Czernowitz schloss ich Freundschaft mit Lydia Harnik und Rosa Zuckermann, zwei deutschsprachigen Jüdinnen, beide waren vor dem Ersten Weltkrieg geboren worden, beide sprachen mit Leidenschaft ihre deutsche Muttersprache. Ich besuchte sie oft abends nach meinen Vorlesungen. Dann sprachen sie mit Begeisterung über Literatur – Lydia, an deren Wand ein Porträt von Thomas Mann hing, konnte gar nicht fassen, wie wenige Bücher ich gelesen hatte. Und sie erzählten von ihrem Leben in einer Stadt, rund um die in schwindelerregendem Tempo ununterbrochen neue Grenzen gezogen wurden. In ihrer Kindheit flohen ihre Familien von der östlichen Front im Ersten Weltkrieg nach Österreich und Böhmen. Nach der Rückkehr verbrachten sie ihre Jugend im nun im Norden Rumäniens gelegenen Czernowitz. Im Zweiten Weltkrieg wurden beide von rumänischen Faschisten in Lager in Transnistrien deportiert, damals von Rumänien besetzt, später sowjetisch, heute eine rebellische Region im unabhängigen Staat Moldau. Rosas Kind und ihr Mann starben im Lager, sie und Lydia überlebten und kehrten nach dem Krieg ins mittlerweile sowjetische Czernowitz zurück. 1994 besuchten die beiden zum ersten Mal seit ihrer Flucht als Kleinkinder wieder Wien. Da erschien es auf einmal möglich, dass die Verbindungen der Ukraine zum restlichen Europa wiederhergestellt, der unnatürliche Graben zwischen Czernowitz und Wien, Kyiv und Warschau, Lemberg und Krakau wieder überwunden würde.

Einmal, im November 1993, traf ich ausländische Dozenten aus anderen Städten der Ukraine in Simferopol, auf der Halbinsel Krim. Es wäre mir damals absurd erschienen, dass es je zu einem Krieg zwischen der Ukraine und Russland kommen würde. So dachte auch die damalige Führung der Ukraine, die 1994 ihre Atomwaffen abgab, 20 Jahre vor der Annexion der Krim.

Aus Czernowitz zog ich weiter in die bulgarische Hauptstadt Sofia, um erneut zu unterrichten. In Bulgarien war damals die Frage der möglichen Visafreiheit für Reisen in die Europäische Union eine nationale Obsession, und ich begann, mich mit dem Thema der Bedingungen für Visaliberalisierung zu beschäftigen, das mich bis heute nicht loslässt. Die nächsten eineinhalb Jahre verfolgte ich von Bulgarien aus auch die Entwicklungen in Bosnien und Herzegowina, bis zum Völkermord in Srebrenica im Sommer 1995 und den Friedensverhandlungen in Dayton. Darauf hatte ich gewartet, schon im Sommer 1996 ging ich nach Sarajewo, wo ich vier Jahre am Hang oberhalb der osmanischen Altstadt lebte und in einer internationalen Behörde (dem »Büro des Hohen Repräsentanten«) an der Rückkehr vertriebener Minderheiten arbeitete. Hunderttausende wollten, so schnell es ging, in ihre alten Häuser zurückkehren. Ich erlebte, wie wichtig es war, Kriegsverbrecher zu verhaften und vor den Internationalen Strafgerichtshof in Den Haag zu bringen. Ich sah täglich, wie ethnischer Hass von Politikern angefacht wurde und dass viele Menschen dennoch bereit waren, in ihre Dörfer zurückzukehren. Ich sah, wie Nachbarn unterschiedlicher Volksgruppen es schafften, trotz der Grausamkeiten des Krieges wieder zusammenzuleben. Denn der anfangs brüchige Frieden hielt.

Ein Jahrzehnt lang drehte sich alles auf dem Balkan um Flucht, Rückkehr und Grenzen. Und um die Angst vor neuen Kriegen: Auf jeden beendeten Konflikt schien der nächste zu folgen. Ich erlebte in jenen Jahren, wie viel Mühe es kostet, »Fluchtursachen« in relativ kleinen Ländern wie Bosnien-Herzegowina trotz enormer Ressourcen und einer Mission von 60.000 internationalen Friedenstruppen zu beseitigen. Meine persönliche Lehre: Es ist möglich, mit enormem Aufwand einen dauerhaften Frieden wiederherzustellen, solange es gelingt, den Menschen einer Region die Idee einer besseren Zukunft zu geben. Das gelang nach dem Zweiten Weltkrieg in Westeuropa. Und es gelang nun auf dem Balkan.

Kurz nach dem Ende des Kosovokrieges kamen im Juni 1999 die Regierungschefs des Westens nach Sarajewo, vom amerikanischen Präsidenten bis zum deutschen Bundeskanzler. In einer Sporthalle erklärten sie, ganz Europa, einschließlich des Balkans, durch Integration für immer befrieden zu wollen. Im Dezember 1999 beschlossen die europäischen Regierungen bei einem Gipfel in Helsinki die größte Erweiterung der EU-Geschichte. Sie begannen nun – nach Estland, Polen, Slowenien, der

Tschechischen Republik, Ungarn und Zypern – auch mit Bulgarien, Rumänien, der Slowakei, Zypern und drei weiteren Ländern EU-Beitrittsgespräche. Auch die Türkei wurde in Helsinki 1999 als EU-Beitrittskandidat anerkannt. Europäische Politiker versprachen, den aggressiven Nationalismus, der den Balkan in Schutt und Asche gelegt hatte, nun endlich für immer und überall durch Integration zu überwinden.

Vor diesem Hintergrund beschloss ich mit Freunden, die alle bei internationalen Organisationen in Bosnien arbeiteten, kurz nach dem Ende des Kosovokrieges im Garten eines Restaurants in der Altstadt von Sarajewo, einen Verein zu gründen, der sich einem verrückt ehrgeizigen Ziel verschrieb. Wir wollten durch Forschung und Vorschläge an einem Europa bauen, das den mörderischen Fanatismus des 20. Jahrhunderts für immer hinter sich ließ. Wir nannten unsere Gruppe Europäische Stabilitätsinitiative, kurz ESI. Diesen unabhängigen und gemeinnützigen Verein leite ich bis heute.

Im Sommer 2004 zog ich schließlich für sieben Jahre nach Istanbul. 2005 begannen die EU-Beitrittsgespräche. Den EU-Beitritt von Bulgarien und Rumänien, der ein Jahrzehnt zuvor kaum vorstellbar gewesen war, verfolgte ich zu Neujahr 2007 auf Al Jazeera in einem Hotelzimmer in der Altstadt von Aleppo. Meine Frau und ich waren mit unseren drei Töchtern und dem Fahrer eines gemieteten Schulbusses aus der Türkei in den Norden Syriens gefahren. Zu der Zeit überquerten immer mehr Menschen als Besucher die türkisch-syrische Grenze, an der damals sogar die Minenfelder entfernt wurden. Als der türkische Fahrer des Schulbusses einige Tage später nicht zum verabredeten Treffpunkt kam, beschlossen wir, die Strecke von Aleppo nach Antakya in der Türkei per Anhalter zurückzulegen. An der syrisch-türkischen Grenze bei Bab al-Hawa hielt nach Einbruch der Dunkelheit ein strenger syrischer Grenzbeamter einen türkischen Bus an und forderte den Fahrer mit unmissverständlicher Geste auf, diese merkwürdige ausländische Familie mit drei kleinen Mädchen doch bitte in die Türkei zurückzubringen. Wenige Jahre später zerstörten Fassbomben Aleppo, und Hunderttausende flohen über diese Grenze, in der größten globalen Flüchtlingskatastrophe seit Jahrzehnten. Heute sitzen Hunderttausende Vertriebene in dieser

Region fest. Die für einige Jahre offene türkische Grenze wurde wieder zur Befestigung ausgebaut.

Das war meine Welt von gestern: Kindheit und Jugend in einem demokratischen Westeuropa. Augenzeuge friedlicher Revolutionen, die die Hoffnung nährten, Europa zu einem Kontinent der Menschenrechte zu machen. Gleichzeitig war dieses Europa ein Kontinent der Kriege. Das Virus des Nationalismus, das im 20. Jahrhundert zu so vielen »ethnischen Säuberungen« geführt hatte, war noch nicht ausgerottet, wenn es auch innerhalb der Europäischen Union durch Institutionen und Kooperation und Vertrauen halbwegs unter Kontrolle gebracht wurde. Wie viele Europäer leben heute in Städten, in denen im 20. Jahrhundert Minderheiten verfolgt und vertrieben wurden? Meine persönliche Liste ist ernüchternd lang: Wien, Berlin, Czernowitz, Istanbul, Priština. Die Juden von Wien, Berlin und Czernowitz, die muslimischen Bosniaken von Banja Luka, Srebrenica und Prijedor, die Serben der kroatischen Krajina, die Armenier und Griechen Istanbuls, die Türken Thessalonikis: Sie alle wurden im 20. Jahrhundert vertrieben.

Dass Nationalismus zu Krieg und Zerstörung führt, war die prägende Erfahrung auch der Jahrzehnte seit dem Fall der Berliner Mauer. Wer Minderheiten als Feind darstellt, wer Hass schürt und Vorurteile pflegt, handelt wie Max Frischs Brandstifter mit offener Flamme in einem Raum voller Benzinfässer. Wann immer Gesellschaften das Bekenntnis zur Menschenwürde aufgeben, werden über kurz oder lang Menschen aufgrund ihrer Herkunft, Religion oder politischen Überzeugung vertrieben, zielen Heckenschützen von Hochhäusern wie in Sarajewo oder von Wachtürmen wie in Berlin auf Zivilisten. Wir wissen, wie leicht es dazu kommen kann, denn wir haben es erlebt.

Humane Kontrolle

Am 17. September 2015 saß ich in meiner Wohnung in Paris und stellte mit in Europa verteilt arbeitenden Kollegen ein Papier fertig, mit dem wir einen Ausweg aus der Krise in der Ägäis weisen wollten. Es trug den Titel: »Warum niemand in der Ägäis ertrinken muss.« Am Abend schickten wir es an 35.000 Empfänger, und mit persönlichen Nachrichten an

Kontakte in europäischen Regierungen und Medien. Dann warteten wir gespannt auf Reaktionen.

In den Wochen davor hatte ich in Moskau an diesem Papier gearbeitet, wo ich als Fellow zur russischen Politik hatte forschen wollen. Dass es anders kam, lag an einem Foto und einer Rede. Das Foto kennt jeder: das des kleinen Aylan Kurdi am Strand von Bodrum am Morgen des 2. September 2015. Die Rede hielt der ungarische Premierminister Viktor Orbán zwei Tage später am 4. September bei einem Sommertreffen seiner Fidesz-Partei. Das Foto war eine Erinnerung an die humanitäre Katastrophe im Mittelmeer, die Rede eine Warnung vor einem politischen Erdbeben in Europa, mit schwerwiegenden Folgen für alle Europäer. Im September schrieben wir zwei Texte, zunächst eine Handlungsempfehlung und danach eine Warnung.

Der zentrale Antrieb hinter »Warum niemand in der Ägäis ertrinken muss« war der Wunsch, das Sterben zu beenden. Im Sommer und Herbst 2015 war dreierlei klar. Erstens: Es gab Millionen syrische Flüchtlinge im Nahen Osten, die meisten davon in der Türkei. Zweitens: Praktisch jeder Syrer, der Deutschland erreichte, würde dort Flüchtlingsstatus erhalten. 2014 lag die Anerkennungsrate syrischer Asylanträge bei über 95 Prozent. Drittens: Um Asyl in Deutschland zu beantragen, mussten syrische Familien zunächst eine gefährliche Reise zu Land und zu Wasser unternehmen.[1] Dabei kamen 2015 Hunderte Menschen ums Leben. Das alles schien zusammengenommen absurd. Dazu lasen wir Orbáns Reden, die klar machten, wie er die Situation politisch ausnützen würde: Er versprach eine national-konservative illiberale Kulturrevolution, mit dem Hauptziel, die muslimische Eroberung Europas zu verhindern. Und er sprach vom Ende des Zeitalters der universellen Menschenrechte, die angesichts einer Masseninvasion aus dem armen Süden nicht mehr zeitgemäß seien.[2] In der Situation 2015 sah er vor allem eine »Gelegenheit« für ein anderes Europa.

Dabei gab es in Deutschland und in einigen anderen EU-Ländern im Herbst 2015 eine große Bereitschaft, syrischen Flüchtlingen zu helfen. Was fehlte, war ein Plan, dies auf eine Art und Weise zu tun, die weitere Tragödien in der Ägäis verhinderte und dabei die Sorgen vor einem Kontrollverlust auch in der deutschen Bevölkerung berücksichtigte. Eine

Politik der offenen Grenzen würde nicht lange gut gehen. Daher schlugen wir eine Einigung zwischen den beiden hauptbetroffenen Ländern vor: der Türkei, dem Land mit den damals und heute meisten Flüchtlingen in der Welt, und Deutschland, dem Hauptziel für Flüchtlinge in Europa:

> »Anstatt zu warten, bis 500.000 Menschen nach Deutschland kommen, sollte sich Berlin verpflichten, in den kommenden zwölf Monaten 500.000 syrische Flüchtlinge direkt aus der Türkei aufzunehmen. Dies wäre zwar eine außerordentliche Maßnahme, doch würde dies der Einzigartigkeit der syrischen Krise Rechnung tragen, die eine humanitäre Krise in einem Ausmaß geschaffen hat, wie es sie in Europa seit dem Zweiten Weltkrieg nicht mehr gegeben hat.
> Es ist entscheidend, dass diese 500.000 Asylbewerber aus der Türkei aufgenommen werden, bevor sie mit Booten über die Ägäis fahren. Als Gegenleistung ist es ebenso unerlässlich, dass sich die Türkei bereit erklärt, alle Flüchtlinge, die Griechenland ab dem Zeitpunkt der Unterzeichnung eines solchen Abkommens erreichen, zurückzunehmen. Es ist die Kombination dieser Maßnahmen, die das Geschäftsmodell der Menschenschmuggler zerstören wird. Wenn syrische Flüchtlinge eine sichere und realistische Möglichkeit haben, in der Türkei Asyl in der EU zu beantragen, und wenn ihnen bei illegaler Überfahrt die Rückführung gewiss ist, wird der Anreiz verschwinden, das Leben in der Ägäis zu riskieren.«[3]

Es ging um einen geordneten Prozess, und darum, die Zahl der Toten zu senken, ohne das Recht auf Asyl abzuschaffen:

> »Dieser Vorschlag würde die Bereitschaft Deutschlands, Hunderttausende von Flüchtlingen aufzunehmen in einen geordneten Prozess überführen, in dem Flüchtlinge nicht mehr ihr Leben riskieren müssen, um Asyl zu beantragen ... Wenn dieses Abkommen schnell umgesetzt werden könnte, bevor die See noch rauer wird und der Winter auf dem Balkan einbricht, könnten unzählige Menschenleben gerettet werden.«[4]

Bereits am 18. September berichtete die *Frankfurter Allgemeine Zeitung* über unseren Vorschlag. Andere Medien wie *Die Zeit*[5], die *Neue Zürcher Zeitung*[6], oder das niederländische *NRC Handelsblad*[7] (»Merkel muss der Türkei jetzt helfen«) griffen unseren Vorschlag auf. Zwei Wochen später, am 4. Oktober, veröffentlichten wir ein zweites Papier mit dem Titel »Der Merkel-Plan – Kontrolle wiederherstellen, Mitgefühl bewahren.« Die Situation hatte sich weiter verschärft:

> »Griechenland, Mazedonien, Serbien und Kroatien winken die Flüchtlinge durch. Und trotz anderslautender Rhetorik tut das Ungarn Viktor Orbáns nichts anderes. Infolgedessen erreichte Österreich im September nach der vorherigen Einreise von 150.000 Menschen nach Griechenland eine ähnliche Zahl von Menschen. Wie ein österreichischer Beamter der New York Times am 25. September erklärte: ›Bis zu 10.000 Migranten sind täglich nach Österreich gekommen, meist aus Ungarn‹«.

Orbáns Zaun hat die Reise etwas anstrengender gemacht, aber das Ergebnis war dasselbe. Die meisten Flüchtlinge, die nach Österreich kommen, ziehen direkt nach Deutschland weiter. Auch die jüngste Wiederaufnahme von Grenzkontrollen in Deutschland hat daran nichts geändert. Am 29. September stellte die bayerische Staatsregierung fest, dass in diesem Monat 169.400 Asylbewerber eingetroffen waren.

Bei diesem Tempo werden im kommenden Jahr mehr als 1,8 Millionen Flüchtlinge nach Deutschland kommen – und das ohne Berücksichtigung der Auswirkungen der russischen Militärintervention in Syrien. Wie ein UNHCR-Regionalkoordinator anmerkte:

> »Ich sehe nicht, dass das nachlässt, ich sehe nicht, dass es aufhört... vielleicht ist das die Spitze des Eisbergs. Trotz des weltweiten Entsetzens über Bilder von ertrunkenen Kindern fordert die Ägäis inzwischen noch mehr Menschenleben. Im September starben 160 Menschen bei dem Versuch der Überfahrt. Das ist mehr als im ganzen Jahr zuvor. Doch 99,9 Prozent aller Menschen schafften es nach Griechenland. Eine solche Wahrscheinlichkeit wird die Menschen nicht davon abhalten, es zu versuchen.«[8]

Wir analysierten, warum andere damals diskutierte Vorschläge scheitern würden:

»Unterdessen wiederholen deutsche Politiker immer wieder, dass es eine ›europäische Lösung‹ geben muss, als ob eine weitere EU-Konferenz eine Lösung wie einen Flaschengeist aus einer Wunderlampe hervorbringen könnte. Das wird nicht passieren.
In Talkshows in ganz Europa wiederholen Experten die Nichtvorschläge: ›Fluchtursachen bekämpfen‹, ›die Probleme in Syrien, Libyen und dem Nahen Osten lösen‹, eine internationale Konferenz einberufen. Es gibt Dutzende von Reden, in denen die Staats- und Regierungschefs übereinstimmen, dass die EU ihre Außengrenzen sichern muss, dass die Grenze geschlossen werden muss, dass gründliche Grenzkontrollen durchgeführt werden müssen, dass die Infrastruktur gestärkt werden muss. Niemand hat eine konkrete Vorstellung, wie dies geschehen soll.«[9]

Wir sahen eine europäische Elite, die gefährlich hilflos erschien:

»Ein kürzlich in der Washington Post veröffentlichtes Interview mit der Hohen Vertreterin für EU-Außenpolitik, Federica Mogherini, zeigt diese Hilflosigkeit. Während der Titel des Artikels viel verspricht – ›EU-Außenbeauftragte: Hier ist, was man gegen die Flüchtlingskrise tun kann‹, sucht der Leser vergeblich nach einem Vorschlag. Die Hilflosigkeit der Eliten wird in Mogherinis Klage festgehalten, dass es ›schmerzhaft war, in Europa wieder Zäune oder Mauern errichtet zu sehen‹. Sie behauptet, dass ›das Problem für uns Europäer beherrschbar ist‹. Sie hofft, dass ›internationale Partner mehr Flüchtlinge zur Umsiedlung aufnehmen können‹. Sie kommt zu dem Schluss, dass nur eine ›politische Lösung des Konflikts in Syrien‹ helfen wird.«[10]

Die politischen Konsequenzen eines Scheiterns waren hoch:

»Die humanitäre Krise entwickelt sich immer mehr zu einer politischen Krise, die die Europäische Union in ihren Grundfesten erschüttern könnte. Wenn die Flüchtlingssituation außer Kontrolle gerät, besteht die reale Aussicht auf ein Wiederaufleben der extremen Rechten, die energischer und geeinter denn je ist an die Schalthebel europäischer Politik gelangen könnte. Es gab zu viele vage Worte und Wunschdenken. Es besteht ein dringender Bedarf an Lösungen, die Kontrolle wiederherstellen können, ohne Mitgefühl aufzugeben, die hier und jetzt funktionieren können und die nicht auf einer eventuellen Lösung der syrischen Misere beruhen.«[11]

Wir machten konkrete Vorschläge für eine sofortige Einigung zwischen Deutschland und der Türkei. Deutschland sollte sich bereit erklären, 500.000 in der Türkei registrierten syrischen Flüchtlingen in den nächsten zwölf Monaten Asyl zu gewähren. Anstatt darauf zu warten, dass diese die gefährliche Reise durch die Ägäis und den Westbalkan anträten, sollte Deutschland Asylanträge von Flüchtlingen in der Türkei in einem fairen und geordneten Verfahren bearbeiten und den erfolgreichen Antragstellern einen sicheren Transport ermöglichen. Das Angebot sollte sich auf syrische Flüchtlinge beschränken, die bereits bei den türkischen Behörden registriert sind, um zu vermeiden, dass Anreize für neue Migrationsströme in die Türkei geschaffen würden. Im Gegenzug sollte sich die Türkei bereit erklären, ab einem Stichtag alle neuen Migranten zurückzunehmen, die Griechenland über die Türkei erreichen. Dies würde die Zahl der Boote, die die Ägäis überqueren, schnell auf ein Rinnsal reduzieren. Deutschland sollte sich bereit erklären, die Türkei bei der Erlangung der Visafreiheit im Jahr 2016 zu unterstützen. Wir schlossen mit einem Appell an Ankara: warum angesichts der zunehmenden anti-muslimischen Rhetorik rechtsextremer Parteien in ganz Europa eine gemeinsame Lösung im Interesse der Türkei lag.

In der EU wurden unsere Vorschläge zu diesem Zeitpunkt bereits ernsthaft diskutiert. Der Korrespondent der Süddeutschen Zeitung in Brüssel schrieb am 5. Oktober:

»Die Kernpunkte des europäischen Angebots stützen sich auf Ideen von Experten der ›Europäischen Stabilitätsinitiative‹. Ihr Präsident Gerald Knaus sagte im ORF, die Zusammenarbeit mit der Türkei sei die einzige Möglichkeit, die Krise effektiv zu bekämpfen. Die Initiative dazu müsse aber von Deutschland ausgehen.«[12]

Am gleichen Tag schrieb die Frankfurter Allgemeine Zeitung über den »Merkel-Plan«:

> »ESI hatte bereits Mitte September einen Vorschlag unterbreitet, den die Europäische Kommission nun offenbar zu großen Teilen übernommen hat ... wobei es aus Ankara bisher keinerlei offizielle Bestätigung für die Existenz einer solchen Vereinbarung gibt. Vor dem Eintreffen des türkischen Staatspräsidenten Recep Tayyip Erdogan in Brüssel an diesem Montag warb ESI unterdessen weiterhin für den Vorschlag einer ›Paketlösung‹: Abnahme einer bestimmten Zahl von Flüchtlingen gegen volle und sofortige Anwendung eines Rücknahmeabkommens zwischen der EU und der Türkei.«[13]

Am 5. Oktober schrieb mir der schwedische Botschafter in Ankara in einer E-Mail nach Moskau: »Gratuliere, es scheint, als hätten die Deutschen euren Vorschlag im Grundsatz übernommen.« Und so schien es tatsächlich für einen Moment am 7. Oktober, als ich in Moskau vor meinem Laptop saß und ein Interview mit der deutschen Bundeskanzlerin bei *Anne Will* sah. Denn da erklärte Angela Merkel, sie »habe einen Plan«:

> »Wir müssen unsere Außengrenzen besser schützen, aber das ist nur möglich, wenn wir mit unseren Nachbarn, zum Beispiel mit der Türkei, Vereinbarungen darüber treffen, wie wir die Aufgabe des Umgangs mit den Flüchtlingen besser teilen können. Und das bedeutet mehr Geld für die Türkei, die wegen der Flüchtlinge viele Ausgaben hat. Das bedeutet, dass wir eine bestimmte Anzahl von Flüchtlingen aufnehmen werden, so dass die Menschenhändler und Schmuggler in der Ägäis kein Geld verdienen, aber in geordneter Weise. Dann wird das bedeuten, dass wir bestimmte Wünsche der Türkei erfüllen, wenn es um Visaerleichterungen oder ähnliches geht.«[14]

Tatsächlich aber sollten noch mehr als fünf Monate vergehen, bis aus unserem Acht-Seiten-Papier im September eine vierseitige Erklärung der EU und der Türkei im März wurde. Fünf Monate, in denen 600.000 Menschen aus der Türkei über das Meer nach Griechenland kamen. Am 2. November präsentierte ich unseren Vorschlag Martin Erdmann, dem deutschen Botschafter in Ankara bei einem Mittagessen in seiner Residenz. Wir hofften, dass unsere Ideen so direkt zu Entscheidungsträgern in Berlin gelangen würden. Drei Tage später wiederholte ich das bei einer Diskussion mit Diplomaten im Auswärtigen Amt in Berlin. Kurz darauf lasen wir am 20. November einen Artikel, in dem der deutsche Außenminister Frank-Walter Steinmeier und Vizekanzler Sigmar Gabriel im *Spiegel* forderten:

> »Wenn die Türkei bereit ist, große Beiträge zur Sicherung der gemeinsamen Grenze mit der EU zu übernehmen und zugleich Flüchtlinge, die versuchen, diese Grenze zu überschreiten bei sich wieder aufnimmt, dann muss die Europäische Union die Türkei im Gegenzug auch solidarisch und tatkräftig unterstützen ... Wenn diese Zusammenarbeit mit der Türkei also gelingt, dann sollte – im Gegenzug – im Rahmen einer europäischen Anstrengung Deutschland in Zukunft Kontingente syrischer Flüchtlinge aufnehmen, wie es dies bei anderen Bürgerkriegskonflikten schon getan hat.«[15]

Dann vergingen erneut Wochen ohne sichtbaren Durchbruch. Dann kam, wie so oft im Leben, der Zufall zu Hilfe. Diederik Samsom, der Chef der niederländischen Arbeiterpartei, reiste Anfang Dezember 2015 in die Türkei. Er war ein ungewöhnlicher Politiker, jung, voller Energie, eigentlich ein Umweltaktivist und, wie sich schnell zeigen sollte, bereit, Risiken einzugehen. Er hatte die Arbeiterpartei fast zu einem überraschenden Wahlsieg geführt und dann beschlossen, eine Koalition mit Mark Ruttes Liberaler Partei einzugehen. Das niederländische *NRC Handelsblad* schrieb später in einem Rückblick auf diese Wochen:

> »Die EU hatte Anfang November letzten Jahres ein Abkommen mit der Türkei geschlossen. Das Land versprach, Flüchtlinge im Austausch für 3 Milliarden Euro zu stoppen. Nichts kam dabei heraus. Samsom erkannte bei einem Besuch in Izmir im Dezember, dass der türkische Grenzschutz das Katz- und Mausspiel mit den Flüchtlingen nie gewinnen würde. Im Flugzeug zurück in die Niederlande las Samsom den Plan von Gerald Knaus: ein Aha-Erlebnis.«

Die niederländische Zeitung *de Volkskrant* schrieb später über seine Türkeireise:

»Samsom ließ sich von ›Lesematerial‹ inspirieren, das er von der niederländischen Botschaft in Ankara zur Vorbereitung seines Besuchs erhielt. In dieser Mappe befand sich der Plan von Gerald Knaus, dem Vorsitzenden der Europäischen Stabilitätsinitiative, einem europäischen Think Tank. Knaus sprach sich für einen ›Merkel-Plan‹ aus und hoffte, dass die Kanzlerin ihn aufgreifen würde. Später machte Rutte ihn zu einem ›Samsom-Plan‹ ... Samsom weiß von Gerald Knaus, dass Ankara sich bewegen will.«[16]

Tatsächlich war ich zu diesem Zeitpunkt in ständigem Kontakt mit den wichtigsten türkischen Verhandlern. Wir hatten unsere Papiere ins Türkische übersetzt, um auch in Ankara von vielen gelesen zu werden. Zwischen Oktober und dem 11. März 2016 traf ich viermal mit dem türkischen Botschafter Hüseyin Avni Karsioglu in Berlin zusammen, der mich über die Diskussionen in Ankara informierte. Dazu kamen viele Gespräche mit einem alten Bekannten, Selim Yenel, der türkische Botschafter bei der EU in Brüssel, der dort die Verhandlungen für sein Land führte. Ein befreundeter schwedischer Diplomat, Ola Sveningsson, in Stockholm für die Beziehungen zur Türkei zuständig, hielt mich über die internen Diskussionen in der EU auf dem Laufenden. Im Februar lud der schwedische Botschafter in Ankara europäische Diplomaten in seine Residenz ein, wo ich unseren Vorschlag vorstellte, kurz darauf tat die schwedische Botschafterin in Athen das gleiche. Stockholm war in dieser Phase einer unserer wichtigsten Verbündeten.

Samsom schlug nach seiner Rückkehr nach Den Haag Anfang Dezember 2015 seinem Koalitionspartner Premierminister Mark Rutte vor, den ESI-Vorschlag zur Grundlage der niederländischen Strategie zu machen. Rutte stimmte zu. Das wichtige daran: Die Niederlande bereiteten ihre rotierende EU-Ratspräsidentschaft in der ersten Jahreshälfte 2016 vor. In der Zwischenzeit wurden in Brüssel aus Verzweiflung immer radikalere Ideen geboren. Auch in Deutschland wiederholten sich Forderungen, nun doch endlich die deutsche Grenze zu schließen. Ich schrieb damals in einem Artikel in der Süddeutschen Zeitung:

»Manche träumen von einem Zaun nach israelischem Vorbild an der deutsch-österreichischen Grenze oder von Australien, wo Flüchtlin-

> ge, die über das Meer kommen, auf Inseln gebracht werden. Doch der israelische Zaun wird von Soldaten mit Schießbefehl bewacht; der Bau hatte Jahre gebraucht. Und die EU hat im Gegensatz zu Australien keine Nachbarn wie Nauru, wo sie Flüchtlinge absetzen könnte. Von rechtlichen, politischen, moralischen Fragen einmal abgesehen: Wie das ›Schließen‹ der Grenzen Deutschlands praktisch aussehen soll, sagen Merkels Kritiker nicht.«[17]

Doch um andere Vorschläge als unrealistisch zu kritisieren, braucht man bessere Ideen. Doch gab es einen realistischen Plan, der eine Chance auf Umsetzung hatte? Ende Januar ging Samsom an die Öffentlichkeit. Damit wurde der Merkel-Plan in den niederländischen Medien zum Samsom-Plan. Kurz darauf traf ich Samsom in seinem Büro im niederländischen Parlament, ging dann ins Außen- und Justizministerium in Den Haag. Das Interesse war groß, überall gab es Fragen. Mir wurde klar, dass die Niederlande entschlossen waren, ihre ganze Energie hinter diesen Plan zu legen. Samsom war bereit, dafür viel politisches Kapital zu riskieren. Gleichzeitig setzten sich die Erschütterungen der europäischen Politik fort. Donald Tusk, Präsident des Europäischen Rates, gab sich bei einem kurzen Treffen, das ich am 13. Januar 2016 mit ihm in Brüssel hatte, zutiefst pessimistisch über die Zukunftsaussichten der EU. Im Februar 2016 sprach er öffentlich davon, dass er sich angesichts der Situation an das Jahr Krisenjahr 1913 erinnert fühle. Der niederländische Regierungschef Mark Rutte gab der EU nur noch »sechs bis acht Wochen«, um die Lage in der Ägäis zu wenden.[18] Und sein französischer Kollege Manuel Valls warnte, wenn Europa nicht in der Lage sei, seine eigenen Grenzen zu schützen, sei »es die Idee von Europa selbst, die infrage gestellt« werde.[19]

Im Lauf dieser Monate setzten meine Kollegen und ich unsere Arbeit fort. Wir schrieben weitere Texte mit detaillierten Vorschlägen. Wir präsentierten diese in Dutzenden Treffen in Berlin, Wien, Ankara, Istanbul, Brüssel, Warschau, Stockholm, Sofia und Den Haag. Ich fuhr zweimal nach Athen, wo ich den Plan im Februar mit der Leiterin der griechischen Asylbehörde, Maria Stavropoulou, besprach und dann bei einer öffentlichen Debatte mit dem EU-Kommissar für Migration und

Inneres, Dimitris Avramopoulos, im Athener Hilton Hotel vorstellte.[20] Doch der Schlüssel lag in Den Haag und vor allem in Ankara. Die niederländische Zeitung *de Volkskrant* rekonstruierte die Verhandlungen zwischen den beiden Seiten und schilderte dramatische Szenen, als etwa die Türkei klarmachte, dass die Umsiedlung von Flüchtlingen aus der Türkei in die EU gleichzeitig mit der Rückübernahme von Flüchtlingen aus Griechenland erfolgen müsse:

»›Alle Räder mussten sich gleichzeitig drehen‹, charakterisiert ein Beamter den türkischen Wunsch. Ein Kollege verwendet eine dramatischere Metapher: ›Hand in Hand von der Klippe springen‹.«[21]

Wenige Tage später bewegte sich die Türkei wieder auf die Niederländer zu:

»Die türkischen Beamten scheinen bereit zu sein, über mehr zu reden. Es wird ausdrücklich auf die Rückkehr syrischer Flüchtlinge hingewiesen. ›Wir werden bald einen neuen Vorschlag vorlegen‹, versprechen die Türken. Spät am Abend erhält Rutte eine SMS von einem seiner Beamten: ›Die Tür bei den Türken öffnet sich, versuchen Sie, mehr zu bekommen‹.«[22]

De Volkskrant beschreibt ein Treffen der Staats- und Regierungschefs der EU am 17. Dezember 2015 in Brüssel, bei dem Premierminister Mark Rutte erfolgreich darauf drang, das Wort »Rückübernahme« im Text der Abschlusserklärung zu verankern: Flüchtlinge, die keinen Anspruch auf Asyl hätten, müssten rechtsverbindlich »rückübernommen« werden:[23]

»Im niederländischen Delegationsraum gibt es ein unterdrücktes Jubeln. ›Der Haken, den wir wollten, wurde in die Wand geschlagen‹, sagt einer der Beteiligten. Der Rest der Regierungschefs wusste nichts davon. Unser Handeln blieb völlig unter dem Radar, auch für Angela Merkel.«[24]

Samsom erklärte später dem niederländischen *NRC Handelsblad*: »Knaus brauchte jemanden, der dies auf die politische Ebene heben konnte.«[25] Das *NRC Handelsblad* schrieb weiter: »Knaus ist der spirituelle Vater des Deals. Aber seine Ideen, sagt er, bekamen erst Flügel, als Samsom und

Bundeskanzlerin Angela Merkel sie politisch machten.«[26] Und Anfang März lernte der Plan zu fliegen.

Am Sonntagabend, dem 7. März, kam es im Büro von Botschafter Selim Yenel in Brüssel zum entscheidenden Treffen. Als ich später die Fotos davon sah musste ich lächeln: Wie oft hatte ich auf dem Sofa in Selims Zimmer gesessen und mit ihm über die Beziehungen zwischen der EU und der Türkei gesprochen. Nun saßen auf dem gleichen Sofa der türkische Premierminister mit der deutschen Kanzlerin und dem niederländischen Premierminister und präsentierte ihnen den Merkel-Plan und Samsom-Plan als Davutoglu-Vorschlag. Die Türkei forderte das, was Berlin und Den Haag ihr angeboten hätten: Damit war der Weg frei für einen Durchbruch. Diederik Samsom schickte mir kurz darauf eine E-Mail: »Gerald, es ist sehr viel passiert. Die gute Nachricht: der ESI-Plan könnte umgesetzt werden.« Am 18. März einigte sich die EU darauf, Davutoglus Angebot anzunehmen. Aus einem kurzen Acht-Seiten-Papier Mitte September 2015 wurde eine kurze vierseitige Erklärung der EU und der Türkei.[27]

Ein erstes Ziel wurde schnell erreicht: Die Zahl jener, die in der Ägäis ertranken, fiel von fast 1.200 in den 15 Monaten vor der EU-Türkei-Erklärung auf 100 in den 15 Monaten danach. Die Zahl der Menschen, die aus der Türkei in Booten die griechischen Inseln erreichten, fiel von einer Million in den 15 Monaten vor Ende März 2016 auf nur 38.000 in den 15 Monaten danach.

Die Auszahlung der europäischen Hilfe für Flüchtlinge in der Türkei, die bis dahin stockte, wurde erstmals ernsthaft angegangen. Der bereitgestellte Gesamtbetrag der Flüchtlingshilfe belief sich Mitte Oktober 2016 bereits auf über 2,2 Milliarden Euro.[28] Dabei war vor allem das »Soziale Sicherheitsnetz für Notfälle« wichtig, das einer Million Flüchtlingen einen festen monatlichen Geldbetrag auf einer persönlichen Kreditkarte zur Verfügung stellte, um Essen und Wohnraum bezahlen können.[29] Und doch waren wir von Anfang an besorgt. So schrieben wir am 21. März 2016:

> »Seit Freitag fragen uns viele, ob wir zuversichtlich in Bezug auf die Flüchtlingssituation sind – jetzt, da der von uns so lange geforderte Merkel-Samsom-Plan von der EU und der Türkei übernommen wurde. Wir sind nicht zuversichtlich.

Kein Abkommen wäre das schlechteste Ergebnis für alle gewesen – eine EU, in der Lösungen für die Flüchtlingsfrage auf Kosten eines Mitglieds (Griechenland) gehen und in der die bisher am stärksten für eine humane Lösung engagierten Politiker (die Regierung Merkel) geschwächt sind, wird keinen guten Weg nach vorn finden.
Aber ein guter Plan, der schlecht umgesetzt wird, ist wenig besser. Und die bisherigen Signale aus Brüssel zur Umsetzung – seit der Einigung vom Freitag – sind nicht ermutigend.
Wir können erst dann zuversichtlich sein, wenn die ersten 50.000 syrischen Flüchtlinge die Türkei im Flugzeug nach Europa verlassen haben; und wenn wir eine glaubwürdige Verwaltung in Griechenland sehen, die sich mit Asylanträgen und Rückübernahme im Einklang mit den in der vergangenen Woche vereinbarten Grundsätzen befasst.«[30]

Bei den nun sofort fallenden Ankunftszahlen hätte es möglich sein müssen, auf den griechischen Inseln menschenwürdige Aufnahmebedingungen zu schaffen, Asylverfahren in einem angemessenen Zeitrahmen zu entscheiden, abgelehnte Asylbewerber in die Türkei zurückzuschicken und dafür syrische Flüchtlinge in größerer Zahl aus der Türkei in EU-Staaten umzusiedeln. In der ersten Jahreshälfte 2017 kamen in einem halben Jahr nur 9.000 Menschen über das Meer aus der Türkei nach Griechenland, so viele wie im Oktober an einem Tag. Doch bei der Umsetzung auf den ägäischen Inseln versagten die griechischen Behörden ebenso wie die Europäische Kommission.

Die Einigung mit der Türkei war von Anfang an umstritten. Die schlechte Umsetzung gab Kritikern gute Gründe für Kritik. Eine breite Phalanx von Politikern und Organisationen in Europa kritisierten die Erklärung scharf. Doch eine Frage, die ich seit Anfang 2016 vielen Kritikern stellte, blieb bis heute unbeantwortet: Was konkret wäre die bessere Alternative gewesen, damals und heute? Kein Politiker in Griechenland, kein Politiker in Deutschland, keine Regierung in der EU, keine Menschenrechtsorganisation präsentierte eine überzeugende Alternative. Und so blieb uns seit dem Frühjahr 2016 vor allem eine Herausforderung: Entscheidungsträger davon zu überzeugen, wie man das Abkommen im Einklang mit EU- und griechischem Recht umsetzen könnte. Daran sind wir bis heute gescheitert, bis das Abkommen im März 2020 von der Türkei und Griechenland ausgesetzt und nicht mehr angewandt wurde.

Es waren vielleicht 15 oder 20, die dann am Nachmittag des 17. März 2017 vor dem Haus in Berlin-Kreuzberg auftauchten, in dem wir unser Büro haben. Als meine Kollegen sie »Happy Birthday to You« singen hörten, dachten sie an eine Gruppe junger Leute auf dem Weg zu einer Feier. Doch plötzlich wurde unser Büro in rotes Licht getaucht, mit lautem Krachen knallten Wurfgeschosse gegen die Fensterscheiben, bengalische Feuer wurden entzündet und vor den Fenstern war nur noch roter Nebel zu sehen. Beim Blick nach unten sahen meine Kollegen sie: Sie trugen weiße Overalls und warfen Glühbirnen mit roter Farbe gegen die Hausfassade und Fenster. Anschließend schrieben sie mit großen Buchstaben auf den Bürgersteig vor dem Eingang »Happy Birthday Täter!« und hinterließen einen gedruckten Steckbrief, in dem ich als »ehemaliger Weltbanker« bezeichnet wurde, der gemeinsam mit seinen Kollegen »Flüchtlinge lenken und stoppen – und damit Geld verdienen« wolle. Wir seien »Profiteure der Festung Europa«, durch unseren Vorschlag sei zwischen der EU und der Türkei eine »Bürgerkriegsermächtigung und Finanzierung beschlossen« worden. Noch wirrer war ein Bekennervideo, das kurz darauf auf einschlägigen Internetseiten veröffentlicht wurde und die Attacke zeigte. Im Sprachduktus Donald Trumps fielen Sätze wie:

> »ESI lässt Menschen weit entfernt sterben. Das ist toll. Merkel freut sich. Erdogan freut sich. Frontex freut sich. Also beginnen wir die Party. Denn heute ist der Geburtstag des EU-Erdogan-Deals. Und diese Bastarde haben ihn sich ausgedacht. Macht die Festung Europa wieder groß!«

Das war für uns neu, denn im Jahr zuvor waren wir fast ausschließlich von Rechtsextremen für unsere Vorschläge angegriffen worden. Nicht, weil wir angeblich an der »Festung Europa« bauten, sondern, weil wir in den Worten eines von vielen Emailschreibern »Asyl und Umvolkung als Geschäftsmodell erkoren« hatten. Andere hielten sich erst gar nicht mehr mit Details auf: »Euch Verbrecher sollte man UMBRINGEN« oder »Judenknechte« und »VOLKSVERRÄTER«. Wir erhielten nun viele Nachrichten wie diese:

»Ihre neuen Umsiedlungspläne von Afrika in die EU machen mich wütend und fassungslos. Wie kommen Sie, Ihr Chef Soros und die willige Frau Merkel dazu, über Ansiedlungspläne kulturfremder Menschen auch nur nachzudenken? Haben Sie eine Berechtigung der EU-Einwohner? Das glaube ich nämlich nicht. Meine Kinder, mein Enkel und ich möchten in Deutschland leben, nicht in einer Zweigstelle von Afrika. Das, was Sie gerne hätten, nenne ich ›Völkermord‹.«

Ein immer wiederkehrendes Motiv war die Vorstellung, meine Kollegen und ich hätten im Dunkeln agiert und den »Merkel-Plan« auf Geheiß der Bundesregierung entwickelt. Und wenn diese ihn nicht selbst mit Unsummen von Steuergeldern bezahlt habe (ein beliebter Vorwurf), dann müsse er von anderen, noch finstereren Mächten in Auftrag gegeben worden sein. Und da kam immer wieder die gleiche Verschwörungstheorie auf, wie uns mitgeteilt wurde: »Knaus wird von dem Satan Soros bezahlt! Beide in den Gulag!« Die Stiftung des Milliardärs George Soros war 2015 und 2016 tatsächlich einer unserer Geldgeber: Wir erhielten 70.000 Euro für ein Forschungsprojekt über politische Gefangene und Folter in Europa. Mit Migration hatte das nichts zu tun. Zu diesem Zeitpunkt war dies bei keinem unserer Geldgeber ein Thema. Diese waren 2015 und 2016 außerdem: das schwedische Außenministerium (EU-Erweiterung), die deutsche Stiftung Mercator (Zukunft der Visaliberalisierung), die österreichische Erste Stiftung (Entwicklungen im Westbalkan seit einer ESI Dokumentarfilmreihe »Balkan Express« von 2008) sowie das Schweizer Außenministerium (wir forschten zu Kosovos Bildungssystem). Insgesamt standen uns 2015 für ESI ohnehin nur knapp 600.000 Euro zur Verfügung. De facto arbeiteten wir an dem Thema Flucht und Migration pro bono, während wir gleichzeitig unsere anderen Projekte fortführten.

Es gibt wenige Themen, die so emotional sind wie Flucht und Grenzen. Es gibt wenige Themen, die mehr Potenzial haben, illiberalen Kräften den Weg an die politische Macht zu ebnen. Es geht um viel: Schutz für Schutzsuchende, ein Ende des Leidens und Sterbens an Grenzen, Bewahrung der Rechtsstaatlichkeit in Demokratien. Das aber verlangt das Suchen von mehrheitsfähigen Lösungen, die über Parolen hinausgehen und dann auch umgesetzt werden können. Dass es möglich ist, inhumane Grenzen zu humanen Grenzen zu machen, und auch große Zahlen von Schutzsuchenden aufzunehmen, haben wir allerdings auch oft genug erlebt, um nicht den Mut zu verlieren, uns dafür einzusetzen.

Heute lebe ich in Berlin, der Geburtsstadt meiner Mutter, wenige Schritte von der ehemaligen Mauer entfernt. Jeden Tag fahre ich mit dem Fahrrad über eine Markierung auf der Straße, die an eine der unmenschlichsten Grenzen des 20. Jahrhunderts erinnert. Wie viel Unvorstellbares ist in dieser Stadt geschehen, durch die eines Tages diese tödliche Grenze gebaut wurde, die Plätze und Straßen teilte und Nachbarn und Familien trennte. Die Berliner Mauer ist verschwunden. In Sarajewo wird seit einem Vierteljahrhundert nicht mehr geschossen. Fortschritt ist möglich, Grenzen können durch Politik durchlässig, sogar unsichtbar, werden. Es gilt nun, diesen unglaublichen Erfolg zu bewahren, doch das darf unserer privilegierten Generation nicht genügen. Es gilt nun, das Sterben an allen europäischen Grenzen zu beenden. Dass das möglich ist, haben wir in Berlin, in Deutschland, der Schweiz und in Österreich seit 1989 erlebt. Es gilt, eine friedliche Grenzrevolution zu vollenden und ihre Werte zu verteidigen. Schaffen wir das?

Nachtrag: Die ukrainische Tragödie

Der Einmarsch Russlands in die Ukraine stellt einen Wendepunkt in der Geschichte des internationalen Flüchtlingsschutzes dar. Er führte zur größten Flucht in Europa seit den 1940er-Jahren und stellte auch alles, was die Welt seitdem an Flucht erlebte, in den Schatten. Denn nach nur vier Monaten Krieg waren bereits über fünf Millionen Ukrainerinnen und Ukrainer allein in die Europäische Union geflohen, vor allem Frauen und Kinder.

Dabei sind weder der Krieg noch die Massenvertreibung von Millionen vorbei. Solange Millionen Binnenvertriebene im Land ausharren, die Wirtschaft der Ukraine auch durch eine Blockade aller Häfen zerstört wird und die russische Armee ihren Angriff fortsetzt, sind Millionen Menschen weiterhin von massenhafter Vertreibung bedroht. Solange der Krieg andauert, wird es eine historisch einmalig hohe Zahl von Menschen auf der Suche nach Schutz geben, die auch die Europäische

Union erreichen. Doch auch die Rückkehr von Flüchtlingen in die Ukraine hatte historische Ausmaße. Nehmen wir nur Polen: Zwischen dem 24. Februar und Ende Juni 2022 kamen 4,1 Millionen Ukrainerinnen nach Polen. In der gleichen Zeit kehrten aber auch 2,4 Millionen über Polen in die Ukraine zurück. Sobald es nach dem Scheitern der ersten russischen Offensive gegen die Hauptstadt Kiew möglich schien, gingen viele wieder zu ihren Männern, Vätern, Eltern zurück. Solche Bewegungen über offene Grenzen binnen weniger Wochen hat die Europäische Union noch nie erlebt. Im Syrienkrieg dauerte es mehrere Jahre, bis mehr als 3 Millionen Flüchtlinge in die Türkei kamen.

Die ukrainische Flüchtlingskrise findet vor dem Hintergrund einer tiefen Krise des internationalen Flüchtlingsschutzes statt. So wurde mit der Genfer Flüchtlingskonvention von 1951 ein radikaler Gedanke eingeführt: Staaten sollten jedem Schutz gewähren, der »aus der begründeten Furcht vor Verfolgung wegen seiner Rasse, Religion, Nationalität, Zugehörigkeit zu einer bestimmten sozialen Gruppe oder wegen seiner politischen Überzeugung« Schutz sucht, unabhängig von seiner Staatsangehörigkeit. Und doch verletzen seit vielen Jahren selbst demokratische Regierungen in aller Welt, von Australien bis zu den USA, von Griechenland und Kroatien bis zu Polen an seiner Grenze zu Weißrussland, den in der Konvention von 1951 verankerten Grundsatz der Nichtzurückweisung (Non-Refoulement).

Regierungen haben das Recht, ihre Grenzen zu kontrollieren. Sie dürfen auch Menschen zurückschicken, die kein Recht auf Aufenthalt haben. Allerdings haben demokratische Staaten vor Jahrzehnten beschlossen, dass sie dies nur auf dem Rechtsweg und im Einklang mit der Genfer Flüchtlingskonvention tun werden. Daher brauchen Demokratien humane Wege, um ihre Grenzen zu kontrollieren, ohne die Grundrechte zu verletzen; Wege, um irreguläre Migration ohne Zurückweisung und Menschenrechtsverletzungen zu reduzieren; und dazu Wege, um Schutzbedürftige legal aufzunehmen.

Dies erfordert eine positive Vision des globalen Flüchtlingsschutzes im 21. Jahrhundert. Demokratien sollten sich verpflichten, mehr Flüchtlinge neu anzusiedeln (Resettlement), und sie sollten die Grenzen für diejenigen offenhalten, die keinen anderen sicheren Ort finden können.

So wie die EU dies im Fall der Flüchtlinge aus der Ukraine getan hat. Alle europäischen Länder, mit Ausnahme des Vereinigten Königreichs, gestatten Ukrainern eine visumsfreie Einreise. Die Reaktion der EU auf ihre Notlage Anfang März war historisch: Mit der Aktivierung der EU-Richtlinie über vorübergehenden Schutz haben alle aus der Ukraine fliehenden Menschen das Recht, sich überall in der EU aufzuhalten, zu arbeiten und Unterstützung zu erhalten. Es besteht daher auch kein Bedarf an Schleusern, es gibt keine gefährlichen irregulären Überfahrten, kein langes Warten auf langwierige Asylverfahren. Die Aufnahme von hauptsächlich Frauen und Kindern aus der Ukraine bot so die Gelegenheit zu zeigen, wie eine humane europäische Asylpolitik auch bei ungewöhnlich hohen Zahlen funktionieren kann.

Ein solches System erfordert mehr als kurzfristige Empathie. Es erfordert Organisation. In ganz Europa, von Norwegen bis Moldawien, haben viele ihre Bereitschaft gezeigt, Ukrainer aufzunehmen. Überall gibt es Städte und Bürger, die bereit sind, zu helfen. Dies macht es möglich, eine beispiellose Anstrengung zur freiwilligen Umsiedlung ukrainischer Flüchtlinge zu unternehmen. Dabei sind Flüchtlinge keine Pakete, die gegen ihren Willen verteilt werden können. Denjenigen, die in Polen und der Slowakei ankommen, sollte Unterstützung angeboten werden, einschließlich Informationen darüber, wie sie nach Finnland oder Irland, Frankreich oder Portugal gelangen und welche Bedingungen sie vorfinden. Ohne Informationen werden Flüchtlinge nur langsam den Kontinent überqueren und die meisten werden in (einigen) Grenzstaaten und Staaten wie Deutschland, Tschechien, Bulgarien und Österreich verbleiben. Das zeigte sich bereits in den ersten Monaten. So haben in der Tschechischen Republik bis Ende Juni mehr Ukrainerinnen und Ukrainer einen Antrag auf vorübergehenden Schutz gestellt als in Frankreich, Spanien und Italien zusammengenommen. In Bulgarien mehr als in Österreich. Warschau beherbergt zehnmal mehr ukrainische Flüchtlinge als das Vereinigte Königreich aufgenommen hat.

Wenn die Europäische Union Millionen von ukrainischen Flüchtlingen aufnimmt und gleichzeitig die Flüchtlingskonvention an ihren Außengrenzen wieder einhält und Menschenrechtsverletzungen durch illegale Zurückweisungen von Flüchtlingen an EU-Außengrenzen abstellt, kann sie eine klare Botschaft aussenden: Demokratien können auf autokratischen Druck humanitär reagieren, so wie es die Alliierten während der Berliner Luftbrücke 1948 angesichts von Stalins Blockade und Erpressung taten, 1956 in der Ungarnkrise oder eine Koalition nach 1979 angesichts der Bootsflüchtlinge in Südostasien. Eine humane Antwort auf Putins Krieg im Jahr 2022 besteht daher darin, seinen Opfern zu helfen sowie angesichts einer historischen Fluchtbewegung ein deutliches Zeichen für den Wert der Menschenwürde und der Flüchtlingskonvention zu setzen.

Das ist der EU in dieser Krise und im Umgang mit den ukrainischen Flüchtlingen bislang gelungen. Es hängt viel davon ab, dass es so bleibt.

Auszüge aus dem Spiegel-Bestseller: Gerald Knaus, Welche Grenzen brauchen wir? Zwischen Empathie und Angst – Flucht, Migration und die Zukunft von Asyl, Piper 2020. <www.grenzen.eu>

1 Europäische Stabilitäts-Initiative, »Why people don't need to drown in the Aegean – A policy proposal«, 17. September 2015, 1; <https://www.esiweb.org/publications/why-people-dont-need-drown-aegean-policy-proposal>.

2 »Viktor Orbán's speech at the 14th Kötcse civil picnic«, Hungarian Government, 5. September 2015; <http://www.kormany.hu/en/the-prime-minister/the-prime-minister-s-speeches/viktor-orban-s-speech-at-the-14th-kotcse-civil-picnic>.

3 Europäische Stabilitäts-Initiative, »Why people don't need to drown in the Aegean – A policy proposal«, 2.

4 Europäische Stabilitäts-Initiative, 2.

5 Andrea Böhm, »Flüchtlinge: Zäune, Paragrafen, Drohungen – nützt alles nichts«, *Die Zeit*, 21. September 2015; <https://www.zeit.de/politik/2015-09/fluechtlinge-syrien-libanon-tuerkei-deutschland/komplettansicht>.

6 Niklaus Nuspliger, »Im Meer stösst der Grenzschutz an Grenzen«, *Neue Zürcher Zeitung*, 22. September 2015; <https://www.nzz.ch/international/europa/im-meer-stoesst-der-grenzschutz-an-grenzen-1.18616932.>.

7 Marloes de Koning, »Merkel moet nu Turken helpen«, *NRC*, 24. September 2015; <https://www.nrc.nl/nieuws/2015/09/24/merkel-moet-nu-turken-helpen-1540766-a822337>.

8 Europäische Stabilitäts-Initiative, »The Merkel Plan – A proposal for the Syrian refugee crisis«, 4. Oktober 2015, 1 <https://www.esiweb.org/publications/merkel-plan-proposal-syrian-refugee-crisis>.

9 Europäische Stabilitäts-Initiative, 1.

10 Europäische Stabilitäts-Initiative, 1f.

11 Europäische Stabilitäts-Initiative, 2.

12 Thomas Kirchner und Robert Roßmann Brüssel/Berlin, »EU will Flüchtlingspakt, Erdoğan zögert«, *Süddeutsche Zeitung*, 5. Oktober 2015; <https://www.sueddeutsche.de/politik/bruessel-eu-verhandelt-mit-erdoan-ueber-fluechtlingspakt-1.2677683>.

13 Michael Martens, »Erdogan in Brüssel: Die Festung, die keine ist«, *Frankfurter Allgemeine Zeitung*, 5. Oktober 2015; <https://www.faz.net/1.3838694>.

14 ARD, *Merkel bei Anne Will: »Ich habe einen Plan«*, 2015; <https://www.youtube.com/watch?time_continue=893&v=TokGxNr_vxc>.

15 Sigmar Gabriel und Frank-Walter Steinmeier, »Flüchtlingspolitik: Wir müssen mehr ordnen und steuern«, *Spiegel Online*, 20. November 2015; <http://www.spiegel.de/politik/deutschland/fluechtlinge-sigmar-gabriel-und-steinmeier-fordern-neustart-a-1063855.html>.

16 Marc Peeperkorn, »Zo drukte Rutte zijn stempel op de EU-Turkije-deal«, *de Volkskrant*, 16. April 2016; <https://www.volkskrant.nl/gs-bb088668>.

17 Gerald Knaus, »Ein Plan B für Merkel«, *Süddeutsche Zeitung*, 21. Januar 2016; <https://www.sueddeutsche.de/politik/aussenansicht-ein-plan-b-fuer-merkel-1.2828636>.

18 »Speech by Prime Minister Mark Rutte to the European Parliament«, Dutch Ministry of General Affairs, 20. Januar 2016; <https://www.government.nl/documents/speeches/2016/01/20/speech-by-prime-minister-mark-rutte-to-the-european-parliament>.

19 »Migration ›Putting EU at Grave Risk‹«, *BBC*, 22. Januar 2016, Abschn. Europe; <https://www.bbc.com/news/world-europe-35375303>.

20 *tagesschau.de*, »Flüchtlinge in Europa: Merkel zur Lage in Griechenland«, tagesschau.de, 5. März 2016; <https://www.tagesschau.de/multimedia/video/video-162809.html>.

21 Peeperkorn, »Zo drukte Rutte zijn stempel op de EU-Turkije-deal«.

22 Peeperkorn.

23 »Schlussfolgerungen zur Migration«, Europäischer Rat, 17. Dezember 2015; <https://www.consilium.europa.eu/de/press/press-releases/2015/12/17/euco-conclusions-migration/>.

24 Peeperkorn, »Zo drukte Rutte zijn stempel op de EU-Turkije-deal«.

25 Stéphane Alonso und Annemarie Kas, »›Ik verzoen me met de schade, het resultaat is binnen‹«, *NRC*, 29. März 2016; <https://www.nrc.nl/nieuws/2016/03/29/ik-verzoen-me-met-de-schade-het-resultaat-is-bi-1604109-a841717>.

26 Stéphane Alonso und Annemarie Kas.

27 Europäischer Rat, »Erklärung EU-Türkei, 18. März 2016«, 18. März 2016, https://www.consilium.europa.eu/de/press/press-releases/2016/03/18/eu-turkey-statement/. Oft auch als »EU-Türkei-Abkommen«, »Flüchtlingsdeal« oder »Flüchtlingspakt« bezeichnet. Rechtlich handelt es sich aber um eine »Erklärung«, denn es wurde kein neues Recht geschaffen, sondern bestehendes bekräftigt.

28 »Juncker an EU-Staats- und Regierungschefs: Flüchtlingsfazilität für Türkei auf gutem Weg«, Text, Vertretung der Europäischen Kommission in Deutschland, 17. Oktober 2016; <https://germany.representation.ec.europa.eu/news/juncker-eu-staats-und-regierungschefs-fluchtlingsfazilitat-fur-turkei-auf-gutem-weg-2016-10-17_de>.

29 »The Emergency Social Safety Net (ESSN): Providing Cash to the Most Vulnerable Refugees in Turkey«, Text, European Civil Protection and Humanitarian Aid Operations - European Commission, 22. August 2017; <https://ec.europa.eu/echo/essn_en>.

30 Gerald Knaus, »It is all implementation, stupid.«, Rumeli Observer, 21. März 2016; <http://www.esiweb.org/rumeliobserver/2016/03/21/it-is-all-implementation-stupid/>.

Markus M. Beeko

Das Recht »Asyl zu suchen« – ein ganz besonderes Menschenrecht

Die Menschenrechte sind universell und unteilbar. Und alle sind gleichrangig.

Doch dem Asyl-Recht, dem Menschenrecht »Asyl zu suchen«, kommt auf gewisse Weise besondere Bedeutung zu: Es ist gerade dann gefragt, wenn Menschen grundlegend in ihren (anderen) Menschenrechten verletzt werden; wenn sie bedroht, verfolgt und Opfer von Repression und Gewalt sind und allein die Flucht noch Schutz von Leib und Leben verspricht.

In den letzten Jahren schien die Tatsache, »Flüchtling zu sein«, den damit einhergehenden besonderen, international anerkannten Schutzstatus allerdings an immer weniger Orten zu garantieren. Stattdessen wurde die Bezeichnung weltweit zunehmend zur Stigmatisierung und Ausgrenzung verwendet.

Als Folge des russischen Angriffskrieges auf die Ukraine erinnert nun die größte Fluchtbewegung in Europa seit dem Zweiten Weltkrieg daran, wie wichtig die Verantwortung aller Staaten für den Schutz von Schutz suchenden Menschen bleibt.

»Alle Menschen sind frei und gleich an Würde und Rechten geboren« garantiert Art. 1 der Allgemeinen Erklärung der Menschenrechte der Vereinten Nationen. Jede*r hat das Recht auf Leben, Freiheit und Sicherheit der Person. Niemand darf wegen des Geschlechts, der Abstammung, des Glaubens oder der sexuellen Identität benachteiligt oder verfolgt werden. Niemand darf versklavt, niemand gefoltert, niemand willkürlich ausgewiesen werden. Jede*r ist frei, zu entscheiden, an wen oder was man glaubt oder nicht glaubt; wen man liebt; was man denkt, ob man diese Gedanken für sich behält oder die eigene Meinung offen äußert.

Grundlegende Menschenrechte, die allen Menschen unterschiedslos, ohne Ansehen der Person, von Geburt an zustehen. Was für eine große

Idee – fast zu schön, um wahr zu sein. »Zu schön, um wahr zu sein« – genau das war 1948, bei der Verabschiedung der Erklärung, leider auch für die überwiegende Mehrheit der Menschheit die traurige Realität. Denn ihre Menschenrechte wurden täglich verletzt und infrage gestellt.

Die 30 Artikel der Allgemeinen Erklärung der Menschenrechte sind ein Kind des letzten Jahrhunderts und eines, welches erst nach grausamsten Ereignissen das Licht der Welt erblickte: Das Bekenntnis zu unteilbaren und unveräußerlichen Menschenrechten, welches am 10. Dezember 1948 mit der Allgemeinen Erklärung der Menschenrechte verabschiedet wurde, war eine Reaktion auf die Shoah und die Verbrechen des NS-Regimes im Zweiten Weltkrieg. Eine der Lehren aus dem Holocaust war, dass der Schutz der Menschenrechte nicht nur Aufgabe der einzelnen Nationalstaaten, sondern der gesamten Weltgemeinschaft sein sollte und sein musste. Alle Staaten und Regierungen sollten zukünftig der Achtung, dem Schutz und der Gewährleistung dieser Menschenrechte verpflichtet sein.

»Wir stehen heute an der Schwelle eines großen Ereignisses im Leben der Vereinten Nationen und im Leben der Menschheit«, sagte Eleanor Roosevelt, Vorsitzende der UN-Menschenrechtskommission, als sie die Allgemeine Erklärung der Menschenrechte der UN-Generalversammlung als »internationale Magna Charta aller Menschen« vorlegte. Obwohl rechtlich nicht bindend, legte die Menschenrechtserklärung den Grundstein für eine Reihe internationaler verbindlicher Menschenrechtsabkommen der nächsten Jahrzehnte, darunter der Pakt für politische und bürgerliche Rechte, der UN-Sozialpakt, die Antifolterkonvention (1984), die Kinderrechtskonvention (1989) oder auch die Genfer Flüchtlingskonvention (1951).

Das Recht »Asyl zu suchen«

Niemand flieht ohne Grund. Verfolgung, Krieg und Vertreibung gehören zu den einschneidendsten Ursachen, die Menschen dazu bringen, ihr Zuhause, ihre Angehörigen, ihr bisheriges Leben zurückzulassen, um sich und ihre Familie, auf meist gefährlichen Wegen, in Sicherheit zu bringen. Das Recht auf Asyl, genauer gesagt, das Recht, »Asyl zu suchen«, ist in der Allgemeinen Erklärung der Menschenrechte in Artikel 14 festgehalten: »Jeder Mensch hat das Recht, in anderen Ländern vor Verfolgungen Asyl zu suchen und zu genießen.«

Das Recht auf Asyl ist ein »Rettungsanker« im System der Menschenrechte. Zusammen mit anderen Schutzvorkehrungen des internationalen Völkerrechts schützt es die, die Opfer schwerer Menschenrechtsverletzungen werden oder durch sie bedroht sind. Deshalb gibt es den besonderen Flüchtlingsstatus. **Wer bedarf mehr des Schutzes der Staatengemeinschaft, als die Frauen, Kinder und Männer, die Gewalt, schwersten Menschenrechtsverletzungen, Verfolgung, Vertreibung ausgesetzt sind?**

Eine wichtige Erfahrung aus den beiden Weltkriegen war das Fehlen international wirksamer Vereinbarungen zum Schutz von Menschen auf der Flucht. Nicht zuletzt das weitgehende Versagen der Staatengemeinschaft eine breite Aufnahme der aus oder vor Nazideutschland fliehenden Menschen zu ermöglichen, machte deutlich, dass es international anerkannter und verbindlicher Regelungen zum Schutze verfolgter Menschen bedurfte. Es waren die europäischen Fluchtbewegungen während und nach dem Zweiten Weltkrieg und die immer wieder offenbar werdenden Hindernisse und Widerstände, die, zuerst zu verschiedenen multinationalen Bemühungen und Initiativen, und letztendlich 1951 zur Verabschiedung der Genfer Flüchtlingskonvention führten. Ursprünglich befristet und regional begrenzt, wurde die Konvention im weiteren Verlauf zur Grundlage für den Flüchtlingsschutz weltweit und weitere völkerrechtliche Regelungen.

70 Jahre später ist die Welt eine andere, Millionen von Menschen genießen Menschenrechte, die ihren Eltern verwehrt wurden. Gleichzeitig blasen autoritäre Regierungen und politische Akteure zum Angriff auf Menschenrechte und die regelbasierte internationale Ordnung. Dabei scheint gerade ein Menschenrecht besonders verteidigt werden zu müssen: der Flüchtlingsschutz. Weltweit wird Menschen auf der Flucht nicht nur das Recht, »Asyl zu suchen«, systematisch verweigert – oftmals und vielerorts werden Schutz suchende Menschen Opfer gezielter Ausgrenzung, Repressalien und Gewalt – auch durch Staaten, die sich offiziell vollmundig zu Menschenrechten und Völkerrecht bekennen.

Können wir glaubhaft Menschenrechte und internationale Ordnung propagieren und gleichzeitig weiter den Flüchtlingsschutz aushöhlen?

Wie kann Politik aussehen, die wirksam Fluchtursachen bekämpft und dem entgegenwirkt, dass mehr und mehr Menschen fliehen müssen?

Und was können und sollten die Lehren aus Krisen und Kriegen, wie dem jüngst in der Ukraine, sein?

1. Amnesty International und der Flüchtlingsschutz

Mehr als 70 Jahre nach der Verabschiedung der Menschenrechtserklärung bleibt der Einsatz für die Menschenrechte so wichtig wie nie. Trotz vieler Rückschläge ist dieses Engagement nie umsonst. Jede inhaftierte Menschenrechtsanwältin, die nach öffentlichem Druck freikommt, jeder Umweltrechtsaktivist, der nicht mehr bedroht wird und jede Schutzsuchende, die ihr Recht auf Asyl wahrnehmen kann, ist ein Erfolg für die Menschenrechte. Dafür setzen sich Menschen bei und mit Amnesty International seit mehr als 60 Jahren ein. Die Stärke von Amnesty liegt im freiwilligen Engagement von mehr als zehn Millionen Unterstützer*innen in über 150 Ländern, die als eine weltweit aktive Bewegung übergreifend für die Menschenrechte eintreten.

Amnesty International setzt sich in der Menschenrechtsarbeit für die Achtung des Flüchtlingsschutzes ein. Dies tun wir u. a. durch

- die Erstellung von Berichten zur Lage der Menschenrechte und zur besonderen Gefährdung einzelner Personengruppen. Dies trägt zum Lagebild von Institutionen und Behörden weltweit bei und dient auch Entscheider*innen in Asylverfahren ergänzend zur Bewertung von Gefährdungslagen;
- Untersuchungen und Berichte zu Menschenrechtsverletzungen von Staaten an Schutz suchenden Menschen und Migrant*innen. Berichte, Briefings und Positionspapiere, zum Beispiel über die verheerende Situation in griechischen Flüchtlingslagern, über Misshandlungen und rechtswidrige Pushbacks an den EU-Außen-

grenzen oder die systematischen Vergehen an Geflüchteten im Pazifik, sind Teil der kontinuierlichen Arbeit von Amnesty;
- Amnesty fordert von Regierungen ein, ihrer Verantwortung für eine menschenrechtskonforme Flüchtlingsschutzpolitik gerecht zu werden. Dies geschieht über nationale Lobbyarbeit wie auch in internationalen Foren und Gremien (wie bei der UN oder auf europäischer Ebene);
- die Beratung Schutzsuchender in der Asylberatung, die von lokalen Amnesty-Gruppen angeboten wird. In ehrenamtlichen Rechtsberatungen stellen geschulte Asylberater*innen Asylsuchenden belastbare Dokumentationen zur Menschenrechtssituation in den Herkunftsländern zur Verfügung, erstellen Asylgutachten und informieren über den allgemeinen Ablauf eines Asylverfahrens;
- die Unterstützung von fälschlich kriminalisierten Menschenrechtsverteidiger*innen, die sich für den Flüchtlingsschutz oder die Lebensrettung auf dem Mittelmeer einsetzen (wie die Crewmitglieder des Seenotrettungsschiffes Iuventa, gegen die in Italien allein wegen ihres Einsatzes zur Rettung von Menschenleben strafrechtlich ermittelt wird).

2. Aktuelle Entwicklung der Menschenrechte und die Implikationen für den Flüchtlingsschutz

Wenn die Entwicklung der Menschenrechte seit Verabschiedung der Allgemeinen Erklärung der Menschenrechte vor mehr als 70 Jahren auch grundsätzlich eine Erfolgsgeschichte ist, so gibt der Blick auf die letzten Jahre vielfältigen Anlass zur Sorge.

Der aktuelle Amnesty International-Report 2021/2022 führt unter anderem folgende drängenden Gefahren auf:

- **Angriffe auf menschenrechtliche Grundsätze und wachsende Bestrebungen, Menschen auszugrenzen: Geflüchtete sollen als »Sündenböcke« herhalten.**

Autoritäre Regierungen und extremistische politische Akteure greifen gezielt grundlegende Menschenrechtsprinzipien an, verletzen bewusst internationale Verpflichtungen, grenzen Bevölkerungsgruppen aus und sprechen diesen systematisch ihre Menschenrechte ab. Dies wird vielerorts zur Bedrohung für ethnische Minderheiten, Religionsgemeinschaften, Frauen, LGBTIQ und Geflüchtete – allzu oft sind es Flüchtlinge und Migrant*innen, die zu gesellschaftlichen Sündenböcken stigmatisiert werden.

- **Kriegsverbrechen und Verletzungen des humanitären Völkerrechts: wachsende Fluchtbewegungen**

Angriffe autoritärer Akteure auf die Funktionsfähigkeit multilateraler Organisationen oder die offene Missachtung von Institutionen und Völkerrecht nehmen zu. Diese Schwächung befördert, dass in bewaffneten Konflikten Kriegsverbrechen und andere schwere Verstöße gegen humanitäres Völkerrecht begangen werden, ohne dass die Verantwortlichen von der internationalen Staatengemeinschaft zur Rechenschaft gezogen werden – sei es in Libyen, Syrien, dem Jemen, in Afghanistan oder Myanmar. Diese fehlende Durchsetzung der internationalen Ordnung führt oftmals zur weiteren Eskalation bewaffneter Auseinandersetzungen und zwingt mehr und mehr Menschen in die Flucht.

Allein zwischen Ende 2020 und Juni 2021 stieg die Zahl der Menschen, die gezwungen wurden, ihre Heimat zu verlassen, auf über 84 Millionen.[1]

- **Zunehmende Einschränkungen von Freiheiten und die Verfolgung von Menschenrechtsverteidiger*innen, Journalist*innen und unabhängigen Organisationen**

2021 wurden in mindestens 67 Ländern neue Gesetze eingeführt, um die Rechte auf Meinungs-, Vereinigungs- und Versammlungsfreiheit zu beschränken. Amnesty dokumentierte den Einsatz unverhältnismäßiger oder übermäßiger Gewalt gegen Demonstrierende in mindestens 85 der 154 untersuchten Länder. In mindestens 84 der 154 Staaten wurden Menschenrechtsverteidiger*innen willkürlich inhaftiert.

Menschen, die sich friedlich für Menschenrechte einsetzen, werden vielerorts systematisch verfolgt und müssen fliehen – und brauchen sichere und legale Fluchtwege.

- **Staatliche Gewalt, illegale Pushbacks und bewusste Unterversorgung statt nötigem Schutz und Unterstützung für vulnerable Menschen**

Alle diese Entwicklungen erfordern eine Staatengemeinschaft, die im besten Geiste der Genfer Flüchtlingskonvention und des humanitären Völkerrechts Verantwortung übernimmt, die für Schutz und Versorgung von Flüchtenden und Migrant*innen sorgt – Frauen, Kinder und Männer, die ohne Unterkunft, ohne medizinische Versorgung, ohne das Nötigste, besonders verletzlich sind – und sie vor weiterer Unbill schützt.

Der Amnesty-Jahresbericht zeigt: Das Gegenteil ist die Realität von heute.

Millionen von Flüchtlingen, die vor Konflikten und vor Vertreibung flohen, wurde das Recht, »Schutz zu suchen«, auch im letzten Jahr in vielen Teilen der Welt gewaltsam und systematisch verwehrt.

Amnesty International dokumentierte für 2021 in 48 der 154 untersuchten Ländern Misshandlungen und rechtswidrige Zurückweisungen von Schutz suchenden Menschen.

So wurde Schutzsuchenden an den EU-Außengrenzen mit Gewalt der Zugang zum Asylverfahren verwehrt. Polen hat Pushbacks, also rechtswidrige Zurückweisungen von Schutzsuchenden, völkerrechtswidrig gesetzlich verankert, um Geflüchtete an der Einreise aus Belarus zu hindern. Allein an der weißrussischen Grenze zu Polen, Lettland und Litauen wurden 2021 über 40.000 Menschen zurückgetrieben. Mehr als 27.000 Flüchtlinge und Migrant*innen wurden im zentralen Mittelmeer gewaltsam von der libyschen Küstenwache nach Libyen gebracht, wo ihnen schwere Menschenrechtsverletzungen drohen.

US-Grenzschutzbeamten haben im Jahr 2021 fast 1,5 Millionen Flüchtlinge und Migranten an der Grenze zwischen den USA und Mexiko unrechtmäßig zurückgewiesen, darunter Zehntausende von unbegleiteten Kindern. Mindestens 650 Menschen starben bei dem Versuch, die Grenze zwischen Mexiko und den Vereinigten Staaten zu überqueren.

Tausende Menschen sind weltweit, und auch in Europa, in Lagern ohne das Notwendigste für Kinder, Alte und Kranke. Und ohne rechtsstaatliche Mindeststandards, die ihnen Zugang zu einem individuellen fairen Asylverfahren garantieren.

Flüchtlingsschutz heute und morgen: Aus dem Ukraine-Krieg die richtigen Lehren ziehen

Als im Februar 2022 Russland die Ukraine in einem völkerrechtswidrigen Angriff überfiel, war dies in vielerlei Hinsicht eine Zeitenwende. Der Angriff auf die europäische Friedensordnung war Ausgangspunkt für die größte Flüchtlingsbewegung in Europa seit dem Zweiten Weltkrieg. In kürzester Zeit flohen mehrere Millionen Menschen[2], vorwiegend Frauen und Kinder, vor dem Krieg und den russischen Kriegsverbrechen und Verletzungen des humanitären Völkerrechts – zu denen Bombardements und Angriffe auf zivile Ziele und auf die Zivilbevölkerung gehörten.

Und Europa übernahm Verantwortung: Bürger*innen und Kommunen hießen die Flüchtenden mit offenen Armen willkommen, und selbst die in Fragen der Flüchtlingsschutzpolitik ansonsten zerstrittene EU ermöglichte im März 2022 mit der raschen Aktivierung der sogenannten »Massenzustrom-Richtlinie« (»Temporary Protection Directive«) eine unbürokratische Aufnahme von Flüchtenden aus der Ukraine.

Lehre Nr. 1 ist eine wichtige direkte unmittelbare Lernerfahrung:

Europa kann Verantwortung übernehmen und seine menschenrechtlichen Verpflichtungen im Flüchtlingsschutz wahrnehmen – wenn es will.

Lehre Nr. 2 ist eine weitere, mittelbare Erfahrung:

Es wird zukünftig eine Stärkung der internationalen Ordnung und eine konsequente Ahndung von Kriegsverbrechen und schweren Menschenrechtsverletzungen brauchen. Nur wenn dies weltweit unterschiedslos geschieht, werden die bislang Verantwortlichen für Gräuel in Syrien, Tschetschenien, dem Jemen oder der Ukraine zukünftig vor Verletzungen des Völkerrechts zurückschrecken.

Lehre Nr. 3 betrifft die Vermeidung von sogenannten »Double Standards«:

So wie die Verfolgung von Kriegsverbrechen zukünftig konsequent und weltweit unterschiedslos ohne Ansehen der Opfer oder der Verantwortlichen vorangetrieben werden muss, so gilt es auch sicherzustellen, dass es keine Flüchtlinge »1. Klasse« und »2. Klasse« gibt.

Viele Menschen und Staaten, insbesondere im globalen Süden, haben sehr genau beobachtet: Während umgehend Mechanismen von Dokumentation und Strafverfolgung der russischen Kriegsverbrechen gefordert und gefördert wurden, fehlte es bei Kriegsverbrechen in Syrien, im Jemen oder im Kongo oft an einer raschen und angemessenen Reaktion der westlichen Staaten. Während rasch die Grenzen für ukrainische Staatsangehörige geöffnet wurden, war die Situation für nicht ukrainische Flüchtlinge, die vor den russischen Angriffen flohen, zu lange unklar. Und syrische und afghanische Flüchtende an der polnisch-belarussischen Grenze blieben weiter ohne Schutz und ausreichende Versorgung.

Wer glaubwürdig Menschenrechte und Völkerrecht proklamieren will, wird zukünftig erlebbar deutlich machen müssen:

- Alle Menschen sind gleich an Rechten, und Schutz suchenden Menschen wird ungeachtet ihrer Nationalität oder Ethnie ihr völkerrechtlicher Anspruch, »Asyl suchen zu dürfen«, garantiert. Staaten stehen in der menschenrechtlichen Verantwortung des Flüchtlingsschutzes.
- Wir brauchen eine internationale Ordnung mit starken Institutionen und Sanktionsmechanismen, die die Einhaltung und Achtung der Menschenrechte von allen Staaten gleichermaßen einfordern und Verstöße ahnden kann.
- Nur eine kohärente nationale Außen-, Wirtschafts- und Sicherheitspolitik, die unterschiedslos die Einhaltung von Völker- und Menschenrecht in allen bi- und multinationalen Beziehungen fordert, kann wirksam Fluchtursachen aktiv bekämpfen. Wer von der Bekämpfung von Fluchtursachen spricht und repressive Regierungen wie die ägyptische unterstützt oder nicht einschreitet, wenn Menschen nach Libyen verbracht werden, verliert seine Glaubwürdigkeit.

Zusammen mit weiteren Menschenrechtsorganisationen macht sich Amnesty für eine Stärkung des internationalen Flüchtlingsschutzes stark und hat dafür eine Reihe von Forderungen an europäische Regierungen formuliert:

- Es braucht legale und sichere Zugangswege für Flüchtlinge in die EU, zum Beispiel über sogenannte »Resettlement-Programme«.
- Für Kriegs- und Krisengebiete wie Syrien, Afghanistan oder Zentral- und Südsomalia muss ein Abschiebestopp gelten, damit abgelehnte Asylsuchende nicht unter Verstoß gegen Artikel 3 der Europäischen Menschenrechtskonvention in Kriegs- und Krisenländer abgeschoben werden.
- Auf EU-Ebene muss europaweit der Zugang für Schutzsuchende zu fairen rechtsstaatlichen Asylverfahren geschaffen werden.
- Menschenrechtsverletzungen an den EU-Außengrenzen, wie auch an Schutzsuchenden innerhalb der EU, sind zu verhindern. Es braucht einen robusten Monitoring-Mechanismus, der Menschenrechtsverletzungen an Schutzsuchenden vorbeugt, sie gegebenenfalls erkennt, dokumentiert, aufklärt und ahndet.

  Der kürzliche Rücktritt von Frontex-Direktor Fabrice Leggeri[3] kann hier eine neue Ära der Achtung der Menschenrechte an den europäischen Außengrenzen einläuten.
- Bei allen Migrationskooperationen müssen Menschenrechtsstandards gewahrt bleiben und durch ein kontinuierliches Monitoring gewährleistet werden.

Der Flüchtlingsschutz steht vor großen Herausforderungen. Krisen und die Covid-19-Pandemie haben gezeigt, wie fragil der Schutz grundlegender Rechte von vulnerablen Gruppen wie Flüchtenden ist.

Es wird auch zukünftig eine aktive Zivilgesellschaft brauchen, die Gesellschaft und Politik an die Verantwortung für Menschenrechte und Flüchtlingsschutz erinnert.

Amnesty International wird als Teil einer globalen Menschenrechtsbewegung konsequent die Einhaltung völkerrechtlicher und menschenrechtlicher Verpflichtungen einfordern und Regierungen an ihre internationalen Verpflichtungen erinnern.

Lösungen, die gleichzeitig den vielfältigen globalen Herausforderungen gerecht werden, sind nicht einfach und werden beharrliches und zähes Verhandeln zwischen Staaten und in multilateralen Foren brauchen, um zu einer belastbaren und fairen internationalen Lastenteilung zu kommen.

So, wie nach dem Zweiten Weltkrieg die Genfer Flüchtlingskonvention mit dem Schutz europäischer Flüchtlinge den ersten Schritt zu einem verbindlichen internationalen Flüchtlingsschutz machte, so sollten die Erfahrungen aus dem Ukraine-Krieg der erste Schritt zu einer Revitalisierung des internationalen Flüchtlingsschutzes sein. Dies könnte ein positives Vermächtnis dieses ansonsten so schrecklichen völkerrechtswidrigen russischen Angriffskrieges werden.

Unsere globale Welt mit ihren vielfältigen Krisen und zukünftigen Herausforderungen braucht eine »Zeitenwende« für einen glaubwürdigen und menschlichen Flüchtlingsschutz.

Nutzen wir sie!

1 <https://www.unhcr.org/refugee-statistics-uat/>

2 Mehr als 5,5 Millionen Menschen waren seit Ausbruch des Krieges am 24. Februar 2022 aus der Ukraine geflohen, mehr als 7 Millionen Menschen innerhalb des Landes. Quelle: IOM (2022) Ukraine — Internal Displacement Report — General Population Survey Round 8 (17 - 23 August 2022).

3 Im April 2022 trat Frontex-Direktor Fabrice Leggeri nach anhaltender Kritik zurück. Unabhängige Untersuchungen belegten, dass die europäische Grenzschutzagentur Frontex vielfach gegen europäisches und internationales Flüchtlingsschutzrecht verstoßen hatte und sich aktiv an »Pushbacks« von Menschen u. a. auf hohe See beteiligt hatte.

Über die Autorinnen und Autoren

Leen Alcheikh wurde 2004 im Osten von Damaskus in Syrien geboren. Sie floh 2012 vor dem Bürgerkrieg in Syrien über das Mittelmeer bis nach Deutschland. 2020 schrieb sie im Rahmen des Förderprojekts *WEICHENSTELLUNG Ausbildung und Beruf* ein Buch über ihre Fluchterfahrung. Für ihr Buch *Alles sein – der schwierige Weg in die Freiheit* gewann sie 2020 den *KiKA Award* in der Kategorie *KiKA Make a Change Award*. Sie lebt mit ihren Eltern und ihrem Zwillingsbruder in Köln.

Farhad Alsilo wurde 2002 im Nordirak in der Stadt Shingal geboren. Er überlebte den IS-Krieg und wurde mit 12 Jahren im Rahmen des Sonderkontingents für verfolgte Jesidinnen des Landes Baden-Württemberg zusammen mit der Mutter und den beiden kleineren Geschwistern nach Deutschland gebracht. Farhad integrierte sich und lernte schnell die deutsche Sprache. Die Realschule schloss er mit dem besten Notenschnitt ab. Fahrhads Schwestern Zaytun, Khawla und Waheeda kamen ebenfalls über das Sonderkontingent für verfolgte Jesidinnen nach Baden-Württemberg.

Günther Anders (bürgerlich Günther Stern), geb. 1902 in Breslau, heiratete 1929 die Philosophiestudentin Hannah Arendt. Kurz nach dem Reichstagsbrand emigrierte das Paar nach Paris. Unter anderem wegen den prekären wirtschaftlichen Verhältnissen im französischen Exil zerbrach die Ehe. 1936 reiste Günther Anders weiter nach New York. Gelegenheitsarbeiten prägten die 14 Jahre in den USA. Für die deutschsprachige jüdische Zeitschrift *Aufbau* schrieb er Artikel. Die Erfahrungen von Verfolgung und Krieg fanden ihren Eingang in das Hauptwerk *Die Antiquiertheit des Menschen*. 1950 kehrte er dauerhaft nach Europa zurück. Günther Anders, der zu den bedeutendsten Philosophen des 20. Jahrhunderts zählt, starb 1992 in Wien.

Hannah Arendt, 1906 als Johanna Arendt in Hannover geboren, floh 1933 mit ihrem Mann Günther Anders nach Frankreich. In Paris engagierte sie sich für jüdische Flüchtlinge. 1940 heiratete sie Heinrich Blücher, den sie bereits 1936 kennengelernt hatte. Im Mai 1940 wurde sie mit anderen deutschstämmigen Ausländern in das Lager Gurs deportiert. Nachdem ihr die Flucht aus Gurs geglückt war, konnte sie im Mai 1941 zusammen mit ihrem Mann und ihrer Mutter über Lissabon in die Vereinigten Staaten emigrieren. In den ersten Jahren des Exils sorgte Hannah Arendt nahezu allein für den Lebensunterhalt der Familie. 1951 erhielt die 1937 Ausgebürgerte die US-amerikanische Staatsbürgerschaft. *Elemente und Ursprünge totalitärer Herrschaft*, *Vita activa oder Vom tätigen Leben* und *Eichmann in Jerusalem* gehören zu den wichtigsten Werken der streitbaren Philosophin, die pointiert politische und gesellschaftliche Ereignisse kommentierte. Hannah Arendt starb 1975 in New York.

Sylvia Asmus, geb. 1966, ist Leiterin des Deutschen Exilarchivs 1933-1945 der Deutschen Nationalbibliothek in Frankfurt am Main und verantwortlich für Publikationen und Ausstellungen zu Themen des Exils. Zahlreiche Veröffentlichungen, zuletzt *Exil. Erfahrung und Zeugnis / Exile. Experience and Testimony.*

Aleida Assmann, geb. 1947, Literatur- und Kulturwissenschaftlerin; Professur in Konstanz und zahlreiche Gastprofessuren im In- und Ausland. Forschungsschwerpunkt: kulturwissenschaftliche Gedächtnisforschung. Balzan Preis 2017 und Friedenspreis des Deutschen Buchhandels 2018 zusammen mit Jan Assmann. Zuletzt erschienen: *Der europäische Traum. Vier Lehren aus der Geschichte* (2018). *Die Wiedererfindung der Nation. Warum wir sie fürchten und warum wir sie brauchen* (2020). *Zeit und Tradition. Kulturelle Strategien der Dauer* (2022).

David Barth, geb. 1989, Wissenschaftlicher Mitarbeiter im Deutschen Exilarchiv 1933–1945 der Deutschen Nationalbibliothek und im Bereich Kulturvermittlung, Ausstellungen tätig.

Heinrich Bedford-Strohm, geb. 1960, Autor und Herausgeber zahlreicher Bücher und Aufsätze v.a. zu Themen öffentlicher Theologie, war bis 2011 Inhaber des Lehrstuhls für Systematische Theologie und Theologische Gegenwartsfragen und Gründungsdirektor der Dietrich-Bonhoeffer-Forschungsstelle für Öffentliche Theologie an der Universität Bamberg. Nach der Wahl zum Landesbischof der Evangelisch-Lutherischen Kirche in Bayern 2011 ist er weiter als Honorarprofessor an der Universität Bamberg und außerplanmäßiger Professor an der Universität Stellenbosch/Südafrika akademisch tätig. Von 2014-2021 war er auch Ratsvorsitzender der EKD. Wichtigste Veröffentlichungen: *Gemeinschaft aus kommunikativer Freiheit. Sozialer Zusammenhalt in der modernen Gesellschaft. Ein theologischer Beitrag*, Gütersloh 1999, 2. Auflage Leipzig 2018. *Radikal lieben. Anstöße für die Zukunft einer mutigen Kirche*,

Gütersloh 2017. *Liberation Theology for a Democratic Society, Essays in Public Theology*, Zürich 2018

Markus M. Beeko, Diplom-Kaufmann, Studium der Betriebswirtschaftslehre an der Universität zu Köln, wurde 2016 zum Generalsekretär der deutschen Sektion von Amnesty International ernannt. Er ist seit 2004 in Führungspositionen für Amnesty in Deutschland sowie das Internationale Sekretariat in London tätig. Darüber hinaus war er Mitglied im »Global Management Team«, das den internationalen Generalsekretär beriet, sowie in verschiedenen globalen Koordinierungsgremien der Menschenrechtsorganisation. Markus N. Beeko ist Kuratoriumsvorsitzender der Stiftung Menschenrechte und stellvertretender Vorsitzender des Kuratoriums des Deutschen Instituts für Menschenrechte. Vor seiner Tätigkeit bei Amnesty International arbeitete er in leitenden Funktionen beim Schweizer Think Tank Prognos und bei einer großen internationalen Kommunikationsagentur.

Wolfgang Benz, geb. 1941, Historiker, bis März 2011 Professor und Leiter des Zentrums für Antisemitismusforschung der Technischen Universität Berlin, Gastprofessuren u.a. in Australien, Bolivien, Nordirland, Österreich und Mexiko. Herausgeber und Mitherausgeber von Buchreihen und Zeitschriften. Mitglied des PEN, zahlreiche Publikationen zur deutschen Geschichte im 20. Jahrhundert, zu Nationalsozialismus, Antisemitismus und Problemen von Minderheiten. Zuletzt: *Im Widerstand: Größe und Scheitern der Opposition gegen Hitler* (2019); *Streitfall Antisemitismus. Anspruch auf Deutungsmacht und politische Interessen* (Hrsg., 2020); Vom *Vorurteil zur Gewalt. Politische und soziale Feindbilder in Geschichte und Gegenwart* (2020); *Mutterkreuz und Massenmord. Szenen aus dem »Dritten Reich«* (2021); *Deutsche Herrschaft. Nationalsozialistische Besatzung in Europa und die Folgen* (Hrsg., 2022).

Theresia Biehl, geb. 1981, Mitarbeiterin im Deutschen Exilarchiv 1933–1945 der Deutschen Nationalbibliothek und im Bereich Kulturvermittlung, Ausstellungen tätig.

Aleksei Bobrovnikov, geb. 1979 in Kiew. Der Print- und Fernsehjournalist veröffentlichte in der Ukraine zahlreiche Kurzgeschichten und Essays. Bereits Anfang 2014 berichtete er über die Majdan-Proteste in Kiew, seit 2015 recherchierte er über Schmugglerrouten im umkämpften ostukrainischen Donbass. Die Redaktion des Senders 1+1, für die Bobrovnikov arbeitete, forderte ihn auf, seine Recherchen einzustellen und drängte ihn zur Kündigung. Nachdem er mehrfach Morddrohungen erhalten hatte, verließ er im September 2016 fluchtartig das Land. Von Januar 2017 bis Februar 2018 war er Gast der Hamburger Stiftung für politisch Verfolgte. Von Februar 2018 bis Februar 2021 war Bobrovnikov Stipendiat des Writers-in-Exile-Programms des deutschen PEN.

Michael Brenner, geb. 1964, wuchs als Sohn zweier Holocaust-Überlebender in Weiden in der Oberpfalz auf. Er ist Professor für Jüdische Geschichte und Kultur an der Ludwig-Maximilians-Universität München, Ordentliches Mitglied der Bayerischen Akademie der Wissenschaften und Vizepräsident des Leo Baeck Instituts. Zahlreiche Gastprofessuren und Forschungsaufenthalte u.a. in Standford, Berkeley, Washington, Paris, Haifa und Budapest.

Kefah Ali Deeb, geb. 1982 in Lattakia, Syrien, wurde wegen ihres Engagements für einen demokratischen Wandel dreimal vom Assad-Regime verhaftet. 2014 kam sie als Flüchtling nach Deutschland. Im Jahr 2012 gewann die Schriftstellerin den renommierten »Alsharjah Arab Creativity Award« für ihre Kurzgeschichten *Nuzhet Alsulhufat* (»Schildkrötenpicknick«). Seit 2015 veröffentlicht Kefah Ali Deeb Artikel, u.a. in der TAZ und in ZEIT ONLINE.

Gerhard L. Durlacher, geb. 1928, wuchs als Kind jüdischer Eltern in Baden-Baden auf. 1937 ging die Familie nach Holland. Vom Durchgangslager Westerbork wurde er mit seinen Eltern 1942 nach Theresienstadt verschleppt; 1944 kam er nach Auschwitz-Birkenau . Er gehörte zu den wenigen, die das Vernichtungslager überlebten. Nach der Befreiung kehrte er nach Holland zurück, machte 1947 das Abitur und studierte Medizin und Sozialwissenschaften. Von 1964 bis 1983 lehrte er Soziologie an der Universität in Amsterdam. Gerhard L. Durlacher starb 1996 in Haarlem.

Azim Fakhri musste als Kind aus dem Iran fliehen. Schon als Kind musste er als Schneider zum Einkommen der Familie beitragen. In Afghanistan arbeitete er acht Jahre lang als Systemadministrator für die US-Streitkräfte. Die Ausstellungen seiner Graffiti-Projekte fanden große Resonanz in Kabul.

Sajjad Jahan Fard wurde 1985 in Gilangharb, Iran, geboren. Der persisch-kurdische Redakteur, Forscher und Übersetzer lebte lange Zeit im Iran. Er ist Autor mehrerer Bücher über die kurdische Sprache und Kultur. Da der Autor in kurdischer Sprache schrieb, war er ständiger Verfolgung ausgesetzt. 2011 wurde er von der iranischen

Regierung für drei Monate festgenommen. 2017 ging Fard in die Türkei, um seine Bücher zu veröffentlichen. Dort nahm ihn die türkische Polizei in Haft, wegen angeblicher »Mitgliedschaft in einer terroristischen Vereinigung«. Näher liegt allerdings der Verdacht, dass er wegen seiner Kontakte zu kurdischen Intellektuellen, Wissenschaftlern und Verlagen verhaftet wurde. Jahan Fard war von Februar 2018 bis Januar 2021 Stipendiat des Writers-in-Exile-Programms des PEN.

Hertha Freund, keine Angaben, Recherchen führten zu keinem Ergebnis.

Saul Friedländer, geb. 1932 in Prag, überlebte die deutsche Besatzung in Frankreich in einem von Nonnen geführten Internat. Die katholische Erziehung ging an dem Jungen, der aus dem assimilierten jüdischen Bürgertum stammte, nicht spurlos vorüber: Nach drei Jahren hatte sich Paul-Henri Ferland – so hieß jetzt der Untergetauchte – so dem Katholizismus verschrieben, dass er Priester werden wollte. Nach dem Ende der Naziherrschaft musste sich Saul Friedländer der Tatsache stellen, dass Vater und Mutter in einem Konzentrationslager umgebracht worden waren. Im Juni 1948 ging der Fünfzehnjährige nach Israel; in dem neugegründeten Staat entdeckte er die Grundlagen der jüdischen Kultur, die ihm völlig neu war. Der renommierte Historiker, der an der Universitiy of California, Los Angeles lehrte, erhielt zahlreiche Preise, u.a. 2007 den Friedenspreis des Deutschen Buchhandels. 1998 und 2006 erschien auf Deutsch die zweibändige Ausgabe *Das Dritte Reich und die Juden* – eines der wichtigsten Werke zum Holocaust.

Ludwig Greve, geb. 1924 in Berlin. Am 10. November 1938 wurde Greves Vater verhaftet. Nach der Entlassung aus dem KZ versuchte die Familie im Mai 1939 über Hamburg nach Havanna zu emigrieren. Kuba wies die »St. Louis« jedoch zurück. Auch Florida ließ die 921 Flüchtlinge nicht an Land. Nach der Irrfahrt nahm schließlich Antwerpen die Flüchtlinge auf. In Frankreich wurde die Familie getrennt. Ludwig und seine vier Jahre jüngere Schwester Evelyn kamen in Heimen unter. Im August 1942 taucht er unter und wurde unter dem Namen Louis Gabier für die Resistance aktiv. Seine Versuche, für die Familie falsche Pässe zu besorgen, misslangen; Vater und Schwester wurden in Italien verhaftet und 1944 nach Auschwitz deportiert; seine Mutter und er konnten sich retten. 1945 wanderte er nach Palästina aus, kehrte aber 1950 nach Deutschland zurück. Von 1957 bis 1988 arbeitete er am Deutschen Literaturarchiv in Marbach. Für seine Lyrik wurden ihm

1988 der Stuttgarter Literaturpreis und 1992 der Peter-Huchel-Preis verliehen. Ludwig Greve ertrank 1991 in der Nordsee. (S. auch den Beitrag von Ingo Schulze).

Alfred Grosser, geb. 1925 in Frankfurt am Main, ist seit 1937 französischer Staatsbürger. Emeritierter Professor für Politikwissenschaft am Institut d'Etudes Politiques in Paris und Journalist; Friedenspreisträger des Deutschen Buchhandels, Träger des großen Verdienstkreuzes mit Stern und Schulterband der Bundesrepublik Deutschland, der Wilhelm-Leuschner-Medaille 2004 sowie vieler anderer Auszeichnungen und Preise. Autor zahlreicher Publikationen, zuletzt *Le Mensch. Ethik der Identitäten* (Dietz 2017).

H. H., keine Angaben, Recherchen führten zu keinem Ergebnis.

Rasha Habbal, geb. 1982 in Hama, Syrien, ist vor allem als Lyrikerin in Erscheinung getreten. Mit der Autorin Nora Bossong bildet sie ein Autoren-Team im Projekt »weiter-schreiben-jetzt«. Rasha Habbal lebt in Trier.

Inge Hansen-Schaberg, geb. 1954 in Flensburg, wurde 2003 zur apl. Professorin an der TU Berlin für Erziehungswissenschaft mit besonderer Berücksichtigung der Historischen Forschung ernannt. Forschungsgebiete: Pädagogik im 20. Jahrhundert, Mädchenbildung und Koedukation, Jugend und Schule im Exil. Seit 2013 ist Inge Hansen-Schaberg Vorsitzende der Gesellschaft für Exilforschung.

Mohammed Joun, geboren im Libanon, Sozialarbeiter und Aktivist, kam als Zwölfjähriger unbegleitet nach Deutschland, hat als Flüchtling die politische Selbstorganisation »Jugendliche Ohne Grenzen« mit aufgebaut, langjähriges Mitglied des Berliner Landesbeirats für Integration und Migration, Vorstand des BumF (Bundesfachverband unbegleitete minderjährige Flüchtlinge e.V.), arbeitet im Berliner Betreuungs- und Beratungszentrum für junge Flüchtlinge und Migrant*innen (BBZ). Für sein Engagement für die Rechte (junger) Geflüchteter und Menschen mit Fluchtgeschichte wurde er 2021 mit der Verdienstmedaille des Verdienstordens der Bundesrepublik Deutschlands ausgezeichnet.

Irmgard Keun, geb. 1905 in Berlin, besuchte die Schauspielschule in Köln und begann nach kurzer Theaterlaufbahn zu schreiben – mit großem Erfolg. Die Nazis setzten die gesellschaftskritischen Romane der jungen Autorin auf die Verbotsliste. Gegen die Beschlagnahme ihrer Bücher wehrte sie sich; von der Gestapo wurde sie deshalb verhört und gefoltert. 1935 konnte sie nach Belgien entkommen. In *Kind aller Länder* (1938) schildert ein zehnjähriges Emigrantenkind, das mit seinen Eltern durch die Welt irrt, auf humorvolle und unsentimentale Weise seine Abenteuer in der Fremde. 1940 wurde Irmgard Keun vom deutschen Einmarsch in den Niederlanden überrascht. Mit falschem Pass kehrte sie nach Deutschland zurück, wo sie bis Kriegsende unter falschem Namen lebte. Irmgard Keun starb 1982 in Köln.

Gerald Knaus ist Gründungsvorsitzender der Europäischen Stabilitätsinitiative (ESI). 2021 erhielt er den Karl-Carstens-Preis der deutschen Bundesakademie für Sicherheitspolitik. 2020 veröffentlichte er den preisgekrönten SPIEGEL-Bestseller *Welche Grenzen brauchen wir?*. 2011 schrieb er zusammen mit dem britischen Autor und Politiker Rory Stewart das Buch *Can Intervention Work?*. Er ist Gründungsmitglied des European Council on Foreign Relations und war fünf Jahre lang Associate Fellow am Carr Center for Human Rights Policy an der Kennedy School der Harvard University. Nach seinem Studium in Oxford, Brüssel und Bologna lehrte er Wirtschaftswissenschaften in der Ukraine und arbeitete zehn Jahre lang für NGOs und internationale Organisationen in Bulgarien, Bosnien und dem Kosovo und veröffentlichte zahlreiche Publikationen zu den Themen Migration, Rechtsstaatlichkeit in Europa und Flüchtlingsfragen sowie Korruption. Er schreibt den Blog www.rumeliobserver.eu und twittert unter @rumeliobserver.

Max Werner Lenz, geb. 1887 in Kreuzlingen; eigentlich Max Werner Russenberger, war ein Schweizer Schauspieler, Regisseur, Kabarettist und Autor. Nach seiner Schauspielausbildung war er am Zürcher Stadttheater engagiert. Er leitete das Deutsche Theater im rumänischen Sibiu (Hermannstadt). Schauspieler und Regisseur in Dessau, München und Frankfurt am Main. Nach seiner Rückkehr in die Schweiz schrieb er satirische Texte für die *NZZ* und Hörspiele. Von 1934 bis 1945 war er als Autor, Regisseur und Schauspieler am Zürcher Cabaret Cornichon beteiligt Er spielte Nebenrollen in mehren Schweizer Filmen und schrieb Drehbücher, zwei Romane und einen Gedichtband. Er starb 1973 in Bassersdorf.

Boniface Mabanza Bambu, in der Demokratischen Republik Kongo unter der Militärdiktatur Mobutus geboren, Studium der Philosophie, Literaturwissenschaften und Theologie in Kinshasa, Promotion an der Universität Münster. Seit 2008 Koordinator der Kirchlichen Arbeitsstelle Südliches Afrika in der Werkstatt Ökonomie/Heidelberg mit den Schwerpunktthemen Handelspolitik, Rohstoffpolitik und Globalisierung. Er ist aktiv in zahlreichen Netzwerken der afrikanischen Diaspora in Deutschland und Europa, hat zahlreiche Publikationen zu verschiedenen afrikarelevanten Themen veröffentlicht, war Gastprofessor an der Goethe Universität Frankfurt am Main und eines der 24 Mitglieder der Nationalen Fachkommission »Fluchtursachen« der Bundesregierung von Oktober 2019 bis Mai 2021.

Volker Mall, geb. 1942, Mitinitiator der KZ-Gedenkstätte Hailfingen/Tailfingen, zahlreiche Veröffentlichungen zu dem KZ-Außenlager und zu den griechischen Zwangsarbeitern in Deutschland. Für seine Recherchen zu den jüdischen Häftlingen erhielt er den »Obermayer German Jewish History Award« und das Bundesverdienstkreuz.

Marion, geb. 1932 in Wien, schrieb 1944 ihre Lebensgeschichte auf. Ihr Vater kehrte aus der Verschleppung zurück, ihre Mutter nicht.

Verena Mayer, Journalistin bei der *Süddeutschen Zeitung.*

Max, geb. 1925 o. 1926, versuchte vergeblich 1939 – wie Ludwig Greve – von Hamburg mit der »St. Louis« nach Kuba zu gelangen, um von dort in die USA zu emigrieren.

Yirgalem Fisseha Mebrahtu, geb. 1981 in Eritrea. Die Journalistin und Dichterin war Programmdirektorin bei Radio Bana. Im Februar 2009 wurden alle Mitarbeiter des Senders verhaftet. Fisseha Mebrahtu wurde zuerst in einem Militärgefängnis festgehalten. Danach wurden sie ins Hochsicherheitsgefängnis Mai Swra verlegt. Fisseha Mebrahtu verbrachte dort eine sechs Jahre lange Isolationshaft, ohne konkrete Anschuldigungen oder ein Gerichtsverfahren. Im Januar 2015 wurde sie gegen Kaution freigelassen wurden. Nach einem abgelehnten Ausreise-Visum versuchte sie Ende 2016 zu fliehen, was jedoch zu einer erneuten Inhaftierung in Mai Swra endete. Ein weiterer Fluchtversuch im März 2018 war erfolgreich. Vor ihrer Inhaftierung hatte sie Gedichte und Kurzgeschichten veröffentlicht, die sie zu einer bekannten Persönlichkeit in Eritrea machten. Von Dezember 2018 bis November 2021 war Fisseha Mebrahtu Stipendiatin des Writers-in-Exile-Programms.

Widad Nabi ist 1985 in Kobani, Syrien, geboren und in Aleppo aufgewachsen. Die kurdisch-syrische Lyrikerin und Autorin schloss sich während des Krieges der Opposition gegen Assad an. 2015 gelang ihr die Flucht nach Berlin, wo sie heute lebt. In

Deutschland publizierte sie u.a. im *Freitag*, im *Kursbuch*, bei *SPIEGEL ONLINE* und *ZEIT ONLINE*. Sie ist Mitbeteiligte von *Weiter schreiben*, einem Portal für Literatur und Musik aus Krisengebieten. Ihre deutsche Tandempartnerin in dem Projekt ist die Schriftstellerin Annett Gröschner.2019 erschien Widad Nabis erstes Buch in deutscher Sprache: *Kurz vor dreißig – küss mich*, eine Sammlung von Gedichten zum Thema Liebe, Frauenrechte und Exil, 2021 ihr zweites Buch *Unsichtbare Brüche*.

Dina Nayeri, geb. 1979 im Iran. Sie floh 1988 mit ihrer Mutter und ihrem Bruder aus dem Iran, ihr Vater blieb dort. Sie lebte als Flüchtling in Dubai und Rom und kam 1990 in die USA. 1994 erhielt sie die US-amerikanische Staatsbürgerschaft. Nayeri studierte in Princeton und in Harvard. Ihre Kurzgeschichten und Essays wurden u.a. in *The New York Times* gedruckt. Für ihr 2017 veröffentlichtes Buch *The ungrateful Refugee* (»Der undankbare Flüchtling«) erhielt sie 2020 den Geschwister-Scholl-Preis. Dina Nayeri lebt in London.

Anne von Oswald, Historikerin und Sozialwissenschaftlerin, kam zum Thema Migration über ihr Studium in Italien und ihre Forschungsarbeit über die italienischen Arbeitsmigrantinnen und -migranten in den 1960er- und 1970er-Jahren in Deutschland. Als Projektleiterin bei »Minor Projektkontor für Bildung und Forschung« setzt sie Projekte in der historisch-politischen Bildung zum Thema (Zwangs-)Migration und Exil um. Weiterhin beschäftigt sich Anne von Oswald intensiv mit dem Thema europäische Einwanderungsgesellschaften und Menschenrechte.

Harald Roth, geb. 1950, diverse Publikationen zur NS-Zeit u.a. *Victor Klemperer. Das Tagebuch 1933 -1945. Eine Auswahl für junge Leser*. Zuletzt: *Was hat der Holocaust mit mir zu tun?* und *Nie wegsehen! – Vom Mut menschlich zu bleiben* (Dietz 2020). Er ist Mitglied von »Gegen Vergessen – für Demokratie e.V.« und Mitinitiator der KZ-Gedenkstätte Hailfingen /Tailfingen.

Joseph Roth, geb. 1894, verließ seine Heimatstadt Brody (Galizien), um in Wien zu studieren. Nach dem Ersten Weltkrieg und dem Zusammenbruch der Donaumonarchie arbeitete er in Wien und Berlin als Journalist. Unmittelbar nach der Machtübernahme der Nationalsozialisten verließ er als einer der ersten Berlin. Vom Pariser Exil aus kommentierte er verzweifelt die Entwicklung Deutschlands und Österreichs. Die Leidenden, die Heimatlosen und die Einsamen sind die Hauptfiguren in seinem literarischen Werk. 1939 starb Joseph Roth an den Folgen seiner Alkoholsucht.

Nazeeha Saeed, Journalistin aus Bahrein, erhielt für ihre Berichterstattung über Frauenrechte in der Golfregion 2014 den Philipp-Palm-Preis und 2021 den Haikel-Arab-Preis. Nazeeha Saeed lebt seit 2016 in Deutschland.

Hans Sahl, geb. 1902 in Dresden, machte sich in der Weimarer Republik als Kritiker einen Namen. 1933 emigrierte er über Prag und Zürich nach Paris. 1939 wurde als »unerwünschter Ausländer« in verschiedenen Lagern interniert. 1940 konnte er nach Marseille fliehen. Über Portugal gelang ihm die Flucht in die USA. Im New Yorker Exil, wo viele seiner literarischen Arbeiten entstanden, übersetzte er amerikanische Autoren wie Arthur Miller und Thorton Wilder. Seine Sicht des Kommunismus isolierte ihn von Kollegen, die in den Jahren des Exils noch Anhänger Stalins waren. 1953 kehrte er nach Deutschland zurück, um als Kulturkorrespondent u.a. für die *Süddeutsche Zeitung* und die *Neue Zürcher Zeitung* zu arbeiten. Nach 1958 lebte er erneut in den USA. 1989 ließ er sich wieder in Deutschland nieder. Hans Sahl starb 1993 in Tübingen.

Niklas Schenck, s. **Niklas Wurmb-Seibel**

Hans Schmeier, geb. 1925 in Wien. Er kam 1938 mit dem ersten »Kindertransport« nach England. In einem Kinderlager musste er die erniedrigende Prozedur des so genannten »Kindermarktes« über sich ergehen lassen. Zusammen mit seinem Freund Erich Fried schloss Schmeier sich der Free Austrian Youth und dem verdeckt arbeitenden Kommunistischen Jugendverband in Großbritannien an. Der junge Lyriker nahm sich am 12. Oktober 1943 das Leben.

Ingo Schulze, geb. 1962 in Dresden, lebt in Berlin. 1995 erschien sein Debüt *33 Augenblicke des Glücks*, es folgten mehrere Romane und Erzählbände, *Simple Storys* (1998), *Neue Leben* (2005), *Adam und Evelyn* (2008), *Orangen und Engel* (2010), Peter Holtz (2017) und zuletzt *Es selbst in die Hand nehmen* (2022). Seine Bücher wurden in 30 Sprachen übersetzt, verfilmt und vielfach ausgezeichnet. Er ist Mitglied der Berliner Akademie der Künste und der Deutschen Akademie für Sprache und Dichtung, der Sächsischen Akademie der Künste sowie des PEN Deutschland.

Rosemarie Silbermann, geb. 1922 in Berlin. Im Oktober 1934 emigrierte die dreizehnjährige Rosemarie Chempin nach Palästina. Im November 1949 kehrte sie mit ihrem Mann und ihrer eineinhalb Jahre alten Tochter nach Ost-Berlin zurück. In einem

Waisenhaus betreute sie Kinder, die in den Ruinen der zerbombten Reichshauptstadt aufgewachsen worden waren. Danach arbeitete sie in einem neugegründeten Kindertheater. Zunehmend bekam sie jedoch die anti-israelische Haltung der SED zu spüren. Vor einem Tribunal musste sie sich wegen ihrer Zeit in Palästina rechtfertigen. Parteigenossen warfen ihr die Mitgliedschaft in einer zionistischen Jugendgruppe vor. Bitter enttäuscht ging sie im November 1964 zum zweiten Mal nach Israel.

Ilija Trojanow, geb. 1965 in Sofia, floh mit seiner Familie 1971 nach Deutschland, wo sie politisches Asyl erhielt. 1972 zog sie weiter nach Kenia. Unterbrochen von einem Deutschlandaufenthalt in den Jahren 1977 bis 1981 lebte Ilija Trojanow bis 1984 in Nairobi. Von 1984 studierte er in München Rechtswissenschaften und Ethnologie. 1998 zog er nach Bombay, 2003 nach Kapstadt. Seine Romane wie *Der Weltensammler* und *Macht und Widerstand* sowie seine Reportagen sind Bestseller und wurden mit zahlreichen Preisen ausgezeichnet. Ilija Trojanow lebt in Wien.

Georg Stefan Troller, geb. 1921 in Wien, floh 1938 nach dem »Anschluss« Österreichs an das Deutsche Reich in die Tschechoslowakei und von dort nach Frankreich, wo er nach Kriegsbeginn interniert wurde. 1941 erhielt er ein Visum für die USA. Als US-Soldat war er an der Befreiung des KZ Dachau beteiligt. Aufgrund seiner Deutschkenntnisse wurde er bei der Vernehmung von Kriegsgefangenen eingesetzt. Da er sich in Österreich fremd fühlte, kehrte er 1946 in die USA zurück, um Anglistik und Theaterwissenschaft zu studieren. 1949 ließ er sich in Paris nieder, um für den Hörfunk und später für das Fernsehen zu arbeiten. Stilbildend für das Genre des TV-Interviews waren das »Pariser Journal« (50 Folgen von 1962 bis 1971) und »Personenbeschreibung« (70 Folgen von 1971 bis 1993). Der Dokumentarfilmer und Schriftsteller lebt heute in Paris.

Astrid Vehstedt, arbeitet international als Autorin und Theater-Regisseurin. Ihre Theaterarbeiten führten sie über Brüssel, London und Paris in den Irak, wo sie im Juni 2021 Goethes Egmont am Nationaltheater Bagdad inszenierte. Sie schreibt sowohl für die Bühne als auch Belletristik. Seit Oktober 2021 ist sie Writers-in-Exile-Beauftragte und Vizepräsidentin des PEN Deutschland. Sie spricht und arbeitet in vier Sprachen.

Walter Victor, keine Angaben, Recherchen führten zu keinem Ergebnis.

Teresa Wilmes, geb. 1991, studierte internationale Beziehungen und Bildungssoziologie in Dresden, Valparaíso, London und Belem do Pará. Sie ist Referentin im Deutschland- und Europaprogramm der Kinderrechtsorganisation terre des hommes Deutschland und koordiniert die Zusammenarbeit mit Partnerorganisationen der Zivilgesellschaft in Europa. Ihre inhaltlichen Schwerpunkte sind die Lebenssituation von geflüchteten Kindern und Jugendlichen innerhalb Deutschlands und EU sowie die Begleitung von Jugendselbstorganisationen.

Lore Wolf, geb. 1900 in Sommerhausen (Unterfranken), schloss sich 1933 in Frankfurt einer Widerstandsgruppe an. Nach eineinhalbjähriger illegaler Tätigkeit flog die Gruppe auf. Die steckbrieflich gesuchte Kommunistin musste fliehen. Von der Schweiz und von Frankreich aus unterstützte sie den innerdeutschen Widerstand. Durch Verrat fiel sie 1940 in die Hände der Nazis und wurde nach Deutschland deportiert. Vom Volksgerichtshof wurde sie zu zwölf Jahren Zuchthaus verurteilt. Nach der Befreiung traf sie ihren Mann und ihre Tochter wieder. Lore Wolf starb 1996 in Frankfurt am Main.

Helga Wolff, geb. 1923 als Helga Cohn, musste 1938 allein ihre Heimatstadt Frankfurt am Main verlassen. In Frankreich fand sie eine erste Zuflucht. Ende Mai 1939 kam sie mit einem Kindertransport nach England. Die Eltern, die ihre Tochter auf die rettende Reise geschickt hatten, sah sie nicht wieder. 1947 nahm sie die britische Staatsbürgerschaft an. Von 1952 bis 1978 leitete sie – neben ihrer Tätigkeit als Lehrerin – ein Pension für Flüchtlinge. Helga Wolff starb 2021 in London.

Niklas Wurmb-Seibel (ehem. Schenck) hat sich jahrelang auf investigative Recherche spezialisiert und vollzog mit den beiden Filmprojekten »True Warriors« (2017) und »Wir sind jetzt hier« (2020) ebenfalls eine Wende zum konstruktiven Erzählen. Er hat sich spezialisiert auf Projekte, die sich für intensive Publikumsgespräche eignen und als Rampen für wichtige gesellschaftliche Diskurse dienen.

Ronja Wurmb-Seibel war als politische Redakteurin bei der ZEIT, ging dann als freie Autorin nach Kabul und hat zuletzt im März 2022 den Bestseller *Wie wir die Welt sehen* veröffentlicht. Darin beschreibt sie die Wandlung hin zu konstruktivem Erzählen, zu einem Journalismus, der Menschen nicht ohnmächtig zurücklassen soll, sondern aktiviert.

Rechtenachweis

Farhad Alsilo, Der Tag, an dem meine Kindheit zu Ende war, Ich heiße Frahad nicht Fahrrad, aus: 3.8.2014 – Der Tag an dem meine Kindheit endete, Berlin 2021 © Trabanten Verlag.

Günther Anders, Lebenserlaubnis, aus: Ders.: Der Emigrant, München 2021 © Verlag C. H. Beck.

Hannah Arendt, Unsere Identität wechselte so häufig, aus: We Refugees, Januar 1943 © Rotbuch Verlag.

Michael Brenner, Die schwierige Rückkehr jüdischer Wissenschaftler, Schriftsteller und Künstler, aus: Ders. (Hg.): Geschichte der Juden in Deutschland von 1945 bis zur Gegenwart, München 2012 © Verlag C. H. Beck.

Gerhard L. Durlacher, Mein Zuhause fort, aus: Ders.: Ertrinken. Eine Kindheit im Dritten Reich, Hamburg 1993 © Europäische Verlagsanstalt.

Gerhard L. Durlacher, Der Beginn einer Reise, aus: Ders.: Streifen am Himmel. Vom Anfang und Ende einer Reise, Hamburg 1994 © Europäische Verlagsanstalt.

Saul Friedländer, Abschied von den Eltern, aus: Ders.: Wenn die Erinnerung kommt, München 2008 © Verlag C. H. Beck.

Saul Friedländer, Der tiefste Kern der Persönlichkeit wird immer eine Verwundung behalten, aus: Wohin die Erinnerung führt, Mein Leben, München 2016 © Verlag C. H. Beck.

Ludwig Greve, Kaum mehr ein Land in Sicht, aus: Wo gehörte ich hin? Geschichte einer Jugend, Frankfurt 1994 © Katja Greve.

Alfred Grosser, Ein anderes Deutschland mitgestalten, aus: Harald Roth (Hg.): Was hat der Holocaust mit mir zu tun? – 37 Antworten, München 2014 © Alfred Grosser.

Rasha Habbal, Ich erlaube dir nicht, mich zurückzulassen, aus: Ulrich Schreiber und Mira Soldo (Hg.): Ankunft, Reportagen geflüchteter Autorinnen und Autoren, Berlin/Tübingen 2018 © Verlag Schiler & Mücke.

Irmgard Keun: Mutter zum Kind, aus: Gedichte aus der Emigration, Lieder der Flüchtlinge 1947, © Martina Keun-Geburtig.

Max: Wertlose Fracht, aus: Ernst Papanek, Die Kinder von Montmorency, Wien 1980 © Europa Verlag.

Dina Nayeri, Majid und Farzaneh, Darius, Teddybären, Wie kann ich helfen?, aus: Dies.: Der undankbare Flüchtling, Zürich – Berlin 2020 © Kein & Aber AG.

Hans Sahl, Washington Square, aus: Ders.: Gedichte aus der Emigration, Darmstadt 1969 © Penguin Random House Verlagsgruppe.

Rosemarie Silbermann, Wer nahm mir mein Deutschland weg?, Alles war fremd, aus: Dieter Bednarz / Michael Lüders (Hg.): Blick zurück ohne Hass. Juden erinnern sich an Deutschland, Köln 1981 (Bund Verlag). Rechteinhaber (Angehörige) konnten trotz aufwendiger Recherchen nicht ermittelt werden.

Ingo Schulze, »... gefrorene Schnee knirschte unter den Sommerschuhen« - Das Unsagbare entsprechend sagen. Zur Autobiografie von Ludwig Greve, aus: Ludwig Greve, Autobiografische Schriften und Briefe, hg. von Friedrich Pfäfflin und Eva Dammbacher, Göttingen 2013 © Wallstein Verlag.

Ilja Trojanow, Nach der Flucht, aus: Ders.: Nach der Flucht, Frankfurt 2017 © Fischer Verlag.

Georg Stefan Troller: Wir Überflüssigen, aus: Fritz Hufen/Thomas Jäschke (Hg.): Ausgestoßen, München 1982, © Georg Stefan Troller.

Lore Wolf, Widerstand, aus: Ich habe das Leben lieb. Tagebuchblätter aus dem Zuchthaus Ziegenhain 1933 – 1945, Köln 1983 (Pahl Rugenstein). Rechteinhaber (Angehörige) konnten trotz aufwendiger Recherchen nicht ermittelt werden.

Helga Wolff, Ich fand immer Menschen ..., aus: Harald Roth (Hg.): Es tat weh, nicht mehr dazu zu gehören. Kindheit und Jugend im Exil, Ravensburg 1989 © Denise Wolff.